智慧城市译丛

智慧生态城市
——走向碳中立的世界

[美] 伍德罗·W·克拉克Ⅱ 著
格兰特·库克

孙宁卿 译

中国建筑工业出版社

本书献给伍迪①之妻安德烈娅·库娜–克拉克（Andrea Kune-Clark），以及格兰特之妻苏珊·库克（Susan Cooke），也献给安德烈娅和苏珊的儿孙们；更献给那些倡导智慧和生态的城市模式以展望更美好生活的人们。

---

① 伍迪，伍德罗的昵称。——译者注

致　谢

当今，70亿人生活在这颗脆弱的星球上，如果人类继续像使用垃圾桶一样对待大气层和自然环境的话，那么我们种族的生存就要开始倒计时了。减缓全球变暖和气候变化的行动，对我们子孙后代的生存和生活，至关重要。

城市已成为解决气候变化问题的焦点。世界农村人口向城市中心大规模迁移，给城市领导者根据自然资源情况制定可持续发展战略，以及制定可持续的城市发展计划，带来了越来越多的压力。当前，除了中国以及金砖四国中致力于通过计划和经济支持以解决这些问题的国家之外，很多国家的政府根本无力提出或实行相关的议题或计划，一方面的原因来自政治权力对石油和一些高排放型产业的依赖，另一方面也出于某种历史惯性。这种政府失能，导致了加诸城市之上的重担。

好在全球不少城市和地方领导者正在应对这一挑战。从欧洲到亚洲甚至美国，不少城市正在作出减少有害气体排放的努力。显然，我们需要做更多的工作，但智慧化、生态化的趋势正在发展壮大。可再生能源、性价比适宜的能源存储设施、智能型基础设施网络组成的智能电网和能源分发系统，正在获得市场的接受度和份额。这个趋势正在成长，且意义重大。

"智慧生态城市"并不意味着新建一座大城市，或者是对历史城市和旧城进行重建。"智慧生态"可以在地方一级就近应用，或者成为大城市的组成部分之一。它也可以成为不同地区新城市发展的基础。丹麦40年前就开始进行此类工作，以尽力抵消人口过度流向哥本哈根的问题。例如丹麦国家政府在哥本哈根之外的其他地区开设具有专门知识或特色的大学，以吸引学者和新的商机到各地。这种策略被证实是成功的。而现在，中国因为其面临类似的问题，也正在借鉴这种经验。

在这些发展过程中，笔者不只检验和阐释了相关经验，也试图整合、汇聚这些涌现的现象，以使全球各地的城市领导者可以继续努力，并分享有用的想法。例如，通过吸收这些经验和想法，哥本哈根的居民们再也不像过去几十年那样忍受繁忙港口中严重的污染了，现在他们能够在干净、无污染的水中游泳。那些世界其他地区有同样繁忙港口的城市们，或许会被这样的案例所激励并采取类似的行动。

这类书和知识当然离不开其他许多人工作成果所作的贡献，他们背后有这样一种理念：社区是有传统性和历史性价值的，因此是值得保护的。我们很幸运，因为本书的话题引起了许多备受赞誉的学者的兴趣，他们提供了很多意见、案例和建议。由世界各地专家组成的数个团队，提供了附录中有幸收录的很多优秀的研究案例。我们非常感谢下列人士：GROW公司（GROW Holdings）的执行总裁 Quay Hays（夸伊谷案例）[①]；科廷大学（位于澳大利亚佩斯）Steffen Lehmann 教授（亚太地区案例）；维尔纽斯技术大学的 Natalija Lepkova 教授和 Dalia Bardauskienne；来自德国的 Cornia Alternburg，Fritz Reusswig，Wiebke Lass（柏林案例）；Corinna Altenburg 和 Fritz Reusswig（波茨坦案例）；V. Oree 教授、A. Khoodaruth 教授和 M.K. Elahee（毛里求斯案例）；Naved Jafry 和 Garson Silvers（印度案例）。

  另外还有其他许多学者、专家和科学家的成果也影响了我们的作品。我们已尽最大可能重视他们的意见并给予了应有的信任。我们的一些导师，如 Herbert Blumer 和 Norman Cousins 已经去世。克拉克博士的人生榜样，也是他的导师——Noam Chomsky 教授，以及 Herbert Blumer 和 Jeremy Rifkin，均启发了我们来写这本解决气候变化问题的书，另外我们也要感谢其他的一些组织，以及美国绿色建筑协会的创始人和成员们。

  我们非常感谢来自世界各地的科学家们，他们为联合国有关气候变化的工作贡献了自己的时间、专业知识和科学探索。他们提出警告、呼吁国家间的行动，以求应对这严重的全球危机。没有他们的工作成果，我们的星球是无法长期维持的。

  我们也要感谢加利福尼亚州南部的贝弗利山庄，克拉克博士居住此地。2014 年贝弗利山庄迎来了其百年庆典。克拉克就任了贝弗利山庄"未来世纪委员会"（Next 100 Year Committee）主席。我们的当前工作致力于计划和推动贝弗利山庄的智慧和生态进程更快地发展。克拉克和他的团队耗费一年时间与"城市技术委员会"（City Technology Committee）调研如何能使城市成为"智慧生态"的城市，"未来世纪委员会"在贝弗利山庄百年庆典上提出了一份报告，引起了市长以及市政厅的关注。

  知识、经验、洞察力，对城市的智慧化、生态化、宜居化有帮助。勤奋的工作和经济上的支持能够抓住变化的想法并将其磨砺成连贯的、有可操作性的战略计划。在研究和写作的过程中，各自的家庭成员给予了持久的宽容和耐心，为此作者要感谢他们，因为亲人的支持才是对工作的最佳帮助。

伍德罗·W·克拉克 II 和格兰特·库克

---

① GROW Holdings，即 Green Renewable Organic & Water Holdings LLC，总部在洛杉矶的控股有限责任公司。——译者注

目 录

致谢 /// III
导言 /// IX

第一章　现代文明即城市 /// 1
　　城市之扩大 /// 4
　　用地范围 /// 5
　　城市密度 /// 6
　　气候变化影响城市 /// 7
　　城市：对抗气候变化的战场 /// 9
　　解决方案何在？ /// 11

第二章　现代城市所面临的关键问题 /// 13
　　全球性的问题：拥堵、空气质量 /// 14
　　气候变化与全球变暖 /// 16
　　财富和不平等现象 /// 18
　　无家可归 /// 19
　　城市扩张区 = "城市结块" /// 20
　　基础设施问题 /// 20
　　水资源短缺 /// 22
　　前所未有的挑战 /// 23

第三章　绿色工业革命 /// 26
　　第一次工业革命 /// 26
　　第二次工业革命 /// 27
　　供不应求 /// 29
　　绿色工业革命 /// 30
　　可持续性是关键 /// 32
　　绿色工业革命的关键组成部分 /// 33
　　政府参与和政府支持：至关重要 /// 39

　　　　　　下一种经济模式：公民资本主义 /// 40

第四章　**可持续性的"智慧"与生态** /// 44
　　　　　　解决方案：可持续城市 /// 44
　　　　　　丹麦 /// 46
　　　　　　灵巧系统 /// 48
　　　　　　可持续发展从家庭开始 /// 49
　　　　　　创造可持续社区 /// 51
　　　　　　三个智慧生态城市案例 /// 52

第五章　**智慧生态城市的支持技术** /// 61
　　　　　　能源存储技术 /// 62
　　　　　　电动汽车的V2G电力存储 /// 65
　　　　　　氢能：突破性的技术 /// 66
　　　　　　智能生态电网 /// 68
　　　　　　欧洲的平行线路 /// 69
　　　　　　中国：领先的智能电网 /// 70
　　　　　　生态的垃圾收集系统 /// 71
　　　　　　新兴的绿色技术 /// 73
　　　　　　照明技术和峰值负载响应系统中的革命性变化 /// 74
　　　　　　凉屋面：一种"碳抵消"手段 /// 75
　　　　　　纳米技术："真正的"微技术 /// 76
　　　　　　再生制动 /// 77
　　　　　　热电联产系统（CHP） /// 77
　　　　　　热泵和海水热泵 /// 78
　　　　　　生物燃料：一种过渡性能源 /// 79
　　　　　　藻类：生物燃料资源 /// 80
　　　　　　来自植物的绿色工业革命燃料 /// 81
　　　　　　垃圾转化为能源 /// 81
　　　　　　正处于商业化阶段的新兴技术 /// 82

第六章　**可持续的绿色交通系统** /// 85
　　　　　　可持续交通系统 /// 86
　　　　　　步行：促进居民和环境的互动 /// 87
　　　　　　骑行 /// 89

公共交通系统 /// 90

混合动力、电动和氢动力车辆 /// 96

氢燃料电池汽车 /// 98

优步租车和Zipcars /// 99

无汽车城市 /// 100

第七章　中国：革命性的绿色转型 /// 103

中国的风力发电 /// 105

中国太阳谷 /// 107

中国领先的智能电网 /// 108

环境可持续领域的新兴全球领导者 /// 112

绿色技术文化 /// 113

第八章　下一种经济模式，为了更生态的世界 /// 116

石油和天然气的真实成本 /// 117

自由市场经济模式已告失败 /// 119

中国的中央计划模式 /// 121

上网电价补贴（FiT）模式 /// 122

美国加利福尼亚州 /// 125

支付费用，以减缓气候变化 /// 125

绿色工作：重要益处 /// 128

私人投资的必要性 /// 129

谷歌：10亿美元的绿色技术投资 /// 130

第九章　智慧生态城市：城市生活新理念 /// 134

库里蒂巴，巴西 /// 137

奥罗维尔，印度 /// 137

弗赖堡，德国 /// 138

斯德哥尔摩，瑞典 /// 139

阿德莱德，澳大利亚 /// 139

马斯达城，阿拉伯联合酋长国 /// 142

天津，中国的生态城市 /// 144

其他国家的相关进展 /// 147

加利福尼亚大学戴维斯分校西镇校区——零净能耗社区 /// 147

第十章	智慧生态城市 /// 153
	绿色工业革命 /// 154
	走向更加生态和智慧的未来 /// 154
	电网平价 /// 156
	能源紧缩 /// 156
	零边际成本 /// 157
	"人类世"时代 /// 158
	夸伊谷：智慧生态未来城市 /// 158
	柏林：走向气候中立的城市 /// 159
	智慧生态城市始于足下 /// 160
附录 A	夸伊谷：加利福尼亚风格的未来城市 /// 162
附录 B	柏林迈向智慧、气候中立之路：德国首都的洞察力 /// 167
附录 C	生态、增长、智慧：德国中型城市波茨坦案例 /// 174
附录 D	维尔纽斯：一座智慧生态城市 /// 185
附录 E	亚太地区：从资源匮乏型城市到智慧生态城市——中国的经验，以及亚太地区的生态城市发展议程 /// 192
附录 F	小型岛国的智慧城市：铺就毛里求斯的智慧生态之路 /// 202
附录 G	南亚的智慧生态"微城" /// 211
	索引（部分词汇由译者增加）/// 218

图表一览 ///

表 1.1　全球人口最多的特大城市 /// 5
表 1.2　城市用地面积（以平方公里计）/// 6
表 1.3　每平方公里城市人口数量 /// 6
表 5.1　能源存储技术和应用 /// 62
图表 AC1.1　欧洲、德国、勃兰登堡州和波茨坦市的二氧化碳排放量及减排目标 /// 178
图表 AE1.1　生态城市主义的 15 项原则 /// 194
图表 AF1.1　2015～2025 年间的能源构成目标 /// 204

导 言

地质学家用"人类世"一词来描述我们现在这个时代,其大致自18世纪第一次工业革命至今,这个时代的人类活动已经成为气候和环境变化的主导力量。该时代的主要特征是人类由农业社会向城市社会的大规模转变。这一时代大量人口从农村迁居城市,对人类社会而言其意义深远。"人类世"是城市居民的时代,正如过去的一千年是农村居民的世纪一样,在这个时代,城市居民对人类社会的影响意义深远。

人类大规模移居城市,其动机多样,例如追求工作机会、社会服务、安全感,但总体而言人们意识到,身处"社区"之中可以生活得更好。这种"人属于群体一员"的意识——或曰需求,是人类历史的重要驱动力。

据联合国估计,现在全球约有70亿人口,到21世纪中叶将增加到约100亿。届时,全球的劳动力人数将由30亿增加到约60亿。每年都有千百万精力充沛的年轻人涌入就业市场,寻求工作岗位。劳动人口和总人口的剧增主要发生在城市地区,今天这全球70亿人口中的一半——约34亿人居住在城市中,到21世纪中叶,这个比例将达到75%,这意味着全球每10个人中有7个人住在城市里。

这一点在拥有14亿人口的中国最为明显。在过去三十年中,城市化是中国奇迹——经济增长和工业化——的重要驱动力,这主要是得益于城市化进程所提供的劳动力和市场。现在中国约有一半人口居住在城市,数量在6.9亿左右,比美国人口的两倍还要多。1980年时,只有不到五分之一的中国人居住在城市中,预计到2030年,中国城市化率将达到75%。

这种快速的城市化进程给中国带来了很多严重的社会问题,例如:住房、基础设施、水资源、食物、就业,另外还有越发严重的污染以及社会分化、贫富差距等问题。世界上大部分城市——特别是那些人口超过两千万的超级都市皆有类似的问题。这些问题中最严重的是:拥堵、空气污染以及全球变暖和气候变化带来的相关效应。

城市化速度的加快创造了更多的全球财富。越来越少的居民创造了日益增多的财富,与此同时,全球的贫困问题亦日益严重,且成为一种主要发生在城市地区的问题,这就导致了新的问题出现。随着城市的发展、城市经济变得越来越以知识和技术为基础,中产阶级的数量却在萎缩。城市中的不平等现象日趋严重,已到了危险的境地。

随着人口向城市迁移,而大量城市人口又向市郊迁移,占据了广阔土地,因此城市也发生了人口密度降低的现象。大量人口的入住使城市规模扩大,城市的向心性被弱化,对城市规划者和政治家而言,这种现象被称为"城市结块",它的结果是城市向四面八方蔓延,占据成千上万平方公里的周边土地。例如中国上海,该城市的发展使得城市建成区几乎覆盖了整个地区,因而在许多方面产生了种种难题,如能源、交通运输、水资源、垃圾和电讯系统。

幸运的是，当前的思潮和技术，已经开始推动我们去摆脱对碳基能源发电（carbon-based energy generation）的依赖。可持续发展和可再生能源的时代已经启动——从北欧和亚洲的国家开始。2015年春，加利福尼亚州政府宣称至2050年，其将把可再生能源的份额提升至一半。对可再生能源和低碳生活方式的推动将成为有史以来最大的社会和经济走势，由经济复兴、创新和新技术以及工作岗位所带来的潜在的巨大利润也会更好地推动这些城市走进新时代。

作者将这个新时代命名为"绿色工业革命"（此为克拉克和库克于2014年所著的同名著作），这场工业革命已在世界上很多地方诞生。城市现在可以通过智慧和生态手段解决自身问题，特别是有关能源的生产、供给和使用之事项。绿色工业革命是一场全球性的变革，旨在从化石燃料（fossil fuels）向更具潜力和机遇的可再生能源方向进行转变。它涵盖了卓越的科学技术和能源方面之创新。这一趋势的大目标是创造可持续的、智慧的低碳社区，而其中的经济由诸如太阳能（solar power）、风能（wind power）和地热能等无污染的技术所驱动。

创造智慧生态城市需要解决各种新老问题。从20世纪依赖的化石燃料、碳密集型（carbon-intensive）的高污染城市环境转变为可持续的、健康的、低污染的排放模式是可行的，全球很多城市在这一点上正在向成功的结果靠近。

在城市环境——特别是全球性的大都市中，人类的需求基本是稳定的。为了良好的工作状态，人类需要例如能源、水、垃圾系统、电子通信、交通系统等基础设施组件。在智慧生态城市中，这些组件是互联、互融的。从这个意义上讲，组件的交叠使用减少了建设、运行和维护成本。

应改善城市空间的质量。城市设计中的建筑物应考虑创新性和敏感性，并建立一种有活力的基调。城市必须更宜居、宜于步行和自行车出行。除了经济发展之外，也要注重对环境的关系。城市应当更智能，尽量使用智能化技术，以使基础设施最优化的利用其资源。智慧城市（smart cities）需要把信息化的解决方案资本化运作，以创造智慧经济、智慧政府运作、智慧市民、智慧环境、智慧的交通和智慧的居住环境。智慧城市因使用信息技术和知识资源解决方案来保证其生态可持续性。

简而言之，全球应发展并应用智慧生态城市的模式，以此来阻止气候变化，并面对21世纪正在显露的一系列挑战。都市核心区通常应鼓励可持续性的经济发展以提高生活品质，而其他城市区域也应采用智能化措施来达到同样的目标。可持续化的生存之道，更需要这些智能化、新兴的技术来协助实现。

在随后的章节中，我们会探索当今城市的若干问题，寻求解决之道，并浏览全球多个城市走向智慧化和生态化的案例。

参考资料

Clark, Woodrow W. II and Grant Cooke, 2014. *The Green Industrial Revolution*. Elsevier Press, New York.

第一章 现代文明即城市

伟大的城市乃人类文明之杰出纪念碑。这些活力四射的大都市其繁荣的辐射圈，以及它们所彰显的人类成就，就像巨大的磁体一样吸引着周围的人口。每天有大量的人涌入城市中生活。农村地区的贫民们，满怀希望，带着全部的家当，放弃了农业生产，涌入城市去寻找工作和社会服务、为子女们寻找教育机会——他们希望借此摆脱贫穷的反复循环。

自12000年前的全新世（Holocene era）结束以来，城市一直在发展。人类的史前史是由一系列小型采猎群体的历史构成的，这些小群体游荡在世界各地的广阔区域以求食物。这些先民以家庭或亲属关系为基础联系在一起，并居住在山洞或其他类型的庇护所内。

随着全新世的结束，巨大的转变发生了。在一个相当大的世界范围内，采猎和渔猎群体学会了种植谷物和蔬菜，以及驯养大型哺乳动物。这种转变被称为新石器时代革命或者农业革命。随着先民们学会耕种，便逐渐从游荡群体转变为小型的定居社会。亲属成员相互合作以保证食物生产、防止劫掠，这样大型的定居点便成形了。随着农业发展和动物蛋白的使用，成员的存活率提高了，人口也增加了。

定居点演变为村落——一种被积极改造过的人工环境。山林被砍伐、湿地被排干、牧场被重塑，水系被调整以利灌溉。生存不再举步维艰，专业化的劳作也大幅发展。贸易亦成为经济的组成部分——商品、工具和人流往来各村落之间。稳定的食物供给是有余的，故可使一些人转向追求艺术或音乐之类的其他活动。人类的好奇心浮现，科学问题、探索和发现皆已萌芽。随着时间的推移，对于商业和政治均有巨大影响的集中式管理模式、政府机构和所有权的概念均出现了。宗教和等级思想充斥人心。口头的语言被书写了下来，知识和经验传播开来并被人们所分享。

新石器时代定居点（Neolithic settlements）里最好的例子就是美索不达米亚平原南部的古苏美尔文明（在今伊拉克地区）。公元前4000年时，就其规模尺度而言，苏美尔文明的众多定居点已足以被称为城邦（city-state）。每个城市都有他们自己的守护神和女神，且城市之间的范围被运河与界碑划分开。

苏美尔（Sumeria）的埃利都（Eridu）或可算是首座堪称"伟大"的城市。埃利都位于幼发拉底河畔、波斯湾岸边，约形成于公元前5400年，其创造者是一些在沙漠中寻求淡水的先民。他们生活在由芦苇和泥砖建成的房屋中，沿河渔猎为生，他们崇奉的神是"恩基神"（God Enki）——被认为是本城的创建者。在崎岖的丘陵地带，他们于恩基的神殿附近放牧山羊，并建造了一个复杂的由运河和水渠组成的灌溉系统。至公元前2900年，埃利都已拥有四千居民，城市占地约25英亩[①]（Leick，2002）。

埃利都最终败给了水质盐碱化和环境沙漠化，并且在公元前6世纪被废弃。然而，这独特而强大的，容纳了艺术、社会和政治体系、法律信条和生活的人造综合体，在千百年来一直定义着"什么是城市"。

之后的城市实例是马泰拉（Matera），古罗马人于公元前3世纪在意大利南部始建该城。马泰拉在历史风貌保护和修复以及努力建设生态、智慧和可持续的居住环境方面有巨大的成就，因此该城在2015年荣获"欧盟生态城市"称号，也被选定为2019年"欧洲文化之城"。至今，马泰拉仍一如既往地通过城市建筑保护的方式来尊重其文化遗产。

马泰拉的现代化基础设施——例如水、能源、无限通信系统——和其传统精神并行不悖，并且也未曾破坏城市自己的历史。另外，马泰拉还引领意大利南部更广阔的地区——例如巴西利卡塔（Basilicata），一起努力限制使用来自北非的化石燃料。该区域不仅计划拥有大规模的可再生能源——如风能和太阳能发电场，同时也计划让当地的商务、住房和政府部门可以用上在场系统（on-site system）以供能源需求。

古希腊城市希波丹姆（Hippodamus）的规划者们——这些公元前5世纪的哲学家们，被认为是文明世界最早的城镇规划者。古希腊人发展了一种正交的近似正方形街区网格的城市布局。随着希腊人在地中海沿岸建立殖民地的行动，这些城邦殖民地则采用了此种正交网格的规划布局。渐渐的，这种新型的城市布局变得越发规则化。到公元前4世纪时，亚历山大大帝（Alexander）就为他新建的城市亚历山大城（Alexandria）采用了正交网格的规划布局。

古罗马人（Ancient Romans）很早就展现了工程天赋。他们被古希腊人启发，利用规整的正交式结构营造自己的殖民地。古罗马人采用了统一的城市规划方案，使城市有军事防御和民用之利。其基本方案构成为：城市中央布局有城市广场、市政服务设施和市场。周围是紧凑的、笔直正交的网格式街道。城市周围建有护城墙。为了减少穿城时间，规划了两条沿对角线的街道，穿过中央广场和整个城市的正交网格。通常城中有河流经过，以供取水、交通和污水处理之用（Vitrivius，1914）。

纵观整个欧洲，古罗马工程师们规划了包括伦敦和巴黎在内的众多城市最初的布局。许多城市至今展示了古罗马人特有的城市规划逻辑——正方形方格网布局。除了纵穿南北和横穿东西的两条较宽的道路以外，其余所有的道路皆采用同样的宽度和长度。两条较宽的道路在城市中央相交形成网格中心。道路由石板铺就而成，内部以较小的、致密的砾石或卵石作为填充。

古罗马式的生活和基础设施的建设是密不可分的。古罗马的光辉成就体现在众多方面：引水渠、桥梁、道路、矿山、水利技术。根据弗龙蒂努斯（Frontinus）所著的《引水渠（De aquaeductu）》[②] 一书所言：在公元1世纪时，每日由14条引水渠共引26万加仑[③]的水至罗马城。古代罗马城之人均用水量几乎和现代的纽约市相当。

[①] 每英亩约4047平方米。——译者注
[②] Sextus Julius Frontinus，弗龙蒂努斯，古罗马水利官员，《引水渠》为其上书罗马皇帝之水利报告。——译者注
[③] 26万美制加仑约984立方米。——译者注

引水渠绵延100公里，从海拔300米的起点开始，抵达海拔100米的城市水库。罗马工程师甚至在一些不易建设跨越式引水渠的山谷建设了倒置式虹吸系统用以输水。

中世纪的城市发展主要集中在堡垒的建设和对城市核心的强化等事项上，该时期城市是以环状向外扩展的。在欧洲的9世纪到14世纪之间，发生了大规模的城市化和城镇化进程，这一时期建立了数百个新城镇。

最终，城市的设计也发生了各种变化，例如佛罗伦萨的星形城市布局。巴黎在19世纪也经历了一次重建，当时拿破仑三世（Napoleon III）命奥斯曼男爵重建城市以解决拥堵问题并使之拥有更健康的环境、更宏伟的城市景象。巴黎改造历经20余年，按照奥斯曼的计划建设了宽阔的林荫大道、公园、邻里街区广场等。并建成一条新的引水渠和水库来为城市引入淡水。拿破仑三世建设了两座新火车站以连接巴黎和法国其他地区。他建成了"巴黎大厅"（Les Halles），这是一座位于城市中心的由铁和玻璃建造的伟大市场建筑。他还建成了一所综合医院，以及迪厄酒店（Hotel Dieu）——该酒店位于西提岛（Ile de la Cite）上，原址是被毁损的中世纪建筑。最具有标志性的地标建筑则是巴黎歌剧院，这是当时世界上最大的剧院建筑，它由夏尔·加尼耶（Charles Garnier）设计，是为拿破仑三世的新巴黎城之中心。

18、19世纪的工业革命带来了工业城市的大发展，这种发展模式的步伐和风格皆被商业利益主宰。结果是，城市的生活质量开始堪忧，城市规划者开始不遗余力地探求解决容纳更多人口（特别是工人）和获得更健康环境的方法。

现代主义（Modernism）于20世纪20年代影响到城市规划领域。例如带来了摩天大楼和大规模使用玻璃幕墙围护而成的钢框架结构办公楼。纽约市的曼哈顿（Manhattan）地区——充满了耸入云霄的办公楼及其之间峡谷般的街道——就是这一城市的典范。其他地区的城市很快开始模仿曼哈顿，并且竞相建造世界最高的建筑。用不了多久，像芝加哥和上海这种城市就将建成比纽约帝国大厦更高的建筑物。

虽然上面我们是以欧洲为中心简要回顾了人类定居点演变为城市的过程，但这个过程在世界各地区基本上是类似的。例如，亚洲、南美洲以及世界上的其余地区，虽然其发展经历是各自有独特性的，然而这种从采猎社会到农业定居点，再到更大的、人口更多的城市区域的过程，基本上是相同的：农业社会的繁荣提供了远超生存基本必需量的剩余食物，使得知识型工作和复杂的技术活动得以实行，并由此改善了社区的整体福利。

在最开始，城市为市民提供了保护和安全感。历史上的众多定居点也是建设在靠近淡水且地势较高，或者是其他易守难攻之处。例如：伦敦城建在一个海角上，俯瞰与泰晤士河接壤的一片平原；巴黎则源起自能抵御各个方向袭击的、河流中央的一座岛屿；威尼斯人疲于应对来自北方的蛮夷入侵，因此他们从大陆逃往了附近的沼泽地，在这里他们把木质基桩打入岛屿的沙土中，并在这些木桩上建造木质平台，随后这些平台上便可以建造建筑物，威尼斯的街道多是水路，因此利于四处航行，舟船便广受欢迎。

除了防卫功能和安全感，城市也拥有商业交易和繁华之利。交易行为和人类历史同样古老，相关的考古证据可追溯自各种族的起源时代。像伦敦这样的重要的金融中心，原本是一块各氏族（以及部落）用来交易动物毛皮和锋利石器（通常用作兵器或工具）的地方。

除了上述功能之外，城市还具备基本的基础设施体系，例如能源供应、交通运输、水和垃圾以及通信系统，这一点不仅在现代城市如此，在苏美尔文明时代的埃利都城也是如此。一个城市如何处理和供给这些要素，决定了市民的富庶程度和健康水平。

城市之扩大

自人类采用农耕的生活方式以来，人类社会的发展趋势就是社会组织（social organizations）的规模越来越大。人类越进化，就越难以容忍农村地区的存在。当前，我们目睹了数以十亿计的人们，竭尽所能，为求从现代文明之成果中分一杯羹。他们希望有自来水和电力供应的居所、希望有充足的食物、家用电器、医疗服务、教育机会、电脑、电视、手机和个人交通等。他们的需求永无止境，同时他们也勤劳无比，以求摆脱贫困、为子女投资未来。这数十亿的人口，正在涌入城市，或者——如当前非洲正在发生的那样——正在创建新城市。

自智人（Homo Sapiens）于大约100万年以前出现之时起，世界上的人口就一直在增长（中世纪大瘟疫时期除外）。据估计，在公元前八千年时，全球约有2000万人口。公元初年时全球约有2亿人口。工业大发展加速了人口增长，截止1930年，全球约有20亿人口。到1960年，又增加了10亿人，之后分别是每15年、每13年、每12年增加约10亿人口，再然后过了11年达到了今日的约70亿人口。此时此刻，全球人口增加的规模约等于今日德国人口的数量，即每年增长约8000万人。

非洲人口增速最快，到21世纪中叶，非洲人口将是其今日人口数量的两倍——假如埃博拉病毒停止传播，且人口增长一直持续的话。中国的人口数量依然世界领先，而印度紧随其后。对于亚洲和世界其他地方而言，如此大规模的人口增长也意味着因增加住房、食物产量、工作岗位和交通运输而造成的温室气体的增排和扩散，以及污染和有毒排放物等问题。全球范围的基础设施将面临严峻挑战，如何满足当地需求，且遏制与解决气候变化，成了重大问题。

据联合国估计，现在全球约有70亿人口，而21世纪中叶将增加到约100亿。此外，到21世纪中叶，全球的劳动力人数将由30亿增加到约60亿。年年都有千百万精力充沛的年轻人涌入就业市场，寻求工作岗位。劳动人口和总人口的剧增主要发生在城市地区，今天这全球70亿人口中的大约一半，即约34亿人居住在城市之中。且至21世纪中叶这个比例将达到75%，这意味着全球每10个人中有7个人住在城市中。

全球最大的城市将越来越多地集中在亚洲，亚洲有全球约56%的人口。中国和印度的人口均超过10亿。北美洲人口紧随其后，全球最大的城市有14%分布在北美洲。全球规模最大的前10座城市中，只有3座城市（东京、首尔、纽约）是高收入城市，而以目前的趋势来看，到2020年代中期时，东京将成为全球规模排名前10的城市中唯一的高收入城市。

中国的劳动力人口数量到21世纪中叶将有2.5亿的增长，这些人的就业岗位和收入问题必须得到解决。这也迫使中国政府未来将继续把经济增长的政策放在首位。中国目前已有许多超过1000万人口的城市。1975年时全球只有5座人口超过1000万的特大城市（megacities）。到了1995年，据联合国统计，这样的城市已有14座，截至2015年，有29座。(UN DESA, 2011)

根据2014年的"全球城市区域人口统计"（Demographia World Urban Areas），世界上人口最多的特大城市如下：（人口数量是城市行政区域总人口，而不仅限城区人口）

全球人口最多的特大城市　　　　　　　　　　　表1.1

城市名称	所在国家	人口（单位：千万）
东京—横滨区域（Tokyo-Yokahama）	日本	3.7
雅加达（Jakarta）	印尼	3.0
德里（Delhi）	印度	2.4
首尔—仁川区域（Seul-Incheon）	韩国	2.3
马尼拉（Manila）	菲律宾	2.2
上海（Shang Hai）	中国	2.2
卡拉奇（Karachi）	巴基斯坦	2.1
纽约（New York）	美国	2.1
墨西哥城（Mexico City）	墨西哥	2.0
圣保罗（Sao Paulo）	巴西	2.0

资料来源：Cox，2014[①]

用地范围

虽然纽约通常是一幅拥挤的图景，但实际上纽约仍然比世界上任何城市都覆盖了更广阔的陆地面积。它的用地面积接近11600平方千米（4500平方英里），比东京的用地面积多了三分之一——东京大约是8500平方千米（3300平方英里）。而举例来说，美国的洛杉矶通常被认为是低密度城市的典范，但却在城市用地面积上只是世界排名的第5位，排在芝加哥和亚特兰大这样比它人口还少的城市后面。可能更令人惊讶的是，波士顿的城市用地面积排名世界第6，而波士顿兴旺的城区（中央商务区）和相对而言密度较高的核心区通常给人一种高密度城市的误解。实际上，波士顿在战后郊区化进程中的城市密度和亚特兰大相比没有太大区别，而亚特兰大是全世界密度最低的城市之———它的人口仅300万多一些。现在，全球用地范围最大的29个城市，均覆盖了超过2500平方公里（1000平方英里）的陆地范围（Demographia, 2014）。

---

① 为方便读者查询，"所在国家"一栏为译者所加。——译者注

城市用地面积（以平方公里计）　　　　　　　　　　　　　　　　表 1.2

城市名称	所在国家	用地面积（单位：平方公里）
纽约（New York）	美国	11000
东京—横滨区域（Tokyo-Yokahama）	日本	8500
芝加哥（Chicago）	美国	6500
亚特兰大（Atlanta）	美国	6500
洛杉矶（Los Angeles）	美国	6200
波士顿（Boston）	美国	4700
达拉斯—沃思堡区域（Dallas-Fort Worth）	美国	4500
费城（Philadelphia）	美国	4500
莫斯科（Moscow）	俄罗斯	4300
休斯顿（Houston）	美国	4300

资料来源：Cox，2014[①]

城市密度

另外一方面，全球人口密度最高的城市都在亚洲。其中孟加拉的达卡（Dhaka）密度最高，每平方公里约 4.4 万人（每平方英里约有 11.4 万人）。巴基斯坦的海得拉巴（Hyderabad）名列第 2。孟买（Mumbai）与临近的卡延（Kalyan）——位于马哈拉施特拉邦（Maharashtra）——分别名列第 3、第 4 名。全球人口密度最高的 10 座城市中，只有香港和澳门位于南亚次大陆之外。尽管中国城市的密度之高名声在外，但是中国内地人口密度最高的城市（湖南衡阳市）仅在该排名中位列第 39（Demographia，2014）。

自放弃游牧生活以来，人类社会的趋势就是社会组织的规模越来越大。明亮的灯光、轻松的收入、现代化的好处，这些事物的吸引力令人无法抵抗，因此人们持续而稳定地不断涌入城市。

每平方公里城市人口数量　　　　　　　　　　　　　　　　　　　表 1.3

城市名称	所在国家	人口密度（万人/平方公里）
达卡（Dhaka）	孟加拉	4.5
海得拉巴（Hyderabad）	巴基斯坦	4.0
孟买（Mumbai）	印度	3.2
卡延（Kalyan）	印度	3.0

[①] 为方便读者查询，"所在国家"一栏为译者所加。——译者注

续表

城市名称	所在国家	人口密度（万人/平方公里）
吉大港（Chittagong）	孟加拉	2.9
维杰亚瓦达（Vijayawada）	印度	2.8
香港（Hong Kong）	中国	2.6
马勒冈（Malegaon）	印度	2.5
澳门（Macau）	中国	2.3
阿利加（Aligarh）	印度	2.3

资料来源：Cox，2014[①]

虽然城市规划者、建筑师、政治家们已经观察到这种现象，并且还从中获益，但他们仍然放任大多数城市——特别是在美国——在不考虑资源限制、生态或环境承受力的情况下肆意扩张。比如说，为什么拉斯韦加斯（Las Vegas）这种城市会被允许在脆弱的沙漠地区毫无顾忌地扩张呢？200万人生活在这个缺水的环境中，水资源枯竭只是时间问题。

气候变化影响城市

气候变化正在发生，其后果显而易见，但其具体所谓何事？最简单的答案是：气候变化是指全球气候格局的永久性变化。它可能是气候条件的变化，或是平均气候条件下出现更多或更少的极端气候情况。

很多因素会导致气候变化，例如：洋流情况、太阳辐射情况、地球板块运动、火山喷发等。这些都会引发地区性或全球性气候格局的重大变化。然而，气候变化的最显著因素是全球变暖——当前科学家确信这是来自人类活动的影响。

2014年，世界气象组织（World Meteorological Organization，WMO）称当年1至10月的全球平均气温（global average temperature）比气温参考平均值高出0.57摄氏度（1.03华氏度），超越了2010年，成为有气象记录以来全球气温最高的年份。海洋温度也创下历史纪录，而陆地温度在19世纪有气象记录以来，也是位列第4、第5名。

另外，北极海冰的覆盖面积减小到有记录以来第6低的水平。而南极冰盖却在增大，这意味着发生了非同寻常的变化，例如：海洋吸收了大气层中的多余能量，而这些能量来自化石燃料和其他人类活动所排放的温室气体。根据世界气象组织的说法，大气中最主要的温室气体——二氧化碳——的浓度在2013年创新高，达到了396ppm[②]。该数值比工业革命以前人们刚刚开始燃烧化石燃料获取能源时的二氧化碳浓度多了42%（Richter，2014）。

---

① 为方便读者查询，"所在国家"一栏为译者所加。——译者注
② ppm，体积浓度单位。——译者注

地球是圆的、连续的整体，某一地区的天气也影响着其他地区。气候变化会产生异常的气候格局，而当这种异常气候格局越来越频繁地发生之时，会带来很多后果，例如：龙卷风、飓风以及一些历史上罕有的极端天气现象等。

飓风"桑迪"（Hurricane Sandy）——有气象记录以来最大的大西洋飓风——于2012年10月29日袭击了美国东北部。剧烈的气旋暴风和暴雨驱动着飓风"桑迪"摧毁了纽约和新泽西（New Jersey）的沿岸地区，造成253人死亡。飓风造成了大量房屋和经济损失，肆虐了超过72小时。机场被封闭，纽约地铁隧道中的短路隐患威胁着数百万人，随后地铁系统被水淹没。

飓风"桑迪"并非特例，全球变暖正在当下发生，并且正对全球气候产生严重影响。例如，气候中心（Climate Central）的报告指出，2012年是第三次直接的飓风季节，在美国东海岸共产生19场被命名的风暴。对飓风的记录要追溯至1851年，而2010、2011和2012年是有记录以来除2005年和1933年以外飓风最频繁的年份。科学家们认为，如此频繁增加的飓风活动，原因之一在于大西洋海洋表面温度的变暖（Sandy Hurricane，2012年12月）。

因为尺度的原因，飓风这种天气是特殊的，但它们不是气候变化的唯一结果。在陆地上飓风则被称为龙卷风（tornados）。在类似的天气条件下，来自不同方向的、不同温度的气流互相碰撞，产生巨大而且失控的旋风流，便成为龙卷风。过去美国的龙卷风发生频率每10年就翻一倍。这些龙卷风夺取了许多生命，产生了难以估量的损失。

尽管飓风"桑迪"尺度巨大，然而在2013年11月席卷菲律宾的超级台风"海燕"（typhoon Haiyan）面前，它还是相形失色。此次台风的规模是前所未有的，菲律宾中部群岛被持续时速250英里/小时①的风暴扫过，水墙轻易就越过了16英尺②高的屏障。其产生的破坏规模也是惊人的。总统阿基诺（Benigno Aquino）称这是一次"全国性的灾难"（The Economist，2016）。

海燕台风掠过的一些地方人烟稀少，然而根据政府数据，仍然有超过2300人死亡，1100万人被波及。道路和村镇、树木和农作物被毁，输电线路和房屋被吹走，有超过60万人无家可归。据估计造成的损失超过150亿美元。

台风"海燕"可能是历史记录上最强的风暴了，科学家和政治家均归因于气候变化。2013年华沙气候峰会的菲律宾代表萨诺（Naderev Sano）认为如此严重的风暴是气候变化的结果。他告诉记者："我们现在看到的趋势是，更多破坏性的风暴将成为新常态"（The Economist，2016）。

2010至2012年间，巴基斯坦饱受空前的水灾之苦，中国内蒙古和美国得克萨斯却在遭受干旱。得克萨斯的农场主赶着在牲畜被渴死之前送它们去屠宰场。也是在2010年，俄罗斯西部经历了有记录以来最炎热的夏天，光是莫斯科周围就发生了500起自然火灾。在2011年，东非遭受了饥荒——这和印度洋变暖有所联系。亚马逊地区（Amazon region）遭受了最严重的干旱，里奥内格罗的水位记录创新低。2011年，法国度过了最炎热、最干旱的一个春季。之后，

---

① 250英里/小时，约等于402公里/小时。——译者注
② 16英尺约等于4.9米。——译者注

2012年的4月～6月间又是英国有记录以来最潮湿的夏季。大雨影响了英国女王于泰晤士河举办的登基60周年纪念露天盛会。

2013年的高温甚至融化了乌德纳达塔（Oodnadatta）——澳大利亚南部的一座内陆小镇——的一条道路。当年的大火也横扫了整个塔斯曼半岛（Tasman peninsula）。作为最易受全球变暖现象影响的国家之一，澳大利亚正变得越来越热。2013年的热浪创造了澳大利亚有史以来的高温新纪录（40.3摄氏度）。为了测量和标示这些新纪录，澳大利亚气象局不得不在气候图上增加了两种新颜色：紫色和粉色。这些新颜色意味着偏离常规水平的温度记录（The Economist，2016）。

"畸态（freaky）"一词可以用来形容这种极端的气候格局，这正在变为一种新常态——在这种新常态下，全球变暖改变了各地的气候。2014年成了全世界有气象记录以来最热的一个年份。

尽管化石燃料和碳排放是二氧化碳的主要贡献者，但它们并非温室气体的唯一来源。甲烷（methane）[①]，和一氧化二氮（nitrous oxide，化学式N2O，又名笑气）也是温室气体的重要组成部分，他们造成温室效应的强度要300倍于二氧化碳。然而这些气体也是只有一小部分来自化石燃料的燃烧排放——它们的更主要排放源是牛和猪。

事实上，畜牧业（livestock production）正是气候变化的一个首因，甚至可能要在人类活动造成的排放量中排第5位（The Economist，2014）。这个星球的人口增长越快，畜牧业规模就越大。越多贫穷的国家追求发展，就有越多的人们需要为自己和孩子们摄入动物蛋白。

以中国为例，虽然政府鼓励粮食自给自足，但每生产1公斤家养猪肉需要大约6公斤饲料，而饲料通常是玉米或大豆。中国并没有足够的水资源或土地来提供如此多的猪饲料。2010年中国进口的大豆总量已经超过了全球大豆市场总量的一半。

全球土地使用功能也正在发生变化。巴西正在砍伐森林和一部分亚马逊雨林来种植大豆。阿根廷砍伐了数千公顷的森林，并且将传统的养牛业转变为大豆种植。自1980年起，阿根廷的大豆种植面积已经翻了两番，各种植物群落和树木作出的牺牲皆是为了畜牧业。

猪粪——曾经供不应求的肥料——已经成为一个严重问题。这数十亿吨的猪粪是水土污染的主因，而且还向大气中释放了大量的甲烷和一氧化二氮。从1994年到2005年，中国农业的温室气体排放量就增长了35%。（The Economist，2014）。

城市：对抗气候变化的战场

全球的城市一共只占据地球表面3%的面积。但城市人口却占全球总人口的一半，且城市排放的有害温室气体占比达70%。这一分歧如此之大，以至于联合国宣称城市的中心区已经成为对抗气候变化的主战场，并称"若城市本身忽视自身在应对这场危机中所扮演的角色，便要

[①] methane，甲烷，化学式CH4，自然界分布较广的有机物，是天然气、沼气等的主要成分。——译者注

承担后果——不仅是城市自己的后果,更是全世界要为其负责"(Cities and Climate Change, 2011)。在一份名为《城市与气候变化:人类住区的全球报告》(Cities and Climate Change: Global Report on Human Settlements)2011年的报告中,联合国指出,关键问题是搞清楚城市中发生了什么,以及城市自身对环境所产生的影响是如何被管理的。正是快速的城市化和对发展的需求构成了主要的威胁。

发展中国家的城市是增长最快的。每年全球城市人口都要新增6700万,而其中的91%的增加额都发生在发展中国家的城市。

根据联合国所言,影响二氧化碳的总排放量以及二氧化碳人均排放量(per capita CO_2 emissions)的因素是多种多样的:

- 城市的地理状况(geographic situation)——这主要影响对取暖、制冷和照明的能源需求量
- 人口状况(demographics)——人口规模影响对空间和服务设施的需求量
- 城市形态(urban form)和城市密度(urban density)——无限制蔓延型的城市通常比紧凑型城市有更多的人均排放量。
- 城市经济状况(urban economy)——城市经济活动类型,以及这些活动是否排放大量温室气体
- 城市居民的财富状况和消费模式

不同城市的二氧化碳排放量有很大的区别,例如欧洲的城市相对其他地区而言有较低的排放量。这是因为欧洲城市通常布局更紧凑、公共交通系统(public transportation)更好、城市空间利用效率较高,以及扩张性较弱(特别是和北美的城市相比)。

根据联合国按经济产业部门所分类进行的温室气体排放量统计而言,全球14%的温室气体与农业生产有关,而17%与林业有关。剩余部分中,温室气体的排放主要来自城市,例如化石燃料发电、烹饪、交通运输和工业生产。

在全球范围内,因能源使用而产生的温室气体排放中,交通运输活动占比23%,以全部的温室气体排放量为总数时其占比为13%。而19%的温室气体排放与工业生产相关。全球的住房和商业建筑平均每年排放106亿吨的二氧化碳,占全球温室气体总排放量的8%。垃圾的相关释放量占比3%。

全球的气候变化正在发生,其后果十分显著。飓风、台风、洪水、海侵(coastal flooding)、空气质量恶化、饥荒等,都只是众多冲击这个脆弱星球的灾难事件的一部分。

根据"气候弱点论坛"(Climate Vulnerable Forum)(Monitor Climate, 2012)2012年秋季发表的《热星球的冷演算指南》(A Guilde to the Cold Calculus of a Hot Planet),如果人类无法应对气候变化,到2030年,将有超过1亿人死亡,国际经济损失将占GDP总量3%。该报告的作者计算得出,由碳密集型经济所造成的气候变化所产生的空气污染、饥饿和疾病,每年造成约500万人死亡,而假如当前的化石燃料使用格局继续下去的话,到2030年,这个数字将达到600万(Monitor Climate, 2012)。

可悲的是,上述死亡事件中的90%将发生在发展中国家,因为世界上最贫穷的国家也是应

对各种天灾人祸最无力的国家，它们在干旱、缺水、作物歉收、贫困、疾病面前不堪一击。

就经济而言，全球最贫穷的国家到2030年时将因为气候变化损失约11%的经济生产总值。农业和渔业是大部分贫穷国家非常依赖的产业，届时将面临每年超过5亿美元的损失（Monitor Climate, 2012）。

如果全世界要解决气候变化问题，以及应对其破坏性的影响，城市必须努力站在最前沿。城市必须有所行动以使温室气体排放量大幅减少。70%的温室气体来自城市，有些大都市的排放总量甚至超过了一些落后小国：纽约每年的二氧化碳排放量和孟加拉全国相当；伦敦和爱尔兰相当；柏林和约旦相当。

解决方案何在？

对纽约、北京等世界特大城市而言，解决方案就是"智慧"、"生态（绿色）"、"可持续"。城市，尤其是特大城市，必须把环境的可持续性和经济的可持续性放在同等地位。城市空间的质量需要改善，以变得更适于步行和骑行、更加宜居。建筑物应该在设计上有所创新且对城市环境有敏锐的呼应，并创造一种有活力的氛围。应当鼓励可持续型的生活方式与商业活动，基础设施（水源供应、回收系统、交通运输、垃圾、物料等）应当支持这类活动。更为重要的是，一座生态的可持续的城市需要可再生型能源，并且利用智能集成电网系统（smart integrated grid system）来平衡和分配能源。

能够做到"气候中立（climate-neutral）"的柏林城，是非常值得效仿的城市案例。柏林不仅是首都，也是德国最大的城市，拥有375万居民。柏林正越来越具有吸引力，且正在稳步发展之中，柏林全市都在努力使之在2050年成为"气候中立"城市。一座城市可被称为"气候中立"的标准在于：该城温室气体排放可以保证全球变暖的范围低于2摄氏度的危险阈值。基于这些标准，假如柏林的城市二氧化碳排放量可以被限制在440万吨的话——也就是比1990年的水平减少85%，那么柏林便称得上是"气候中立"城市。

成为"气候中立"城市只是可持续发展的一部分。一个城市需要心脏和灵魂（或一个中心），在其中人们可以聚在一起，基于其文化、历史和传统，进行工作和休闲。今日，智慧城市模式在各地都以其可持续型的生活方式和空间（通常是人们首选之地）备受欢迎。一座"智慧生态城市"拥有上述元素，且拥有一种"保护精神"的核心价值以及一种对环境的亲切感，和对自然资源的尊重。

参考资料

Cities and Climate Change, 2011. Global Report on Human Settlements, http://mirror.unhabitat.org/downloads/docs/E_Hot_Cities.pdf.

Cox, Wendell, 2014. Largest World Cities: 2014. November 16, http://www.newgeography.com/content/004280-largest-world-cities-2014.

Demographia, 2014. World Urban Areas, http://www.demographia.com/db-worldua.pdf.

Leick, Gwendolyn, 2002. *Mesopotamia: The Invention of the City*. Penguin Books, London.

Monitor Climate, 2012. http://daraint.org/climate-vulnerability-monitor/climate-vulnerability-monitor-2012/.

Richter, Karl, 2014 U.N. Weather Agency Says No Pause in Global Warming, Associated Press. December 4.

Sandy Hurricane, 2012. October 29, http://news.blogs.cnn.com/2012/10/29/hurricane-sandy-strengthens-to-85-mph/.

South Florida's Desperate Secession Movement, 2014. Future Tense. October 23, http://www.slate.com/blogs/future_tense/2014/10/23/south_florida_as_51st_state_the_city_of_south_miami_votes_to_break_away.html.

The Economist, 2014. Empire of the Pig, December 20.

The Economist, 2016. November 16.

Vitrivius, 1914. *The Ten Books on Architecture, Bk I*. Morris H. Morgan (translator). Harvard University Press, Cambridge, MA.

UN Department of Economic and Social Affairs (UN DESA), 2011. World Population Prospects: The 2010 Revision, http://esa.un.org/unpd/wpp/index.htm.

第二章　现代城市所面临的关键问题

洛杉矶非常有标志性：包裹在银幕和荧屏里的阳光、海滩、高速公路。令人着迷的、传说般的财富、铺张而放纵的生活等，举世闻名。世人所熟知的洛杉矶形象是贝弗利山庄和令人目眩神迷的好莱坞，是帕米拉·安德森在《海滩游侠》中的美貌，是电影《低俗小说》中的黑帮故事，以及天真曼妙的玛丽莲·梦露和逗趣幽默的米老鼠。

这座城市与众不同，它靠着传媒和银幕就影响了全世界的人，无论是从白金汉宫到坦桑尼亚盖伦盖蒂平原的泥巴房子，还是从迪拜帆船酒店到蒙古包，抑或是从亚马逊丛林到上海国际金融中心，洛杉矶对这些地方都能够产生影响。这是一座最好的城市，也是最坏的城市，它有着位于阳光明媚、绿草如茵的郊区的宽敞豪宅，但是这些豪宅却距离办公地点数小时的车程。人们就像活在汽车里一样。

对洛杉矶人来说，每天在车里花上2到4个小时上下班并不稀奇。为了适应这种与世隔绝的、以汽车为中心的生活，这座城市被数千英里长的混凝土高速公路缠成了木乃伊。由于交通堵塞严重，温室气体排放和糟糕的空气质量已经折磨洛杉矶几十年了。这种过分铺张的城市格局后来也开始发生在世界其他城市了。

洛杉矶是仅次于纽约的美国第二大城市。凭着廉价的化石燃料和大规模的国防工业，洛杉矶在二战后开始繁荣，它很快扩张成了这样一座城市：扩张的郊区有着富人们的带泳池的大豪宅，也有普通工人居住的贫民窟和穷困的社区。在20世纪50年代，洛杉矶在安全、繁荣度、成就感的角度而言堪称美国理想。随着城市的建设范围超出市中心，就需要越来越多的高速路去连接居住区、工作区和商业区。

城市用地的扩展和房地产开发（real estate development）占据了主导地位，任何有逻辑的理性规划都让位于城市扩张。各种压力和影响，干扰了连贯有效的基础设施系统的建设。在泛滥的小汽车和廉价能源面前，公共交通早已萎缩不振，同时自20世纪20年代起就在使用的轨道交通被高速公路系统性地替代了。随着人口激增，像洛杉矶最初规模一样大小的城镇被不断创造出来，今天的洛杉矶郊外已经拥有十几个孤立且独立的子城市——把洛杉矶最初的城区本身包裹其中。

洛杉矶可以说是第一座以汽车为中心的特大城市。它完全依赖廉价化石燃料驱动的小汽车作为交通系统。这种行为是美国那些大型的、有利可图的汽车工业所乐见的，而这些汽车工业却很少尊重生态环境。世界上其他的城市也在遵循洛杉矶的逻辑，通过扩张用地范围，并且建造高速路来把这些区域和市中心联系起来。

今天，整个大洛杉矶区域拥有约1500万人口，这几乎是加利福尼亚州人口数量的一半。

这个地方被锁死在对化石燃料的依赖上，也正是这种依赖使得以汽车为中心的文化意识掌管着整个区域。"洛杉矶委员会2020（Los Angeles Commission on 2020）"在一篇2014年发表的报告中批评说，"世界其他地方都在前进，独洛杉矶原地踏步。在适应21世纪的现实一事上，我们有落后的风险，而且洛杉矶正在成为一座衰老的城市。"（Los Angeles Commission on 2020，2013）

洛杉矶不仅拥有世界上最大规模的高速公路体系，其人均汽车保有量也是最高的。美国可能是有登记的车辆最多的国家（约2.32亿辆），但加利福尼亚——特别是洛杉矶——才是最仰赖汽车的地方。大洛杉矶区域的汽车密度为世界之最，总共有超过2600万辆汽车，人均1.8辆。洛杉矶是全世界人均汽车数量最多的城市。

每天在洛杉矶的高速公路上跑着1200万辆燃烧化石燃料的汽车，主要问题就是拥堵和污染。根据2014年拥堵指数（Congestion Index）的统计，洛杉矶的道路拥堵指数和道路污染指数均名列北美第一（Los Angeles Commission on 2020，2014：1）。

汽车越来越多，车行方式占据主流，这自然意味着更多的空气污染。洛杉矶盆地三面环山，西面朝向太平洋，该地形状况易受大气逆温影响。大气逆温，这种异常的气候状况使污染不易散开，并会把污染约束在临近地面的位置，并持续从道路车辆、飞机、火车、轮船、制造业等处吸收废气（Los Angeles Commission on 2020，2014）。

这样每天就有数百万吨计的毒素（toxins）被释放到大气中，这些污染物积累起来，形成了一个浓厚的雾霾层，影响着居民的健康和幸福（Los Angeles Commission on 2020，2014）。这一厚重的碳污染层最终引起了立法者的关注，并且通过了环境类法律，包括1990年代末期的空气清洁法案（Clean Air Act）。今天，污染的天数少了，但问题仍然没有消失。而如果制造温室气体和污染的主要因素仍然还在的话，这问题在未来也仍将持续。

尽管有所改善，美国肺健康协会（American Lung Association，ALAC）仍然把洛杉矶列为美国污染最严重的城市（ALAC，2014）。此外，洛杉矶的地下水也日益受到污染的威胁——来自加油站的甲基特丁基乙醚（Methyl Tertiary Butyl Ether）和来自火箭燃料的高氯酸盐（perchlorate）（SCAQMD，2010）。更糟的是，加利福尼亚现在正处于严重的干旱之中，州长正在推进一项计划，旨在2015年减少36%的用水量，之后再节约更多。

全球性的问题（global problem）：拥堵（congestion）、空气质量（air quality）

以（化石燃料）汽车为中心的文化产生了很大的影响，全球很多城市都像洛杉矶一样正在同这种影响做斗争。事实上，虽然洛杉矶的汽车问题如此严峻，但美国城市却没有排入全球交通最拥堵的城市前10名。有一个事情是在南加州有大量的德国大众汽车（Volkswagen cars），其柴油引擎的温室气体排放量"记录"很低。结果在2015年9月，加利福尼亚州能源署（California Energy Agency）揭露了大众汽车的环境计量软件问题，该软件所证明的温室气体排放较低一事属于造假和误导。截至当年 11 月，超过 1100 万辆大众汽车被从世界各地召回。同时大众汽车——一度是世界最大的汽车制造企业——也面临着严重的法律指控和相关追责。

GPS 生产商 TomTom 测量了道路拥堵情况和不拥堵情况下所花费的通过时间之差值，得出了一个拥堵指数。根据该指数而言，俄罗斯的莫斯科是全世界最拥堵的城市。TomTom 的拥堵城市排名如下：

城市	国家	拥堵情况
莫斯科	俄罗斯	最拥堵的城市
伊斯坦布尔	土耳其	城市中心有很多水系，车辆不可避免地要使用人多且拥挤的众多桥梁。博斯普鲁斯海峡（The Bosphorus strait）贯穿商业中心地带，这也带来了不少问题
里约热内卢	巴西	南美洲最拥挤的城市，巴西正在试图建设更多轨道交通并改善道路状况
华沙	波兰	汽车保有量倍增，而道路建设速度没有跟上
巴勒莫	意大利	人口不多，但交通拥堵是世界级的
马赛	法国	港口和海岸线产生了不少问题，进出市中心的道路又太少
圣保罗	巴西	交通运输部门试图提高公交和轻轨的票价，结果引发了大规模群众抗议
罗马	意大利	古老的街道布局不是为汽车设计的
巴黎	法国	城市提供了一些汽车专用道路，但是非常拥堵
斯德哥尔摩	瑞典	水道和桥梁增加了城市的拥堵

资料来源：CNN，2013.

伴随拥堵而来的是空气质量下降，有毒颗粒物笼罩着城市。洛杉矶、墨西哥城和北京的浓重雾霾举世皆知。然而，这三座城市也并没有进入世界卫生组织（World Health Organiztion, WHO）2014 年污染最严重的城市名单。

WHO 以 PM2.5 为指标测量空气质量，它是指微米级别的颗粒物，如氨、碳、硝酸盐、硫酸盐等。这些微观颗粒通过呼吸可以进入肺部，对哮喘患者、肺气肿、心脏病者，以及老年人而言，尤其有害。随着微观颗粒进入血液，其也有可能致癌。WHO 认为 25 微米是一个安全标准，不幸的是大多数城市的污染标准都超过这个水平。

WHO 的报告中，印度的德里是空气质量最差的。德里的空气质量测量结果是：PM2.5 含量为平均每立方米约 575 微克。相比之下，伦敦的 PM2.5 含量为 20，在安全范围之内（CNN，2014）。

排名第 2 的是另一座印度大城市巴特那。巴特那的空气质量也非常差，平均 149 微克/立方米。WHO 报告称，全世界 PM2.5 污染最严重的城市中，有半数在印度。其他空气中有毒物质含量比较高的特大城市在巴基斯坦和孟加拉。有些小城市也面临雾霾威胁健康的问题，这些城市有伊朗的阿瓦士和博茨瓦纳的哈博罗内。

据印度科学和环境中心（Center for Science and Environment）报告称，在2013年冬季，德里的污染水平有60次超出安全范围。该中心称印度的城市已成为致命的污染、拥堵和严重依赖汽车的基础设施的牺牲品。德里每天增加1400辆汽车，而印度的汽车工业仅为其安装最基本的减排设备。垃圾焚烧、工业，以及该国的燃煤火电站，都在往岌岌可危的大气中排放污染物。医疗研究指出雾霾在德里居民中引发了诸多疾病，例如急性肺病、眼科疾病，以及维生素D缺乏症和伴生的佝偻病。

另外需要游客特别注意的是，在印度首都，交通工具内部的污染水平要比外部高8倍。

该报告还针对性地指出，中国政府正在进行"一致而积极的努力"，以使诸如被雾霾困扰的北京这些城市的空气质量有所改善。这些努力包括：限制年度汽车销售量、在污染"红色警戒"条件下实行汽车单双号限行，以及当越来越多的城市治理雾霾见效之时，对治理不力的城市进行处罚（CNN，2014）。

意大利的米兰，也实行单双号限行以减少车行交通，鼓励骑自行车和步行。汽车若在伦敦中央区域行驶需要缴费，有人甚至建议实行禁行（The Telegraph，2014）。人们只能步行、骑自行车或者搭乘公共交通。

气候变化与全球变暖

当前全球的经济被"碳－化石燃料"所操控，而拥堵和空气污染正是由于依赖这种经济模式而产生的部分结果。过多的机动车、过多的污染，都在加速气候变化和全球变暖，而这二者或许是全球城市所面临的最严重的问题——特别是沿海城市。气候科学家称地球北极地区正进入一个新的变暖期，而冰盖正以前所未有的速度融化。他们警告说，这个新时期的气温和水温更高，夏季的海冰和积雪将变少，海洋化学也会发生变化。2011年，北冰洋区域的平均气温比1981—2010年的基准线高约2.5摄氏度，由于吸收二氧化碳的数量增加，因此海洋酸化度也提高了。

由于北极海冰（Arctic Sea ice）的厚度退化，这改变了北冰洋和空气之间的热量流动。随着海冰的减少，颜色较深的海洋表面吸收了更多的太阳辐射。这对北极气温产生了巨大的影响，并且足以改变大气环流。更温暖的空气削弱了环绕北极点的高空气流，导致了"极地涡旋（polar vortex）"的下降。这又为北极空气向南流入美国和欧洲提供了更多机会，从而造成气候的巨大变化（Arctic Map，2014）。

随着冰盖融化，海平面上升，带来了更高的潮位。沿海城市正在经历这些高潮位的后果，例如吞没街道和低矮楼层，以及一些低洼地带。预计未来数年内这一趋势还将急剧恶化。

"忧思科学家联盟（Union of Concerned Scientists）"[①] 在2014年10月发表了一个报告，报告中预测：到2020年，美国马里兰州（Maryland）的安纳波利斯（Annapolis）将遭受至少180场洪水的袭击。到2045年，华盛顿特区、大西洋城、新泽西，以及其他14个沿海或沿海湾的地点也会遭受同样的洪水。研究者预测：从2012年到2030年海平面将上升5英寸，到2045年将上升1英尺[②]。根据这些预测数据，研究者才做出了上述关于沿海地区洪水袭击的警告。

除了"忧思科学家联盟"的报告以外，佛罗里达州（Florida）的迈阿密（Miami）市政府通过了一项决议，要成为美国第51个州。该决议表现了迈阿密市民，和其他生活在佛罗里达南部地区的人对全球变暖和海平面上升的担忧。海平面上升，和日渐增多的暴风雨的威胁，意味着迈阿密将成为第一座因气候变化而消失的美国大城市（South Florida，2014）。

全球的沿海城市实际上都和美国东海岸地区一样面临着海平面上升产生的洪水威胁。在2013年8月的一份报告（World Bank，2014）中，世界银行（World Bank）估计海平面上升对大型沿海城市造成的全球洪水损失（global flood losses）将达每年1万亿美元。

报告称：气候变化、快速的城市化进程、土地下陷等问题，正置全球沿海城市于洪水的威胁之下。世界银行的经济学家预测，若仅考虑到社会经济因素——例如人口增加和财产价值，全球洪灾造成的平均损失将从2005年的60亿美元/年上涨到2050年的520亿美元/年。如果再考虑到海平面上升和土地沉没的风险，若全球大型沿海城市再不采取措施，则全球洪水对其造成的破坏可能高达1万亿美元/年。（World Bank，2014）

沿海城市那些抵御风暴海潮和洪水的防御体系是为现在的情况设计的。它们不足以应对海平面上升和由气候变化产生的更具有毁灭性的洪水。将来为了保护这些城市，将在防御体系的设计、规划和建设方面投入大量资金。

世界银行称，就整体损失而言，受灾风险最严重的城市如下：（1）广州（中国）；（2）迈阿密（美国）；（3）纽约（美国）；（4）新奥尔良（美国）；（5）孟买（印度）；（6）名古屋（日本）；（7）坦帕（Tampa）（美国）；（8）波士顿（美国）；（9）深圳（中国）；（10）大阪（日本）。上述名单中排前四位的城市其损失总量就占全球总损失量的43%（World Bank）。

然而，当洪灾损失按国家GDP百分比衡量时，发展中国家的城市面临的风险更大。许多发展中国家的城市发展速度非常快，以至于大量的贫困人口在热带风暴和土地被淹没的风险面前毫无设防。

若损失以GDP百分比论，则脆弱性（vulnerability）最高的前十名城市如下：（1）广州（中国）；（2）新奥尔良（美国）；（3）瓜亚基尔（Guayaquil）（厄瓜多尔）；（4）胡志明市（越南）；（5）阿比让（Abidjan）（科特迪瓦）；（6）湛江（中国）；（7）孟买（印度）；（8）库尔纳（Khulna）（孟加拉）；（9）巨港（Palembang）（印度尼西亚）；（10）深圳（中国）（World Bank，2014）。

这些城市中的穷人是最危险的，因为快速的城市化使他们涌入脆弱的社区，而这些地方通

[①] 亦在《借来的地球》一书中被译为"有心科学家联合会"。——译者注
[②] 5英寸等于12.7厘米，1英尺等于30.48厘米。——译者注

常是在低洼地,或是水系旁易受洪灾的区域。他们的通勤距离一般很长,而且由于缺乏公共交通系统,他们不得不依赖于个人交通工具——通常是还用着过时的燃料系统的老式汽车。

,报告还指出一些港口城市的风险也在日益增加,包括:亚历山大(埃及)、巴兰基亚(Barranquilla)(哥伦比亚)、那不勒斯(意大利)、札幌(日本)以及圣多明各(Santo Domingo)(多米尼加)。

世界银行呼吁各城市尽快行动起来,建设更好的防御体系。此外,他们需要更好的危机管理和应急计划——包括早期预警系统和疏散方案。对于小国来说,防护设施和做好准备工作尤为重要。一次发生在关键城市的灾难性洪水可以使整个小国的经济停摆,这会使得恢复和重建工作变得更加困难。对所有城市而言,未雨绸缪意味着在未来能够拯救生命和财产(World Bank, 2014)。

财富和不平等现象

虽然城市人口不断加速增长,但随着人口的自然增长,移民的增长所起的作用越来越小了。比如德里、达卡、雅加达、墨西哥城这种特大城市,每一座城市的人口基数都有3000万,几乎要超过加拿大的总人口数量了——2013年加拿大人口为3560万。

很快,全球将有500座人口超过百万的大城市。比如,中国的城市化在过去几十年里一直在以每个月增加一个芝加哥人口规模(约300万人)的速度来扩张。实际上,在短短的一个多世纪里,人类已经从农村生物变成了城市生物。

这些城市不仅在增长,同时也在制造着越来越多的全球财富。根据威尔逊中心(Wilson Center)2012年的一份报告,低收入国家的GDP里有55%是由城市的经济活动创造的,在中等收入国家中这数值为73%,在高收入国家中该数值为85%(Ruble, 2012)。

可悲的是,虽然城市正在创造大量财富,然而全球的贫困率还在上升,而且贫困成为日益增加的一种城市现象。随着城市发展,以及经济越来越变得依赖于知识和技术,中产阶级却在萎缩。城市的不平等现象正接近危险水平,而且还将进一步恶化。

联合国估计约有10亿人(全球城市人口的三分之一)住在贫民窟中(UN-HABITAT, 2006)。全世界的城市里有上亿人生活在极度贫困中,缺少住房、干净的水,以及最基本的卫生设施。全球贫困已经成为一种城市现象。

在2002年,城市人口中有7.46亿人每天的生活费不足2美元。在过去的20年中,城市贫困人口的绝对数量一直比农村地区增长得快。快速的城市化在亚洲产生了全世界最大规模的贫民窟人口。然而,城市贫困问题最大的威胁在非洲。那里的城市增长速度最快,而且贫民窟也是最多的。在过去的15年里,撒哈拉以南非洲地区的贫民窟人口数量几乎翻了一番——72%的城市人口居住在贫民窟里(Woodrow Wilson International Center for Scholars, 2007)。

过度拥挤和环境恶化使得城市贫民(urban poor)特别容易受到疾病的威胁,例如西非的埃博拉疫情。贫民窟居民的生活充满了不安全感,而且工作收入低、条件差。

经济不平等引起了各种各样长期的社会问题，例如无家可归、犯罪行为、黑帮暴力，这些问题耗尽了当地资源，分散了政治家们在诸如气候变化等全球性问题上的注意力。其中黑帮暴力尤其致命。黑帮现象给当地的社区结构带来了犯罪、伤害和死亡等危险，并且引发了社会、经济和物质条件上的衰退。

欧洲的一些城市，如维也纳、巴黎、伦敦，有着大量具有不同宗教和文化背景的移民（大部分是穆斯林），现在面临着严重的社会问题。虽然没有如美国大城市那样具有犯罪倾向的黑帮文化，但是这些大量的移民人口里却有着越来越多的、内心不满且失业的年轻人。在许多这些少数族群社区里，男人没有工作就无法结婚，而没有工作技能的移民很少有或根本就没有任何工作。

大量不安的、被剥夺了公民权的年轻人，被隔离在现代生活的正常格局之外，这会引发麻烦。恐怖主义是这些城市的关键问题，现在中东的许多吉哈德恐怖分子就是来自这些社区。

在2014年秋天，伦敦、维也纳，以及保加利亚和波斯尼亚的警察和安全部门的联合打击旨在逮捕吉哈德恐怖分子，而这些恐怖分子和大量的穆斯林人群相关联。这意味着伊斯兰极端组织IS正在积极地通过网站、当地的清真寺和激进派阿訇来招募人员。

2014年11月，英国颁布了严厉的法律以防止那些前往叙利亚和伊拉克从事恐怖主义活动的本国公民回国。其他欧洲国家，例如德国，正在追捕激进的吉哈德恐怖分子及其关联者，据欧盟反恐机构估计，大约有3000名欧洲公民前往叙利亚和伊拉克参加了吉哈德恐怖主义活动。最令伦敦、巴黎和柏林这样的城市担忧的是，这些吉哈德分子会返回欧洲，在欧洲本土制造恐怖主义事件、实行暴力和犯罪行动（BBC，2014）。

严峻的经济不平等问题就像气候变化一样，是全球城市所面临的一个大问题。这不是某个人或某个群体更富裕的问题，这更关乎一个被从公民生活中排除的群体，以及那些未能从现代化的好处中分一杯羹的群体。

经济不平等现象尤其容易影响那些处于焦虑和孤独中的、容易被利用的年轻人。这些被边缘化的人群正给全球城市带来巨大的社会压力和不安感，而这问题当前依然在持续。

无家可归

贫富差距现象也从其他方面影响着城市，特别是由于住房的短缺或价格非常昂贵所引起的"无家可归"的现象。从最基本的经济层面上来说，无家可归的现象是由贫穷和失业造成的。穷人根本买不起住房，无法负担简单的栖身之所。位于日内瓦的"全球居住权与反迫迁中心（Center on Housing Rights and Evictions）"的负责人斯科特·莱基（Scott Leckie）补充说，无论是在富裕还是贫穷的国家，无家可归者的总数都是非常巨大的，这种现象的根源就是从经济上和政治上对穷人的人权的漠视（Share International，2014）。

2005年，联合国人权委员会（United Nations Commission on Human Rights）估计全球有1亿无家可归者。这些人没有栖身之处，他们睡在人行道上、睡在建筑门廊里、睡在公园或者大桥下。也有的睡在诸如火车站、汽车站之类的公共建筑里，或者是为无家可归者提供床位的夜间收容所。

该问题在全世界都很严重。据估计，仅仅欧洲就有超过 300 万人无家可归。即使如英国这样的富裕国家也有该问题。根据 HWC（Homeless World Cup）——一个致力于改善无家可归者生活状况的国际组织——的数据，英国是欧洲无家可归者最多的国家之一：每 1000 人里有超过 4 人是无家可归者。英国无家可归者的平均预期寿命是 42 岁，而该国的人均寿命是男性 74 岁、女性 79 岁。该国无家可归者的平均预期寿命比埃塞俄比亚或者刚果的人均寿命都低。在英国，有 10459 人露宿在外，另有 98750 人住在临时的庇护所里。据估计无家可归者每年约耗费伦敦市 3890 万英镑，主要包括经济发展的损失、司法和社区医疗费用，以及在人们生活中造成的巨大损失。英国每一个无家可归者需要政府花费 1.5 万英镑来为其提供住宿和其他服务（Homeless World Cup, nd）。

在巴西，全国住宅缺口量为 660 万套，这就意味着有 2000 万人无家可归。他们现在住在棚户区、合租房、破房子或者各种桥梁下，或者在一些大城市中住在临时占据的建筑内。印度约有 63% 的人口住在贫民窟里，而墨西哥城约有 40% 的人住在各种临时性房屋内。

在尼日利亚（Nigeria），40% 的人生活在贫民窟（slum population）里。据估计俄罗斯也有 500 万人无家可归，而其中有五分之一是儿童。美国的无家可归者数量估计在 60 万到 250 万之间，而在物价较高的城市如旧金山，该现象尤为突出。夏威夷是无家可归现象最严重的美国地区，这一方面因为住房成本非常高，另一方面也因为当地旅游业的工资收入非常低（Homeless World Cup, nd）。

城市扩张区（city sprawl）="城市结块（agglomerations）"

随着城市人口增长，自然需要占用更多的土地。随着人口密度开始下降，城市向外蔓延并占据大量的土地。根据"城市联合会（Cities Alliance）"的卫星照片，城市人口密度是半个世纪以前的三分之二。大量的人口涌向城市导致的结果就是城市边缘离中心区越来越远。对城市规划者而言这是一种"城市结块"，结果就是，城市景观消失了，城市向各个方向蔓延数百平方英里。中国的上海就是一个典例，城市不断向外扩张，最后几乎占据了整个地区。

这种城市扩张区是全球趋势。或许这正意味着"城市时代（urban age）"的开始。全球的城市越来越大，越来越多样化，流动性更强，越来越难以管理。被稀释的密度和剧增的城市体量，意味着我们过去所理解的"城市"已经成长为一种新的"蔓延式的、城市化的区域"概念。

基础设施问题

城市基础设施包括能源供应、交通系统、供水、垃圾收集、通信系统等，而城市扩张区（urban sprawl）现象和城市密度降低，使得提供和维护这些基本的基础设施服务变得越来越困难。

第二章 现代城市所面临的关键问题

在2013年12月，美国全国城市联盟（US National League of Cities）发表了一份报告，指出了"美国城市面临的10大关键任务（imperatives）"。虽然该报告是讲美国的，但美国城市所面临的大部分问题，对世界其他城市而言也是一样的。这些关键任务内容如下：

- 脆弱的财政状况（fragile fiscal health）：虽然很多城市都声称财政状况良好，但是他们面对着经济衰退产生的持续影响，并且仍然很难节约开支。
- 交通基础设施（transportation infrastructure）状况恶化：交通拥堵情况继续恶化，不仅制造空气污染，而且每年浪费通勤者数以百万计美元的油费和数千小时的时间。
- 中产阶级萎缩：过去十年，中产阶级家庭的收入中位数下降了近30%。
- 难获得高等教育（inadequate access to higher education）：高受教育率可以带来高收入工作岗位，使税收增加，提高城市安全度，并带来更好的生活质量。然而现在美国只有40%的成年人拥有本科及以上学历，而在照顾不到的少数族群中这个比例更低。
- 需要可负担得起的住房（affordable housing）：被当抵押品没收的和空置的房屋破坏了社区的稳定性，进而导致犯罪率升高、社区衰败、地方税基萎缩，以及对公共服务的更大的需求。
- 对退伍老兵（veterans）不够欢迎：从战场上为国服务归来的人员面临着一系列风险，例如失业、无家可归，以及家庭问题。这类问题的解决办法应当是，地方政府应与非营利组织和老兵社团合作，确定退伍老兵的需求，为他们建设负担得起的住房，并和企业合作为其提供就业岗位。
- 黑帮暴力（gang violence）：黑帮现象给当地的社区结构带来了犯罪、伤害和死亡等危险，并且引发了社会、经济和物质条件上的衰退。
- 破碎的移民制度（immigration system）：数百万的移民每年持续到来，产生了实实在在的经济增长，并恢复了社区活力、稳固了社区结构。
- 气候变化和极端天气：灾难性的风暴、干旱、热浪、海平面上升等，将越来越多地影响城市，伤害城市居民，损坏财产，扰乱地方经济，毁掉基础设施。
- 政府的公众信任度（public trust）缺失：城市的领导者比以往更需要市民的协助与合作，然而调查显示公众对政府的信任度正在下降（The National League of Cities, 2014）。

除了美国城市之外，其他地区城市的爆炸性增长也加剧了其基础设施的问题。例如，在墨西哥，随着国家的持续繁荣，墨西哥城正在经历爆炸性的增长。预计到2050年，墨西哥将成为世界第5大经济体，而墨西哥城将贡献超过全国30%的GDP总量。像全球其他一些城市一样，墨西哥城市的发展模式也很零散，缺少统一的基础设施规划。

"城市的巨大规模使得规划变得困难，道路似乎永远不够用，"墨西哥的"可持续交通中心（Center for Sustainable Transport）"的阿德里安娜·洛沃（Adriana Lobo）如是说，"汽车数量每年增加5%，交通有很大的问题。有的人要花三个小时去上班。我们建设道路的速度永远赶不上汽车增加的速度"（Planetizen, 2008）。

"城市快速公交"（Metrobus）的方案可以解决部分问题。划定一条专用主路给单层公交车使用，每天它能高速运输 25 万人进出城。还计划迅速地扩大城市快速公交系统，包括为城市地下系统设计第 12 条线路，但市中心的交通大堵塞是个主要顾虑。

水资源短缺

虽然很多沿海城市正被上升的海平面或洪水威胁着，但有些内陆城市却在供给居民用水上面临挑战。加利福尼亚州正饱受旱灾折磨，这场干旱也影响着旧金山和洛杉矶。实际上，科学家称，在全球变暖的情况下，美国的淡水资源（包括江河、湖、地下水等）很难满足全国日益增长的人口之需求。

2013 年，美国哥伦比亚大学水资源中心（Columbia University Water Center）在一项关于水资源缺乏的研究（Huffington Post，2013）中详细阐述了人口爆炸加上气候变化是如何影响水资源供应的——尤其是在美国西南部。11 座美国城市榜上有名，可能在不久的将来被水资源短缺所困扰。

这些城市的范围从犹他州沙漠地带的盐湖城到农业地带内布拉斯加州的林肯市，到华盛顿特区和佐治亚州的亚特兰大（Huffington Post，2013）。

"食品与水资源观察机构（Food and Water Watch）"——美国一个关注全球食品与水资源供应的非营利组织，把全球水资源的现状进行了汇总。2014 年的全球情况报告如下：

1. 7 亿 8 千万人喝不上干净的饮用水；
2. 25 亿人——其中有 10 亿是儿童——没有基本的卫生设施；
3. 超过三分之一的非洲人无法获得安全的饮用水；
4. 拉丁美洲和加勒比地区有 1 亿 3 千万人无法获得安全的饮用水；
5. 全球水资源的 15%～20% 并非用作生活用水，而是用以出口。

水和疾病（water and disease）

- 每 20 秒，就有 1 名 5 岁以下的儿童死于水源类疾病；
- 全世界医院病床上的病人中，有一半人得的都是非常容易预防的水源类疾病；
- 世界卫生组织称全球范围内有 80% 的疾病都是与水污染有关的；
- 在过去十年中，腹泻致死的儿童数量比二战以来的历次战争造成的死亡人数还多；
- 战争、疟疾、艾滋病和交通事故加起来都不如因为水质肮脏而死的儿童数量多；
- 拉丁美洲和加勒比地区有 75% 的人口由于水质不佳而长期忍受干渴。

水质问题

- 落后国家有 90% 的废水不经任何处理被就地排放；

- 中国的河流中，有 80% 的水质等级非常之低，以至不再适合水生生物生活；
- 中国各大城市的地下水中有 90% 被污染了；
- 印度的河流和湖泊中，有 75% 污染严重，不应再用来饮用或沐浴了；
- 60% 的俄罗斯农村居民饮用着被污染的井水；
- 欧洲有 20% 的地表水正受到严重的威胁。

水资源短缺

- 超过 4 亿人生活在非洲的缺水国家；
- 除非我们有所改变，否则到 2025 年全球将有三分之二的人口面临缺水问题；
- 到 2050 年，遭受严重干旱的土地面积将是今天的 5 倍；
- 到 2030 年，全球将近一半的人口——其中大多数居住在不发达国家——将生活在水资源高度紧张的地区；
- 从 20 世纪 70 年代到 2005 年，全球受旱的土地面积翻了一番；
- 根据中国科学院的研究，青藏高原冰川的融化速度使其冰川面积每十年将减小一半；
- 三分之二的中国城市面临着水资源短缺；
- 欧洲阿尔卑斯山的冰川线有 90% 正在回缩（Food and Water Watch, nd）。

这些水资源问题在大城市尤为严重。比如目前在巴西的圣保罗——有着超过 2000 万人口的南美最大城市，该问题就非常突出。圣保罗用水紧张，水龙头干涸、学校停课、餐馆关门①。据《经济学人》报道，650 万人的生活所依赖的坎塔雷拉水库（Cantareira reservoir）降到了只剩 7.1% 的水量。而在 2013 年的同一时间，水库的储量只有一半，而且巴西的灾害监测中心预计该水库到 2015 年年中将会干涸。

造成这场危机的原因有很多，包括毁林活动和城市"热岛效应"，但看来城市当局似乎忽视了这迫在眉睫的问题。即使到现在，保护工作也未受重视，而且圣保罗居民的人均用水量为 200 升/天，远远超过欧洲的平均用水量 150 升/天。（The Economist, 2014）

干旱地区最令人担忧的问题是，水资源短缺不仅影响日常生活，而且影响农业生产和电力生产。圣保罗 80% 的电力来自水力发电。水越少意味着电力越少，从而会使城市经济衰退——这会恶化巴西本就存在的经济困境。

前所未有的挑战

21 世纪的城市化进程面临着前所未有的挑战。有非常宏观的问题，如气候变化、全球变暖、贫富差距；也有非常基本的基础设施类的问题，例如公共交通、水资源保护等等。

---

① 指的是 2014—2015 年的巴西水资源危机。——译者注

若要回应这种挑战，要从认识城市的现状开始，它是这样一种新的现实：（1）城市和农村地区一样重要，而现在全世界大多数的人口都居住在城市中，而且这些人之前还都是贫民；（2）全世界越来越多的财富是在城市中产生的；（3）城市不断扩张，其密度变得稀疏，从而占用了大量的土地；（4）当前是人类迁徙和移居最频繁的时代；（5）这个时代是变化无常的，这必然意味着城市管理将是通过持续的自我学习和调试以改善情况，而不是过去那种简单化的、刻板式的固定解决方式。

与气候变化有关的很多环境危机将发生在我们的城市中——特别是全球的沿海城市。像东京、巴黎、首尔、上海等这样的许多城市，有着大规模的已建成城区与基础设施。现在他们必须面对气候变化带来的严峻挑战了。

使我们的城市变得更加"生态友好"，是减缓气候变化的根本方法——因为建筑物、车辆和其他城市活动是温室气体的主要来源。我们需要使我们的城市变得更健康、无污染，否则等到人类的活动使地球的居住环境无法再维持下去，就万事皆晚了。我们的工作、生活和娱乐方式要结合新的方法。我们的城市不能成为贫富差距、滋生异化、怨恨和冲突的中心，而是成为促进人类交流、思想的健康互动、共享各种文化的舞台。

最为重要的是，我们需要用可再生的能源替代传统的、对碳基能源的依赖。可再生能源是可持续性的，并由高效而且无污染的电网系统对能源进行灵活、灵巧的分配。

简而言之，我们需要发展一种城市模式，这种城市将减缓气候变化，并应对21世纪其他迫在眉睫的挑战。在过去，很多城市部门曾在国际法律和公约通过之前就采取了行动。例如，东京和洛杉矶在空气质量方面的行动要远远早于国家政府对此事的参与。

气候变化和不平等现象的威胁对城市而言非常重要，以至于这些问题不能等着由国家政府来解决。为了全世界最广大人民的生存、生活，以及经济的繁荣，城市必须变得更加智慧化、更加生态友好化，更加可持续化。

参考资料

American Lung Association, 2014. http://www.lung.org/associations/states/california/advocacy/fight-for-air-quality/sota-2014/state-of-the-air-2014.html
BBC, 2014. "IsLamic State Crisis: 3,000 European Jihadists Join Fight." September 26, http://www.bbc.com/news/world-middle-east-29372494.
Climate Central, 2012. Sandy Remembered. November 30, http://www.climatecentral.org/news/atlantic-hurricane-season-ends-sandy-will-be-long-remembered-15310.
CNN, 2013. http://money.cnn.com/gallery/news/2013/11/06/global-traffic-congestion/index.html .
CNN, 2014. http://www.cnn.com/2014/05/08/world/asia/india-pollution-who/.
Food and Water Watch, nd. http://www.foodandwaterwatch.org/water/interesting-water-facts/.
Homeless World Cup, nd. http://www.homelessworldcup.org/content/homelessness-statistics.
Huffington Post, 2014. http://www.huffingtonpost.com/2013/12/04/water-shortage_n_4378418.html
Los Angeles Commission on 2020, 2014. A Time for Truth, December.
Los Angeles Highway Congestion, 2013. http://www.stateoftheair.org/2013/city-rankings/most-polluted-cities.

html.

Planetizen, 2008. Mexico City Struggling with Infrastructure Problems, http://www.planetizen.com/node/29531.

Ruble, Blair A., 2012. The Challenges of the 21st Century City. The Wilson Center, December.

Share International, 2014. http://www.share-international.org/archives/homelessness/hl-mlaroof.htm.

South Coast Air Quality Management District (SCAQMD) 2010.

South Florida's Desperate Secession Movement, 2014. Future Tense. October 23, http://www.slate.com/blogs/future_tense/2014/10/23/south_florida_as_51st_state_the_city_of_south_miami_votes_to_break_away.html.

The Economist, 2014. Reservoir Hogs. Sao Paulo's Water Crisis. December 20.

The National League of Cities, 2013. The 10 Critical Imperatives Facing America's Cities. December, http://www.nlc.org/find-city-solutions/city-solutions-and-applied-research/governance-and-civic-engagement/10-critical-imperatives-in-2014.

The Telegraph, 2014. http://www.telegraph.co.uk/news/earth/environment/11280067/London-will-follow-Paris-and-ban diesel-cars-campaigners-warn.html.

UN-HABITAT, 2006

Woodrow Wilson International Center for Scholars, 2007. Global Urban Poverty: Setting the Agenda, www.wilsoncenter.org/sites/default/files/GlobalPoverty.pdf.

World Bank,2014. Climate Change, http://climatechange.worldbank.org/sites/default/files/Turn_Down_the_heat_Why_a_4_degree_centrigrade_warmer_world_must_be_avoided.pdf.

第三章　绿色工业革命

各种技术大跃进标识着人类历史的进程。每一次新的技术窗口打开，都推动了显著的社会、政治和科学进步。人类先祖发现了火，便进入了石器时代（Stone Age）。

历史就是这样发展的。在科学、技术、工程等领域的惊人发展促成了埃及、玛雅、华夏等伟大文明的辉煌。卓越的战争技术帮助汉尼拔征服了意大利，其后又使威尼斯人成为地中海的统治者。

第一次工业革命

在15世纪中叶，德国人约翰内斯·古登堡（Johannes Gutenberg）及其两个朋友安德烈亚斯·德里茨恩（Andreas Deritzehn）、安德烈亚斯·海尔曼（Andreas Heilmann）对一款粗糙的发明起了兴趣，该发明是用木刻版往纸上印刷图像。古登堡开始研发一种新的铅字，以及一种耐久的油性墨水，他用纸以及一种高质量的羊皮纸（犊皮纸），来进行印刷。

在他精通了该过程之后，古登堡于1455年印制了一本精美的圣经。该印刷物每本卖30弗罗林（florin）——大约相当于当时的人三年的工资。通过多次反复印刷他的圣经，古登堡改进了他的机械活字印刷技术。他的发明令人震惊，且对社会产生了革命性的影响。

印刷术传遍了欧洲各大城市，促进了文艺复兴和在之后16、17世纪发生的欧洲科学革命。据历史学家估计，截止到16世纪末，欧洲人总共印刷了约1.5亿本书（Febvre and Martin, 1976）。

这些早期的印刷机以前所未有的规模开启了人类的心智。思想跨越了国界，读书识字打破了精英阶层的垄断，扩大了中产阶级的规模。大众传播已经到来，思想涌现，各种界限被打破。这推动了整个文明的进步。

因为古登堡印刷术[①]是一种欧洲现象，因此世界其他地区在科学和社会进步上落后了。新思想的快速传播交流把人们带入了启蒙时代（Age of Enlightenment），这是一个文化、社会、科学都在进步的、有着诸如牛顿和达尔文这样的佼佼者的非凡时代。

1700年代早期，启蒙时代自英国开始。一位年轻的苏格兰发明家、机械工程师瓦特（James Watt）开始鼓弄一款原始的蒸汽机，这款蒸汽机原型本是用来从矿井中抽水的。一个灵感的萌

[①] 原文只是"印刷术"，为和中国印刷术区分，欧洲印刷术本书称"古登堡印刷术"。——译者注

发，促使他改动设计，使蒸汽在一个与活塞分离的套筒内被压缩。瓦特的改进从根本上改进了动力源，使之成为高效、性价比合适的蒸汽机。随后他又增加了连杆机构和齿轮等。

1775年，瓦特开始和马修·博尔顿（Matthew Boulton）合作——马修·博尔顿是一名商人，他很早就意识到了这种新的能源输出设备的商业价值。博尔顿和瓦特的蒸汽机获得了巨大的成功，这种新型的动力改变了人们生活、工作和娱乐的方式。

1815年拿破仑战争结束之时，英国木材稀缺。然而英国有大量的煤，煤的燃烧热量是木材的两倍。因此煤很快取代木材成为蒸汽机的能源。不久煤就用来产生热量以供工厂运转、驱动机器，并且还能为建筑供暖。

古登堡印刷术使得创新和观念得以迅速传播，而瓦特的煤动力蒸汽机创造了一种全新的动力源，二者一同引发了工业活动的大扩张。煤的化学能转化为热能，再转化为机械能。蒸汽机驱动着工厂的机器和蒸汽机车。

第一次工业革命就这样来到了。这是人类历史上的一个转折点，很快，所有的西方文明都进入了这个时代，被蒸汽驱动着，被崭新的观念所包围着——正是那些因为古登堡印刷术而得以扩散的观念。

机器时代诞生了。机器开始取代人力、畜力、风力和水力。这种转变很快传到了北美，西进运动和1849年加利福尼亚州黄金的发现，加速了这一时代进程。美国的社区，过去曾建立在商业和农业基础之上，依赖工具和牲畜的力量，现在则开始越来越多地依赖机器动力。

第二次工业革命

美国有他自己版本的启蒙运动，其先驱是杰出的本杰明·富兰克林（Benjamin Franklin）。他既是美国的开国元勋之一，也是一位多产的科学家与发明家。1752年，这个矮胖的物理学家冒险走到了费城附近的一片泥泞地中。此时乌云聚集，黑暗的天空中不时被闪电照亮，富兰克林冷静地给风筝系上了一把钥匙，然后把风筝放飞到天空中。幸运的是，他没有被闪电击中，而闪电顺着风筝线传到了他的莱顿瓶（Leyden jar）里。他在这个瓶子里捕捉到了闪电，这次著名的风筝实验开启了电气时代（era of electricity）。

富兰克林的实验使得他自己以及其他许多人，得以产生一系列的思想、发明和突破。人们开始了解、利用电力，并把它进行商业化。自1600年起人们就开始研究电了，随着新发现以及付出的各种努力，能源和发电走向了石油（oil）和内燃机（internal combustion engine）的方向。

在1851年，来自费城的塞缪尔·基尔斯（Samuel Kiers）开始把煤油卖给当地矿工，他当时管这叫"碳油"（Carbon Oil）。最后，基尔斯的努力推动了商业化的石油开采。有了石油，内燃机成为现代工业的主要动力源。

内燃机的基本原理是利用一系列小型的爆炸驱动连杆或齿轮，驱动诸如汽车轮子，或者涡轮和螺旋桨等。其过程是：一小团如汽油之类的高能燃料进入很小的封闭空间中，然后空气进入与之混合，该油气混合物被点燃并释放能量导致体积急速增加。这种小型爆炸的结果就是给引擎的某一部分施加了一个力，驱动诸如活塞、涡轮桨叶或喷嘴之类的部件。如此，这个力便推动了发动机的部件，把化学能转换成了有用的机械能。

这个基于石油和燃气的第二次工业革命最讽刺的地方在于，该时代最伟大的进步之一，是亨利·福特（Henry Ford）开创了汽车的大规模生产。这使得所有的消费者都可能用上汽车，而因为汽车对石油的依赖，导致了高速公路四处开花。然而，福特本来是一名农场主，他实际上给汽车生产的燃料是用植物提取的。到1923年他已经成功地制成了石油的"替代性燃料"（alternative fuel）。紧接着工业部门迫使他退出了该企业，并一直维持着汽车对化石燃料的依赖。

到19世纪末，世界上第一家大型汽车制造厂在德国成立。根据埃米尔·耶利内克（Emil Jellinek）的要求，威廉·迈巴赫（Wilhelm Maybach）在戴姆勒公司（DMG, Daimler Motoren Gesellschaft）[①] 设计出了一款发动机。作为交易的一部分，耶利内克要求该发动机以其女儿之名命名，称为"戴姆勒－梅赛德斯"（Daimler-Mercedes）。1902年，装有该款发动机的汽车正式由戴姆勒公司投产（Georgano, 1990）。

第二次工业革命的主角，内燃机——由各种碳基燃料和石油产品做燃料——成为这个时代众多非凡机器背后的动力来源。汽车、列车、船只、太空船等等，都由它驱动。内燃机由此定义了现代文明。

生产线技术使得以低成本生产大量产品成为可能，因此制造业和工作岗位都发生了大扩张。虽然欧洲发生了残酷的战争，而且还有很多地区的土著居民遭到了无情的种族灭绝，但整个地球的人口仍在膨胀。随着这种扩张，人们也越来越依赖于化石燃料。

随着机器、电力和交通系统而来的还有电话。电话使普通人的日常生活发生了革命性的变化。这种技术和古登堡印刷术一样产生了人类交流的大爆发。电话开启了通信的新世界。思想、理念、形象等，现在由电来传输，比以往传播的都要快。再一次，科学和知识都发生了指数级的大发展。

第二次工业革命对化石燃料的商业化使用，打开了个人交通工具的奇迹世界。起初，化石燃料使农业社会得以向城市社会转变，并提供了发电手段。但是当它用来驱动汽车时，化石燃料又使得城市的工作者可以离开城市公寓并在郊区定居。这就需要修建高速公路并扩展住宅区，美国的汽车文化由此生根。

不幸的是，西方世界的这种美好生活——以及人们对汽车的热情——依赖于化石燃料。曾几何时，煤炭、石油和天然气——这些新经济的驱动力以及它们所带来的繁荣，看起来是相对便宜且用之不竭的，而且想来也是无害的。于是越来越大的建筑被建造起来，浇筑了更多的混凝土，提炼和燃烧了更多的化石燃料。坦率的说，一直都并没有太多的社会和经济压力来阻止这一切。

---

① Daimler Motoren Gesellschaft，德语全名译为"戴姆勒发动机公司"。——译者注

随着工业化导致了城市化，然后又从城市化导致了郊区化，美国建造了数千英里长的高速公路围绕着我们的城市，轨道交通和地铁线路被拆除，取代以柏油高速路和大道。混凝土越浇越多，郊区越长越大，美国的生活方式被永远改变了，变得彻底地依赖于化石燃料。

20世纪90年代中期，全世界的发展中国家也紧随其后，开始建设高速公路和沿着硬质道路而扩张的城市郊区，制造了不少拥堵，产生了污染物和大气雾霾。世界各地的城市开始需要越来越多的能源，以供照明、取暖、运输、机器、通信之用，随后又产生了新的能源需求：智能手机、电脑、电视、微波炉、洗衣机、咖啡机以及其他各种现代生活所需的技术和工具等。

实际上，据美国能源信息署（US Energy Information Administration）预测，从2008年到2035年，全球能源消耗量将会增长53%。这些能源消耗中的大部分增长来自于发展中国家，例如巴西、俄罗斯、印度和中国——俗称"金砖四国"（BRIC nations）。这些国家对能源的使用有着爆炸性的增长，到2030，据估计将增长85%。

为保持这种能源密集型的生活，美国每天需要大约1900万桶石油，即每年约70亿桶。根据美国能源信息署的统计，2011年，美国的石油消耗量占全球石油消费总量（320亿桶）的22%。这种高水平的消耗是不可持续的。

供不应求

100多年以来，对那些足够聪明并能够了解和探索地球地质的人而言，石油和天然气的发现给他们带来了很多的财富。同样的，对于中东某些地区的人而言，他们生活的地方有巨量的石油储备，这也给他们带来了财富和权力。

现在科学家们认为全球的传统能源——石油和天然气——其供应量已达顶峰并且开始迅速下降。壳牌石油公司（Shell Oil）的地球物理学家 M·金·哈伯特（M. King Hubbert）在1949年第一次做出了惊人的预测，那就是化石燃料的时代持续不了太久了。在1956年，他预测美国的石油产量将会在1970年达到顶峰——随后便下降。当时很多人嘲笑他，但现在看来哈伯特非常有先见之明（Hubbert, 1956）。

传统石油能源的供应减少，需求量却在增加。现在天然气的开采还应用了一些有潜在问题的新技术，例如"水平井"（horizontal drilling）技术，以及据称对环境有负面影响的"液压破碎法"（fracting）。2011年初，中国公布的海关数据显示2010年的石油进口量（oil imports）增加了18%。普氏公司（Platts）——一家研究石油产业的公司——在2012年10月的报告中称中国的石油消耗量大约是每天9800万桶。根据普氏公司的计算，中国对石油的表观需求量（apparent oil）每年增长9.1%（China Oil Demand, 2013）[①]。其不幸之结果就是，中国现在变得非常依赖从其他国家进口的化石燃料。

出现这种消费状态，是因为中国正在涌现的中产阶级开始大量使用汽车。中国曾经是一

---

① 该段疑有问题，做了修改，原文是"Platts calculated that China's apparent oil demand is up 9.1 times year-to-year (China Oil Demand, 2013)."。——译者注

个自行车之国，但现在却有6000万辆汽车在行驶，据预测中国每年还将新增1200万～1800万辆汽车。为了解决这种需求问题，中国的能源类央企从全球进口大量的石油和天然气（BP，2011）。

然而，中国正准备其"十三五"规划（2016—2020年），有猜测称中国将计划只允许销售电动力和氢燃料（hydrogen fuel）动力的汽车。这将是中国自己的汽车产业的里程碑，而且这会迫使其他国家快速向非化石燃料类的交通系统转型（Hong, 2013）。此外，中国还计划生产并向其他国家出口这类汽车。

印度的石油消耗量仅次于中国。随着汽车销售量猛增，印度每天消耗约300万桶石油（Asian Age, 2010）。印度有望在未来三年内成为世界第四大汽车市场（Jafry and Silvers, 2014）。

世界上其他发展中地区也正在进行现代化，而且也需要越来越多的石油以驱动其轿车、卡车、飞机和船只。例如，沙特阿拉伯（Saudi Arabia）是世界上最大的产油国。然而它也是第六大石油消费国，其国内石油消耗量正在迅速增长。人口的增加和燃料补贴推动其国内需求量以每年7%～9%的速度增长（Luft and Korin, 2012：33）。

与此同时，随着越来越多的石油等化石燃料被用掉，污染在增加，各种排放物在增加，蔓延到世界各地并导致了气候变化。自1700年以来，化石燃料的使用规模越来越大，而温室气体（greenhouse gases）的增加，与此是同步的。温室气体的主要成分是二氧化碳，也包括甲烷、一氧化二氮。这些气体漂浮在大气层中，像毯子一样包裹着地球，随着温室气体量越来越多，毯子也变得越厚、越来越"温暖"。

温室气体不像空易拉罐、塑料袋或者其他堆满我们道路和河流沿岸的垃圾那样，温室气体是看不见的，它存在于我们头顶的大气层中。人们可以想象，从所有的汽车、煤和煤气的燃烧过程中从巴西或者印度尼西亚烧毁的森林里，都在排放着二氧化碳。

其结果就是地球变得越来越热。每天，地球都在从温室气体中吸收巨量的余热。美国航天局（NASA）的气候专家詹姆斯·汉森（James Hansen）说，现在全球变暖的增加量相当于每年365天不间断的、每天引爆40万枚广岛（Hiroshima）原子弹（The Economist, 2012：3）。大约等于每分钟爆炸278枚原子弹——4枚/秒。清楚来讲，这就是地球每天所吸收的余热。这个结果对陆地和大气层都是破坏性的。此外，由于气温差异，以及热气流遇到较冷的水面所产生的蒸发效应，则会使气候格局产生严重的变化。

绿色工业革命

这个时代充斥着化石燃料、内燃机、温室气体，令人几近窒息。在这迷雾之中，却孕育着绿色工业革命。

社会科学家认为启动一次新的工业革命需要两个要素：新的能源生产方式；以及新型的、能够快速传播思想以激发新的创新的通信技术。在第一次工业革命，它们是蒸汽机和印刷机，在第二次工业革命中，则是内燃机和模拟通信技术。对于绿色工业革命来说，则是可持续能源

第三章　绿色工业革命

和数字通信技术。

虽然杰里米·里夫金（Jeremy Rifkin）在他 2004 年的作品《欧洲梦》（European Dream）中已经创造了一个词，叫"第三次工业革命"（Third Industrial Revolution），但用"绿色工业革命"描述这萌生的新时代，却是更为贴切。虽然欧洲曾经很有环境意识（现在也如此），但绿色革命在数年前就（早于欧洲）在日本和韩国萌生。

作为一个国土狭小、人口稠密（日本有着 1.3 亿人口）的岛国，日本有着"不浪费"的传统——该传统可以追溯到其中古时代[①]。几个世纪以来，日本都依靠自身的自然资源为能源和发展之用。自然资源被充分开发，但由于日本国土面积的 70%~80% 都是山地和森林，因此土地的商业开发、农业开发、住宅区开发都受限制。即使是今天，日本也是连人类粪便也要回收，用做化肥原料。因此，三十年来，日本一直在光伏发电（photovoltaic，PV）和其他可再生能源系统方面处于领先地位——这一点也不奇怪。日本对水资源保护的重视促成了 TOTO 的成功，该公司的规模居全球前列，在提高用水效率领域有着突出贡献。

1980 年代，日本和韩国开始关注能源安全（energy security），这使他们提出了一系列国家政策和计划，以减少自身对外国进口燃料的日益增长的依赖度。这些国家意识到，在二战和冷战之后，它们的未来并不是像美国与西欧那样建立在碳密集型经济基础之上的。

几十年后的今天，日本再次面临能源危机。这次能源危机是由其东北海岸发生的一次地震（及其引发的海啸）摧毁了福岛的一座重要的核反应堆导致的。这次灾难或许能给日本一个教训，使之进一步重视发展低碳经济——通过扩大可再生能源生产来弥补核能的损失。其他亚洲国家也在快速发展大规模的可再生能源项目。

绿色工业革命的另一个重要特色是：数字时代的高速通信系统，其互联网接口可连接到几乎所有领域的科学知识，并且以"脸书"（Facebook）和"推特"（Twitter）为代表的社交网络真正创造了马歇尔·麦克卢汉（Marshall McLuhan）所谓的"地球村"（global village）。这个数字化时代将会与可再生的可持续性能源结合起来。智能电网（smart grid）、智能设备（intelligent machines）和"增材制造"（additive manufacturing）[②] 技术使这个时代如虎添翼。

绿色工业革命或许比第一次和第二次工业革命更为重要，对人类生活的改变也更多。这也是这个星球救亡图存的真正机会。这个星球到 21 世纪中叶估计将有 100 亿居民，届时会危机重重。

尽管石油和天然气企业都宣称储量依然充足，但事实是：我们正在耗尽化石燃料，尤其是石油。这可是人类生存的重要基石。还有一些因素增加了紧迫感：自然环境正在恶化；地球生态系统多样性正在崩溃——在巴西的热带流域和北极地区正在发生。

幸运的是，在世界的一些地方，绿色工业革命已经开始。亚洲和欧洲的部分地区已经萌生这一工业革命超过了三十年，他们发展了很多能源自给（energy dependence）的可持续社区（sustainable community）。韩国有一些城市地区已经做到了能源自给和碳中立（carbon

---

[①] Middle Ages 一词，针对东方而言，译者取"中古时代"，以区别于特指西欧历史的"中世纪"一词。——译者注
[②] 增材制造（additive manufacturing），一类新的制造技术，通俗所谓的"3D 打印"也是这类技术的一种。——译者注

neutrality)(Clark 2000)。

　　日本也在朝着这个方向发展，但在1970年代它又转向了核电能源。然而，2011年3月的福岛核事故（Fukushima nuclear power plants disaster）之后，日本政府重新以可持续能源系统替换掉了核能，以供应建筑综合体和民居用电（Adams and Funaki, 2009）。

　　与此同时，中国借其举国体制优势，在这类事业上做出了巨大的努力。气候集团（Glimate Group）——一家国际智库——在2008年的报告中称，中国通过"十二五"规划，在可再生能源领域收获了大量的科技成果，在国际竞争中正快速前进。"十二五"规划投资了超过3万亿美元在可再生能源领域（Climate Group, 2008）。

　　2006—2009年间，德国通过上网电价补贴（FiT）模式（feed-in-tariff）成为太阳能光伏板的制造、安装（在居住建筑、办公建筑、大型室外空间等处）规模最大的国家。2015年，德国启动了工业化国家中最雄心勃勃的能源改革计划。在2014年，德国能源供应的26%来自可再生能源。到2050年，目标是将该比例提升至80%。对于这一转变，时任外交部部长弗兰克－沃尔特·斯泰因迈尔（Frank-Walter Steinmeier）说，这就像是德国版的"人类登月计划"一样（Slater, 2015）。

　　在2010年，意大利模仿了德国的上网电价补贴（FiT）政策，实现了年度世界规模最大的太阳能光伏板安装计划。中国在2011年占最大规模，并持续在太阳能电池板和光伏制造领域占领先地位。日本现在在汽车制造业中处于领先地位，其混合动力汽车独占鳌头（Gipe, 2014）。

　　其他欧洲国家，如西班牙、英国的苏格兰地区，以及一些北欧国家正在通过政策，以求通过可持续能源的手段来获得能源自给。丹麦已经取得了非凡的进步。丹麦人有一个大计划，其中囊括地区性计划和财政策略，以求发展在场（on-site）可持续能源系统。到2015年，数个丹麦城市将实现能源自给——通过可持续能源和智能生态电网（smart green grids），到2025年，丹麦将在全国范围内做到只使用可持续能源（Lund and Østergaard, 2010）。

可持续性是关键

　　自然资源和化石燃料储量的减少，气候变化越来越严重，再加上人口加速膨胀——这些变化使我们离环境灾变越来越近。如果全球能源政策不做改变，那么在能源供应方面的政治紧张和社会不安之局势会愈演愈烈，随着资源越来越少，资源产地的局势将越发紧张。气候变化，特别是其对于食物生产之影响，也会恶化全球城市所面临的困境。

　　出路就是接受绿色工业革命，以及该变革所允诺的一个由可再生能源支持的、智慧生态的城市模式。亚洲和欧洲国家已经稳步迈向可持续的愿景——在这种愿景里，社区由自给的可再生能源支持，有自己的能源储存设施和正在兴起的各种新技术。

　　智慧生态城市展示了一种进步的生活方式。该城市模式可以把可再生能源的生产和储存技术与非化石燃料的交通系统相融合。可以聚焦以发展具有环境敏锐度的商业开发、绿色工作岗位,以及健康的社会活动。科学家把这一切描述为可持续发展(sustainable development),或者说是:社区能源生产、基础设施、经济需求、社会活动的大联合,以求保护和维续我们的自然环境。通过这种交互联合,可以产生新业务和新产业,进而为追求和创造可持续性的社区(sustainable communities)提供经济上的合理性。

大部分现代城市都有(或多或少)践行可持续活动的潜力。只需一点指导,很多社区就可以拥有当地的分布式可再生能源、干净的水源、垃圾与垃圾回收,以及可再生能源驱动的高效交通系统。全球城市可引领人类创造可持续的生活方式(sustainable lifestyles),从碳密集、化石燃料为基础的、低效的集中式能源生产模式中解放出来。

绿色工业革命的关键组成部分

就像煤炭和蒸汽机是第一次工业革命大发展的核心一样,今天的绿色工业革命所依赖的核心是可再生能源系统。

可再生能源和分布式在场能源(distributed on-site power)

可再生能源发电是可持续社区的基础,也是绿色工业革命的核心。从根本上讲,可再生能源是一种非碳基的、用之不竭的能源。可再生能源不像大规模集中式的化石燃料发电站那样,因此它们被描述成分布式的能源,而且其来源分布非常广泛。例如,安装在德国或美国亚利桑那州无数建筑屋顶上的太阳能设备就是一种去中心化的系统(decentralized system)。

这种分布式能源分布在世界每一个角落——太阳能、风能、潮汐能、地下的地热能、生物质、农林业的垃圾等等。其他可再生能源还包括细菌、藻类以及可再生的电解法所生产的氢等。

风能:风能已经被使用了数千年。古代文明用风力驱动帆船,从风力磨坊所使用的桨叶就可看出"帆"这种技术的影响。今天,巨大的螺旋桨被置于风口,风力使螺旋桨旋转,并通过齿轮系统与涡轮联动以发电。风力发电的想法或许很原始,但技术上的进步使之改头换面。最新的风力涡轮机(wind turbine)是非常精密的设备,它们采用诸如碳纤维之类的新材料。它们非常坚固、噪声很小,而且成本比较合理。

风电场可以利用十几个甚至数百个的风力涡轮机所生产的电力。涡轮机可以安装在陆地上或近海区域。小型风力涡轮机可以放在屋顶或高速公路沿线上以利用气流。

使风力发电得以商业化的主要技术突破已经实现了,但也将有更多的改进。按照其他技术的发展路径而言,最终推动风力发电的部署和完全商业化使用的方式或许是以今天难以想象的方式进行的。能源需求将发生重大变化,这将使一些关键的公司和金融机构重新获得投资。

随着全世界进入绿色工业革命的阶段,对风能这种最古老能源的利用,其发展非常迅速。根据世界风能协会(World Wind Energy Association)的统计,截至2010年6月,全世界风力发电量为196千兆瓦(GW, gigawatt),大约是全球发电总量的2.5%。有80个国家正在商业化的基础上利用风力发电。截至2009年,有些国家已经在风力发电方面达到了相当高的水平:

丹麦有20%的固定发电量为风力发电所生产，在爱尔兰和葡萄牙这一比例为14%，在西班牙是11%，德国8%。

太阳能：太阳能发电系统捕获地球上最基本的能源——阳光。太阳不断释放大量的能量，大约为170000兆兆瓦（TW, terawatt），而且太阳为几乎地球表面全部的自然活动提供了能量。太阳能既不会短缺，也没有成本。利用太阳能可以采用集中式的，也可以采用非集中式的系统。有两种技术可以直接把太阳辐射的电磁能量（electromagnetic energy）转换为可用能源：太阳能光伏技术（solar PV）和太阳热能技术（solar thermal）。

光伏系统（PV system）把光能转化为电能。硅电池（silicon cell）吸收阳光——包括紫外线。阳光产生了化学反应并激发半导体中的电子，使之产生了电流。这种光伏反应是太阳能电池板系统的核心。

光伏系统包括机械设备和电路配件等，以及调节和修改电流输出结果的工具。因为单个的太阳能电池的电压很低，所以电池是串联起来的，形成了一个层压片。层压片被封装进耐候材料保护壳里，这就制成了一个光伏模块（PV module）。光伏模块然后串联成一组，由光伏系统产生的电流可以直接用作独立电源，也可以存储起来，或者并入大电网，或者与多个当地电源一起并入小电网。

硅晶体和硅薄膜是两类主要的光伏技术。硅晶体用得更多一些，因为它的效能和丰度更高。然而，硅的提炼过程非常昂贵。虽然硅薄膜效能较低，但它们有可能做到比硅晶体的每单位发电量成本更低。现在的第三代光伏系统正在开发一种低成本、效能低，但是可实现大规模应用的技术。

第二种利用太阳能的途径是用阳光加热液体，然后再转换成电能。在一个非常大的尺度上，加热技术通过集中热能到同一个地方，能够实现大型公共设施级别的发电量。这些巨型系统利用镜子或透镜将阳光聚焦在液体上。被加热的液体随即驱动涡轮机发电。这类聚焦式太阳能发电系统（concentrated solar power system）有四种基本类型：槽式、线型菲涅尔反射镜式、塔式、碟式。最常用的是槽式，它使用抛物面反射镜把阳光聚焦在充满液体的、沿槽铺设的受热系统上。

聚焦式太阳能电站需要大量的土地和大量的水来冷却蒸汽轮机。这类系统的首选之地都很偏远，这会给输电和连接电网带来较大的负担。

虽然光伏系统和聚焦式太阳能电站都依赖太阳能输入，聚焦式太阳能电站很容易和储热系统结合——例如熔盐储热。通过增加储能组件以供电站在夜间和阴雨天气运行，可把太阳能转化成更稳定连续的能源。

美国在聚焦式太阳能电站领域非常领先，在加利福尼亚州、内华达州，以及现在在夏威夷州，建有一系列太阳能热力系统。在2010年夏季，美国太阳能热电站生产的电力超过全世界太阳能热力发电量的一半——与此同时西班牙也在快速建设很多太阳能发电站。

太阳能和风能一样，其设备可安装在建筑物屋顶之上，因此可以靠近用电终端，而不是建在非常远的发电场。这就是为何在场可再生能源发电是获得能源自给的关键。这些在场能源可以是太阳能、风能或者其他可再生能源。

对太阳能的利用在迅速增加。在 2000 年时，全球太阳能发电量仅有 170 兆瓦（MW，megawatt）。而根据"绿色技术传媒"（Greentech Media）的数据，2010 年全球市场的太阳能装机容量为 20 千兆瓦。他们预计，到 2013 年全球光伏容量将达到 25 千兆瓦，到 2020 年将接近 100 千兆瓦。他们还预计，一些太阳能企业在 2011 年将接近 1 千兆瓦的容量阈值。

光伏系统可以集成到一座建筑中，也可以连接到周围的基础设施。这些快速增加的装置包括将光伏太阳能板结合到建筑构件中的做法，例如屋顶、窗户构件，或者墙壁。这同时节省了建材和光伏板两方面的成本。被动式太阳能建筑设计（passive solar building design）也能充分利用太阳能的好处——通过窗户和内表面来调整室内气温。现在随着光伏面板和发电成本的下降，太阳能在低碳发电（cabonless energy generation）领域将起着越来越大的作用。

生物质（biomass）：生物质或许是人类最早使用的可再生资源，它可以追溯到人类发现火的奥秘之时。它是利用生物或者有机质（例如植物）来发电。这是一个化学过程，它将植物（例如玉米）的糖分转换成可燃气体（例如乙醇或甲烷）。这些气体可用作燃料，或者用来发电。该过程可称之为"消化"——但不同于动物的消化系统。丰富且看似无用的植物余料——黑麦草、木屑、杂草、葡萄渣、杏仁壳之类——都可以用来发电。藻类可以养在池塘里，待收获后用作生物燃料（biomass fuel）。

生物质产生有用的能源是通过焚烧木材、树枝，以及其他废料等来加热锅炉中的水实现的。然后再通过水蒸气驱动涡轮机或发电机以产生电力。通过在垃圾填埋场（landfill）、垃圾处理站（waste treatment plant）焚烧垃圾，都可以获得生物质。

生物质也可以不通过焚烧来产生能量。大部分垃圾都是有机物，因此当其分解时，它们会释放出甲烷——和天然气类似的物质。可以在垃圾填埋处铺设管线以收集甲烷气体，进而做发电厂发电之用。

饲料正是在动物体内通过厌氧反应（anaerobic digester）生成粪便的。厌氧反应可从粪便中生产沼气（biogas），沼气可燃烧以发电。例如，奶牛养殖场可以利用沼气池（methane digester）从动物粪便中生成沼气。沼气可以燃烧提供能量，或者像丙烷那样使用。沼气也可以从家禽的粪便中提取出来。

尽管生物质是一种可再生资源，但其燃烧过程还是会产生污染。生物资源也因地而异，并且受限于能量转化效率。出于以上原因，许多国家只是把生物质视作过渡性的可再生能源，同时也在寻找新技术以便调整其排放物，或者是采用不同的方法处理垃圾。例如，丹麦的很多能源来自生物质，但他们仍计划在未来 5~10 年内有所转变，并将限制对生物质的使用。

"忧思科学家联盟"引用了明尼苏达州的柯达能源发电站（Koda Energy plant）作为一个生物质发电的绝佳案例。该案例是一个热电联合生产站（combined heat and power plant, CHP），使用生物质生产可再生电力，并从锅炉中回收余热（Tribe Koda Energy, 2014）。2009 年，柯达开始使用燕麦壳、木屑、牧草、麦芽渣等来发电。每年大约要使用 17 万吨的农场垃圾。

自史前时期，人类就通过燃烧生物质获取能量，燃烧取暖。在第一次工业革命中，生物质燃烧产生的热能驱动了蒸汽机,而现在这些生物燃料却驱动蒸汽用来发电。近年来的相关进步,展示了更高效、更清洁的使用生物质的方式。

地热（geothermal）：地热能源是储存在地球内部的热量。它来源于地球的形成过程,也来自于矿物质的放射性衰变（radioactive decay）,以及地球表面吸收的太阳热量。自古罗马时期开始人们便利用地热供暖和提供温泉沐浴,而现在更多是被用来地热发电（geothermal power）。在 2007 年,全世界的地热电站总容量约为 10 千兆瓦,总发电量约为 100 亿瓦,实际上地热发电量占全球电力需求的 0.3%（CEO,2014）。

大部分的地热能量来自热水或者热液源（hydrothermal）,它们存在于岩浆靠近地面并能把热量传到地下水（液）源的区域。这会产生蒸汽或者高压热水。如果水源靠近地面,可以通过打井以使蒸汽或热水驱动涡轮机。蒸汽或热水也可以作为热源使用。如果水温适宜,可直接用作建筑供暖或供工农业生产之用。爱尔兰在这方面做得很成功,其全国 93% 的能源供应来自使用地热。

在过去数年间,工程师们开发了一些引人注目的设备,例如地热热泵（geothermal heat pumps）,地源热泵（ground source heat pumps,GSHP）以及地热交换器（geoexchanger）——收集地热供建筑在寒冷气候供暖之用。通过类似的原理它们也可以供炎热气候下的建筑物制冷之用。越来越多的集中式布局区域,如大学城、政府中心、商业综合体等,正在转向使用地热系统。

海洋能源技术（ocean power technologies）：此类技术有很多种,但最主要的有如下几类：1,波能转化装置（wave power conversion devices）,随波浪起伏而上下运动；2,潮汐发电装置（tidal power devices）,利用潮汐落差发电；3,洋流发电装置（ocean current devices）,其类似风力涡轮发电机,但放置在水下,以利用洋流驱动；4,海洋热能转化装置（ocean thermal energy conversion devices）,利用海洋中不同深度水体的温度差来获得能量。

潮汐波动是可资利用的能量。革命性的"SeaGen 潮汐发电系统",正是利用这种原理。SeaGen 是世界上第一座大规模商业化潮汐发电机,它安装在北爱尔兰的斯特兰福德海峡（Strangford Narrows）（OPT,2014）。

对环境影响较小的潮汐涡轮机（tidal turbines）正在开发之中。因为水比空气密度大,因此潮汐涡轮机比风力涡轮机的尺寸小,在固定的范围内可产生更多的电能。2006 年,"Verdant 电力公司"在纽约东河（East River）安装了一个测试性潮汐发电系统。随后在 2012 年,Verdant 公司获准将其项目规模扩大至 1 兆瓦（Verdant,2012）。

波浪是由风吹过海面产生的。浮标、涡轮机,以及其他可以捕捉海浪的技术,都可将之转化成干净、无污染的能源。苏格兰的"Pelamis Wave 电力公司"或许已经获得了使用波浪能的技术突破。Pelamis 以一种海蛇命名。Pelamis 系统吸收海洋波浪的能量并将之转化成电力。它的长度和喷气式客机差不多,但要更细长,这种机器是由 5 段颜色鲜艳的大管道段组成的（Pelamis Wave Power,2014）。

海洋波能的潜力巨大。据估计,不列颠群岛附近的海浪能力相当于三倍的英国电力需求,它可以成为英国能源结构中的一个重要组成部分。欧洲的西海岸有很多潜在的可利用波能的地点，例如：爱尔兰、法国、西班牙、葡萄牙和挪威等国的近海区域。太平洋的一些海岸也是非常有潜力的，例如：南、北美洲、非洲南部、澳大利亚、新西兰等地。实际上，大部分的海岸地区都有对波浪能进行经济性利用的潜力。

川流式系统（run-of-the-river systems）：该系统发电不需要传统的坝式水电站（hydroelectric dam）那样的大型储水池。川流式系统非常适用于水位稳定，或枯水期水量也比较充足的河流。在大部分案例中，涡轮发电机沿着河流安装，当水流过时涡轮机就能发电。在欧洲和亚洲正在进行这类实践，流动的河水产生可观的能量，而不会损害周围的土地或改变水体生态。这些系统对当地原始环境破坏很小，可以很容易地适用于大型的内陆河流。

细菌燃料，或微生物燃料（bacterial fuels, microbial fuels）：这类技术是利用活的无害微生物发电。英国石油公司（British Petroleum）在这项未来技术中已经投资了5亿美元，加利福尼亚大学伯克利分校和伊利诺伊大学厄巴纳分校（University of Illinois, Urbana）的研究者们正在研发这类技术。

研究人员还构思了一种小型家用发电机（household power generators），看起来像水族箱，但水里装的不是鱼，而是微生物。一旦里面的微生物有饲料了，就开始发电了——可称之为"生物发电机"（biogenerator）。讽刺的是，这项技术的经费来源，就是在2010年4月造成墨西哥湾石油泄漏事故的同一家公司——这次泄漏事故造成11人死亡、污染了海湾和海岸线，还造成了重大的渔业和旅游业损失。

干净的、用之不竭的能源遍布全球；现有的科技仅仅需要将其系统化地应用起来。人类几千年前就开始使用水力和风力，而这些资源非常充足，而且很容易就能收集起来。太阳是我们的星系中能源最富集的物体，它所供应的能量人类几乎永远也用不完。氢能和潮汐一样，是另一种非常丰富的能量来源。把垃圾——无论是有机还是无机的——转化成能量的方法并不复杂，而且在几乎每个社区都能采用。最通用的可再生能源及其开发技术是：风力、太阳能、地热、生物质、海洋波浪。不太通用的有：氢电池、磁悬浮（magnetic levitation）、藻类、细菌或微生物。

2015年，汽车生产商在加利福尼亚州部分地区发布并销售氢燃料电池汽车，并且准备在2016年扩大其规模，随着这一事件的发生，加利福尼亚州正成为开展氢燃料充能站（hydrogen refueling station，主要是针对风能、太阳能或者电解水等可再生能源）项目的关键地区。德国已经开展了大规模的氢燃料充能站项目。挪威在十年前就已经建成了一条"氢"高速公路。这些国家接下来的事情就是引进大量的氢燃料电池汽车。

能源存储（energy storage）

大多数可再生能源——尤其是风能和太阳能，是有"间歇性"的，因为阳光并不常在，风也不会一直吹。为使可再生能源工作顺畅，可储能并在需要时释放能量的设备就非常重要了。这类设备可以采用自然类型的（如大型盐池），或者是人工产品（如电池、燃料电池，或飞轮）。

能源存储方面的创新非常多，包括混合动力和插电式汽车（plug-in autos）。性价比较好的存储技术（storage technologies）是可再生能源领域的梦寐以求之物。

燃料电池（fuel cells）：它是一种"电化电池"（electrochemical cell），能把燃料源转化成电流。它是通过在电解质条件下触发燃料和氧化剂之间的反应来发电的。反应物流入电池，反应产物流出电池，电解质始终留在电池内。燃料电池是一种能源存储设备，只要反应物和氧化剂的流量能得到保证，它可以持续而稳定地运行发电（Clark, Paulocci and Cooper, 2002；Cooper and Clark, 1996）。

燃料电池和传统的电化电池不同，后者所消耗的反应物是外源的并且需要更换（Clark, 2007；Clark, 2008；Clark and Rifkin, 2005；Clark and Rifkin, 2006）。燃料电池的燃料和氧化剂的组合有很多种。比如，氢燃料电池是氢为燃料，氧气为氧化剂。其他的燃料还可以是碳氢化合物、乙醇（酒精）、氯、二氧化氯等。

正在研制的新型电池有着廉价而高效的蓄电性能。美国的电动汽车生产商特斯拉汽车公司（Tesla Motors）正在建设一座耗资50亿美元的电池工厂（同类规模最大）。特斯拉公司认为，如果要把电动汽车做到更具经济性，并且可以扩增更多汽车部件的话，该工厂以及高效率的电池是实现这些目标的关键。此外，这座"超级电池工厂"（gigafactory）还将生产固定式电池组（stationary battery packs）——大约相当于洗衣机的尺寸——可以与屋顶式太阳能电池板搭配，以为房屋储存电能。一家叫"太阳城"（SolarCity）的公司已经计划使用特斯拉改良的电池，他们正计划把太阳能板与电池搭配起来以为加利福尼亚州的家庭和公司供电之用。最终，客户将能够从家得宝（Home Depot）或者宜家（Ikea）这样的当地零售商店那里买到太阳能板和电池储能单元（battery storage units）（Bloomberg, 2014）。

灵活的能源共享（flexible energy sharing）

传统供电系统的集中式、单向输电线路必须有所改变。旧式电网既低效又不实用。要分配来自诸多小供电源的电力的话，智能电网（smart grids）是非常必要的。智能电网类似互联网的结构，它要具有可扩展性（可升级性），也要能灵活地分配电力，在电力用户之间进行多线程的电力调度。它的概念如下：例如，当你不在家时，你的太阳能电池板仍在发电。当你离开，你的邻居正在他自己家里办公，同时也在洗衣服、煮咖啡，顺便给他的插电式汽车充电。而以上这些活动所用的电力远远超过他的太阳能电池板的产能。而智能电网就可以无缝地将你的多余电力转移给他，并同时跟踪电力数据和费用。

综合运输系统（integrated transportation）

交通和运输是我们现代社会中不可缺少的重要功能。然而，交通运输活动产生了大量的温室气体。这些温室气体尚待消除，汽车、公交车和其他交通工具必须从化石燃料转变为使用生态的、对环境更友好的能源。国际交通运输业已经开始了这一转变，并且这一转变正在加速——特别是当中国正在继续推进其非化石燃料的汽车政策之时。汽车制造商面临着降低汽车油（能）

耗的压力，其成果就是产生了很多极具创新性的概念和技术，例如混合动力汽车、电动车、氢动力（hydrogen-powered）公交车和轿车等。

美国有个新项目正在试推行，称为"反现汽车"（Cash-back Cars），前景非常广阔。目前在一个小范围内，该计划把混合动力和插电式汽车连接到一个当地电网（local-grid）中。这些汽车按照需求充电，不需要电力时又会把电能返还到电网中。采用计算机可以非常容易地调度该系统——通过关注电能来源和去向。该系统可以计算每辆车所使用或者退还的电量，把车辆本身当作非常理想的电能储存设备。该理念比较简单，而且效能很高，有着广阔的前景。此系统可以升级扩容，成为动态能量存储系统的主要组成部分。它还提高了人们购买电动汽车的愿望。

这些（绿色工业革命的）组成部分，在技术上都比较可行，各自皆有其用处。然而，真正的价值在于，将它们综合在一个无缝的、对环境无污染的基础设施中。这样，它们能够使我们得以构想一种不依赖于化石燃料的、新型的能源和经济模式。

政府参与和政府支持（government support/ involvement）：至关重要

当年的大规模碳基能源工业是由政府启动的。时至今日，这些大公司也在从政府那里获得巨额补贴。绿色工业革命也需要在可持续性技术方面获得类似的支持。欧盟一直持该立场，例如它正致力于在欧盟建立一条氢能高速公路（hydrogen highway）。碳排放工业（carbon-generating industries）获得的补贴（对美国石油工业而言大约是每年40亿美元）必须减少，并将之应用于可再生能源生产。其他产业的税收转移都做得比较成功，税收转移计划应当精心设计，以保证增加的税收负担不会落到消费者头上（Clark and Demirag, 2005；Fortune, 2012）。

要推动绿色工业革命，就需要对以前那种宽松管制的做法进行一些调整，还需要制定新政策。各国的中央电力企业（central power plants）仍然是主要监管对象，特别是在供电、成本和电力输送等方面的监管。例如，德国和丹麦的中央电力企业都有着很强的政府背景——例如通过控股或者指定负责人的方式参与其中。美国正在启动这些调整，对中国而言尤其关键，因为中国的大型可再生能源系统都是部分国有控股的（Borden and Stonington, 2014）。

当地能源发电（local energy generation）也很重要。虽然部分化石燃料——比如煤炭、石油和天然气——仍然比较便宜，而且被中央电力企业所采用，但它们却是全球大气污染的主要根源。如果考虑到环境破坏和影响公众健康的因素，把这些因素量化成碳排放税（carbon tax），那么这些化石燃料发电的成本就将高于可再生能源体系。在欧盟和中国，这类公共政策和经济战略已经开始推行了。

中国和美国名列污染物排放量榜首，煤炭是其主因。如果把燃煤对人类和环境所造成的影响计入其真实成本中，那么煤炭发电的实际成本就会飙升。

在第二次工业革命中，20世纪初推广了化石燃料为基础的发电站，在20世纪后半叶又推广了核电站。在这种集中式供电网系统中，电站必须功率非常强大才能抵消因为大规模远距离输电所产生的电能衰减。交流电到直流电的每一次转化中，电能都要有所衰减。但对于化石燃料发电站和核电站来说，发电源头的电力产出非常之多，因此对于终端来说影响不大。该系统的问题就是电力传输系统的效率下降，而且需要不断地进行维护、维修和升级。

在环境友好型的可再生能源系统中就不会发生这类问题。为了结果最优化，社区的能源系统需要临近发电源头，并连接到"智能化"的电力分配系统里，以保证电力不用传输太远以致功率下降。另一个做法是嵌入到输电网中，这样，本地电网就被添加到现有的供电系统中，现有的供电系统可以作为需要存储的可再生能源之电池。这种系统类似因特网，在其中不存在单一的控制区域，其实就是没有能源中心，而是分散式的和本地式的多个能源中心。

下一种经济模式：公民资本主义（civic capitalism）

2008年10月发生了全球金融危机，2014年欧洲又陷入了货币危机，就这些情况看来，21世纪的今天，在当前这个被不可逆的环境破坏活动所威胁着的世界中，被里根（Ronald Reagan）总统和撒切尔（Margaret Thatcher）首相在1980年代所推崇的那种供给经济学（supply-side economics）——放松管制的自由市场经济（free-market economics）——已经不再适用了。

数以万亿美元规模的对冲基金（hedge funds）、次级贷款（sub-prime mortgage）、信用掉期（credit swap），以及相关的各种衍生品——它们所造成的2008年经济崩溃几乎把西方世界的金融体系推入深渊。它反映了当政府忽视其管理责任之时所产生的恶果。市场经济学家等曾辩称没有管制的必要，政府的角色应该是"看不见的手（invisible hand）"。

结果，自大萧条（Great Depression）以来最严重的金融灾难证明了自由市场经济最腐败的一面——贪婪、愚蠢、粗心，以及对风险管理的漠视。如果全世界想要从气候变化——以及气候变化所导致的对地球和人类的影响——中幸存下来，那么，上面那些恶行就决不能再度发生。

绿色工业革命必须像第一次和第二次工业革命那样，发展出一种适应本时代的社会和政治结构的经济模式。第一次工业革命发展出一种蒸汽机和内燃机驱动的、机器主导的制造型经济，并以此替代了耕种和畜力驱动的旧经济模式，这一次工业革命被殖民地大扩张所加速。第二次工业革命创造了一种化石燃料驱动的经济，它抽干了自然资源，形成了一个无管制的、消费主导型的、自由市场资本主义社会。

随着绿色工业革命的发展，全世界会变得更加相互依赖。在世界某一区域发生的事情——无论是气候、污染、政治或是经济——都影响着其他地区。

20世纪70年代早期的阿拉伯石油禁运促使欧洲和亚洲走向某种社会政策，而正是这些社会政策最终引导了绿色工业革命的萌芽。能源自给、气候变化、环境保护，成为严肃的政治议题。

所有这些地方都发展出了一种被称为社会（或集体）资本主义的新经济形式，该经济形式中包含了很多经济观点，例如：可持续发展、健康和教育议题、关注环境、延缓气候变化等。公民资本主义在本质上认为有些社会和政治问题是非常复杂且至关重要的，而自由市场和放松管制的策略无法解决这类问题。

社会与环境议题——如可持续社区、减缓气候变化，以及环境保护等——的重要性正在增加，并且很快就要诉诸更大规模的国际合作与协商。纯粹追求经济增长和只顾积累个人财富的价值观，将被更具有社会和环境意识的价值观代替，从而造福更广泛的社会群体。比如，欧盟正努力限制公司高级管理层的薪资水平。

没有国家政策和投资，政府与城市便无法解决基本的基础设施问题。没有政府的共识，就没有行动、没有改善、没有资源，自然也就对环境恶化无能为力。能源和基础设施是重大的国家议题，几乎和国防与福利项目同样重要。为更好地解决基本问题，一国需要由中央政府制定原则并实施相应的计划。

正是中华人民共和国而非美国，在应对环境变化方面展示了真正的全球领导力。更重要的是，中国展示了在诸多方面的工作中政府的重大作用：监督、指导并支持技术研发产业和创造就业岗位等。中国的经济系统就是公民资本主义的原型。自1949年的革命性巨变以来，中国人已经通过一系列五年规划（Five-Year Plan）从实现"共产主义理想"转为以经济发展为中心，现在中国依然在按照自己的指导方针来发展。

欧洲很早就开始调整其经济以适应绿色工业革命的需求。北欧国家以及德国都意识到了：要想从对化石燃料的依赖，转型到使用可再生能源，这一转型所需要的条件超出了新古典主义自由市场经济模式（neoclassical free-market economics）的能力范围。丹麦等北欧国家正通过国家共识转向支持可再生能源的使用，德国人在这方面创造了上网电价补贴（FiT）的新策略。

德国的上网电价补贴（FiT）策略是他们2000年《可再生能源法案》（Energy Renewable Sources Act）的一部分，该法案的全称是《可再生能源资源优先权法案》（Act of Granting Priority to Renewable Energy Sources）。这项引人注目的政策旨在鼓励采用可再生能源并鼓励向电网平价（grid parity）的方向加速转变，力图使可再生能源的电价和电网中现有能源的价格相同（Morris，2014）。

创造一种经济模式以推动全世界进入绿色工业革命，是非常复杂的过程。很多国家政府都致力于解决这一问题，只是各自路径有所不同。其中欧洲的上网电价补贴（FiT）政策和中国的政府直接补贴做法最为成功。美国的一些州，例如加利福尼亚州，新设计了一种"可再生能源拍卖体系"（Renewable Auction Mechanism，RAM），该策略相比欧洲的上网电价补贴（FiT）做出了一些改良，但是该计划仍然有不少限制，而且目前只能在加利福尼亚州实行。

绿色工业革命涉及诸多领域和议题，如：减缓气候变化、可再生能源、智能电网、健康、教育、环境意识等。然而要实现其最大的好处——新科技、商业企业发展、绿色工作岗位等，则需要实实在在的公共支持。

在推动世界更快地进入绿色工业革命的进程中,全球城市扮演着重要角色,因为可再生能源可以独立于大型集中式公共设施之外,进行自主发电。可再生能源系统通过与智能电网相连,可以调度电力并提高电网效率。这一系统特别适用于城市和不同规模的社区。

人类对化石燃料的贪婪使用是自取灭亡。2012年6月的《自然》杂志发表了加利福尼亚大学伯克利分校的安东尼·巴尔诺斯基(Anthony Barnosky)和其他21名学者联合署名的文章,详细论述了此事。文中警告说,我们的星球正处在一个"临界点"——超过这个点,环境恶化将不可逆转(Climate Change, 2013)。

文章作者呼吁加快合作,减少人口增长和人均资源用量。化石燃料需要用可持续能源来替代。我们需要开发更高效的食物生产与配给体系,需要保护土地和海洋。巴尔诺斯基写道:"人类可能正迫使地球达到了一个不可逆转的、全球尺度的临界点,可能严重影响渔业、农业、干净的水资源和其他维持人类生存的要素等。"

这些科学家和其他人一样,都在敦促世界加入绿色工业革命,否则一切都将为时已晚。

参考资料

Adams, Lucas and Ken Funaki, 2009. Chapter 15 "Japanese Experience with Efforts at the Community Level towards a Sustainable Economy," Woodrow W. Clark II, Editor and Author. *Sustainable Communities*. Springer Press, New York.

Asian Age, 2010. India Car Sales Jump 21 Percent. December 8, www.asianage.com/business/india-car-sales-jump-21-cent-504.

Bloomberg, 2014. Why Elon Musk's Batteries Scare the Hell Out of the Electric Company. December 5, http://www.bloomberg.com/news/print/2014-12-05/ musk-battery-works-fill-utilities-with-fear-and-promise.html.

Borden, Eric and Joel Stonington, Chapter 15, "Germany's Energiewende," *Global Sustainable Communities Design Handbook: Green Design, Engineering Health, Technologies, Education, Economics, Contracts, Policy, Law and Entrepreneurship*. Elsevier Press, New York.

BP report, 2011. China the Fuel for Growth, Issue 1, www.bp.com/sectiongenericarticle.do?categoryId-9037009&contentId-7068199.

China Oil Demand, 2013. http://news.yahoo.com/platts-report-chinas-oil-demand-1500502.

Clark, Woodrow W. II, 2000. Developing and Diffusing Clean Technologies: Experience and Practical Issues, OECD Conference, Seoul, Korea.

Clark, Woodrow W. II, 2007. "The Green Hydrogen Paradigm Shift," *Co-Generation and Distributed Generation Journal*, vol.22, n.2. pp. 6-38.

Clark, Woodrow W. II, 2008. "The Green Hydrogen Paradigm Shift: Energy Generation for Stations to Vehicles," *Utility Policy Journal*.

Clark, Woodrow W. II and Istemi Demirag, 2005. "Regulatory Economic Considerations of Corporate Governance," *International Journal of Banking, Special Issue on Corporate Governance*.

Clark, Woodrow W. II, Emilio Paulocci and John Cooper, 2002. "Commercial Development of Energy-Environmentally Sound Technologies for the Auto-industry: The Case of Fuel Cells," *Journal of Cleaner Production*, Special Issue.

Clark, Woodrow W. II and Jeremy Rifkin, et al, 2005. "Hydrogen Energy Stations: Along the Roadside to a Hydrogen Economy." *Utilities Policy*, January, n.13, pp. 41-50.

Clark, Woodrow W. II and Jeremy Rifkin et al., 2006, "A Green Hydrogen Economy," Special Issue on Hydrogen, *Energy Policy*, vol.34, n.34, pp. 2630-2639.

Climate Change, 2013. University of Oslo, http://davis.patch.com/articles/are-humans-bringing-earth-to-an-irreversible-tipping-point.

Climate Group, 2008. China's Clean Revolution. August, www.guardian.co.uk/environment/2008/aug/01/renewableenergy.climatechang.

Cooper, John F. and Woodrow W. Clark, II., 1996. "Zinc/Air Fuel Cell: An Alternative to Clean Fuels in Fleet Electric Vehicle Applications," *International Journal of Environmentally Conscious Design & Manufacturing*, vol. 5, n.3-4, pp. 49-54.

Febvre, Lucien and Henri-Jean Martin, 1976. *The Coming of the Book: The Impact of Printing 1450-1800*. New Left Books, London.

Fortune, 2012. April 30, p. 96.

Georgano, G.N, 1990. *Cars: Early and Vintage, 1886-1930*. Grange-Universal, London. p. 39.

Geothermal Energy Association (GEA), 2014. http://www.geo-energy.org/data/2014.

Gipe, Paul, 2014. Feed-in-Tariff Monthly Reports 2014, http://www.wind-works.org/FeedLaws/RenewableTariffs.qpw.

Hong, Lixuan, 2013. Developing an Analytical Approach Model for Offshore Wind in China, PhD Thesis.

Hubbert, Marion King, 1956. Nuclear Energy and the Fossil Fuels "Drilling and Production Practice' (PDF). Spring meeting of the Southern District, Division of Production. American Petroleum Institute. San Antonio, Texas (Shell Development Company, June), pp. 22-27.

Jafry, Naved and Garson Silvers, 2014. Chapter 25 "Micro Cities: The Case of India," Woodrow W. Clark II, Author and Editor, *Global Sustainable Communities Design Handbook: Green Design, Engineering, Health, Technologies, Education, Economics, Contracts, Policy, Law and Entrepreneurship*. Elsevier Press, New York.

Luft, Gal and Anne Korin, 2012. The American Interest, The olly of Energy Independence, July-August, p.33.

Lund, Henrik and Poul Alberg Østergaard, 2010. Chapter 14 "Climate Change Mitigation from a Bottom up Community Approach: A Case in Denmark," Woodrow W. Clark II, Author and Editor, *Sustainable Communities Design Handbook*. Elsevier Press, New York.

Morris, Craig, 2014. Chapter 7 "Energiewende-Germany's Community-driven since the 1970s," Woodrow W. Clark II, Author and Editor, *Global Sustainable Communities Design Handbook: Green Design, Engineering, Health, Technologies, Education, Economics, Contracts, Policy, Law and Entrepreneurship*. Elsevier Press, New York.

Ocean Power Technologies (OPT), 2014. info@oceanpowertech.com.

Pelamis Wave Power, 2014. http://www.pelamiswave.com.

Rifkin, Jeremy, 2004. European Dream. Penguin Putnam, New York.

Run of River, 2014. http://www.runofriverpower.com/.

Slater, Joanna, 2015. Germany Recharged: EU Powerhouse Goes All in on Alternative Energy. *Globe and Mail*, April 10, http://www.theglobeandmail.com/report-on-business/germany-recharged-eu-powerhouse-goes-all-in-on-alternative-energy/article23886255/.

The Economist, 2012. Special Report-The Melting North. June 16, p. 3.

Tribe Koda Energy, 2014. http://www.shakopeedakota.org/enviro/koda.html.

USELA International Energy Outlook, 2011. 20554.135.7/forecasts/ieo/.

Verdant, 2012. http:/verdantpower.com/what-initiative/.

World Wind Energy Association (WWEA), 2011.

第四章 可持续性的"智慧"与生态

21世纪的城市面临着空前的挑战。我们面临着因气候变化和全球变暖所产生的威胁——可能会导致干旱、海平面上升或洪水等。贫富差距破坏了社会结构,引发了犯罪和无家可归等问题。健康和社区重建的代价都非常昂贵。生命安全的价值才是最重要的。

越来越多的移民,使资源供应紧张,而且造成了传统价值观和外来价值观的对立。中东的吉哈德暴力行动和伊斯兰极端主义蔓延到了发达国家,制造恐惧、引发政治和社会仇恨。政府忽视基本的基础设施(比如公共交通系统)的问题,导致了可怕的后果。例如,加利福尼亚州圣布鲁诺(San Bruno)的天然气管道爆炸事故臭名远扬,造成了8人死亡,大面积的土地破坏和经济损失,正是因为对公共事业的忽视和疏于监管。

有史以来第一次,世界上大多数人口居住在城市里。这会使与气候变化有关的环境危机变得更加严重。像纽约这样的沿海特大城市所受的影响可能最大。生态城市是减缓气候变化的根本解决办法,因为建筑物、汽车以及其他城市活动等,是温室气体的主要来源。把释放温室气体的化石燃料置换成无碳的可再生能源,至关重要。城市需要变得更健康、无污染,并且新的发展和建设模式需要与我们的工作、生活和娱乐等方面结合起来。我们的城市不应该是滋生异化、怨恨和冲突的贫富差距的中心,而是应该成为促进人类交往、思想的健康交流和参与共享文化的地方。

简而言之,我们需要对生态城市进行发展和实践,这样才能减缓气候变化并应对21世纪的其他挑战。同时,城市需要智慧化,因为城市是鼓励发展可持续型经济的中心,而这种经济能够提升人类的生活质量。不幸的是,很多国家政府都无法领导这一转变,这也是为什么我们更需要城市地方政府的领导。也就是说,城市必须比国际法和国际条约还要提前采取行动。例如,东京、北京和洛杉矶以及其他很多城市都在国家政府或州政府介入之前很久就采取了行动。加利福尼亚州,现在在州长的领导下,同时也因为该州正遭受旱灾(已经是干旱的第5个年头),承诺并制定了一系列法令(2015年9月签署法律),其目标是:到2030年本州50%的能源供应来自于可再生能源。有些国家(如北欧国家、德国、荷兰等)同样也通过了类似的计划,采取相应的行动(也包括财政手段)以达成其目标。

解决方案:可持续城市

这些议题对于城市来说远比它们对于国家政府而言更为重要。为了世界上大多数人们的生存和生活，城市需要变得更智慧化、生态化、可持续化。城市需要更适合步行、骑自行车，以及更加宜居（Clark，2014）。城市不仅需要关注经济的可持续发展，也要关注环境的可持续性。城市空间应当改善。城市设计中的建筑物应考虑创新性和敏感性，并建立一种有活力的基调。应当鼓励可持续的生活方式和可持续的经济活动，以及可持续的基础设施——供水、回收系统、交通运输、垃圾以及其他物料。除以上所言之外，生态化的可持续城市要能生产可再生能源，并且使用带有能源存储系统的智能综合电网系统去平衡并分发能源（Clark and Bradshaw，2004；Clark，2009；Clark，2010）。

因为20世纪70年代中期的阿拉伯石油禁运，作为回应，可持续社区开始在日本和欧洲萌生。可持续社区先是在德国得以立足，随后是瑞典、丹麦、挪威和荷兰。这些国家有着使用风力（可再生能源）的长期历史，因此它们接受可持续理念非常之快。由于有着成熟的电力传输和电网经营，因此它们创建了在场能源系统以供农村、社区和城镇之用。

举例来说，挪威因为有近海石油开采产业，曾是全球最大的产油国之一，但之后其意识到了石油的局限性，因此在1990年代计划将经济向其他领域转型，包括利用可再生的氢能源。在许多方面而言，美国阿拉斯加州正在进行同样的工作，也因为其已经认识到由于对环境有着负面影响，该州需要从石油和天然气产业中脱身。

其他欧洲国家紧随其后。德国率先通过上网电价补贴（FiT）手段解决了支付这些可再生能源系统的问题，这使得德国在2006~2009年期间成为全球规模最大的太阳能板制造与安装国家。英国拥有大规模的风力发电场以及生物质发电厂。在欧盟的推动下，西班牙、意大利和其他欧洲国家采取了公共政策、政府计划以及经济计划的手段，以推进可持续社区和绿色工业革命的发展，同时也收获了环境与经济利益。

作为一个有着悠久的保护意识和可持续发展传统的国家，日本引导了该运动在亚洲的发展（Funaki and Adams，2009）。经历了20世纪上半叶的快速现代化，又经历了二战战败，日本重新拾起了可持续发展的历史意识。当然，这其中很大程度上也因为缺乏自然能源。尽管在二战中遭到过美国的原子弹袭击，日本仍然在几十年后开始建设核电站项目。福岛的灾难，对所有发展核电的国家而言都是一个警钟。

今天，在日本和韩国的带领下，亚洲其他国家也非常青睐可持续发展。当然，该地区有可怕的污染和环境问题需要克服，但这里也在迅速地发展可再生能源技术。中国现在在太阳能和风能技术方面比较领先。中国的新五年规划一直在关注可持续领域。其计划是致力于减少化石燃料所产生的温室气体排放和碳污染。

在所有这些国家都有的一个常识是可持续性应当从家庭做起，从日常生活和家庭观念中做起，而这些观念都是美国所缺少的。社区，其通常的定义是居住在一片区域的、相互有交流和互动的一群人。心理学家们认为社区中包括各种要素，包括成员感（membership）、影响力、融合感，以及对于需求的满足（fulfillment of needs）、共享的感情联系等。一般而言，社区就是围绕着共同的价值观或信仰而组织起来的。他们分享资源、围绕某种政治结构组织起来，在某些领域有共识——偏好、需求、风险，他们同意为了实现集体的某些利益，去对每个个体征税。

一座智慧生态城市具备这些要素，再加上把保护意识作为核心价值，另外还有对自然资源的尊重和对环境的欣赏。"事半功倍"（achieving more with less）的观念非常值得推崇。"可持续性"是一种以社区（或城市）为中心的活动：人们越关注社区的利益、越和社区融为一体，那么人们就越有机会达成可持续发展的目标，例如通过环境政策去减少消耗和排放、多回收资源、进行再利用等。还可以增加来自可再生能源的电力份额。可持续发展带给我们的回报是更干净的环境和更健康的生活方式。

除了这些核心价值以外，可持续社区——例如智慧生态城市——把社会生活和教育、工商业，创造就业等议题结合了起来。这种概念最早在25年前就被定义为"可持续发展"（sustainable development）。"布伦特兰委员会"（Brundtland Commission）很早就在《关于我们共同未来的报告（Our Common Future Report）》中提出了要关注"人类生存环境和自然资源的加速恶化，以及这种状况所导致的重大社会、经济后果"（Brundtland Commission, 1987）。

在1980年代，联合国大会（the United Nations General Assembly）也意识到了，环境问题是全球性的。因此，制定关于可持续发展的政策，符合各国的共同利益。布伦特兰委员会认为可持续发展能够"在不损害人类后代们满足其生存需要的前提下满足当代人的需求"（Brundtland Commission, 1987）。今天，可持续发展意味着一个社区的经济需求与其自然资源状况的协调。通过在本地城市的尺度上去应对这种全球性的大议题，能够产生新的、具有创造性的试错，以及各种机遇，进而为追求可持续发展提供有力的商业动机。

智慧生态城市必须解决基础设施的基本问题：能源供应、交通系统、供水、垃圾、通信设施等。其中最关键的组成部分是可再生能源发电。可再生能源发电，是与环境和经济发展相协调的。欧洲和日本通过使用自己的可再生能源，以及能源存储系统和新技术，已经发展出了很多具有可持续性的城市。可参考下列成功的国家案例。

丹麦

丹麦这个国家是比较理想的可持续社区之典范。今年（2015）的汽油价格是10美元/加仑，而丹麦人选择了公共交通作为出行方式。1990年代中期，尽管发现了高储量的近海石油，丹麦还是建立了二氧化碳税收机制，以致力于提高能源效率。丹麦人没有选择有环境风险的近海石油开采，而是建设了近海风力发电场。自1981年以来，丹麦的经济增长了70%，而其能源消耗几乎没变（Lund and Clark, 2002）。

丹麦人早早地就关注太阳能和风能领域，这种远见获得了回报：现在这两种能源供给占丹麦能源用量的16%。全球三分之一的风力涡轮机来自丹麦，丹麦的Danisco和Novozumes这两家公司是全球在生产某种酶产品方面以创新而闻名的——这种酶能将生物质转化成燃料（Lumd and Østergaard 2010）。

额外的收获是，这些产业提供了很多绿色工作岗位。在1970年代，大量人口从北部和西部地区涌入首都哥本哈根——位于该国东部一座岛屿上。政府通过一些政策以及补贴等，来扭转这一人口单向流动的趋势，其具体行动有：在国家西部的北日德兰半岛（Northern Jutland）① 成立大学，创造商业和经济发展机会等。部分人口回流，并吸引了更多来自其他国家和城市的人们来这个一度被抛弃之地居住。人流涌入北日德兰半岛获得了巨大的成功，吸引了更大的、营利性更强的、更可持续的公司进驻当地（Clark and Jensen, 2002）。

在地区级的层面上，一座可持续社区必须由三个部分组成（Lund and Østergaard, 2010）：

- 第一，它必须有一个关于基础设施的政府认可的整体战略规划（government-accepted strategic master plan），其中应当包括：可再生能源、交通系统、供水、垃圾、通信系统，以及相应的、能够对上述系统进行整合与实施的技术手段。
- 第二，设施规划和财政规划的制定，要从生态角度考虑。规划必须包括可量化和评估的标准。在设计、建筑和选址方面有一系列问题影响可持续性的实现。社区需要考虑适用于多用途设计功能的有效保护措施和资源生产方式。例如，社区的密度应当紧凑、适于步行、把多种可再生能源驱动的交通系统综合起来，以减少能耗，同时减少温室气体、碳排放和污染。
- 第三，一座可持续社区应当是充满活力的、"体验式"的应用模型（experiential applied model），它可以创新并催化、促进企业活动、教育、创造性的学习，以及研究活动、就业岗位和新商业机会。

随着可持续运动的发展，城市也在寻求政策以引导基础设施变得更加智能化、生态化。一开始，有好几种认证流程，现在，"能源之星（Energy Star）"和美国绿色建筑协会（US Green Building Council）的LEED认证② 正在成为通用认证标准。在欧洲和亚洲大部分地区都有地区性的LEED认证，在某些情况下，其标准甚至高于美国标准（Clark and Eisenberg, 2008）。另外，北欧国家和其他欧洲国家有着法规上（对可持续方面）的规定——由政府鼓励和财政支持。

LEED认证是衡量建筑物可持续性的标准。它鼓励一流的建筑理念与实践，并促使建筑师和建设方去开发更生态、对环境更无害的建筑物。LEED所认证的建筑物可以节约资金和资源，对居住者的健康有着正面影响，同时也能促进可再生的干净能源的生产和使用。

LEED认证包括严格的第三方调试，并能够提供证据以论证该建筑达到了其环境目标和设计标准。认证过程是一个对应五大绿色设计类别的评级体系：可持续的场地设计、节水、能源与大气、材料和资源，以及室内环境质量。通过给每个类别打分获得最终结果，结果分四个级别："合格"、"银"级、"黄金"级、"铂金"级。LEED标准覆盖新建商业开发项目、重大改造项目、室内项目和现有建筑的运营。这些标准也在发展之中，以覆盖商业化的"核心与外观"建设项目、新建住房、新建居民区。

美国绿色建筑协会的网站提供了大量关于LEED认证的小贴士，以及遍布全球的已建成案例。有趣的是，全球豪华酒店业界已经开始基于LEED认证标准来互相进行竞争比较，并

---

① 北日德兰半岛，位于丹麦的西部，日德兰半岛的北部。——译者注
② Leadership in Energy and Environmental Design，"能源与环境先锋认证"，俗称LEED。——译者注

推动发展生态化的市场和可持续性的设施项目。甚至坐拥全球超顶级豪华酒店的卓美亚集团（Jumeirah）也在提升其设施的 LEED 认证指标（USGB，2015）。

另一方面，能源之星，专注于在建筑内部推广使用其产品。能源之星成立于 1992 年，是由美国能源保护署（US Environmental Protection Agency，EPA）启动的一项标志性计划。该计划旨在标记与鼓励提高能效的产品和建筑物。该计划能够清楚地告知消费者哪些家用产品是节能的。多年以来，能源之星已经成为大多数美国消费产品——如电视机、电冰箱、洗衣机——的认证标准。

能源之星项目通过有价值的伙伴关系、客观的评测手段，以及对消费者的培训，大力推动了节能产品、工具和服务项目的应用与发展。该项目帮助了消费者和企业节约能源，同时因此减少了温室气体排放。这一点非常重要，因为在美国，家庭、建筑物和工厂中使用的能源造成了全国温室气体排放量的三分之二（ENERGY STAR）。

建筑物的设计和建造需要迎合可再生能源的在场电力供应（on-site power）模式。在大城市内的小型的、相对独立的社区更容易实现可持续性。在地区一级的尺度（local level）上，更容易摆脱对集中式电网的依赖而做到自给自足。

当地在场电力（local on-site power）的效率更高，而且可以使用当地的可再生能源发电。例如，丹麦的许多可持续社区都利用风能和生物质发电来提供基本负载电力（Lund and Clark，2008）。丹麦有一个 2020 年采用 50% 可再生能源的远景目标（Lund and Clark，2010）。该国正朝着此目标稳步前进，甚至有可能提前实现这一愿景。

欧洲正在发展热电联产系统（combined power and heat systems，CPH）以满足地方需求、减少化石燃料的使用，并以此帮助社区实现能源自给。美国的一些社区也在开发类似的系统——专注于可再生能源，以及利用联合发电（cogeneration）或热电联产系统（Andersen and Lund，2007）。

灵巧系统（agile systems）

传统能源模式是由集中式布局的化石燃料发电厂、水电站或核能电站发电。在过去，政府总是希望通过控制、监督或监管措施来把公共权力集中起来。因而电力是通过一个严格的单向输电系统来传输到用户的。这种旧式集中输电网络需要很长的供给线路（公路或铁路）、输送管道或者船运系统等来供应化石燃料用于电力生产。然后电力再被输送和分发到用户终端。在这种体系里，通常的做法是由城市当局来负责集中式发电厂的成本和原料成本，而由终端用户来支付传输成本。

随着我们向绿色工业革命过渡，一种混合式的（或曰综合式的）模式已经发展起来了。这种新模式是灵巧的、具备灵活性的，因为它既可以与生态型在场电力生产结合，也可以与并网发电（grid-connected power）模式相结合（Clark and Bradshaw，2004）。灵巧系统可以把在场的可再生能源电力与传统的集中式发电站从数百英里外所生产的电力结合起来，并且调度管理之，以应对终端需求。

灵巧系统比较节能、智能化，而且其基础是可持续能源发电。虽然现有的中央电网非常依赖化石燃料来发电，但是敏捷系统能够使用，甚至鼓励使用在场的可再生能源。其对能源的分发系统是分布式的，这种系统可以在地方一级组网并运行，以供应目标社区和消费者使用（Clark and Bradshaw，2004）。

要解决全球变暖和气候变化所带来的挑战，需要有区域尺度和城市尺度上的解决方案。比起使用化石燃料或核能的集中式发电厂，以及其漫长的输电距离而言，这种利用可再生能源的在场发电系统对环境更有利，而且更便宜，对地球环境而言更加健康。

随着人口的增加、城市的扩大，以及电力需求的攀升，能源需求的增长变得越来越复杂。空气污染和水污染造成不同年龄人们的严重健康问题。监管机构现在正在执行各种二氧化碳法规来制止污染。

对能源的需求持续增加，在满足这种挑战的同时，又要实现碳减排，那么就要求以地方性和国家性的计划为基础，制定更复杂、更有创造性的解决方案，为实现上述目标提供资金。这一变化要从以下事项做起：提高能源使用效率（节能）、使用可再生能源发电、建设综合性基础设施（供水、垃圾、交通运输等）。加起来，这些变化可以帮助人们生活、思考以及规划各种活动——从用电方式到每天的工作模式。

尽管加利福尼亚有着以汽车为中心的生活方式，但它仍然尽力站在转变的最前沿。大部分努力是从一些小城开始的，如圣莫尼卡（Santa Monica）、伯克利（Berkeley）、贝弗利山庄（Beverly Hills）和圣迭戈（San Diego），这些城市正在使用来自可再生资源的在场能源系统（McEneaney，2009）。它们都是可持续方面的典范，供其他想使用可再生资源为自己供电的城市参考。加利福尼亚有可观的地热、海洋和波浪能源，还有大量的风能和太阳能设施。氢能可以从可再生的、生态的资源中生产出来并存储在社区的需求终端附近。

能源系统正在发展，而灵巧系统已经出现。在未来，中央电网将用于冗余和备份之用，或是作为能源存储点（像电池一样）以备太阳光和风力不足时使用。这些灵巧系统结合了可再生能源、传感器和无线互联网连接体系，以及其他类似的技术，以指导市场机制。这类系统是一种新型的经济模式，是城市生态化和智能化的一部分。

可持续发展从家庭开始

世界各地的学者和政治决策者们慢慢开始意识到，他们需要做一些事情以应对全球气候变化（global climate change）和全球变暖。可持续性是可以实现的。在地区一级的范畴上，它是可以实现的——而且必须实现。一个街区一个街区的来，城市就可以改变它们的机制。

交通（mobility）是现代生活方式（lifestyle）的一个基本特征，它像获取动物蛋白一样，是脱贫之后紧随而来的需求。这种需求——以及通过拥有汽车来体验美国梦的欲望——是不会轻易改变的。沃德汽车（Ward's Auto）的报告称，尽管全球经济自2008年10月陷入了大衰退,但2010年,全球的汽车保有量已经超过了10.15亿辆,比起前一年(2009年)的9.8亿辆,增长十分明显。这意味从多方面产生了新的环境压力:燃料、碳排放、温室气体排放等。其结果就是,世界各地健康问题的出现,以及一些城市为应对类似问题而采取的汽车限行和鼓励其他出行方式等措施。

因此,减少、消除和取代交通系统和建筑物的化石燃料使用量是至关重要的。汽车产业正在做出改变以提高汽油能效和减少碳排放。汽车生产商正在升级汽油发动机,使用更高效的涡轮增压器和计算机辅助送油系统。福特公司通过使用铝来替代钢,为他们的F-150型卡车节约了500磅[①]的重量,节约了巨大的能耗。

柴油和天然气都是化石燃料,排放量很大。它们可能相对更干净,但是它们并不是绿色燃料,而且对环境和人类健康的代价很高。就像我们在大众汽车的丑闻事件(scandal)——通过对软件做手脚来获得不准确的虚假排放量——中所看到的一样。越来越多的研究表明化石燃料的排放物和污染对老年人和儿童尤其有害,还产生了难以估量的经济代价。

加利福尼亚州的卫生机构和美国肺脏协会正在进行这项研究。有关报告显示了加利福尼亚州乃至全美国的城市的肺部疾病发病率排名,其中排放物和温室气体是重点。通过减税和修正环境法规的方法来支持使用化石燃料,只会拖延实现清洁能源交通的目标。

一些城市正在考虑完全禁止汽车。汉堡,德国的第二大城市,已经制定了一个初步的概念,计划在2034年将汽车淘汰。该计划称作"Grünes Netz"——即"绿色网络"(Green Network)的意思,该计划将扩大公共交通系统,并增加步行和骑行线路。它会在未来的15~20年内建成,并会建立无汽车通道以连接主要的公园、游乐场、社区花园和公墓等城市区域。此网络建成后,将覆盖汉堡城区40%的面积。它能使通勤者和游客完全依靠步行和自行车来体验这座曾经非常依赖汽车的城市。

汉堡是哥本哈根地区附近的环境先锋[②]。汉堡为自己的绿色网络设定了多个目标。汉堡市承认,为了应对全球变暖,是时候有所行动了。过去60年里,汉堡的年平均温度已经上升了1.2摄氏度,达到了9摄氏度。海平面上升,影响着城市港口运作。汉堡港的海平面已经上升了20厘米,预计到2100年海平面将再上升30厘米。作为一座大都市,汉堡确实面临危险,确实需要"绿色网络"这样的计划来帮助限制环境影响。

此外,这样的一个系统将有助于城市及其居民的整体健康,帮助居民以可持续的方式活动。汉堡市发言人安格莉卡·弗里奇(Angelika Fritsch)称,该"绿色网络"将为人们提供各种机会,包括:远足、游泳、水上运动、野餐和享受美食、安静的体验,以及在城市里观察自然和野生动植物的活动。这就减少了周末外出旅游时开车出行的必要性。

汉堡的"绿色网络"只是这个正在增长的趋势的一部分。在欧洲,这一趋势是建立综合性的交通网络,不仅包括城市中心和环城道路,而且还连接城市与郊区。也许哥本哈根采取的计划最为雄心勃勃,它计划建设26条自行车"超级高速公路"(superhighways),这些道路从城

---

① 500磅约等于227千克。——译者注
② 汉堡位于德国北部,临近邻国丹麦。——译者注

市中心一直延伸出来，是哥本哈根在2050年达到碳中立目标的一部分（Inhabitat，2015）。

汉堡的"绿色网络"尚处于起步阶段，自日本福岛核事故后，德国的重点一直是远离核能生产，而不是对气候变化做出反应。但是，仍然有来自约30个城市的工作者，在来自城市7个地区的工作人员协助下进行"绿色网络"的工作。一旦政治家们把该计划的优先级提前，它将会很快成为一个覆盖7000公顷土地面积的扩大化网络（The Guardian，2013）。

伦敦和佛罗伦萨采用了"绿色环路"计划来限制汽车并鼓励步行交通。巴黎和其他饱受拥堵之苦的城市也在试行类似的禁令或措施等。就连纽约也把曼哈顿的部分地区，包括剧院区附近的街区变成步行区。对于正和拥堵与雾霾对抗的城市规划者而言，在城市中心限制或减少汽车交通的想法已经成为热门话题。

禁止汽车，或使用氢动力、电动力汽车，并不足以实现可持续性。我们还需要做得更多，并且全球各地的社区正在为一个智能化的可持续的未来制定计划。随着先进的零碳科技在发展，化石燃料作为能源来源正在失去其政治支持和社会支持（社区支持）。例如，英国——多年来作为中东石油贸易的中间商维护着其繁荣的生活方式，在最近随着其Gunfleet Sands和Robin Rigg两座风力发电场的建成，其近海涡轮风机容量已经达到了1千兆瓦。在未来，英国还计划发展25千兆瓦的海上风力发电场——将安装超过7000台风力涡轮机。苏格兰、德国，和一些北欧国家，根据各国自己的计划、技术水平和商业运营方式，也在政治和经济领域做出了类似的决策和行动。

在南美洲，巴西已经实现了95%的能源自给（energy independence）——通过甘蔗提炼的乙醇燃料和国产石油供应。在南美西部，智利在发生了许多反对增建水电大坝的民众抗议之后，正在开发可再生能源作为电力来源。智利是世界上最美丽的国家之一，该国有着原始的自然环境，以及与之交织的丰富水系。智利民众坚决要求保持河流不受水坝破坏，因此政府以开发可再生能源作为应对。在位于智利北部阿塔卡马沙漠（Atacama Desert）地区的梅希约内斯（Mejillones），"藻类燃料协会"（Algae Fuels S.A. consortium）正利用微型藻类生产第二代生物柴油。当地也在开发风能和太阳能。

在世界其他地区，中国和西班牙也在进行可持续发展，他们的方法是通过公共政策来支持可再生能源发电，例如上网电价补贴（FiT）——通过固定利率返利给消费者。日本的一些社区已经实现可持续发展很多年了，因为日本的能源要么来自进口，要么是通过国产。日本对可再生能源的使用量也在增加，截至2008年，日本在太阳能领域已经全球领先。意大利在可持续方面的活跃性主要在地方层面，这里面原因很多，但最主要是因为该国的历史区划，以及它的政策和计划是以城市为中心的。在曾被苏联统治的波罗的海地区，立陶宛比较活跃，该国已经开始关注可持续问题。

创造可持续社区

创造可持续社区是非常复杂的课题。它需要从解决关键的基础设施问题开始——能源、交通、供水、垃圾,以及通信系统——并且还要将之与居民的意识形态、价值观和行为结合起来。还需要规范和标准,以指导建筑设计、选址和建设。像 LEED 认证这样的评价机制提供了指导原则、专门化的知识和政治影响力,以使建设项目和改造项目得以尊重环境,并能够使用最少的资源实现最大的功用。需要制定公共政策以减少温室气体排放,并设定可再生能源发电的阈值(threshold)和基准值(benchmark)。

新兴技术为实现智慧生态的可持续城市提供了更多的工具。这不仅在开发可再生能源新技术方面显而易见,而且在开发节约珍贵资源(特别是水资源)的新方法上,也意义明显。市场上即将推出的设备将有助于减少大型 HVAC(Heating Ventilation and Air Conditioning,供热通风与空调)系统的用水量。这些改良系统在用水受限的地方常获赞誉。

这些系统节省了运行设备所需的用水量,同时也大大减少了排水量。例如旧金山,不仅水价极高,而且排污费用也非常高。最近在旧金山一所大型酒店安装的一台设备,预计仅在排污费用上每年就可以节约 5 万美元。这种节约量,再加上用水的减少,意味着在数月内便可以收回设备成本。商业化的臭氧洗衣(ozone laundry)系统在经济收益上也比较类似,而且其短期投资回收率较高。

三个智慧生态城市案例

下面将列举三个正在走向可持续发展的城市案例,以及其所带来的好处。

新加坡

在东南亚,新加坡被认为是全世界最生态的城市。新加坡实际上是一个城市国家(city-state),其全称是新加坡共和国(Republic of Singapore)。新加坡是一座岛国,位于马来半岛(Malay Peninsula)南端、赤道以北 137 公里(85 英里)。新加坡是高度城市化的国家,但该城市不断提高其绿化率(种植树木、建设公园),因此现在新加坡也自称"花园城市(Garden City)"。

成为"花园城市"的构想由新加坡前总理李光耀(Lee Kuan Yew)于 1968 年提出。其理念是把环境与城市发展相结合,软化城市给人的混凝土森林之感觉。该花园项目的目标是创造一个连续的绿化环,连同三个不同的花园一起环绕滨海湾地区(Marina Bay)。该项目被称为"滨海花园"(Gardens by the Bay),项目占地 54 公顷,大约有 72 个足球场那么大。场地内有巨大的树木(提供阴凉与遮挡),以及稳定的雨水源,还有许多植物温室。

新加坡几乎不会浪费每一滴能用的水。通过使用现代化的海水淡化技术,新加坡得以回收和保存几乎所有的降水等水资源(也包括非饮用水)。其成果就是"新生水"(NeWater),一种高纯度水,可用作工业生产使用,甚至可以饮用。

为了支持越来越多的电动汽车和其他交通工具,新加坡还开发了 Greenlots 体系。这是一个覆盖全岛的充电站网络,可供电动汽车充电,它是和国家电网一同运行的。许多 Greenlots

的能源来自太阳能发电。

除了客运车辆、出租车和公共汽车是节能的混合动力车以外,新加坡的新科动力(ST Kinetics)还推出了世界上第一台商业成熟的混合液压驱动(Hybrid Hydraulic Drive, HHD)加强型港口运输车(port prime mover, PPM),它可以把通常会消耗在刹车中的能量吸收并再利用,并且其混合动力系统可以很容易地与其他商业设备(如拖拉机、重型卡车、挖掘机等)相适应。

在2012年,推行了"新加坡绿色计划"(Singapore Green Plan)。这是由环境和水资源部制定的关于环境可持续性的政府蓝图。该计划着眼六大领域:清洁的空气、气候变化、水资源、垃圾处理(waste management)、公共健康、保护自然,以及国际环境关系。新加坡几乎所有的生态努力都是以该总体计划为指导的——其中包括了:"可持续发展蓝图"(Sustainable Development blueprint)和"生态交通周"(Green Transport Week)。

值得注意的是,新加坡人做这些正确的事情时还能够获得补贴。三菱公司(Mitsubishi)以低至50%的价格销售 i-MiEV 电动车,该款车正用来进行一项投资2000万美元的研究,旨在分析它的基础设施运行需求。日本的汽车生产商将把这些车辆以市场价格的一半卖给研究参与者使用。此外,国家公园董事会(National Park Board)给了位于亚历山德拉路(Alexandra Road)的园艺公园(HortPark)一个20%的庆典活动费用减免。想要折扣的夫妇必须证明他们已经为婚礼采取了至少八项环保措施。这些措施包括在婚礼中使用环保纸,在非空调场地举办婚礼庆典活动,以及使用混合动力汽车(hybrid electric car)作为迎亲车辆等。

"洁净生态的新加坡"(Clean and Green Singapore campaign),这一行动始于20年前,是岛上历史最长的活动。该活动原名"洁净生态周"(Clean and Green Week),持续了17年,后来在2007年变成了长达一年的活动,更名为"洁净生态的新加坡",有着遍布全国所有时间段的固定活动以及各种社区项目。

一个以社区为基础的平台,"绿色新加坡2050"(Green Singapore 2050, GS2050),是为了给年轻人用来表达其环境意识和讨论环境问题解决方案的项目。为什么称为2050年?因为年轻一代在2050年会继承并运营这个国家,并且有望解决全球各种问题。GS2050进行很多活动,包括环境调查、举办论坛以讨论旨在真正解决问题的各种项目。

新加坡杜克-国大医学研究生院(Duke-NUS Graduate Medical School)是由美国北卡罗来纳州的杜克大学和美国以及新加坡政府联合创办的。它有着"亚洲生物医学(biomedical)枢纽"之称,另外它还是绿色设计和环境友好型建设项目的绝佳典范,除此之外,其建筑设计还非常优美。设计上采用了很多可持续设计元素,例如8层通高的、可为建筑提供垂直空气循环的玻璃中庭,以及含二氧化钛(titanium dioxide,该物质可提高热带地区耐候性)的建筑陶瓷瓷砖等,这些元素使该校区建筑获得了绿色标识认证(Green Mark certification)。新加坡圣淘沙名胜世界(Resorts World Sentosa)也获得了由建筑和建设部门颁发的一个奖项,以表彰该项目成功融合了可持续的建筑理念与总体发展规划。

Green Kampong 项目是一个生态社区，由娜佳·胡塔加隆（Nadya Hutagalung[①]）和一群志同道合的地球关怀者（包括前杂志发行商 Holman Chin，投资人 Desmond Koh 和 Green Drinks Singapore 的创始人 Olivia CHoong）共同创办。

新加坡人真正意识到了，要善待地球并节约资源。由国家环境局（National Environment Agency）最近的一项调查显示，87.2% 的新加坡人愿意接受一种清洁、绿色的生活方式。凯利服务公司的一项研究显示，在新加坡工作的人中，有超过 90% 称他们更愿意在有道德感和社会责任感的组织中工作；另外一项调查中，9 成的青少年人群非常关心环境保护，其中 96% 的人认同保护好地球母亲是自身的责任所在（CNN，2009）。

新加坡的公民们告诉了美国人，如何对生态更加友好。美国并没有很快地加入这一运动，但美国的一些城市政府，例如加利福尼亚州的旧金山和圣莫妮卡，正朝着生态友好的方向前进。按照 LEED 标准设计的建筑物、地方性的可再生能源发电（包括太阳能、风能、海洋能），以及电动汽车和氢燃料汽车等，正在得到推广。有意思的是，在加利福尼亚州，学校和大学机构是 LEED 标准建筑物设计方面最坚定的支持者，很多在建的大学新设施都已经不低于 LEED 银质认证标准。

腓特烈港（Frederikshavn），丹麦

丹麦设定了一个可持续方向的国家目标：到 2025 年实现 100% 使用可再生能源。热电联产系统（CHP）是当地能源组成的关键。在 2006 年，丹麦选择了腓特烈港——位于日德兰半岛北部海岸的一座小镇——作为实现该目标的展示窗口。市政府和当地工业部门，以及奥尔堡大学（Aalborg University），都被纳入了项目范围（Lund and Ostergaard，2010）。

腓特烈港（英文名 Fredrick's Harbor）有 2.5 万名居民，是一个繁忙的交通枢纽。作为国际航运终端，它每年过港人数超过 300 万。该城已经成为丹麦的可持续性模范城市。该城计划，到 2015 年年底，达到利用可持续能源（风能、生物质）完全能源自给的目标，该计划被称为"能源之城"（Energy Town Project）。到 2014 年，该城已经实现了这一目标的 45%。

腓特烈港经常举行关于可持续发展的社区会议，以教育民众。其制定的计划是公开的，可供群众调阅，同时也有网站可供居民了解、监督项目的开发进度。为鼓励公众参与，项目组织者还开展了一系列运动以提高居民的认知，并鼓励可持续发展的实践工作。

为实现该目标，该市确定了几个关键要点，现在正在策划和实施。建立了一个高效的垃圾焚烧（waste incineration）热电联产电站，容量为每年 185 千兆瓦时（gigwatts per hour）。该项目包括一个 15 兆瓦的沼气热电联产发电站。剩余的热能由燃烧秸秆的生物质锅炉供应。

区域供热网扩建（district heating grid expansion）

腓特烈港项目还包括扩建现有供热网。70% 的工业和独立房屋的供热需求将被替代。热量

[①] Nadya Hutagalung，曾经是超模和电视节目主持人，后来转型成为生态活动家。——译者注

将由生物质锅炉供应,独立房屋供热将由太阳能热力和电热泵(electric heat pumps)联合提供。

交通运输

就交通而言,腓特烈港将转而使用以沼气作内燃机动力的交通工具(生物燃料汽车,即biofuel cars)、电动汽车、插电式混合动力汽车。为了实现使用电动汽车、混合动力车或(甲醇、氢)燃料电池联用型汽车,该城正在建设燃料站。此外,摩托车、厢型车和公共汽车会转用沼气、氢能或者甲醇作为燃料。

沼气站(biogas plant)和甲醇生产

腓特烈港项目包括一个沼气站,每年使用 3400 万吨的有机肥来生产沼气,为交通工具提供甲醇,并以电能和热能生产替换原先天然气的使用。工厂能够持续转化出甲醇,以此为区域供热。

对于甲醇,由于有反应垃圾和影响环境的问题,所以人们还是有所担忧。最终,甲醇将全部(或部分)由可再生能源进行电解产生。此外,人们也在努力使车辆都使用氢能。这样的话,有些沼气将被风能取而代之。

地热泵(geothermal pumps)、热泵

腓特烈港的地热资源很丰富,这些资源可以利用。地热能可提供大约 40 摄氏度的热水。而且,使用吸收式热泵(absorption heat pump)的话,该温度可提升至足够区域供热的水平——垃圾焚烧热电联产发电站的蒸汽也可以为其供热。

该计划要求采用额外的压缩热泵才能利用热电联产发电站产生的废气能量。锅炉用水将使用废水等来源。

风力发电

最后,腓特烈港还有风力涡轮机来提供其他的用电需求,容量约为 40 兆瓦。

布里斯托尔(Bristol),英国

布里斯托尔位于英格兰西南部,被欧盟委员会评为 2015 年 "欧洲生态之都"(European Green Capital)。每年,该委员会都会选出一座城市授予此荣誉——根据其环境成就、未来愿景和作为榜样的能力。拥有 441300 人口的布里斯托尔打败了比利时的布鲁塞尔、苏格兰的格拉斯哥,以及斯洛文尼亚的卢布尔雅那(Ljubljana),获得此殊荣。

布里斯托尔长期致力于改善环境，并且自2000年以来一直在努力减少推动气候变化。为了该目标，它已经发展出一套策略和行动计划，例如"布里斯托尔气候保护项目"（Bristol Climate Projection）和"可持续能源战略"（Sustainable Energy Strategy），以及"2026本地交通计划"（Local Transport Plan to 2026），另外还有市民们积极参与的"生活质量调查"（Quality of Life Survey）。

尽管经济一直在增长，但自2005年起该城就一直在减少碳排放量。它的目标是成为欧洲低碳型产业的枢纽，具体目标是截至2030年，在创意（creative）、数字（digital）和低碳产业（low-carbon sectors）方面新增1.7万个就业岗位。2012年该市的绿色经济增长率是4.7%。布里斯托尔不仅有着增长的高效绿色经济，它还是英国绿化最好的城市，空气质量非常好。近年来自行车出行人数翻了一番，该市承诺到2020年时还将再翻一番。

为了赢得"生态之都"称号，布里斯托尔的申请必须满足12个不同领域的要求，内容详情如下（包括诸多重点）。对于每个领域的全面而具体的细节，读者可在该网址获得全文：http://ec.europa.eu/environment/europeangreencapital/winning-cities/2015-bristol/bristol-application/index.html

- 当地对全球变暖的推动——该市提出了"布里斯托尔气候保护项目"和"可持续能源战略"，设定了一个目标：截至2050年，减少80%的排放量（以1990年为基准）。布里斯托尔是英国第一批采用这种战略的城市之一。在2004年至2012年之间，为达成此目标所做的行动有：

    1. 一个专门的能源管理机构和一个健全的系统，该系统需满足进行生态管理（Eco-Management）和计划审计（Audit Scheme）的资格；
    2. 改善185座非居住类建筑；
    3. 能源读表实现自动化、实时化，以提高能源管理水平；
    4. 街道照明现代化，在一项长达4年的改造计划中，至今已更换了10500盏灯具并为所有的灯箱改换了LED灯具；
    5. 生态学校计划（Eco-school program），与社区机构合作，以改善能源效率，增加学校里的环境意识；
    6. 学校太阳能光伏（school solar PV）和能效计划，32所学校共计装机容量568kWp[①]；
    7. 在工业港口地区布里斯托尔市政府所有的一块土地上，开发了一个6兆瓦的风力发电项目；项目已开工，并将成为英国第一个拥有风力涡轮发电机的市政府；
    8. 开发了15种生物质锅炉，主要从公园和行道树中获得木材废料。

- 当地运输系统——减少化石燃料交通系统的使用，改用压缩天然气（compressed natural gas, CNG）驱动的节能公交车。

    1. 零排放的氢动力水上巴士；

---

① kWp即kilowatt peak，太阳能光伏电池峰值总功率。——译者注

2. 减少汽车对住宅区的影响；

　　3. 英国的自行车示范城，共投资2200万英镑用于基础设施和鼓励自行车出行。

- 城市绿色区域，包括可持续的土地利用（sustainable land use）——建设了6个新的城市中心开放空间。

　　1. 多功能、互联的绿色空间网络；

　　2. 采用了新的核心战略土地利用计划，以提升和 保护绿色区域。

- 自然与生物多样性——布里斯托尔在野生动物环境方面领先；国家级事件推动的旅游和市民们的关键行动。

　　1. 采取"生物多样性行动计划"（Biodiversity Action Plan）；

　　2. 从市民的角度来改善野生动物环境的空间质量，与弱势群体合作，或对其进行支持，以把社区推广计划集中在一个由16个与城市连通的自然保护区组成的体系中。

- 局部环境的空气质量。

- 局部环境的空气质量——第二部分。

- 局部环境的空气质量——第三部分：

　　1. 布里斯托尔拥有英国最全面的空气质量监测网络，并实时在线发布其数据；

　　2. 采取"当地共享交通计划"（Joint Local Transit Plan），减少交通运输导致的空气污染。

- 声环境（acoustic environment）质量——积极地治理噪声污染，并且减少人群区域的噪声问题：

　　1. 在城市噪声分布图方面领先全国；

　　2. 城市中建立安静区域。

- 垃圾产生与管理（waste production and management）——在减少垃圾数量及其处理方面领先全国：

　　1. 为了大幅度减少需要填埋的垃圾数量，有着清晰的战略和目标；

　　2. 与垃圾有关的服务业务受到大规模的推广。

- 水资源使用（water consumption）——高效的、可持续地管理供水问题：

　　1. 尽管人口增加了10%，但水资源的使用量是20年以来最少的；

　　2. 供水网络被监控起来，以获知其流量、水压和水质；

　　3. 为家庭用户提供了1万套节水设备（器具、元件）。

- 污水处理（waste water treatment）——全城100%覆盖污水排放管网：

　　1. 所有的城市污水处理均符合《城市污水处理条令》（Urban Waste Water Treatment Directive）；

　　2. 城市污水处理站能做到完全的电力自足——可称得上欧洲最有效率的发电站——其全部电力均来自在场可再生能源发电。

- 生态创新（eco-innovation）和可持续就业（sustainable employment）——布里斯托尔和周边城市、高校、企业和社区一同工作，以实现环境和社会的可持续发展。特别值得强调的是：

 1. 创新；

 2. 绿色工作岗位和企业；

 3. 内向型投资（inward investment）；

 4. 发展供应链；

 5. 知识和技能转移；

 6. 展示生态创新型项目，扩大社区参与和建立智慧生态城市的意识。

- 市政环境管理（environmental management of the municipality）——制订计划以提高环境管理效果。该计划的内容是：

 1. 采纳共同的环境政策；

 2. 制定并实现共同的环境管理目标；

 3. 为每一个政府部门和组织机构执行"欧盟生态管理和审核体系"（EU Eco Management and Auditing System, EMAS）；

 4. 采用环境管理系统，创造和运行环境计划，以持续地改善环境。

- 能源表现（energy performance）——除伦敦外，布里斯托尔是英国主要的八大城市中能源使用效率最高的：

 1. 人均能耗量比平均值少20%；

 2. 2005至2010年间，人均能耗量减少了15%，而英国其他主要城市的该平均值为12%，英国全国的平均值为10%。

布里斯托尔承诺了一项预算，其中有5亿欧元（到2015年）用于改善交通系统，另外高达3亿欧元（到2020年）用于提高能源效率和可再生能源领域（其中至少1亿欧元是在可再生能源领域的投资）。

布里斯托尔有潜力成为英国、欧洲乃至世界的榜样。该市与外交部门达成协议，通过英国大使馆向全欧洲乃至全世界推广这一奖项，进而有可能提高该奖项的知名度。布里斯托尔的"变革实验室"（Laboratory for Change）是以创新、学习和领导力为基础的。社会媒体和创新实验室（通过会议直播）可使全欧洲了解布里斯托尔，反之亦然，同时这样也完全不产生任何碳生态足迹（carbon footprint）。

布里斯托尔在绿色经济领域非常有创新性，因为它有着强大的传播战略，以及言出必行的决心与热情——而这二者正是成为欧洲典范所需要的。

要发展可持续社区，需要制定一个计划，或设计一套理念，以实现该目标。当腓特烈港开始行动之时，其地方政府首先建立了一套可持续发展的指导原则。2009年，联合国政府间气候变化专门委员会在丹麦的哥本哈根召开会议，重新审视了一些腓特烈港于2008年阐述的行动计划。计划中包括一些城市可持续发展的承诺。计划被制定出来以供决策者们审阅，并包括可持续发展的启动工作内容。

新加坡、腓特烈港，以及布里斯托尔目前完成的工作都很成功。其他城市可参考借鉴。这

第四章 可持续性的"智慧"与生态

三座城市提供了一种概念框架,将当今日益扩张的城市转变为可持续的发展方式。能源、垃圾、水、交通和通信等方面向可持续发展方向的转变至关重要。除了制定计划以外,智慧生态城市还必须开发经济资源以实现这些发展过程。这些基础设施的要素是综合性的;交通和能源是相互联系的,因为交通运输系统也应当使用可再生能源。水资源的获取和输送也是同理——特别是像加利福尼亚这样,需要消耗大量的能源以输送大量的水到数英里之外。

一个非常好的提供了全球视角的例子是"C-40 特大城市计划"(C-40 program of megacities),该计划由克林顿基金会(Clinton Foundation)于 21 世纪初首创。该计划现在是前纽约市长迈克尔·布隆伯格(Michael R. Bloomberg)更大规模计划的一部分,且独立于市政府之外。C-40 的工作内容有当地的,也有与全球其他城市合作的,其目标是减少温室气体和消除环境危机。根据一套全球性的、衡量城市达到"可持续"条件的标准,C-40 已经采取了超过 4700 项行动。这些行动涵盖诸多领域:从规划、对话、能源效率、公共交通系统,到食物供应(food supplies)、垃圾和再循环机制等。

飓风"桑迪"摧毁了纽约及其周边沿海地区,这正说明了人类社会需要转变为可持续的发展模式。整个地区的重建费用大约在 1000 亿美元。虽然重建计划将要在可持续性的前提条件下设计和实行,但仍然需要对温室气体减排和污染排放问题进行监督和评估。

每一个可持续发展的社区都必须将传统的集中式发电站改造成由可持续能源发电,并使用智能电网系统。此外,可持续的基础设施系统必须包括再循环机制、垃圾控制、水资源、土地利用以及绿色的建筑标准(以达到房屋的节能和紧凑性)。今天,为了更健康的世界和明天,为了减少环境污染,生态的可持续城市是非常必要的。全球变暖和气候变化的解决方案现在已经有了;我们需要做的是设计、投资,并实践它们。

参考资料

Andersen, Anders N. and Henrik Lund, 2007. "New CHP (Combined Heat and Power) Partnerships Offering Balancing of Fluctuating Renewable Electricity Productions," *Journal of Cleaner Production* vol.15, pp. 288-293.

Brundtland Commission (1983) Report, 1987. Our Common Future. UN Commission General Assembly 828 Resolution #38/161 for Process of Preparation of the Environmental Perspective to the Year 829 2000 and Beyond. Oxford University Press, Oxford.

Clark, Woodrow W. Ⅱ. Editor and Author, 2009. *Sustainable Communities*. Springer Press, New York.

Clark, Woodrow W. Ⅱ. Editor and Author, 2010. *Sustainable Communities Design Handbook*. Elsevier Press, New York.

Clark, Woodrow W. Ⅱ. Editor and Author, 2014. *Global Sustainable Communities Design Handbook: Green Design, Engineering, Health, Technologies, Education, Economics, Contracts, Policy, Law and Entrepreneurship*. Elsevier Press, New York.

Clark, Woodrow W. Ⅱ and Ted Bradshaw, 2004. *Agile Energy Systems: Global Solutions to the California Energy Crisis*. Elsevier Press, New York.

Clark Woodrow W. Ⅱ and Larry Eisenberg , 2008 , " Agile Sustainable Communities: On-site Renewable Energy Generation," *Utility Policies Journal*, vol.16, n.4, pp. 262-274.

Clark, Woodrow W. II and J. Dan Jensen, 2002. "Capitalization of Environmental Technologies in Companies: Economic Schemes in a Business Perspective," *International Journal of Energy Technology and Policy*, vol.1, n.1/2.

CNN, 2009. http://travel.cnn.com/singapore/none/12-reasons-why-singapore-greenest-city-914640.

ENERGY STAR, 2015. http://www.energystar.gov/about.

Funaki, Ken and Lucas Adams, 2009. Chapter 15 "Japanese Experience with Efforts at the Community Level towards a Sustainable Economy," Woodrow W. Clark II, Editor and Author, *Sustainable Communities*, Springer Press, New York, pp. 243-262.

Inhabit, 2015, http://inhabitat.com/hamburg-announces-plans-to-become-a-car-free-city-within-20-years/print/.

Lund, Henrik and Woodrow W. Clark II, 2002. "Management of Fluctuations in Wind Power and CHP: Comparing Two Possible Danish Strategies," *Energy Policy*, vol.27, n.5, pp. 471-483

Lund, H. and Woodrow W. Clark II, 2008. "Sustainable Energy and Transportation Systems Introduction and Overview" *Utilities Policies Journal*, vol.16, n.2, pp. 59-62.

Lund, Henrik and Poul Alberg Østergaard, 2010. Chapter 14 "Climate Change Mitigation from a Bottom up Community Approach: A Case in Denmark," Woodrow W. Clark II, Editor and Author, *Sustainable Communities Design Handbook*. Elsevier Press, New York.

McEneaney, Brenden, 2009. "Santa Monica Sustainable City Plan: Sustainability in Action," Woodrow W. Clark II, Editor and Author. *Sustainable Communities*. Springer Press, New York, pp. 77-94.

The Guardian, 2013. http://www.theguardian.com/sustainable-business/hamburg-answer-to-climate-change.

US Green Building Council (USGBC), 2015. http://www.usgbc.org/leed.

第五章　智慧生态城市的支持技术

要创建智慧生态城市，就要解决各种新老问题。从碳密集型的、容易产生污染的城市模式转换成为可持续发展的、健康的、低污染排放度的城市模式，这种转型是可实现的——而且全球很多城市目前都在这样做。

在城市（特别是全球性的大都市）生活中，人们的各种需求是恒定的。人们需要诸多基本的基础设施组成部分以保证进行正常的工作生活，例如能源、水、垃圾处理设施、通信系统、交通等等。在智慧生态城市模式中，这些组成部分是彼此联系而且互相综合的。在这种模式中，这些组成部分彼此重叠（或共享），因此能够减少建设、运行和维护的成本。

人们需要了解这个生态的新世界是如何运行的，以及自身是如何与之相联系的。这种联系始自家庭——因为在欧洲和亚洲，许多人们发现，家庭才是所有城市基础设施的组成部分最终所汇聚的地方。从个人的角度去理解这个生态的新世界是如何运行的，可以进一步引导到人们生活和工作所在的社区范畴。欧洲人开始把可持续性和他们在个人层面上所做之事以及工作、购物和娱乐的方式联系起来。当涉及节约能源和提高能效，以及可再生能源发电、电力存储、通信系统等方面时，无论是对于更大范畴的社区而言，还是对个体家庭或者企业而言，其议题是一样的。

本书不会事无巨细地考察城市基础设施的每一个细节。然而，有一些新兴的生态技术是城市规划师和领导者们需要了解的，因为这些技术可以帮助城市变得更加智慧化、生态化。

这些新的生态技术非常卓越。可再生能源用来生产低碳电力，同样也需要存储设备来优化基本电力需求并减少成本。与之相似的是，灵活的电网系统可很容易地将电力进行高效的调度，我们需要这种系统，为在场电力系统无缝地分发可再生能源到城市里的各个社区。

其他生态技术，如智能门窗（smart windows），可最大化地利用日光和外部热量，同时尽量减少维持室内环境舒适度所需的电力，而且其商业应用还很成熟。丹麦和德国这样的地方都有国家政策、国家要求和财政支持以鼓励智能门窗系统。其他的技术，比如神奇的地下垃圾真空系统已经出现了几十年，现在被安装在很多生态城市和可持续街区中——例如伦敦的温布利开发区（Wembley development）。

城市的交通基础设施发生了很多生态化的变化，第六章描述了全球城市居民是如何摆脱化石燃料驱动的交通工具，并进行高效和健康的出行的。

能源存储技术

大规模可再生能源最大的缺点就是间歇性,因为诸如太阳能和风能这种能量来源本身就有间歇性。太阳光并不总是照耀,风也不是一直吹。因此,其产生的电力就是间歇性的,并且对于基础负载来讲,不如化石燃料可用性好。几十年来,人们一直在研究,以求获得一种经济的方法来存储可再生能源,使之可以在供应充足时存下能量,这样在供应不足时也有能量可用。能源存储技术有巨大的潜力和各种好处。

一般而言,能源存储分两大类:一类是为集中式的或者是在场的电网存储电力,一类是存储电力做交通运输之用。表5.1来自美国国会研究服务中心(US Congressional Research Service),是根据国家可再生能源实验室(National Renewable Energy Laboratory,NREL)的资料整理汇总而成,并给出了能源存储技术在应用方面的概述(Parfomak,2013)。

能源存储技术和应用 表 5.1

	电网类(基站式)	交通类(车载式)
大功率/快速放电	电池 • 铅酸型(Lead-Acid) • 镍型(Nickel) • 锂离子型(Lithium-ion) 电容器 飞轮(Flywheels) 超导磁储能(Superconducting Magnetic Energy Storage,SMES)	电池 • 镍型 电容 飞轮
能量管理	电池 • 先进铅酸型(Advanced Lead-Acid) • 液流型(Flow) • 高温型(High Temperature) 氢能 压缩空气(Compressed Air) 抽水型(Pumped Hydro) 热能 • 聚焦式太阳能(Concentrating Solar Power) • 终端用途(End Use)	电池 • 锂离子型 • 锂金属型(Lithium-Metal) • 金属空气型(Metal Air) 氢能

Source: P. Denholm, National Renewable Energy laboratory, 2011.
注:"电网类"和"交通类"这两种应用也可以被分别称做"基站式"(stationary)和"车载式"(vehicular)。

能源存储技术可使电网更加高效、经济和稳定。此外,它还可以管理电力流量、提高可再生能源电力的集成度。更重要的是,可再生能源需要和存储设备集成起来,并通过智能电网分发电力。由于绿色能源——例如风能和太阳能——对于减少温室气体排放和减轻城市对环境的影响而言非常关键,因此能源存储技术就变得特别重要。

电网储能设备（grid storage devices）可持续供电数小时甚至更久。这些设备可在用电需求较低的时候，以及可再生能源供应量较高的时候，存下能量，以供用电高峰和可再生能量供应较低时使用。很多也可以发挥与大功率/快速放电型设备类似的作用。

现在，这类技术中最主要的是抽水蓄能设备（pumped hydro storage，PHS）。基本上，这种方法是将水从低水位抽到高水位来存储能量[①]。抽水过程在低电价的非高峰时段进行。然后在用电高峰时段释放储存的水，推动涡轮机来发电。虽然没有节约或增加任何能量，但该系统通过在用电高峰期（也是电价较高的时间段）售出更多的电力来增加了总收入。一些社区正从风能中获得能源，因此整个系统成本很低，而且生态能源系统的集成度很好。

飞轮是一项古老的技术，在新石器时代的纺锤（spindle）和古希腊的制陶轮（potter's wheel）上就有应用。制陶轮是一块比较重的圆形石头，它连接到一块脚踏板。踏板的往复运动是波动式的，它转换成飞轮的惯性运动，从而产生了平稳的轮子转动。通过机械工程的奇迹，这项古老的技术正被改造成一种现代的能量存储设备。飞轮储能系统（flywheel energy storage，FES）的原理是：加速转子（rotor）或飞轮到极高的速度，把系统中的能量转化为转动能（rotatinal energy），实现能量存储。当从系统中提取能量时，飞轮转速下降；注入能量则转速增加（LLNL，2014a）。

大多数飞轮储能系统使用电来对飞轮进行加速或减速，使用机械能的该类设备还在研发中。先进的飞轮储能系统的转子由高强度碳纤维（carbon filaments）制成。碳纤维材料转子连接在磁轴承（magnetic bearing）上，并在真空的内腔中高速旋转。

过去20年来，科学家对飞轮进行了大量的研究，开发了多种方法，以将之作为储能设备用于交通工具和发电站中。有些情况下，从公共电网吸收能量会产生不可接受的电能波动，这种条件下可使用飞轮来产生所需要的高功率电流。一个小马达可以在两个波谷之间用来加速飞轮。飞轮的另一个优点是，通过测量转速就可以很容易地计算出所储存的能量数量（Clark and Isherwood，2010）。

有些初创公司已经将飞轮设备商业化地集成到了各类建筑物（群）的供电系统中。关键的因素在于，这些飞轮系统是自足的、经济的，并且对环境的影响为零（Eco-Gen Flywheel Company，2014）。

Eco-Gen，加利福尼亚州南部的一家企业，其市场产品是JouleBox，该产品是一套混合系统，其中包括飞轮系统和风能、太阳能以及锂离子电池等组成部分。飞轮系统和一些常用的可再生能源结合起来，可以满足消费者的基本供电负载要求。目前在场电力系统通过电力购买协议来赞助它们，使Eco-Gen的产品得以行销全球（Eco-Gen Company，2014）。

飞轮储能系统甚至可用于调节电气化铁路的电压。这将改善那些未改造过的电气化列车的加速性能，以及提高再生制动（regenerative braking）时从线路上回收的能量数量，有助于降低成本。有些大城市，例如伦敦、纽约、里昂（Lyon）和东京，都进行了飞轮储能项目试点。

[①] 即转换为势能。——译者注

热能储能系统（thermal energy storage，TES）常常被忽视——因为其并不直接存储或释放电力。但是，在某些应用中，它比其他存储技术的效率更高。热能储能系统可存储来自太阳的热能，然后再将之转化成电能。天然熔盐层是低成本的存储介质。

热能储能系统的另一功能是作为建筑物的蓄冷和蓄热之用。蓄冷系统可减少高峰使用期的空调用量，并且已在相当规模的范围内应用。这种技术在商业上是成熟的，它能够提供非常高的循环效率，能够满足多种基础设施的功能需求。

能用来作为电网系统应用（electric grid applications）的电池有两类——液态电解质电池（liquid electrolyte batteries）和高温电池（high-temperature batteries）。其中，高温钠硫电池（high-temperature sodium-sulfur batteries）是最成熟、最具有商业可行性的，它由一家日本公司研制。该类电池在全球范围的使用规模总计超过270兆瓦。它们还有个优点，就是其原材料供应充足，而且成本较低，但是电池制造成本问题限制了其大规模应用。

能源存储系统在交通领域也起着关键作用。混合型或全电动车依赖电池去存储和调节电能。电动交通协会（Electric Drive Transportation Association）于2014年发布的报告显示，当年充电式电动车（plug-in electric cars）销量比前一年翻一番，达到了96702辆。新增销量的很大一部分是由特斯拉公司卓越的Model S型轿车贡献的。特斯拉公司所设计的锂离子电池组比大多数产品都要先进。

2014年，特斯拉宣布将在美国建立一个大型电池工厂，以为其电动汽车和其他电力设备提供稳定的电池供应（Tesla GigaFactory，2014）。特斯拉将该项目命名为"超级工厂（Gigafactory）"，其位于内华达州里诺（Reno）附近，拥有6500名员工，耗资约50亿美元，将于2017年投产。该工厂将在2020年达到最高产能，届时每年将满足50万辆汽车的电源需求（Tesla GigaFactory，2014）。

随着新的"超级工厂"启动电池生产，特斯拉还公布了一款有革命性潜力的家用电池组产品。该产品名为"能源墙"（PowerWall），它是一块可充电的锂离子电池，可连接到太阳能电池阵列或其他在场可再生能源发电系统上。据特斯拉公司介绍，一共有两种不同的产品原型，分别采用不同的化学电池类型。

一种是镍-锰-钴型化学电池，日循环7千瓦时、循环次数为5000次。另一种是采用镍-钴-铝阴极电池，供每周使用或紧急情况下使用，电量更高（10千瓦时），但循环次数较少（1000~1500次）。

"能源墙"包括一个直流转化器（DC converter），安装在房屋现有的太阳能电池板和交流逆变器（AC inverter）之间。在2015年第二季度，7千瓦时型号的起售价为3000美元，10千瓦时型号的起售价为3500美元。分析家们估计10千瓦时型号的产品成本将高达1.3万美元，还预计这种较低的价格将导致其他存储设备的生产商效仿。

该设备将出售给青睐太阳能住宅的企业——"太阳城"公司。"太阳城"公司正在加利福尼亚的500栋房屋中试运行10千瓦时型号的电池组。还有一款更大的电池产品——100千瓦时容量的"能源包"（PowerPack），可供工业用户使用，价格约每千瓦时250美元。特斯拉公司这些新型存储设备的市场反应非常显著：2016年中期之前的"能源墙"产品已经售罄。在最初数周内，"能源墙"电池组的预订量超过了5万套，而"能源包"达到了2.5万套，总额合计约800万美元。特斯拉公司的"能源墙"和"能源包"这两款新产品有望真正改变可再生能源产业。这两种产品将使得在场电力的生产和使用变得更加灵活和方便。它们有可能在能源的存储和分配领域带来真正的革命。

在锂离子电池产业里，还有其他类型的高温化学电池正处于不同的阶段中，有的正在研发，有的正在进行商业化（Tesla GigaFactory, 2014）。液流电池（flow batteries）正处于开发和商业化的早期阶段，有少数的钒和锌－溴技术的示范项目，还有其他几项技术正在开发中。

其他类型的存储系统已经存在二三十年了。锌空气燃料电池（zinc air fuel cell, ZAFC）于1990年代被开发出来（Clark, Paulocci, and Cooper, 2002）。当时这种电池的研究和商业化使用从未实施过。后来，该项目的初创科学家们和国际集团一起，看到了该技术在交通运输领域作为其他类型电池替代品的价值（The Economist, 2014a）。蒙大拿州的锌空气燃料能源系统正在将此项技术商业化（Confidential Information Agreement, 2012）。到2016年，锌空气燃料电池有望成为一项性价比较好、零环境影响的技术，可以在建筑物和交通工具中使用。

电动汽车的V2G（Vehicle to Grid）电力存储

美国德拉瓦大学（University of Delaware）正在进行一个试点项目：向电动汽车（electric cars）车主支付费用，作为交换，电动汽车要为电网存储电力。这种"反现汽车"覆盖了与电网相连的电动汽车，并每月支付其费用。除了从电网中提取电力以外，这些插电式车辆也能在需要的时候把自己电池里存储的电能发回到电网中——就像小型的发电站一样。

由于电网需要各种不同时长（短、中、长期都有）的电力存储需求，以保证能平稳运行，在一种叫做"频率调节"（frequency regulation）的过程中，汽车电池可以满足短期电力存储的需求。与频率调节的传统方法相比，上述试点项目的方法（采用汽车电池）实际上表现更好。

美国联邦能源监管委员会（US Federal Energy Regulatory Commission, FERC）支持该项目，并提出了一种新的机制，该机制将在国家层面上向车主们支付费用。参与该项目的电动汽车需要进行双向电力系统改造，以使电能可流出和流入电网，还要改造软件以使汽车可以与电网之间进行信息交换。由于大多数区域传输系统需要与多台车辆协同工作，预计车队会是优先参与者。美国国防部正考虑让其所拥有的20万辆交通工具参与该项目。在历史上，美国国防部在能效项目和可再生电力资源方面是很有创新精神的。

该理想很可能成为国际性的。Nuvve是一家在圣迭戈和哥本哈根都有办事处的公司，目前已经以整合者的身份涉足美国以外的市场。该公司计划，到2015年底前，在丹麦、中国香港和中国台湾等多个地区实现项目运营。不久之后，它还计划进入德国、荷兰、西班牙和英国的市场。Nuvve公司认为市场是非常巨大的。该公司表示，到2020年，预计其全球项目总值可达120亿美元，而其中95亿的份额将在美国之外。

大规模电池储能系统（mass-scale battery storage）最大的一个问题就是如何在放大其规模的同时又使之更便宜。哈佛大学的科学家们在2014年3月宣告了一项技术突破，可能实现巨型的廉价电池。他们开发出一种液流电池的化学混合新方案，不仅耐用而且便宜。

液流电池采用两种液体，每种液体与电极接触，并由对氢离子（hydrogen ions）有可渗透性的膜隔开彼此。在电池充电时，它们共同存储能量。此时，化学反应推动离子穿过膜，而同时液体彼此互相并不直接接触。之后，液体通过让氢反向穿过该膜来释放所存储的能量。这样就产生了电子，电流通过外部电路来点亮灯具，或进行其他有用的工作。

由于储能的媒介是液体，因此它们可被抽进大型容器，甚至是储罐中。原则上讲，这样可以保存巨量的电能。然而，它们价格昂贵，因为需要贵重的金属盐类，例如钒，以及含铂（platinum）或其他稀有催化金属的涂层。

赫斯金森（Huskinson）在《自然（Nature）》杂志（2014:195-198）所发表的解决方案是：在膜的一侧使用醌分子（quinones molecules）与硫酸（sulfuric acid）混合，在膜的另一侧使用溴和氢溴酸（hydrobromic acid）的混合物。而电极用碳制成。这种电池模型的优点是，采用有机分子而不是稀有金属为原材料。

这种电池虽然还没有进行生产，但是潜力巨大。科学家称，采用这些有机分子制造的电池其成本约为每千瓦时30美元，相比而言常规的金属原料的则为80美元。当然也有一些比较关键的问题有待考虑，比如电池的回收和垃圾的存放。

氢能：突破性的技术

氢能和电燃料电池可与来自水、风能和太阳能的可再生能源一起使用，其潜力巨大。在氢燃料电池中，燃料和氧化剂在电解质条件下触发反应，产生电能。它与传统电池不同，燃料电池所消耗的反应物来自外部，必须更换，但是持续使用的时间较长。由于制造和处理方式不同，燃料电池也可能更为环保。反应物进入电池，反应产物是分离的，而且流出了电池，与此同时电解质仍然保留在内部。

燃料电池产生的电流可以被引到电池外使用，例如驱动电动机或者提供照明。燃料电池既可以驱动引擎，也可以供城市使用。根据电的原理，电流返回到燃料电池便形成了一个电路。燃料电池有好几种，每种的操作方式有所不同。但总体上说，都是氢原子（hydrogen atoms）在阳极进入燃料电池，化学反应在此处把原子和电子剥离。这样，氢原子被"离子化"（ionized），并携带正电荷。而带负电荷的电子则通过导线形成电流以供使用（Clark, Paulocci, and Cooper, 2002）。

膜电极组件是燃料电池的核心部分。氧从阴极进入燃料电池，在此处与从电路中返回的电子，以及来自阳极、穿过电解质的氢离子相结合。无论结合发生在阳极还是阴极，氢和氧结合都形成水并从电池中排走。只要燃料电池有氧和氢供给，它就一直产生电力。更好的是，由于燃料电池是通过化学方式而不是燃烧的方式产生电力的，因此限制传统发电站效率的热力学定律（thermodynamic laws）对它不起作用。这使得它们从燃料中获取能量的效率更高。有些电池余热也可以利用，以进一步提高系统效率。

燃料电池的基本运行原理并不复杂，但要制造廉价、高效、可靠的燃料电池仍很困难。科学家和发明家们设计了许多种不同类型和尺寸的燃料电池，以获得更高的电池效率。制约燃料电池开发者的主要因素还是电解质的选择问题。目前，电解质的主要类型有：碱（alkali）、熔融碳酸盐（molten carbonate）、磷酸（phosphoric acid）、质子交换膜（proton exchange membrane, PEM），以及固态氧化剂（solid oxide）。前三种电解质是液体的，后两种是固体。

每种燃料电池和其他类型相比都有其优缺点，目前还没有一种燃料电池能达到既廉价又高效的以至于能广泛替代传统发电方式的标准。燃料电池的真正目标是完善一种氢能燃料电池以取代汽油燃料的内燃机引擎。氢燃料电池以氢为燃料、以氧为氧化剂。三十多年以来，美国能源部的国家实验室一直在研究如何把氢燃料电池应用在运输、工业和家用等领域。

大多数氢能汽车采用燃料电池发电，并用电动机驱动汽车。少数一些车辆采用改装的内燃机来使用氢做燃料，有些用氢化合物（hydrogen compound）按需要生成氢气以供车辆使用。氢燃料电池被视为最终极的绿色汽车技术，因此巨量的资金被投入到了氢燃料电池研究领域里。

氢可以用可再生资源生产出来。使用生物质是一种方法，但是会产生二氧化碳。也可以利用风力、水力和太阳能电解水来产生氢。今天，电解法仍然很昂贵，但加拿大和挪威的公司预测其成本将迅速下降。世界其他公司正在研发用于发电厂等固定发电设施的氢能源系统（hydrogen system）。未来，通过使用低成本的电解剂（槽）（electrolyzers），以及低价的、非高峰时段的可再生电力，可以大大减少电解制氢的成本。

氢元素（elemental hydrogen）这种能量载体可以达到非常经济的规模，已受到了广泛的关注。在交通运输领域，氢的燃烧比较干净，只排放一些二氧化氮（NO_2），但完全不排放碳。将基础设施全部转变为以氢为基础，其代价可能非常巨大。然而，如果补充能源是在家里或者工作地点完成的，那么电解剂（槽）就可以采用水或者其他可再生资源给燃料电池补充氢了。

今天，氢能的工业化生产（industrial production）主要采用天然气的蒸气转化法（steam reforming），电解水制氢法能耗较大，不太常用。但是，利用电解和其他可再生资源制氢的发展势头越来越好。该方法是符合智慧生态模式的。它的外部成本（external costs）和生命周期成本（lifecycle costs）仅占交通和建筑物供电方面氢能使用成本的极小部分。后文叙述了这些成本，另外还解释了如何对智慧生态城市进行财政规划的问题。这一项都已经在欧洲开展起来了。

燃料电池技术，尤其是氢燃料电池，是绿色工业革命的一个重要组成部分（Clark and Cooke, 2014）；该技术提供了一种替代方法，以替代我们对石油和天然气的依赖——当然也包括核能和其他化石燃料。要让燃料电池成为现有能源体系的可靠替代品，科学家和生产商们还有很多工作要做，但是通过全世界的相互支持和合作，可靠的氢燃料电池能源系统是可以实现的。而且，氢燃料电池汽车已经是国际趋势的一部分了，而且现在在加利福尼亚州以及美国东北部的一些州，以及北欧国家、德国等地区，还有充能网络和站点（refueling structures and stations）来支持它的使用（Idtechex，2016）。

一些亚洲国家，例如日本和中国，也在向着这个方向发展，我们也能从丰田（Toyota）Mirai产品中看到这一趋势。

智能生态电网

电力若要抵达作为用电终端的住房，必须流经数百英里的输电线，以及一系列电站和变配电站（substations）。这种电力传输网络把一个集中式的发电站，通过输电线路，连接到地方配电网上，进而连接到每个用电终端，这是化石燃料时代的一个技术奇迹。

传统的集中式发电站燃烧煤、石油或天然气，或者由数百英里以外的河流大坝上的水力发电机发电。发电站通常被安置在巨大的、有许多储藏库房和管道的混凝土建筑物中，由高高的铁丝网围墙和安保人员所守卫着。

大型发电机（electrical generators）生产的是三相交流电源（three-phase alternating current power），与之相对的是直流电源（direct current power）。电流从发电机进入传输变电站（transmission substation）。随后，大型变压器（transformers）提高电压以便进行长途输电。输电线通常由巨大的钢结构架在高空，标准的传输距离是300英里。

随后，电力必须被分发出去，供终端用户使用。这种老式系统所生产的电力非常强大，因此必须在配电网络上逐步降压，才能连接到家用电源上。

有一个很关键的问题，那就是用户仅仅能用到发电站所生产的电力总量的30%~40%。数百英里长的输电线大幅减少了用户所获得的电力。电力也会被环境状况所削减，同时也受到诸如暴风雪之类的天气影响，以及电网故障等。

在向着更加生态化的世界转变的过程中，必然要用可再生能源替代化石燃料来发电，而且可再生能源也可以用来创造在场电力供建筑物使用。这种分布式电力（distributed power）可以减缓全球变暖，保护环境。为了最大限度地利用可再生能源，旧的集中式发电和重叠的电网系统需要转变为在场发电和利用智能技术的电网。利用智能电网分配大量电力，同时满足现场需求，这是发展现代能源网络的基础。最终的结果将是集中式和在场式电力的结合，该结合可称为"灵巧型"（意味着既灵活又综合的）能源系统——它可以统合各类电力来源（Clark and Bradshaw, 2004）。

"智能电网"这个概念始于20世纪末的互联网时代（dot-com era）。基本上是指利用数字信息技术来控制或强化电力网络。最早，这些系统采用固定线路，比如电话线，但现在这些系统主要是无线的。

"智能电网"始于智能电表（smart meter），它通常安装在终端用户的建筑物或家里。智能电表使客户得以把数据即时反馈给公共事业部门，以便其能够利用这些数据设定电价并稳定用电量的波动。根据大小和类型，其他的能源控制和监控设备、软件、网络和通信系统，都安装在配电网络中。这些组件结合在一起，形成了电网的神经系统，使得能源管理者和终端用户可以实时监视和控制用电量。智能电网采用输电线或者管道系统，以覆盖从集中式发电站到用户之间的数英里距离。或者反过来作为一种在场式系统，在一个建筑或社区的微观范围内工作。

智能电网具有数字通信能力，可以与智能设备进行交互，这些智能设备可以作为复杂的能源管理系统（energy management system，EMS）的一部分进行自动开关管理。这项智能技术将允许电网支持车队，以及其所用以停泊和充电的建筑物。智能电网可以极大地提高输电效率、降低电力成本。

智能集成系统（smart integrated system）将互联网和电网特性，与电源、数据响应系统（data response）和一个负载中心（load center）（例如住宅）融合在一起。智能电表收集数据，供公共事业单位和消费者使用，而且它还有着互联网通信和使用云数据的能力。

这些技术正被纳入与众多公司的合作当中，例如Facebook，Google，Twitter，以及Apple。还有一家公司开发了一款手机应用程序，可以在购物时测量和评估产品的环境成本、健康成本和生产成本（Earth Accounting，2014）。实时数据能够反馈给一个大的输配电网，以做到高效的管理总体负载。作为智能电网的一部分，能源存储系统是非常重要的，因为它允许在主要的电力活动和负载中心之间进行负载均衡或优化。例如，发电利用的能源可能是太阳能或是电动汽车电池。实时数据对于预测和对冲用电量而言非常关键。

对于来自多个可再生能源的电力而言，智能电网是非常适用的。随着化石燃料储量减少，其成本在上升，另外还有减少温室气体排放的需要，因此消费者将需要绿色能源。工程师和监管者们所面临的挑战是，如何在一个有百年历史惯性的基础设施之上建设一套智能电网系统，并将其与众多的可再生能源连接起来，并实时管理这些资源以节能并提高能效。

太阳能光伏和风能可以在电力输出中占重要的比例，但它们必须通过负载均衡管理来调整其输出。此外，由于传统发电厂在用户不使用电力时不会关闭，因此电力可能会被浪费。

欧洲的平行线路（parallel lines）

欧洲，尤其是德国，正面临着电力网络的一个大问题。德国决定关闭老化的核反应堆，这使得该国的电力供应不足。而从其他地方引进电力意味着重建输电线路，而这不会被公众所喜欢。又鉴于俄罗斯2014年对乌克兰的"入侵"威胁到了通往德国的天然气管道，对能源——以及能源的来源——的担忧就非常重要了。

德国的Amprion和TransnetBW这两家输电公司正在进行系统试验，该系统能够同时运行两条平行线路。其中一条线路传输交流电，另一条传输直流电。一开始，工程师们担心二者会互相干扰。但2014年3月进行的实验表明，这些问题并不重要（The Economist，2014b:6）。而唯一需要的改动是升级绝缘体——该绝缘体是电流通过电缆时用来控制电压的。

该发现所产生的影响远远比解决一个地方性问题要大得多。它开发了某种潜力，可以允许更多的电能以直流电的形式进行传输，并增加了电网容量，也就是所谓的"超级电网（ultranet）"。这将减少欧洲建设新线路的需求，并有助于将扩容的风力和太阳能电力引入城市使用。这些联网行动将有助于平衡电力供应，使可再生能源的变动平稳化。

欧洲城市和全球大多数城市一样，其电网正在老化，需要维修，并且还受到天气和各种意外事件的影响。德国平行电缆系统的实验指出了一种实用的方法，可使现有的输电线路更有效率。在向可再生能源发电的加速转变之进程中，它将大有作为。

能源市场的转型需要一个先进的电力基础设施，其能效和绿色技术都必须是一流的。随着太阳能、风能和其他可再生能源的使用越来越多，智能电网正变得越来越重要。如果要对旧电网进行一次细致的升级工作，第一步的工作应是用一个新系统来重建主干网（backbone）。

科学家和工程师们现在关注的是微型电网（micro-grid）和纳米技术（nanotechnologies）。此外，转型所带来的巨大机遇也吸引了大型企业和投资者的注意。用新的智能电网取代世界上的旧电网，是一个巨大的商机。投资者们将意识到，他们在投资并获得良好收益的同时，也能做出巨大的社会贡献。

中国：领先的智能电网

中国是世界上最大的电力消耗国，下一个十年里，中国的电力需求将翻倍，到2035年，则翻三倍。煤炭发电占中国发电量的绝大部分，但现在中国政府也在大力投资可再生能源技术。将中国的新清洁能源产能与国家电网连接起来，需要升级并最终建成一套国家智能电网（Wall Street Journal，2011）。

2011年3月颁布的中国"十二五"规划包括国家可再生能源系统的发展，同时还将智能电网作为国家电力系统的关键组成部分。该计划得到了国家政府大规模刺激计划的支持。中国智能电网系统的快速发展将带来巨大的社会和经济效益（Lo，2011）。

据彭博社新闻能源财经（Bloomberg News Energy Finance）报道，中国智能电网的发展是非常卓越的（Bloomberg，2014）。2013年，中国在智能电网上投入了43亿美元，几乎占该领域全球总投资量的三分之一。相反，北美在这方面的支出下降了33%。中国正试图通过建设强大而安全的电网来实现电力、信息和商业活动的整合。例如，中国已经安装了超过2.5亿台智能电表，规划了智能充电网络及其站点，以供电动汽车使用（数千个充电桩已完工），并建造了世界上最大的风能和太阳能发电及电力存储系统。

中国的张北电站（Zhangbei power station）是世界上最大的混合型生态电站。作为中国雄心勃勃的智能电网系统的示范项目，该电站于2011年12月在河北省投入使用。该电站的前期投资约5亿美元，结合了140兆瓦的可再生风能和太阳能发电系统、36兆瓦时的储能技术和智能输电技术。

张北项目取得了巨大的成功。电池储能系统可以提高可再生能源的发电量。风力涡轮机的发电效率提高了5%~10%，整个可再生能源系统的效率也提高了5%~10%。在最初100天的平稳运行时间段内，电站生产了超过100千兆瓦时的电力。在储能系统被充满之后，电站产出的多余能量会填充到公共电网系统中。张北项目是可再生能源解决方案的一个绝佳案例。

另一个引人注目的示范项目是中国华能集团在北京未来科技城项目（Future Science and Technology City）中开发的微型电网系统（Bloomberg，2014）。该项目中，一套包含50千瓦太阳能光伏发电组的智能微型电网于2012年建成。该项目被誉为"规模灵活的"智能电网之典范。这是第一例智能微型电网电力系统，表明该公司已开始进入分布式微型电网（distributed micro-grid）发电的业务领域。该系统以微型电网控制器为基础，集成了太阳能光伏电源、300伏安时（Volts-Ampered per hour，VAh）的能量储存容量、电网系统以及30千瓦的负载。在正常情况下，其负载完全由太阳能光伏组来驱动。

当太阳能光伏组功率下降时，控制器就会使用电池能量来满足基本负载需求。在极端情况下，当直流电流量太小，无法满足基本负载时，控制器可以在8毫秒内将电力供应转换为电网供电，以保证供电稳定。

这些大规模的智能电网安全、可靠且稳定，同时还能适应可再生能源所生产的电力。中国的电力供需分布非常不均衡，这就要求国家更加重视智能输电网。到目前为止，中国的智能电网已经处理了世界上规模最大的风能、太阳能和能源存储的集成示范项目。

中国五年规划的一些内容非常独特，这在其他国家是看不到的；例如，它将财政资金投入到计划之中，使其发挥作用并变得可行。根据目前的五年规划，智能电网建设的投资总额将超过3000亿美元，到2020年，投资总额将达到6000亿美元（Lo，2011）。

与此同时，国家智能电网的投资基金将增加10倍。根据中国华能集团（2014）为中央政府所做的分析，国家智能电网计划将把重点放在可再生能源系统上。这一范围将会扩大，还将增加新的产业，这样市场规模就会变得非常有吸引力。

中国智能电网的特点很多，归纳几点如下：

- 强大，结实，灵活；
- 干净、生态：智能电网使得大规模使用清洁能源成为可能；
- 透明性：网络、电力和用户的信息是透明且共享的，无差别入网；
- 高效：提高传输效率，降低运营成本，促进能源和电力资源的有效利用；
- 界面良好：兼容各种类型的电源和用户，鼓励发电企业和用户积极参与电网管理。

中国成功地将可再生能源整合到智能电网系统中，这是一个最好的行动案例。太阳能、风能和其他的分布式在场能源正普及开来，它们对我们的电力需求而言也变得越来越重要。智能电网系统将优化这些资源，并使我们可以简单而高效地共享并分发电力。

生态的垃圾收集系统（green waste collection）

垃圾处理是全球城市的主要问题之一。尤其是在欧洲或亚洲城市，由于街道狭窄拥挤，该问题特别严重。现在的垃圾车尺寸巨大，它们经常扎堆、频繁停车，因此它们阻碍了交通，另外其废气排放量也比较大。更糟的是，大城市里的大部分垃圾回收系统都是高度体制化、工会化的，这使得其工作效率十分低下。

瑞典于20世纪60年代早期开发的自动真空垃圾收集系统（automated vacuum waste collection）开始被一些城市所采用，这些城市比较有环保意识，另外还寻求大型垃圾车和小巷中使用的钢制垃圾箱（易生锈）的替代方案。它也被称为气动垃圾收集系统（pneumatic refuse collection），运行方式是通过地下管道高速传送垃圾。孔道传感器（porthole sensors）指示何时需要清空垃圾，并确保每次只有一种垃圾通过管道。这些管道汇集到一个中央处理设备上，使用自动化软件将垃圾直接引导到对应的容器中。垃圾被压缩并运送到最终目的地——比如垃圾填埋场或堆肥站。

第一台这类装置由瑞典的恩瓦克公司（Envac）于1961年开发出来，应用到索莱夫特医院项目中（Sollefteå Hospital）。1965年，第一套家用的真空垃圾系统应用到了瑞典Ör-Hallonbergen的新住宅区项目中。

该系统目前已在30多个国家使用，其中包括中国天津的生态城项目。另外还分布在东南亚，韩国，中东，美国、南欧和北欧等地。在美国，好几个地方都安装了这类系统，其中最著名的两处在迪斯尼乐园和罗斯福岛。

这些城市应用并运行了该系统：哥本哈根、巴塞罗那、伦敦和斯德哥尔摩。

2008年，英国安装了第一例这类系统，在伦敦西北部布伦特的温布利。作为一片旧工业区，该区域现在是伦敦主要的城市更新项目（或曰城市再开发项目）之一。其地下垃圾处理系统服务4200个多功能的住宅单元、一座设计师品牌工厂店（outlet）的商业中心、一座新的希尔顿酒店，以及其他零售、休闲和娱乐场所等。该区域包括了温布利球场周围的85英亩（约34公顷）土地，开发商正将其转变为一个可持续发展的区域。

该系统使用了超过2500米的管道。由一个垃圾收集站为整个开发区提供服务；每一个收集周期（collection cycle）只持续几分钟，这使得垃圾收集更高效、更经济。更为重要的是，这个垃圾收集过程是由热风驱动的，而不是烧柴油的垃圾车。

该系统因其创新性的垃圾处理方法受到国际社会的赞誉和好评。2013年，该系统连接了布伦特市政府（Brent Council）的新公民中心（Civic Centre），该中心将成为伦敦最生态化的建筑，也是英国首个获得BREAAM[①]杰出贡献认证的公共建筑。

对该系统的评估表明，该系统将布伦特市政府的回收水平提高了50%，是伦敦平均水平的两倍，并将垃圾收集车辆的活动减少了90%。据估计，当整个项目完成后，该系统每年将减少400吨的碳排放量，每周能处理大约160吨的垃圾。

Jätkäsaari是芬兰赫尔辛基的一个居住区，也在使用这套系统来服务住宅组团和公寓大楼。该系统有助于垃圾的分离和回收。每栋建筑都有一个收集点，有五个终端垃圾箱或孔道，每一个对应不同类型的垃圾，并能储存好几包垃圾。地下管网的运作方式类似于交换包裹的电信网络，每次传输一种垃圾。一旦终端垃圾箱被填满，它就会被传送到中央收集站，和其他同类垃圾堆放到一起。

---

① BREAAM, Building Research Establishment Environmental Assessment Method, 建筑研究机构环境评估方法。——译者注

芬兰的其他城市，坦佩雷（Tampere）和维累斯（Vuores）也在建设这种系统。在维累斯，该系统的日垃圾收集能力（daily collection capacity）是：干性垃圾（dry waste）、生物垃圾（bio waste）、纸张及可回收纸板类，加在一起的总处理量为13吨。此外，电脑、电子类垃圾也需要被回收利用。ReMedia公司（位于意大利米兰）是该领域的开创者之一，它在欧盟拥有一个庞大的网络，可以将电子垃圾等重新改造成有用的产品。

世界上规模最大的此类系统位于沙特阿拉伯的麦加大清真寺附近，正处于建设当中。斋月和朝圣时，每天会产生600吨（大约4500立方米）的垃圾，这对垃圾处理提出了巨大的挑战。对于新系统而言，垃圾会从遍布整个区域的74个终端垃圾箱自动收集，然后通过20公里的管网传送到中央收集点，保证所有的垃圾收集活动都在视线看不到的地下区域发生，而且中央收集点也是远离公共领域的。

恩瓦克公司的地下真空垃圾收集系统已经成为欧盟资助的"智慧增长"项目（GrowSmarter Project）的正式合作伙伴。"智慧增长"项目为期5年，是欧盟2020年远景规划（EU's Horizon 2020）的一部分，将由斯德哥尔摩市协调进行。2020年的远景规划是一项重要工作，旨在使欧洲变得更可持续化、在环保方面更加智能化。

斯德哥尔摩、巴塞罗那和科隆（Cologne）将成为"标兵城市（lighthouse cities）"，并负责在整个欧盟远景规划期间实施12项智慧城市解决方案，目标是减少交通运输中60%的能源消耗和碳排放量。

恩瓦克是唯一一家提供垃圾处理技术的公司。该公司计划在斯德哥尔摩市中心南部的Årsta引进这一系统，并希望开发一种最佳的操作模式，以成功地整合这些可持续类的基础设施。该系统将引入一种光学垃圾分类技术（optical sorting waste technology），预计该项目从2015年至2020年期间将创造1500个新工作岗位。

新兴的绿色技术（emerging green technologies）

绿色工业革命正催生出真正的先进技术，这些技术将和前两次工业革命中涌现出来的技术一样，数量惊人，有着丰富的创造性。从奥尔堡到东京，从北京到伯克利，这些令人惊叹的技术——从微小的纳米晶体（nanocrystals）到时速200英里（约322公里）的列车－正在被科学家和工程师所设计出来，它们正在改变着人类的历史。了解几项新兴的绿色技术，就能让我们意识到它们在城市中的潜力。

由政府主导的举措鼓励各国研发新型能源存储设备，并创建能够更好地整合并共享可再生能源的系统。消费者被提倡要节约，而制造商被鼓励去生产能效更高的产品。这有助于推动新技术在照明、智能电表和绿色电网领域的发展，从而最大限度地提高能源效率。能源之星项目在用电测量和制定标准方面领先，其目标是降低家用电器和其他建筑构件的能耗量（US EIA, 2013）。美国绿色建筑协会的LEED认证制定了美国国内和国际的标准，用以测量建筑物对于碳污染和温室气体的排放量，同时更好地促进能源管理。在前期阶段，这些项目专注于单栋的建筑物，但正在慢慢向社区群落的规模发展。

照明技术和峰值负载响应系统（peak demand response）中的革命性变化

和大多数发达国家一样，美国的电力消耗总量中有15%～18%用于照明设备（US EIA，2013）——其中包括室外停车场和路灯（Nularis，2014）。在20世纪的大部分时间里，照明使用的都是白炽灯和荧光灯。

照明行业是比较低调的，因此，新技术悄无声息地就进入了市场。然而，数字通信和互联网连接已经激活了新一代的商业照明技术，这种新技术是节能的、可调的，而且最重要的是能够适应室外的日光或高峰负载的要求。电气和化学工程师一直致力于提供完美的照明技术，他们也正在开发这些具有革命性的新技术。最理想的节能型商业照明模式是把建筑设计和任务照明布置（task-ambient lighting placement）相结合。新一代照明的核心是可联网的可调压镇流器（dimmable ballast），与高输出、低瓦数的LED灯具配合使用。

LED光源（LED bulbs）是非凡的新一代照明设备。一个6瓦的LED灯可以提供与标准的60瓦室内商用吸顶灯相同的亮度。LED光源的寿命更长（长达8～10年，而非数月），改进后非常牢固，有着更小的尺寸、更快的切换速度，而且更耐用、更可靠。作为一种新技术，它们比传统灯泡贵，但随着新制造商进入市场，以及很多降低成本的方法出现，LED的价格正在迅速下降（Nularis，2015）。

效率的提升也取决于建筑物的用户终端设备，它们可以响应用户和电网供电量的波动，而不是在非用电高峰时段也提供可能用不完的充沛电力。举个例子，白天有充足阳光的办公室，在下午被阴影笼罩，其用电照明的需求在各个时段是不同的，那么为何要用在各个时段都恒定的电流为其照明呢？理想的情况应该是，上午使用自然阳光采光，而下午才会用电力照明。

新一代的照明系统通过在窗户上使用智能传感器（smart sensors）来应对自然光的变化。这些传感器能够决定光照水平，并通过互联网（或局域网）将信息传递给调光镇流器，并提供足够的电力，为工作和生活提供最优化的照明。

世界各地的大城市和新兴国家都在为经济增长率而苦苦奋斗，而增长和发展，意味着需要更多的电力。新的产业，以及越来越多的电子设备——平板电脑、智能手机、电脑、电视等——都需要额外的电力供应，但电网和发电站的负载已经达到最大。最快捷的解决方案是：通过节约用电，以及节能计划，让电力需求量和新产业的增长速度达成平衡。

由于许多原因，公用设施单位很难应对电力需求量的大幅波动。例如，在炎热的夏日午后，空调系统的用电需求增加很多。当人们下班回家后，夜间的用电需求也会增加。

防止浪涌（surges）或超载（overload）的最简单方法就是保持一切平衡。因此，当需求激增时，电力就会向外输出，但不会达到如此高的水平。有一个问题在于，为了避免出现重大险情，电力供应必须进行定量配给，这意味着有些人不得不减少用电量。在当前这个时代，定量配给制是行不通的，因此，世界各地的公用设施单位一直在推行所谓的"需求响应机制"（demand reponse），也称为"峰值负载管理机制"（peak-load management），它可以在需求量极大时减少用电量。

峰值负载管理机制试图将一些用电需求从高需时段转移到低需时段。起初，峰值负载策略的核心是向愿意在高峰时期减少能源消耗的客户提供折扣，这被称为"事故期"（incidents）。例如，如果一个公用设施在宣布为"事故期"的时间段里减少了供电量，那么它可以为大型工业用户提供5%的折扣。在某些地区，每年可能会有10到15个"事故期"。一旦接到"事故期"的通知，客户就会关掉电灯或非必要的机器，减少使用空调，或者采取其他手段来达到较少的用电量。如果客户未能达到降低用电量的效果，则会对其进行评估检查。

早期，"事故期"通知是通过电话传达的，后来改用电子邮件。现在，随着新兴技术和智能设备的出现，峰值负载管理机制得以迅速提高其灵活性和有效性。公用设施单位正在提供更大的折扣，以吸引客户允许公用设施直接连接到客户的能源管理系统（EMS）上。而能源管理系统则通过网络连接到照明设备的调光镇流器，以及大型中央空调系统的控制系统。通过这种方式，公用设施可以自动地减少客户的系统耗能，以达到计划的用电量标准。

最终，随着新技术进入市场，像温控器、冰箱、洗衣机和烘干机这样的普通设备也会有网络连接和智能化的操作系统。另外，它们可以被远程遥控，并且公用设施单位能够通知设备在高峰负载期间减少用电量。虽然大多数人会认为这是一种麻烦，但这种大规模市场化的能源管理将在整个智能电网系统中实现能源的优化和平衡，并能把可再生能源与其他技术整合在一起。

与其他一些新兴技术相比，照明技术领域的进步可能略显低调，但照明对现代世界的每一个工作和生活的空间而言都非常重要。它甚至可以改变我们的生活。例如，欠发达地区的一个村庄，一座泥墙的棚屋里，太阳能照明装置可以为孩子提供读书的机会，并很可能让他们摆脱贫困的命运。

凉屋面（Cool Roof）[①]：一种"碳抵消"（Carbon Offset）手段

所谓"凉屋面"是一种比较简单的技术，对减缓气候变化和减少碳排放具有巨大的作用。凉屋面的基本原理是，采用白色或浅色的屋顶涂料或者外层材料，这样能够反射阳光。黑色或深色的屋顶材料会吸收太阳的热量，在炎热的时间段里会造成过多的空调使用量。通常，凉屋面是由某类丙烯酸漆（acrylic fluid）或膜材料制成的，并被应用在一个平坦的屋面层上，在新建或改造项目中均可采用。

在炎热或温暖类的气候条件下，凉屋面可大量减少建筑吸收的辐射热，进而产生冷却效果。它不仅能减少建筑物的热量，还能减少空气气流中所携带的热量。这在城市里尤其重要，因为在城市中，来自建筑物深色表面的环境热量（ambient heat）往往会导致城市热岛效应。

[①] 高反射、低吸收屋面的一种。——译者注

2010年，劳伦斯伯克利国家实验室（Lawrence Berkley National Laboratory，LBNL）的一项研究结果称，如果热带和温带地区有80%的屋顶是浅色屋面（或"凉屋面"）的话，这将会抵消240亿吨二氧化碳的排放量。这也相当于减少了3亿辆汽车的排放量。另外，凉屋面技术能够减少印度90%以上的能源消耗。

研究还指出，如果道路路面由深色改为反射率高的颜色，那么城市热岛效应将大幅减弱。如果屋顶和道路改为白色或者高反射率的颜色，将会对缓解城市的高温问题产生巨大的效果，因为现在世界上有一半的人口居住在城市里。而且，到2040年，城市人口的比例预计将达到70%，这使得减少城市热岛效应的问题变得更加紧迫。

纳米技术："真正的"微技术

纳米技术研究的是微观物质——在亚原子或分子的尺度上。它和增材制造技术比较像，是另一种有着无限的时代潜力的先进技术。要理解纳米概念，可以试着想象一下拇指和手指之间可以形成的最小距离，而不需要触碰——大概是1毫米。然后把这个距离除以100万，就是1纳米。

各学科的人才——从生物学家、化学家、物理学家到工程师——都正向这个新领域聚集，进行纳米尺度的物质研究。令人吃惊的是，在纳米尺度上，并不是所有事物都按常理运行。举例来说，一个人不能穿墙而过，但在纳米尺度上，电子可以做到——被称为电子隧穿现象（electron tunneling）。纳米尺度上，主要发挥作用的是量子力学（quantum mechanics）。量子力学和经典物理学的规律有很大的不同，这意味着，在纳米尺度下，物质的行为有时会违背常识、不按经典物理规律运行。

例如，绝缘物质通常不能携带电荷，但当它们被缩小到纳米级时，却有可能变成半导体。有些物质，由于表面积的增加，熔点则会发生变化（How Stuff Works，2014a）。

进行纳米技术研究的科学家们在很多领域获得了重大进展，例如生物医学、可再生能源、光改性（light modification）和碳捕获（carbon capture）等。在加利福尼亚州，劳伦斯伯克利国家实验室的分子铸造实验室（Molecular Foundry）中的科学家们已经制造出了电致变色玻璃（electrochromic glass），也可算是"智能门窗"。当玻璃表面有一个纳米晶体的薄涂层时，它可以使可见光进入室内，同时使红外线附近波长的光线偏转，或者相反，阻止可见光，却允许热辐射进入室内。这种改变可通过低压电流和光开关（light switch）来控制（LBNL，2014）。

分子铸造实验室的另一项成果，是一种可以捕获二氧化碳的金属有机物微框架（Metal Organic Framework）。就像一个由金属连接的高科技海绵一样，这个系统可以装在一个烟囱里。大部分元素都能穿过它，但是系统中这些微型的有机"笼子"能够捕获并锁住二氧化碳。该技术有潜力形成一种实用的碳捕捉系统，从而对煤炭行业产生重大影响。

从纳米技术中已经开发出了许多新型建材。例如，"纳米建科"（Nano-Architech）公司制造了一种先进建材，称为"纳米水泥"（nanocement）——一种高科技水泥。这种纳米水泥比起普通的灰泥或混凝土而言，是更好的建筑外墙材料。该产品重量轻，易加工，强度高，而且可以集成光伏、LED或传感器等设备。对于一个气候变化日益严重的世界来说，尤其重要的是，该产品在很大程度上是一种防灾害产品，它为建筑提供了针对极端天气的防御措施。

2014年春季，LED技术取得了重大突破。利用纳米技术，一个由多国赞助的国际团队开发出了新的柔薄型LED设备。它大约只有3个原子的厚度，这些是当前已知最薄的LED发光体了，而且可以用作光源。该LED由二维的、灵活的半导体构成，使其可以被堆叠起来，或者用在目前的技术所无法满足的条件下。

除了照明领域的应用之外，这项技术还可以用作纳米尺度计算机芯片的互联结构，而不是采用传统的电子运行模式。这将减少散热，提高效率，并允许在照明、光学通信（optical communication）和纳米激光器（nanolasers）等领域发展高度集成化的、节能型的设备（UW, 2014）。

再生制动（regeneration braking）

当车辆刹车减速时，减掉的速度会变成动能。在传统的制动系统中，多余的动能通过摩擦转化为了刹车片的热能。结果，能量被浪费了。再生制动系统能将这种动能转换成另一种形式的能量，并储存在电池中。这种能量回收机制应用在混合动力车和电动车上，可以回收在刹车过程中失去的大部分能量。当汽车处于电动模式时，储存的能量就被用来驱动马达。丰田普锐斯（Prius）这种混合动力汽车中使用的是最常见的再生制动形式，而且它还使用了电动引擎作为发电机（Toyota, 2014）。

再生制动已经成为一种电气化铁路上的可行技术。对铁路而言，从制动反馈中产生的电能被输回到车载能源系统中，而不是储存在电池或电容器中，和混合动力车（Toyota, 2014）中的应用原理基本相同。该能量也可以气体、水力或飞轮动能的形式来储存（LLNL, 2014）。

几十年来，再生制动系统的应用一直局限在铁路领域。例如，巴库—第比利斯—巴统线（外高加索铁路或格鲁吉亚铁路）在20世纪30年代初开始应用再生制动。这种系统在陡峭而危险的苏拉米路段（Surami Pass）上特别有效。在斯堪的纳维亚半岛，从基律纳（Kiruna）通往纳尔维克（Narvik）的铁路从瑞典北部运输大量铁矿石到南部港口。这条线路上的火车从再生制动中回收了很多能量。例如，从边境上的克斯格伦森（Riksgränsen）通往纳尔维克港的这段铁路上，火车只用掉了其再生制动所回收能量的五分之一。再生制动的能量足够驱动列车空车返回。铁路线上的刹车产生的多余能量都被注入电网，并提供给该地区的居民和企业使用，使铁路成了当地的发电机（Hellmund, 1917 and retrieved 2014）。

热电联产系统（CHP）

热电联产系统是工程师出的好主意。在19世纪80年代，往复式蒸汽机（reciprocating

steam engines）带动了第一台发电机。由于这些发电站的效率很低，大量的废蒸汽可被再利用，或者用于建筑供暖。早期的开发者为用户提供电力，同时借助蒸汽管道输送余热用来供暖。在纽约的曼哈顿地区，那些已经有数十年厂龄的发电厂所产生的蒸汽仍然在为超过10万栋建筑物供暖。

现代工程师把这个概念重新命名为热电联产（CHP）系统。热电联产系统的热量来自发电系统的副产物。其燃料来源可以是天然气等化石燃料，也可以是可再生能源，如氢气或生物燃料等，发动机驱动涡轮机发电。与此同时，也会产生热能。这种热能被收集起来并用于建筑物供暖（CEERE，2014）。

新技术允许热电联产系统实现新的功能，包括服务于小型商业建筑和食品工业操作，甚至可用于为奥运会级的游泳池加温。其冷却过程与热电厂的热能输出过程正好相反。另外，通过利用工程师的另一项创举——吸收循环冷却器，该联产系统的热输出可以转化为冷却水，供夏季室内降温使用。

热电联产系统在较冷的气候条件下是最有效的，在那里，热量可以就地或就近使用。北欧是"联合发电"（cogeneration）的大户，尤其是丹麦，在那里，生物质（包括生物垃圾）被用来为系统提供动力。总体而言，联合发电占欧盟总发电量的11%。丹麦、荷兰和芬兰拥有世界上最密集的联合发电产业（Finish Energia，2014）。

其他欧洲国家也在努力提高能效。德国称，其总电力需求中有超过50%可以通过联合发电来实现，并计划到2020年将联合发电产量增加一倍，达到全国发电量的25%。英国也积极支持热电联产系统，并采用财政方式、拨款支持、更大的监管框架以及政府领导和伙伴关系等，以鼓励其发展。

国际能源署2008年对八国集团成员国的联合发电产业发展情况进行了模型分析，分析结果显示：到2030年，在法国、德国、意大利和英国大量发展联产系统，就可以使现有主要燃料的节省量翻一番（IEA，2008）。

在欧盟的领导下，建立了一个名为"燃料电池和氢能联合事业第七框架计划"（Fuel Cells and Hydrogen Joint Undertaking Seventh Framework Programme）的公私合营项目。该项目计划，在2017年之前，安装1000套供住宅使用的燃料电池热电联产设备（fuel cell CHP）（EU HFC，2014年）。

热泵和海水热泵（seawater heat pumps）

简单来讲，热泵是一种机械设备，它利用少量的能量，把热能从一个地方转移到另一个地方。一般而言，热泵可以把热量从土壤中提取出来用来为建筑供暖，也可以反过来用来为建筑物制冷（How Stuff Works，2014b）。

热泵技术的进步已经使这些系统非常高效了，它们与常用的空调系统不同，没有必要安装单独的供暖和制冷系统。地热热泵（或地源热泵）系统是一种集中式加热（或制冷）系统，可以将热量在土壤和建筑物之间传递。在冬天，它使用地层（Earth）作为热源，在夏天用它来冷却。

该系统利用地层的合适温度来提高能效,以降低取暖和制冷成本。如果把它与太阳能制热系统结合起来,形成一个"地层—太阳能系统",效率可以更高。尽管地源热泵的热量不是来自地球内部,而是来自太阳辐射,但地源热泵通常还是被称为"地热热泵"(GSHP)。地源热泵所收集的热量来自地球表面吸收的太阳辐射。和热电联产系统一样,热泵系统在北欧很受欢迎。在芬兰,新建住宅最常用的供暖系统就是采用地热热泵(How Stuff Works, 2014b)。

海水源热泵是热泵的一种重要改进种类,在很多地方都有应用,例如阿拉斯加和中国的一些城市(大连和日照)(Kwan, 2009: 215-222)。海水热泵是一种"水到水"系统,利用海水温差释放的能量,为建筑物空调和供暖之用,其潜在的节能效果和环境效益非常好。

电动压缩机(electric compressors)与制冷剂(refrigerant)一起使用,这是一种可蒸发、可凝结的液体。来自海水的潜伏热(latent heat)被分离并转移到建筑的热量中。阿拉斯加项目的系统使用了双重高效的转子以从寒冷的温度里提取热量。此外,还需要使用不锈钢材料(带钛合金涂层)的板框式热交换器(plate-and frame heat exchanger),以防止热泵在提取热量时被海水腐蚀。

这种从海水中提取潜伏热并利用其为建筑物供暖的新技术,在欧洲已经开始使用了,但是对于阿拉斯加来说还是非常前卫的(Alaska Energy Wiki, 2014)。

生物燃料:一种过渡性能源

尽管我们的最终目标是可再生能源,但使用过渡性能源也是一个必然要经历的过程。例如具有讽刺性的福特案例,由于亨利·福特本人是密歇根州的农场主,在他的农场里使用玉米提炼的生物燃料来为他的汽车提供燃料长达几十年,但到了 1923 年,他在石油企业的压力下转而使用了化石燃料。

这种根据基础产品和资源来开发的路径是"自下而上型技术"(from the bottom up technologies),目前看来,在丹麦应用得很好,在那里,回收的物品,以及可以再利用的垃圾成分,可作为干净的能源供应原料(Østergaard and Lund, 2010: 247)。

生物燃料,顾名思义,是采用生物类有机物质(例如藻类)制成的燃料,这些燃料可以燃烧,或像化石燃料一样使用,但它们不是碳基的。从玉米或甘蔗中提取的乙醇是生物燃料的一种。可惜的是,生产玉米基乙醇所消耗的化石燃料,与其产出量相比是差不多的。因此,把玉米基乙醇作为汽油替代品并没有太大好处。甘蔗基乙醇的效率更高,因此在巴西获得了广泛使用。

有两种生物燃料来源比较有前景:藻类,以及代谢工程法(metabolic engineering)。虽然这两种方法都必须经过燃烧以产生能源,但它们比化石燃料更清洁,可以用作汽油和柴油的替代品,而且它们可以进行连续生产。最有趣的是,代谢工程法居然开发了一种利用柳枝稷(switchgrass)[①] 生产的清洁燃料。在内布拉斯加州、艾奥瓦州和堪萨斯州尚未出现在美国大

---

① Switchgrass,柳枝稷,是美国本土的一种植物。——译者注

平原上的年代里，当地野牛一直靠这种草原上的植物为食。

藻类：生物燃料资源（algae，biofuel source）

　　藻类是构造简单的有机体，也是世界上最古老的生物之一。它们的化石记录可以追溯到大约30亿年前的前寒武纪时代（Precambrian era）。美国藻类档案库（US Algal Collection）中存有约30万份藻类标本，覆盖范围从单细胞类型到大型植物类型皆有——例如长度可达150英尺的巨型海带。藻类的优势在于，它们能进行光合作用——利用阳光消化二氧化碳并产生氧气，而且其"构造简单"，因为它们的生物组织还没有分化出陆地植物才有的各种不同器官。

　　令科学家和研究人员兴奋的是，藻类的生长速度非常迅速，比玉米快30倍，而且还可以很容易地把它转化为脂质（一种绿色、黏稠的植物油）。这种油就像任何植物油一样，可以燃烧，可用来代替柴油或玉米基乙醇。从严格意义上讲，燃烧藻类或其他生物燃料并不能减少大气层中的二氧化碳，因为当生物燃料燃烧时，藻类从大气中吸收的二氧化碳就会被释放回去。但是减少化石燃料的使用确实能减少二氧化碳的排放。

　　藻油有许多令人瞩目的特征：它们可以在不适于耕种的土地上生产。它们不会影响淡水资源，而且可以在海洋和废水中生产。它们是可生物降解的，而且如果泄漏的话，对环境的危害相对较小。

　　以目前的生产成本来看，用藻类产油比其他生物燃料作物——比如玉米——要贵得多，但理论上而言，每单位面积的能源产量可以比用玉米高出10到100倍。一家生物燃料公司称，藻类在两个停车位大小面积的产油量，比足球场大小面积的大豆的产油量还要多，因为藻类生物的阳光利用率是非常高的。美国能源部估计，如果美国的全部石油都由海藻燃料取代，生产这些燃料只需要1.5万平方英里的养殖场，该面积仅占美国国土总面积的0.42%。这还不到美国当前玉米种植面积的七分之一。美国藻类生物质机构（US Algal Biomass Organization）称，如果获得生产税收减免的话，藻类燃料可以与2018年的石油价格持平。

　　虽然大部分藻类研究都集中在藻类产油领域——要么作为食物，要么作为车辆的过渡性燃料。然而一家加拿大水泥公司开发了一种独特的用途。安大略省的圣玛丽水泥厂使用附近泰晤士河畔的藻类来吸收二氧化碳。该工厂于2010年启动了一个试点项目，利用藻类的光合作用吸收水泥生产过程中所产生的二氧化碳。马丁·沃格（Martin Vroegh）是该厂的环境负责人，他说，这应该是全球首例利用藻类从水泥厂捕获二氧化碳的项目（Hamilton，2010）。

　　通过这一过程，圣玛丽水泥厂将二氧化碳这种"废品"转化为一种可利用的材料。这种持续消化二氧化碳的海藻可持续收割，并利用工厂废热进行干燥处理，然后可用作工厂的水泥窑燃料。此外，这种藻类油可以给公司的运输部门作生物燃料。

　　该公司对未来的看法是，碳排放的代价将越来越昂贵，水泥产业和其他能源密集型产业都会日渐艰难。"我们这个行业面临的碳排放代价是非常高的"，沃格说，"如果我们想要在未来生存，我们就得变得可持续化，而这个项目可以帮助我们实现这个目标。"（Hamilton，2010）。

藻类可用来生产植物油（vegetable oil）、生物柴油（biodiesel）、乙醇、生物汽油（biogasoline）、生物甲醇（biomethanol）、生物丁醇（biobutanol）或其他生物燃料等。藻类油的应用范围非常广泛，从喷气式发动机的燃料到皮肤护理、食品添加剂等。利用藻类进行生物燃料的大规模生产，潜力巨大，因为相比其他原材料，藻类每年可以生产更多的生物质。藻基生物燃料在大约10～15年内可以做到盈亏平衡。

来自植物的绿色工业革命燃料

在生物学、化学，以及最近的代谢工程领域中，最优秀的科学家们正在努力开发对我们有用的微生物，使其可以把植物材料分解成淀粉和糖，并最终转化为清洁燃料。

一个多世纪以来，科学家们已经用动植物油的脂肪酸（fatty acids）制造出了包括燃料在内的很多化学产品。他们希望某种人工开发的微生物能够有效地分解坚硬的植物材料，例如木屑和植物茎秆等，并从中提取出糖类，这样就可以很容易将这些材料转化为燃料。美国的伊利诺伊大学厄巴纳分校和加利福尼亚大学伯克利分校有一项为期10年、耗资5亿美元的项目，目标是开发藻类和其他种类的生物燃料。

科学家们正在设计能生产燃料的微生物，与此同时，农场主和农业专家也在开发用于生产生物燃料的廉价植物。

木质废料也可以成为乙醇来源。来自佛罗里达州的英力士生物公司（Ineos Bio of Florida）和KiOR公司，正在利用气化木材废料的方法来制造生物燃料（Ineos，2014）。KiOR公司于2014年在密西西比州的哥伦布市建立了第一座商业规模的纤维素燃料工厂，其柴油产能为一两百万加仑。

生物燃料技术的主要突破，或许是在2014年2月，由加利福尼亚大学戴维斯分校（Davis campus of the University of California）的化学家们实现，虽然利用生物燃料制造柴油相对容易，但研究人员一直在研究如何从农场和林业的垃圾中提取汽油。由化学教授马克·马斯卡尔（Mark Mascal）领导的研究小组发明了一种利用纤维素材料制造汽油类燃料的新工艺。

汽油需要有高挥发性的支链烃（branched hydrocarbons），而马斯卡尔教授的团队使用了乙酰丙酸（levulinic acid）作为原料。几乎所有的纤维素材料,如稻草,玉米秆,或城市垃圾等,都可以生产乙酰丙酸。虽然从植物油中提取的生物柴油燃料可用于改良的柴油发动机，但植物基的汽油替代品可以拓展更大的可再生燃料市场（UC Davis，2014）。

垃圾转化为能源

加利福尼亚州的西拉能源公司（Sierra Energy）正在向美国陆军推销一项先进技术，该技术能够将垃圾转化为清洁能源。该技术被称为"快牛探路者"（FastOx Pathfinder），该技术使用了一个垃圾汽化器，可以在不需要燃烧的情况下将垃圾加热到极高温度。它的产出物包括氢和一氧化碳，它们形成合成燃气（synthetic gas）——或曰合成气（syngas）。这种合成气可以用来燃烧发电，也可以制成乙醇或柴油。

"快牛探路者"设备跟一个淋浴隔间的尺寸差不多，基本上是一个小型的便携式高炉，它使用化学方法来加热垃圾。该公司表示，该系统对于有机材料和无机材料均可利用——从香蕉皮、旧 MP3 播放器，到未经处理的污水等。该概念来自于老式炼钢高炉，实际上，该专利的申请者是凯撒钢铁公司（一家关闭已久的美国钢铁公司）的两位退休工程师。

快牛系统坚固耐用、使用简单、采用模块化设计，其应用可让军队减少石油消耗量。它还可以用在战事前线，例如为车辆和发电机提供燃料（Sierra Energy Group, 2014）。

正处于商业化阶段的新兴技术（emerging green technologies）

真正的创新性技术并不单纯依靠自身来实现转变。今天的全球市场规模太大、太复杂，以至于无法用传统手段来支持这些卓越的技术。为了实现商业化，这些技术需要政府方面持续而长期的支持——从研发到融资的持续鼓励。同样，今天的电力公司运营，无不是依赖地方政府以降低成本，才使得电力供应能维持合适的价格。自第二次世界大战结束以来，工业化国家都在使用政府资金进行研发，才得以实现从柴油到互联网等各种技术产品的商业化。

政府的激励措施、税收优惠，甚至是采购行动，都是新技术进行商业化的关键。政府还可以通过法规手段来帮助引进新技术。当这些政府行动，与气候变化、环境、卫生保健和其他社会问题相适应时，这种模式可被称为"社会资本主义"（social capitalism），该模式和北欧国家，以及中国的国家政策相类似（Clark and Li, 2012）。今天，利用科技进步使通信技术快速发展，并减缓气候变化，这些目标都离不开政府的监管和监督。世界各国都应该找到属于他们自己的道路，来培育和支持这些新兴产业。

参考资料

Alaska Energy Wiki, 2014. Seawater Heat Pump http://energy-alaska.wikidot.com/seawater-heat-pump-demonstration-project.

Bloomberg, 2014. http://www.bloomberg.com/news/2014-02-18/china-spends-more-on-energy-efficiency-than-u-s-for-first-time.html .

Bloomberg, 2015. New Energy Finance, Business Council of Sustainable Energy, February.

Center for Energy Efficiency and Renewable Energy (CEERE), 2014. http://www.ceere.org/iac/iac_combined.html.

China Huaneng Group 2014: http://www.chng.com.cn/eng/.

Clark, Woodrow W. II and Ted Bradshaw, 2004. *Agile Energy Systems: Global Solutions to the California Energy Crisis*. Elsevier Press, New York.

Clark, WWII and Cooke, Grant, 2014. *The Green Industrial Revolution: Energy, Engineering and Economics*. Elsevier, New York.

Clark, Woodrow W. II and William Isherwood, 2010. "Creating an Energy Base for Inner Mongolia, China: 'the Leapfrog into the Climate Neutral Future'", *Utilities Policy Journal*.

Clark, Woodrow W. II, Li Xing, 2012. Social Capitalism: China's Economic Rise. Chapter 7 in *The Next Economics*.

Springer, New York.

Clark, Woodrow W.,II Emilio Paulocci, and John Cooper, 2000. "Commercial Development of Energy -- Environmentally Sound Technologies for the Auto-industry: The Case of Fuel Cells," *Journal of Cleaner Production*.

Confidential Information Agreement with Dr. Woodrow Clark, November 2, 2012.

Earth Accounting, 2014. www.EarthAccounting.com .

Eco-Gen Flywheel Company, 2014. eco-genenergy.com

Electric Drive Transportation Association, 2014. http://www.electricdrive.org/index.php?ht=d/sp/i/2324/pid/2324.

EU Hydrogen Fuel Cells (EU HFC) 2014: http://www.h2fc-fair.com/hm13/images/ppt/10we/1420-1.pdf

Feldman, Stacy. 2010." Algae Fuel Inches Toward Price Parity with Oil." Reuters, November 22, http://www.reuters.com/article/2010/11/22/idUS108599411820101122?pageNumber.

Finish Energia, 2014. http://energia.fi/en.

Hamilton, Tyler. 2010. CO_2-Eating Algae Turns Cement Maker Green. *The Toronto Start*, March 18, http://www.thestar.com/business/2010/03/18/CO2eating_algae_turns_cement_maker_green.html.

Hellmund, R.E., 1917. "Discussion on the 'Regenerative braking of electric vehicles' Pittsburg, PA." *Transactions of the American Institute of Electrical Engineers*, vol.36, p. 68.

How Stuff Works, 2014a. Nanotechnology, http://science.howstuffworks.com/nanotechnology1.htm.

How Stuff Works, 2014b. Heatpumps, http://home.howstuffworks.com/home-improvement/heating-and-cooling/heat-pump.htm.

Huskinson, Brian, Michael Marshak, Changwon Suh, Süleyman Er, Michael R. Gerhardt, Cooper J. Galvin, Xudong Chen, Alán Aspuru-Guzik, Roy G. Gordon and Michael J. Aziz , 2014. "A metal-free organic-inorganic aqueous flow battery", *Nature* n.505, January, pp. 195-198.

Idtechex, 2016. http://www.idtechex.com/electric-vehicles-europe/conference.Asp).

Ineos, 2014. http://www.ineos.com.

International Energy Association (IEA),2008. Https;//www.iea.org/publications/freepublications/publication/chp_report.pdf

KiOR, 2014: http://www.kior.com.

Kwan, Calvin Lee, 2009. "Rizhao: China's Beacon for Sustainable Chinese Cities" *Sustainable Communities*. Springer Press, New York, pp. 215-222.

Lawrence Berkeley National Laboratory (LBNL), 2010: Global Model Confirms: Cool Roofs Can Offset Carbon Dioxide Emissions and Mitigate Global Warming. July 19, http://newscenter.lbl.gov/news-releases/2010/07/19/cool-roofs-offset-carbon-dioxide-emissions/.

Lawrence Berkeley National Laboratory (LNBL), 2014. http://foundry.lbl.gov.

Lawrence Livermore National Laboratory (LLNL). 2014a. Flywheels, www.llnl.gov.

Lawrence Livermore National Laboratory (LLNL) 2014b. www.llnl.gov/energy/regenerativebreaking.

Lo, Vincent, 2011. China's Role in Global Economic Development, Speech by Chairman of Shui On Land, given at Asian Society, Los Angeles, CA, April 25.

Nularis, 2014. LED Bulbs. www.nularis.com.

Østergaard, Poul Alberg and Henrik Lund, 2010. "Climate Change Mitigation from a Bottom-up Community Approach," Woodrow W. Clark II, Editor and Author, *Sustainable Communities Design Handbook*. Elsevier Press, New York, p. 247+.

Parfomak, Paul W., 2013. Energy Storage for Power grids and electric transportation: A technology Assessment. Congressional Research Service, http://www.fas.org/sgp/crs/misc/R42455.pdf.

Sierra Energy Group, 2014. http://www.sierraenergycorp.com.

Tesla GigaFactory, 2014. http://blogs.marketwatch.com/energy-ticker/2014/02/26/teslas-gigafactory-what-elon-musk-didnt-say/.

The Economist, 2014a. Going with the Flow, March 8, *The Economist Technology Quarterly*, p. 4.

The Economist, 2014b. Can Parallel Lines Meet? March 8, *The Economist Technology Quarterly*, p.6.

Toyota, 2014. www.toyota.com/regenerativebreaking.

UC Davis, 2014. http://news.ucdavis.edu/search/news_detail.lasso?id=10823.
University of Washington (UW), 2014. LEDs, http://www.washington.edu/news/2014/03/10/scientists-build-thinnest-possible-leds-to-be-stronger-more-energy-efficient/.
US Energy Information Administration (US EIA), 2013. Residential Lighting Consumption, http://www.eia.gov/tools/faqs/faq.cfm?id=99&t=3.
Wall Street Journal, 2011. China's Energy Consumption Rises. T the Wall Street Journal.

第六章　可持续的绿色交通系统

城市，是人类所创造的规模最大、最复杂的结构体，它们理应变得更好。运作良好的城市中有一个关键的组成部分，那就是可以让居民四处移动以获得其生活必需品的交通系统。居民移动的灵活度和有效性，反映了城市的宜居度，也影响着居民的满足感、成就感和社区邻里之间的关系。

例如，在纽约或伦敦，人们无论贫富，都搭乘地铁出行。地铁不仅是城市中最好的出行方式，也成为城市精神的一部分。纽约或伦敦的地铁和它们的街道不同——在地铁中的阶级和地位是平等的，没有头等舱和经济舱的区别，富人也不可能欺压穷人。地铁里，商务人士穿着笔挺黑色西装、Gucci 休闲鞋，拿着精致皮包，旁边紧挨着穿着帆布夹克的工人，戴着劳保手套，手里拎着工具包。

这种环境是民主的、平等的，在上下班的通勤时间里，人们被彼此挤压在一起。虽然犯罪类节目经常渲染地铁案件，但是相对来说地铁里的犯罪率还是很低的，地铁乘客大部分都很文明、很有礼貌。

传统的城市基础设施通常很努力地迎合汽车的需求。但是，交通的真正目的是去工作、受教育、获得商品和服务，以及会见亲友等。有很多技术可以帮助城市改善交通状况，同时减少对环境和社会的负面影响，并有效治理交通拥堵问题。一座城市如果能够使其基础设施变得更加可持续化，那么它就能创造更有活力、更加宜居的社区。

交通运输活动约占世界能源消耗和二氧化碳排放总量的25%（World Energy Council，2007）。交通运输活动产生的温室气体排放量的增长速度超过了其他任何消耗能源的部门（UN IPCC，2007，2014）。道路交通也是造成区域空气污染和波及全球的雾霾问题的主要因素之一。

交通运输活动还带来了很多其他社会代价，包括交通事故、空气污染、驾车久坐的健康问题、燃料价格上涨的危机，以及因远距离通勤而损失的家庭生活时间。这些负面影响通常会更严重地影响那些负担不了私家车的社会群体。此外，交通拥堵还浪费了人们的大量时间，降低了商品和服务的运送速度，从而拉高了经济成本。

更多地倡导使用可持续能源驱动的生态型、高能效的车辆，并在社区的规划上为这类交通系统的运行提供便利，可以有效减少交通活动的温室气体排放。例如，华盛顿特区和旧金山的市中心是由公共交通系统来服务的，而且这些交通系统使用的电力来自非化石燃料。

塞拉俱乐部（Sierra Club）[1] 正在制定一项全国性可持续交通系统倡议书（national

---

[1] Sierra Club，塞拉俱乐部，美国的一个环保组织。——译者注

sustainable transport initiative）。其中包括三个主要愿景：

- 采用清洁能源的高效能车辆：到 2025 年，通过将州标准和联邦政府标准相结合，并向电能和氢能汽车转型，使汽车燃料的效能平均值至少达到 60 英里 / 加仑。
- 低碳燃料（lower-carbon fuels）：到 2030 年，将碳基燃料在交通运输燃料总量中的比例降低 15%，使之低于 2005 年的水平。
- 21 世纪的交通系统：通过增加公共交通的使用量来减少人均车行里程数，通过增加出行方式的丰富性（有轨运输、公交车、步行、骑自行车）来创造布局紧凑的社区。

塞拉俱乐部的倡议，在美国而言是非常大胆的。因为，美国在制定国家甚至区域计划以减缓气候变化方面的行动力和决心，通常来说比欧洲要差。然而，在美国有一股草根力量，叫做"公民气候游说团（Citizens Climate Lobby）"。该组织提倡征收碳排放税。而塞拉俱乐部的倡议，与公民气候游说团体的努力密不可分。

可持续交通系统（sustainable transport）

"可持续交通系统"这一术语来自可持续发展的概念，用以描述与可持续发展的关注领域相一致的某种交通运输模式。与"可持续交通系统"相类似的定义有很多，比如"可持续运输系统"（sustainable transportation）或"可持续的机动性"（sustainable mobility）。欧盟交通部长理事会（European Union Council of Minsters of Transport）对于可持续交通系统的定义是这样的：

- 满足个人、企业和社会的基本的运输可达性（access）和发展的要求（development needs），并符合安全要求以及人类和生态系统的健康要求，并能够保证连续世代之间的公平性。
- 经济实惠，运行公平、高效，出行方式多样化，支持并鼓励正当竞争，保证区域均衡发展。
- 将排放量和垃圾数量限制在地球环境的处理能力范围之内，使用可再生资源的强度不可超过它们的再生速度，使用非可再生资源的强度不可超过其可再生替代性资源的增长速度，同时要将对土地的影响最小化、噪声污染最小化。

交通系统的可持续性不仅限于运行效率和排放量这两个方面。生命周期评估（lifecycle assessment）也很重要，其中包括对生产过程和后续利用考虑（post-use considerations）的评估。"从摇篮到摇篮"（cradle-to-cradle，C2C）的设计模式要比专注于诸如能效这样的单一因素更为重要。

一套可持续的交通系统不光使用可再生能源，而且在社会、环境和气候影响方面都是可持续性的。其可持续性的评估内容包括：水、陆、空运输工具；能量的来源；用于运输和补给的基础设施（如公路、铁路、航空、水路、运河和码头等）。评估的另一项内容是输液或输气的管线设施。交通运输、物流，以及交通运输类的开发项目也包含在内。交通的可持续性程度意味着其效能水平，以及对环境和气候的影响程度。

可持续交通系统可以为社区的环境、社会和经济方面的可持续发展做出积极贡献。交通系统应能提供社会和经济纽带,以使人们能够获得因流动性提高所带来的更多机遇。

使大量人口的通勤能够做到无碳排放、无环境污染,这对一个智慧生态的可持续城市而言至关重要。每个城市的发展方式是不同的,它们的交通需求往往因其地理位置不同而多种多样。然而,步行、自行车、汽车和公共交通等基本的出行方式在所有城市都很常见。如果能够利用可再生能源和其他不污染环境的技术,无碳排放是可以实现的——且具有经济可行性。

步行:促进居民和环境的互动

对于许多居民——尤其是那些不经常外出旅行的居民而言,其所居住的城市就是一个完整的世界,因此它应该是美丽、宜居的。城市宜居的一个重要标准是,它是否能够允许,甚至鼓励人们沿着各种林荫道、小路和公园进行步行活动。步行能使居民融入环境、体验环境,并让他们自己和整个社区进行更多的互动。它缓解了紧张感和疏离感。此外,大量的研究表明,步行有利健康、延年益寿。

事实上,充满活力的城市核心区要想变得丰富且令人满意,关键在于其是否有好的"步行感"(walkability)。城市规划者提供了一些如何让城市的步行感变得更好的见解。例如,杰夫·斯佩克(Jeff Speck),著名的美国城市规划师,也是《适宜步行的城市》[1]一书的作者,他坚持这样的理念:为了使城市适宜步行、适宜居住,规划者必须以"街道的设计是服务于人的"为出发点。

充满活力的街头生活吸引着人们来到城市里,那些人们可以舒适地步行的地方可以称得上是成功的公共领域(public realm)。斯佩克说,街道往往是由交通工程师设计的,他们习惯于忽视行人的真实需求。例如,平行停车位虽然可以保护人行道上的行人,但却常常被取消,因为这样可以提高道路的交通效率。街道景观的各个组成部分,包括车道宽度、路缘石、人行道、树木和照明等,都可以根据人的需求——而不是汽车的需求——来设计。

使街道生活活跃起来的另一个关键是,创造一座"24小时城市"。社区的功能应该多样化,这样它们在不同的时段都能有活动。餐饮、购物、工作和社交活动,能强化相互关系,这样这些活动就能共同繁荣。行人必须能够感到安全、舒适和愉悦,并且人群应该保持一定的规模。

人的尺度是很小的,最适宜步行的城市,比如欧洲城市,或者像美国俄勒冈州的波特兰,都有小尺度的街区、街道和建筑,而且其单个项目的开发规模通常也比较小。波特兰的成功很大程度上是因为它充满活力、适宜步行,它的小尺度街区创造了一个难以置信的多孔状网格,每一条街道的尺度都可以非常小。建筑高度也不宜太高,因为只有在用地紧张、密度很高的城市里,规划高层建筑才有其合理性。

有些城市之所以宜居,或适合步行,多归功于历史运气,或者地理位置的原因。伦敦城,建在一块巨大的石岬上,它被一条大河分隔开,因此需要一座大的横跨河流两岸的桥梁,以供

---

[1] 《适宜步行的城市:营造充满活力的市中心拯救美国》(Walkable City: How Downtown Can Save America One Step at a Time),中国建筑工业出版社,2016年出版。

商业资源、自然资源和食物等，进入这座城市，并得以防御敌人。而巴黎却是因为冷酷的政治原因而获得了其宏伟永恒之美。

法国大革命失败后，法兰西第一共和国（First Republic）宣告失败，代之以拿破仑一世的继承人路易－拿破仑·波拿巴（Louis-Napoleon Bonaparte）统治法国。他先是当选为法兰西第二共和国（French Second Republic）总统。在一场政变之后，他成为法兰西第二帝国（Second French Empire）的皇帝。波拿巴下决心要稳定其统治，他击败了所有的反对者，并制定了巴黎的大规模重建计划。1853年，在"把新鲜空气和阳光带入中世纪的市中心"的幌子下，他让乔治·奥斯曼男爵（Baron Georges Haussman）重新规划了这座城市。波拿巴的规划目标是消除叛乱的威胁，避免城市狭窄的道路被利用做街垒，并拉近皇帝和政府部门之间的距离。

奥斯曼是一位才华横溢的建筑师和工程师，他大胆地放手工作，拆除了成片的房屋和公寓，建造了贯穿巴黎的宽阔的林荫大道，使皇帝的骑兵部队畅通无阻。尽管奥斯曼冷酷无情，但他也有着建筑师的眼光，他建造了大广场、美丽的公园，以及巴黎歌剧院。现代巴黎拥有香榭丽舍大道（Avenue des Champs-Elysees）等诸多壮丽的林荫道，宏伟的广场联系着城中各郡[①]，以其美景向市民开放——但这些，都是一次政权强化行动的后续产物。

尽管如此，两侧布满了咖啡馆的林荫大道、友好亲切的后街、华丽的公园，以及塞纳河沿岸绵延数英里的步行道，都使得巴黎能吸引大量的居民和游客，享受其步行生活和充满活力的街道生活。Frommer's旅游指南，把巴黎列入了全球前10名最适宜步行的城市（World's Most Walkable Cities）之一。2012年的Frommer's旅游指南发布的10座全球最适宜步行的城市为：佛罗伦萨、巴黎、杜布罗夫尼克（Dubrovnik）、纽约、温哥华、慕尼黑、爱丁堡、波士顿、墨尔本和悉尼。

根据Frommer's的信息，其他一些城市也比较适宜步行，包括伦敦、华盛顿特区、威尼斯。最具吸引力的城市总是有很多非常知名的旅游目的地，但其抵达过程也很美妙。步行本身就是一个美好的过程，而不能仅仅被看作是到达下一个景点的手段。在一些城市里，当你走过某个街角，爬上某座桥，或广场、公园时，一些城市总是给你惊喜或精致。以伦敦为例，很多建筑物能让人眼前一亮。

有些城市有非常亲切的公共空间，通过限制汽车，可进一步提高步行的愉悦感。在佛罗伦萨，维琪奥宫（Palazzo Vecchio）[②]附近的历史城区被划定为车辆禁行区。漫步在这座非凡的中世纪市中心，观赏令人惊叹的室外雕塑，而不必担心交通安全，这是非常令人愉快的。同样，在闻不到汽车尾气的情况下品尝意大利美食，也是一种非凡的感受。

其他城市，比如威尼斯，也有类似的公共空间。街上商店、餐馆琳琅满目，公众生活丰富多彩。在另外一些城市，建筑物可能并不起眼——比如河内，而其活力来自于商业和日常生活在街道上产生的互动。

像巴黎或爱尔兰的都柏林这样的城市，则是两者兼备。在这些城市里，即使那些吸引人的

---

① Arrondissement，法国的"郡"，即城市里的行政区，类似于城区的行政层级。——译者注
② Palazzo Vecchio，维琪奥宫，也称"旧宫"，即市政厅。——译者注

景点关门了,在大街上连续数小时的闲逛,也是一种愉快而有益的体验。几乎每一个对于国际游客具有吸引力的城市都是适宜步行的——这些城市的通达性良好,在步行时能展现自己最好的一面。游客虽然不会因为某座城市适宜步行就蜂拥而至,但是如果不适宜步行,那人们肯定不愿意待在这里。

在最好的城市里,在街上步行,如同在热带雨林中漫步——这本身就非常有价值(The Urbanist, 2012)。

骑行(Bicycling)

骑行(包括自行车)作为一种出行方式越来越受欢迎。在美国的许多大学校园里,例如加利福尼亚大学戴维斯分校,自行车比学生的数量都多。在很多北欧城市,比如丹麦的阿尔堡、荷兰的阿姆斯特丹,当地居民有着长期的自行车出行的传统。这些城市布局紧凑,有明显的中心城区和狭窄的街道,使得骑行更容易、方便和安全。

不仅荷兰霍格韦卢韦国家森林公园(Hoge Veluwe national park)这样的地方有共享单车(被称为白色自行车,因为它们被漆成白色),其他大些的城市也有成熟的共享单车系统。这些系统允许人们在短时间内借用自行车。共享单车方案(bike-share schemes)允许人们从甲地取车,并在乙地还车。许多共享单车系统所提供的服务是:前30~45分钟的骑行非常便宜,可以鼓励人们采取这种出行方式。这样,每辆自行车每天能服务好几个用户。在大多数有共享单车的城市,如果要骑行超过数小时甚至数天,那么租车比使用共享单车更合适。对许多系统而言,智能手机的应用程序能显示附近的自行车共享点,以及可用的自行车和停车桩等信息。一些大学校园正在应用这种"共享单车"方案。

20世纪60年代中期,共享单车在阿姆斯特丹最早出现,多年来,很多城市尝试了不同的共享单车模式。共享单车类项目的最终蓬勃发展,是在2000年中期,得益于GPS和信息技术的引入。这种新型的智能自行车不仅安全可靠,而且不易被盗。它们在全球范围内发展,分布在五大洲的700多座城市,在37500个共享点,运营约806200辆自行车(Shaheen et al., 2015)。

在中国,武汉和杭州的公共自行车共享系统可能是全球规模最大的,分别拥有大约9万辆和6万辆自行车。共享单车系统最多的国家是西班牙、意大利和中国。截至2013年7月,法国运营着市场渗透率最高的共享单车系统,"巴黎共享单车"(Parisian Velib)的覆盖率是平均每97名居民一辆自行车,而里昂的Vélo'v系统则是每121名居民一辆自行车。

一般来说,共享单车分两类——由地方团体或非营利机构运行的社区自行车项目,以及由政府机构(或者有时采用公私合营方式)实行的智能自行车项目。这些系统的核心理念是,为城区短途出行提供免费或低价的自行车,作为公共交通或私家车的替代选项,从而减少噪声、交通拥堵和空气污染。共享单车系统也被视为解决"最后一英里"问题的一种方式,可以将用户与公共交通网络连接起来。

使用"智能卡"或智能手机的共享单车系统可以在任何站点返还自行车，这将促进单向交通，方便人们抵达办公室、学校或购物中心等。因此，一辆自行车每天可以被骑行10～15次，一辆车累计每年可被骑行1万公里（6200英里）。在市区范围内，自行车站点的间距通常在300～400米（1000～1300英尺）。

在巴黎和哥本哈根的经验表明，要想产生较大影响，共享单车的可用单车密度要足够高。哥本哈根有2500辆自行车，它们不能在市中心区域以外使用。巴黎共享单车项目，由于免费前半小时之后的收费是累积计费的，所以用户不会有强烈的动机去把共享单车骑出城。

除欧洲和中国之外，共享单车系统已经在美国和加拿大的一些城市发展起来，例如丹佛、旧金山和蒙特利尔。除了共享单车项目之外，各种各样的骑行方式都在不断增加。骑行爱好者们已经成功地推动了更多、更安全的自行车道出现，它们现在是许多城市交通的活跃组成部分。

站在伦敦桥的人行道上，看到一群群骑行者挤在繁忙的车流中，无畏地在公共汽车和汽车之间争夺道路，真是不可思议。这里面许多年轻的冒险者都是在皇后大道工作的投资银行家。当他们从办公室里出来的时候，他们把银行家的西装外套换成了亮黄色防水服，戴上自行车头盔。然后跃上昂贵的碳框架自行车，冲进车流中，和巨大的公共汽车并肩前行，一边嘟囔着出租车司机，一边抱怨着四周飞驰的车辆。

作为骑行的另一种选择，电动或辅助动力自行车正变得越来越流行。这些电子单车（e-bike）和脚踏式自行车一样，当它们停在站点的时候，通常会充电。电动自行车扩展了自行车的能力范围，使其在具有复杂地形的城市拥有更好的通达性。

伦敦的一位设计师陈祁侑（Chiyu Chen）构想了一种巧妙的交通系统，鼓励人们通过租车骑车的方式来使用可持续的交通工具。他的混合动力系统由一组可出租的自行车组成，这些自行车能够产生和储存动能，然后用来为城市的混合动力公交车提供电力。

只需要简单地租一辆自行车，通过自行车的踏板动能来充电，然后把它返还到一个停车亭里，能量便输入进城市的智能电网中，你就能得到一张公交积分卡。

公共交通系统

并非所有城市都有紧凑的布局以适合骑行或步行。在大城市，人口众多，而且市中心地价极高，因此公共交通非常重要。对于大多数城市来说，大规模采用公共交通系统是减少碳排放和其他温室气体排放的关键。

虽然化石燃料的公交车和列车系统在发展中国家很常见，但世界上大多数的城市都认识到了，非化石燃料的公共交通车辆必然是未来交通运输系统的重要组成部分。

巴士（buses）

据派克研究公司（Pike Research，美国一家专门聚焦运输领域的研究机构）估计，2015年全世界将售出大约64000辆新巴士。他们预测，其中一半将采用替代性能源，而在2010

年这一比例只有28%。最显著的增长在北美洲和亚洲，在这些地区，超过60%的新巴士将在5年内换装替代型燃料。根据派克公司的说法，要想让公共交通变得更加环保，最简单的选择是采用巴士汽车，因为其驱动系统的改动不需要改变或升级现有的基础设施（Green Car Congress, 2015）。

常见的节能型"绿色"公交车有三种：

电动和混合动力（hybrid/ electric）

这类巴士把传统的内燃机（通常是柴油驱动的）和电驱动系统进行了结合。其电力系统通常是采用"插电式"类型，通过让巴士携带大型电池来储能。其中一些巴士可以混合使用柴油和生物柴油燃料，这可以进一步减少温室气体排放和石油消耗量。

一家叫Proterra的美国公司已经开发出了一款可以快速充电的、电池驱动的重型汽车。2014年，该公司推出了第二代电动巴士（electric buses）。这款巴士称为EcoRide，长40英尺，有着领先的工程设计，它更长、更轻、更省油。重量约为27500磅，比市场上其他的40英尺巴士都要轻。这款巴士由轻质耐用的复合材料制成，使用了大量玻璃纤维和轻木（balsa wood）。它提供了很高的强度重量比，它的整体重量较轻，有助于减少磨损。它没有排气管，运行声音小。

该巴士的驱动系统采用一个电动发动机和再生制动系统——类似丰田普锐斯，它能捕获90%的可用能量并将其返回给能量储存系统。该系统为巴士增加了约31%～35%的续航距离。它一次充电可行驶30～40英里，其燃料效率大约是普通的柴油或压缩天然气巴士的6倍。与常规能源的巴士相比，它的碳排放量减少了44%。

Proterra的巴士使用了快速充电的技术，使公交运营商可以让他们的公共汽车24小时不间断运行，而不需要长时间的待在公交场站中充电。这主要靠钛酸锂（lithium titanate）——它使得巴士可在不到10分钟的时间内完全充满电。这款巴士也可以在线路上充电——通过一个高架设备连接高容量充电器，而且不需要司机的参与。利用乘客登车的时间，巴士可以在几分钟内完全充电。它作为一种公共交通工具，不仅是世界上最高效的巴士、其碳－生态足迹也是最小的。由于它是一款全电动车，所以也不会排放任何尾气。

Proterra正在与世界上另一家全电动巴士制造商——中国的比亚迪（BYD）公司竞争。比亚迪的电动巴士可以连续运行30个小时，并在3到4个小时内充电完成。根据"国际汽车工程师协会"（Society of Automotive Engineers International）的数据，比亚迪有一辆巴士在纽约市累计运行了1481英里。

2015年1月，比亚迪发布了世界上第一款纯电动长途客车。该款车辆型号为C9，是双轴、长40英尺的客车，可乘坐47人，在高速公路的行驶时速超过190英里。

这是该公司推出的三款电池电动客车中的第一款。另外两款车，一款是C10型号的长45英尺三轴客车，一款是C6型号的长23英尺商务旅行客车，这两款车辆将于2015年底推出。

总之，派克公司预测，从 2012 年到 2018 年，包括混合动力、电池和燃料电池在内的全球电动巴士市场将稳步增长，并估计其复合年增长率（compound annual growth rate，CAGR）约为 26.4%。派克公司还发现，中国的市场将占全球电动巴士销售的大部分，而一些更发达的市场将会出现电动巴士的价格波动（Green Car Congress，2015）。

派克公司还提出，随着经济稳定和公共交通资金水平的稳定，北美将会出现反弹。随着混合动力车市场开始起步，并且发展电动和燃料电池巴士有利可图，西欧的电动汽车销售量将稳步增长（CAGR 大约 20%）。拉丁美洲市场将主要由巴西推动，但其他国家也将紧跟其后。例如，乌拉圭最近表示将购买 500 辆电池电动巴士（Green Car Congress，2015）。

电车、有轨电车等公共巴士系统正在很多地方——尤其是欧洲——重新回归。有轨电车由架空电线连接到电网。现代有轨电车的设计去除了传统巴士的弊端。德国有着生产高能效电车的产业，其现代超级电容器技术把制动能的再利用和电力储存结合了起来。现代有轨电车既没有垃圾排放，也不会产生巨大噪声。它的启动和制动都平稳有力，其性价比很高，而且很容易和现有的基础设施相融合。这种电动公交系统不仅非常生态，而且对用户友好，非常适用于城市。它具有很好的经济效益，同时也将交通规划拓展到了未来的生态技术领域。

压缩天然气（Compressed Natural Gas，CNG）

包括巴士在内的很多交通工具，可以将其汽油或柴油燃料转为采用压缩天然气。压缩天然气基本上是高压状态下储存的甲烷，其燃烧时产生的有害气体比柴油或汽油要少得多。在发生泄漏时，因为天然气比空气轻，而且在泄漏时能迅速扩散，所以它也比其他燃料更加安全。压缩天然气可从石油沉积物中开采出来，也可以从垃圾填埋场、污水废物处理站中收集——以沼气的形式。

压缩天然气的生产过程是把天然气压缩并存储到压力容器中——通常是圆柱形或球形容器。这种压缩过程当然有额外的风险和成本，并且通常并未计入成本收益分析中。钻井提取天然气是一回事，而存储和运输是另一回事，通过管道、火车或者船只（以液化天然气的形式）来运输天然气 既危险又昂贵。压缩天然气可用在改造过的传统内燃机中，也可以用在为压缩天然气设计的专用内燃机中——一种是带有分离的汽油系统（双燃料系统），另一种是与其他燃料结合使用（例如柴油或生物燃料）。

在伊朗和巴基斯坦，以及整个亚太地区，天然气动力的巴士使用量越来越大。印度正开始在德里、艾哈迈达巴德和孟买等大城市使用它们。压缩天然气也开始在很多其他交通工具中使用，例如小三轮车、皮卡、公交车、校车，以及火车等。

高成本、储罐问题和运输困难，是限制压缩天然气被广泛用作燃料的主要障碍。这也是为什么最早开始采用压缩天然气的通常是市政府和公共交通工具，因为他们可以更快地分期偿付新廉价燃料的成本。全球使用压缩天然气的车辆数量一直在稳步增长，而且燃料储罐的成本已降至一个更可被接受的价位。

然而，压缩天然气的附加问题——或曰"外部效应"（externalities）——使得天然气及其副产品的使用代价越来越高。例如，在美国和加拿大，发生了多起火车事故，造成了不少人员伤亡和财产损失。这些事故所造成的损失已达数百万美元。几年前，旧金山机场附近发生的一起天然气事故造成了6人死亡。圣布鲁诺（San Bruno）天然气管道爆炸所造成的损失为数十亿美元。保险费用增加、事故频发、操作以及维护费用的上涨，也使天然气价格越来越贵。

氢动力巴士（hydrogen buses）

大多数运输专家推测，氢将很快取代柴油和汽油，成为驱动车辆的最常用的手段。这一天何时到来，是一个很重要的问题，但随着人们对环境的关注度的增加，这一天将会离我们越来越近。虽然转变为氢动力的技术能力已经存在，然而氢燃料补给站的数量太少，限制了它的发展。但是在欧洲，以及不久将在加利福尼亚州，正在开发、实施有着燃料补给站的氢能高速公路。为了提高其可持续性，这些站点，以及采用氢能的公共汽车所采用的氢燃料应该从可再生能源资源中获取——例如来自水、太阳能和风能等（Environment 360，2011）。

氢动力公交车使用氢燃料电池作为驱动车辆的电力来源，有时采用和电池或超级电容器混合使用的方式。氢燃料电池的排放物只有水和热量，没有尾气排放等污染物，可称之为零排放车辆（Zero Emission Vehicle）。它的充能速度也很快，并且，因为相对于电池技术而言氢燃料的能量密度很高，所以它的里程范围不像电池动力车那样受限。

市面上有好几种氢动力巴士的样机，投入使用的燃料电池巴士有大约100多辆。其中大部分都是由UTC动力、丰田、巴拉德公司（Ballard）、Hydrogenics和宝腾公司（Proton Motor）生产的。福特也有氢动力的穿梭巴士产品，主要用于机场摆渡。燃料电池巴士与柴油、天然气巴士相比，其燃料的经济性要高出30%～140%。它们应用于世界各地，比如加拿大惠斯勒（Whistler）、美国旧金山、德国汉堡、中国上海、英国伦敦、巴西圣保罗等。

21世纪初，戴姆勒公司交付了33辆氢燃料电池巴士（hydrogen fuel cell buses）（其中有30辆分给10座欧盟城市，每座城市3辆），这开创了德国使用氢燃料电池巴士的历史。巴西在圣保罗发布了氢燃料电池原型车。该原型巴士是在南卡西亚斯（Caxias do Sul）生产的，其氢燃料将在圣贝尔纳多（Sao Bernardo do Campo）通过水电解法生产。该项目名为"巴西氢动力巴士"（Ônibus Brasileiro a Hidrogênio），一共包括四辆原型车。

2006年，氢动力燃料电池巴士开始在北京试运行。投入运行的巴士共三辆，由德国戴姆勒公司生产，并由联合国开发计划署（UN Development Programme）资助采购。

近年来，中国的许多大城市都经历了前所未有的雾霾天气。北京和上海的污染非常严重，由于能见度很低，甚至导致飞机无法着陆。雾霾每年导致该国许多人过早死亡。现在中国的大气污染问题居世界首位。

中国政府正在紧急寻求改善空气质量的方法。它将氢燃料电池技术的开发排在优先位置，相关行业也蓄势待发。例如，巴拉德公司于2014年9月宣布，将提供许可证和相关设备，以在中国组装下一代的 FC velocity HD7 巴士的燃料电池模组（Scientific American，2013）。

氢燃料电池巴士最有活力的的市场可能要算欧洲了。巴拉德能源系统公司（Ballard Power Systems）正在与比利时巴士制造商范胡尔（Van Hool）合作运行 27 辆氢动力巴士。氢动力巴士车队在很多地方已经投入部署，如挪威、意大利、苏格兰、荷兰等地（Scientific American，2013）。

自 2011 年以来，伦敦的 Tower Transit 运输公司一直在考文特花园（Covent Garden）和 Tower Gateway（站点名）之间的路线上运行零排放氢燃料电池公交车。他们现在有 8 辆巴士正在运营。在英国，这是第一次一整条线路全部由氢动力巴士运行（Transport for London，2014）。

伦敦是 CHIC 项目（"欧洲城市的洁净氢能项目"，Clean Hydrogen In European Cities Project）的一部分，这是推动氢动力燃料电池巴士全面商业化的关键一步。该项目包括，在欧洲 5 个地区的日常公交线路上整合 26 辆巴士，这些地区包括瑞士的阿格罗（Aargau）、意大利的博尔扎诺/博森（Bolzano/Bozen）、英国的伦敦、意大利的米兰和挪威的奥斯陆。该项目得到了欧盟的燃料电池和氢能联合事业项目 2600 万欧元的资金支持，并且在全欧洲有 25 个合作伙伴——其中包括生产车辆和充能站的工业企业（Chic Project，2013）。（http：//chic-project.eu/TFL case study）。

此外，欧盟还启动了一项重大计划，目的是推进氢能源在欧洲各地的能源和交通领域的使用。该项目称作"燃料电池和氢能联合事业项目"（Fuel Cells and Hydrogen 2 Joint Undertaking，简称"FCH 2 JU"），它将整合 6 个公私合作伙伴的项目，总投资 13.3 亿美元。该项目将提高能效、降低成本，并在很大程度上展示许多技术进入市场的准备情况，尤其是交通运输领域——例如汽车、巴士和充能站——以及氢能的生产和分配领域、能源储存和基站式发电技术（stationary power generation）等。该项目的目标之一是，通过推出至少 100 辆新型车辆和 23 个氢燃料充能站，加速在欧洲部署燃料电池和氢动力汽车（FCH 2 JU，2014）。

虽然氢动力车辆现在非常昂贵，但是燃料电池动力巴士的成本已经大幅下降。随着更多的氢动力巴士被投入使用，该成本还将继续下降。随着需求量的增加，氢能源技术将成为一种更实惠可行的替代方案。

列车

现在，全球的城市轨道交通系统有很多类型。与使用柴油的货运列车不同，这些城市客运系统大多是电力驱动的，而且温室气体排放较少。

- 有轨电车（tram、streetcar、trolley）是一种基于轨道的交通系统，主要或完全沿街道运行，载客量不大，停靠站较多。乘客通常在人行道或者路缘石的高度登车，有些低台电车（low-floor trams）可以允许在路面登车。"有轨电车"（tram）这个词在世界上大多数地方都有使用。在北美，这些系统被称为"streetcar"或"trolley"[①]；在德国被称为

---

① "streetcar"或"trolley"均可翻译成电车或有轨电车。——译者注

"Straßenbahn",字面意思是"街道列车"或"街道铁路"。最初,这种轨道车由马拉动。澳大利亚南部的维克托港仍然有马拉街车,后来的蒸汽动力电车是在19世纪中叶发展起来的。最后,在1881年,世界上第一条有轨电车线路在德国的Lichterfelde开通了。世界上大多数的有轨街车都是电驱动的。

- 轻轨(light rail)——德语中称"城市列车"(Stadtbah),也是一种基于轨道的交通系统,它的容量和速度都比有轨电车高,但并没有像快速轨道交通(rapid transit)那样完全地分出等级。它是有轨电车的一个子类别。在速度和容量方面,各种轻轨系统的差别很大。从略微改进的有轨电车到本质上属于快速轨道交通的运输系统,覆盖了各种性能指标。轻轨车通常是由电力驱动的,通过一根电杆(pole)或一个受电弓架(pantograph)来从架空的电缆中获得电力。轻轨系统通常由一个操作员驾驶,要么采用高平台登车方式,要么用踏步从低平台登车。

- 快速交通系统(rapid transit),包括地铁(underground、subway、metro、Tube)、高架捷运等,通常在城市地区运营,具有较高的客运能力和服务频率,并且与其他交通完全分开。在全球大部分地区,这些系统都被称为"metro",简称"都市(捷运)"。"subway"一词通常在美国式的系统中使用,例如纽约、格拉斯哥和多伦多。在旧金山,这个系统被称为BART(Bay Area Rapid Transit)。在伦敦,它被称为"Underground"和"Tube"。德国的这类系统被称为"U-Bahn",意思是"地下列车"(Untergrundbahn)(地下轨道交通)。许多东亚和东南亚的系统,如台北和新加坡,都被称为"捷运"(MRT),它意味着大规模的快速运输系统。高架的该类系统在芝加哥被称为"L线",在曼谷和温哥华被称为"空中列车"(Skytrain)。其他不太常见的名字有"T-bane"(在斯堪的纳维亚半岛)和"MRT"。伦敦地铁的历史最为悠久。1863年1月开始于帕丁顿(Paddington)和法灵顿(Farringdon)之间的线路,最初是使用蒸汽机车牵引的木制车厢(Day and Reed, 2010)。和世界上大多数的快速交通系统一样,伦敦使用电力来驱动列车,每年能够运输12.3亿人次。

其他类似的客运列车系统包括欧洲、亚洲的单轨铁路(monorails)或通勤铁路(commuter rail systems)。还有索道列车系统(funicular system),由缆绳拉动斜面上的轨道列车。利用下行车辆的重量来帮助提升上行车辆。另外,还有像旧金山那样的缆车系统,采用轨道以及持续移动的缆绳,为车辆提供恒定的速度。车辆的停靠和启动是通过释放和握紧缆索来实现的。

低碳未来的磁悬浮列车(maglev trains)

中国的经济奇迹在于,在短短几十年内,把一个拥有14亿人口的欠发达国家转变成了世界领导者,创造了许多非凡的技术。没有什么比他们的磁悬浮列车更令人印象深刻了。由磁力驱动的高速列车是一项非凡概念,是机械工程和物理学的精彩应用。中国采用了一项较先进的德国技术,而该技术则是基于1934年的一项专利,并以此实现了世界上第一台商用磁悬浮列车。

磁悬浮列车系统利用强大的电磁力使列车悬浮在导轨上,而不再使用旧的钢轮铁轨系统。通过磁悬浮来悬挂、引导和推动列车。轨道上巨大的磁力提供了列车的升力和推进力。磁悬浮列车不需要发动机，因此不会产生排放物。它们比传统的交通系统速度更快，运行更安静、更稳定。悬浮所需的能量占总体能耗的比例并不大。事实上，大部分动力都被用来克服空气阻力，这对于任何高速列车来说都是如此。第一例磁悬浮系统——上海磁悬浮列车，于2004年建成。这条线路将城市的地铁网络和浦东国际机场连接起来。该系统可在7分钟内将乘客运送到19英里之外。

之后，这条线路将延伸至105英里之外的杭州。列车时速超过260英里，可以在27分钟内行驶完全程。该线路是世界上第一条城际磁悬浮铁路，也是世界上最快的城际列车。中国人还计划在全国各地修建类似的磁悬浮列车线路。他们认为，通过磁悬浮列车在城市之间旅行要容易得多，效率也更高，使用的燃料也更少，而且对环境的好处比其他任何交通工具都要高——除了自行车。中国正在开发一种超级磁悬浮列车。西南交通大学应用超导实验室的研究人员称，基于磁悬浮技术的快速交通概念甚至有可能比飞机快3倍。研究人员一直在测试一种封装在真空管中的概念列车，以减轻空气阻力对普通磁悬浮列车所造成的速度限制。

如果此项目得以成功，该原型将为未来的真空管道运输系统（evacuation tube transportation，ETT）提供参考指标。这种列车的时速可达3000公里（1800英里/小时）（RT，2014）。

尽管还只是一个概念，但在加利福尼亚州的一项太阳能生态城市提议中，提出了一种类似的高速交通系统。夸伊谷（Quay Valley）是一个坐落于加利福尼亚中部裂谷的可持续城市规划项目，而该系统将成为出入夸伊谷的交通方式之一。乘客们乘坐的小型胶囊舱漂浮在空气稀薄的密封管道中。胶囊舱将由纵贯整个管道的电磁脉冲推动，自身不必携带任何发动机。这条线路——夸伊谷的Hyperloop项目——将首先建设5英里，成为项目第一阶段的工程内容。这可以使设计者能够调研系统的其他方面——例如乘客的上下车流程，同时也可以为新城市的居民提供服务。这套名为Hyperloop的高速运输系统，由特斯拉公司的运营者和发明家埃隆·马斯克（Elon Musk）提出。

混合动力、电动和氢动力车辆（hydrogen vehicles）

世界各地的城市都在为如何应对汽车而苦苦挣扎。许多城市已经在市中心或其他繁华地区实行了汽车禁行。不论怎样，汽车都造成了严重的拥堵和大量的二氧化碳排放。尽管像伦敦这样的城市已经有了很完善的公共交通和出租车系统，但人们还是一直在购买并使用汽车。

幸运的是，全球汽车工业正在经历一场转变，目标是使汽车的效率更高、污染更少。欧盟等政府监管机构坚持要求制造商降低其车辆的油耗。欧洲有着世界上最严格的标准，它要求制造商的产品在2015年达到平均每加仑45英里（miles per gallon，mpg，即每消耗1加仑燃料所行驶的里程），到2020年达到每加仑61英里。日本和中国也有类似的要求，美国要求在2016年达到每加仑35英里，到2026年希望达到每加仑56英里。

汽车产业这种减少油耗的趋势正对制造商产生着深远的影响。例如，福特公司在其标志性的F-150系列产品中做出了重大改动。2014年发布的全尺寸卡车用铝代替了部分钢结构，减重500磅。这款车的行驶里程因此增加了5mpg，而且考虑到F-150是在美国销售的最受欢迎的车型，该里程的增加量意味着节约了巨量的汽油。其他汽车制造商还开发了很多新的动力传动技术，例如直喷发动机、先进传动装置和传动齿轮等。

中国也在考虑出台新政策，同时还将提供资金，以应对北京等大城市的可怕雾霾，以及糟糕的空气质量。人们猜测，将会出台某些针对碳基燃料汽车的限制，以迫使新车主选购电动汽车或氢动力汽车（Clark and Isherwood，2010）。

电动、混合动力和生物燃料汽车并不新鲜。德国的保时捷公司（Lohner-Porsche Carriage）在1903年就开发了混合动力汽车。亨利·福特的汽车最初采用由他的农产品为原料所生产的生物燃料。这些早期的混合动力车辆（hybrid vehicles）在大萧条之前就已经销声匿迹了，因为汽油发动机在这个行业中占据了主导地位。直到1997年丰田推出了有再生制动技术的普锐斯，混合动力汽车才开始了东山再起。

和其他大多数混合动力车一样，丰田的混合动力车有两台发动机——汽油发动机和电动机。从起步到15英里时速（每小时24公里）之间，汽车利用电动机驱动，之后利用汽油发动机行驶。电动机用于城市驾驶等低功率条件下，而汽油发动机则用于高速行驶。这个过程由计算机控制，并保证两个引擎之间无缝转换。再生制动系统可以将动能转换成另一种能量形式，并储存在蓄电池中。这种能量回收机制被用来回收刹车时所失去的大部分能量。当汽车处于电动模式时，储存的能量就被用来驱动电动机。最常见的再生制动方式是利用电动马达发电（Toyota，2014）。

普锐斯首先在日本推出。在2001年，丰田在加利福尼亚的市场发放了2000辆普锐斯。之后，这款车型进行了多次升级，以变得更快、更大、能效更高。在2012年，丰田推出了一款普锐斯插电式混合动力车。这款车在世界多个国家的首都被当作出租车使用，事实证明，它的4.4千瓦时锂电池非常耐用，很有市场吸引力。

丰田目前有27种不同类型的混合动力客车，以及1种插电式混合动力原型车，远销90多个国家和地区。2014年10月，丰田宣布，其混合动力车的全球销量超过了700万辆。通过在全球市场的吸引力，丰田混合动力车大幅降低了全世界的汽油消耗和因车辆行驶所产生的污染排放。到目前为止，按车型和行驶里程计算，由于采用丰田混合动力车替代了汽油动力车，因此所减少的二氧化碳排放量约为4900万吨，并且节省了47.5亿加仑的汽油（PR Newswire，2014）。

具有讽刺意味的是，普锐斯的再生制动概念本来是由美国能源部的研究实验室开发的。第一款应用这项技术的汽车是1967年的AMC Amitron。AMC（American Motors Corporation，美国汽车公司）为这款概念车开发了一种能量再生制动装置。AMC Amitron是一款完全靠电池供电的城市车辆，其电池可以通过再生制动充电以增加汽车的行驶里程。但AMC破产了。属于美国能源部的劳伦斯利弗摩尔国家实验室，进一步完善了再生制动系统，并在20世纪90年代末向三家美国汽车公司提供了知识产权。结果每家公司都拒绝了这一专利（Clark and Bradshaw，2004；Clark，2009）。

最后日本人买下了这项知识产权,然后将该技术进行了商业化。十年后,福特和雪佛兰又从丰田公司重新拿回了这项许可,以便生产自己的混合动力车。与此同时,在 Vectrix 的电动摩托车(Maxi-scooter)上也使用了再生制动系统。混合动力车的成功表明,只有对环境有好处的技术,才有未来。

UPS(United Parcel Service,联合包裹服务公司)——一家覆盖全球的物流公司,每天向 220 多个国家投递约 1630 万件包裹。在 2012 年,该公司共寄送了 41 亿件包裹。几十年来,UPS 一直使用柴油动力的大型棕色卡车。实际上,由于其卡车和柴油发动机的独特轰鸣声,该公司经常被称为"大棕(Big Brown)"。

现在,UPS 正在积极削减其碳排放量,先是着手将其车队转变为使用可替代燃料的车辆,现在则开始使用零排放的全电动车。2013 年,首批 130 辆电动卡车在加利福尼亚州投入使用。该公司正在推广他们的绿色环保计划,该计划致力于推广电动车辆(electric vehicles)以净化空气并减少碳排放。这些卡车的续航里程为 75 英里,并且使用了再生制动系统以增加电池储电量。

大部分著名的汽车制造商现在都生产混合动力车,而混合动力车也正在稳步普及中。很多制造商,例如雪佛兰——甚至是保时捷,都在提供插电式产品以获得市场份额。但是,真正打破现有格局的,是来自硅谷的特斯拉公司。

特斯拉汽车——以 19 世纪的电气工程师、物理学家尼古拉·特斯拉(Nikola Tesla)命名——使用的直流电机延续自特斯拉 1882 年最初设计的原型。特斯拉汽车公司成立仅 10 年,创始人埃隆·马斯克是一位成功的硅谷高科技企业家。马斯克试图证明,全电动车也能与全球高端豪华汽车直接竞争。2006 年,特斯拉公司发布了特斯拉跑车(Tesla Roadster),这是美国第一款量产的、有高速公路行驶能力的全电动车,它是第一款每次充电能够连续行驶 200 英里的全电动车(BEV car),而且时速超过了 125 英里。其售价 11 万多美元,被《时代》(Time)杂志评为"2006 年交通领域的最佳发明"。

尽管特斯拉跑车的销量有限,但特斯拉的下一款车——Model S——却显示了巨大的需求量。2012 年发布的 Model S 是一款简洁的四门轿车,它已成为硅谷和北加州科技工作者们的"首选"豪华车型。在很多科技企业园区,例如谷歌、英特尔,都能看到 Model S 停在充能站插电,或者在旧金山的道路上行驶。现在停车设施和机场都有充电站,但充电需求量太大,以至于不少电动车主表示很难找到充电的地方。

Model S 设计精美,性能卓越,续航里程超过 260 英里,售价约为 8 万美元。在挪威,Model S 是 2013 年 9 月和 12 月销量最大的车型。Model S 也是美国 2013 年销量最大的豪华车型,其销量甚至超过奔驰、宝马、雷克萨斯、奥迪和保时捷。在全球范围内,Model S 的 2013 年销量超过了 2.5 万辆,2014 年的销量甚至更大。

氢燃料电池汽车

长期以来,人们一直认为,如果能利用水、太阳能、风能等可再生能源进行电解充能的话,那么氢燃料电池车辆将是汽油内燃机车辆的理想替代品。氢燃料电池没有污染，压缩氢燃料可被用来驱动汽车。燃料电池可以与电动马达合用——其运行过程安静、有力、干净。

氢燃料电池电动车由一系列独立的燃料电池驱动，这些燃料电池统称燃料电池组（fuel cell stack）。每个燃料电池都有一个阳极、一个阴极和夹在中间的质子交换膜。氢气从车上的燃料箱进入燃料电池的阳极。来自空气的氧气进入阴极。当氢分子遇到薄膜时，某种催化剂迫使它分成电子和质子。质子穿过燃料电池组，而电子进入外部电路，从而将电流传递给电机和其他汽车部件。在阴极，质子和电子再次结合，然后与氧结合，形成车辆唯一的排放物——水。

在挪威，一条氢能高速公路（hydrogen highway）连接了奥斯陆和斯塔夫格（Stavanger），绵延375英里（600公里），它采用电解水这种可再生方式提供能源。2009年，启用了斯塔夫格的第一座氢充能站，随后又在波什格伦（Porsgrunn）启用了第二座。一款改良后的丰田普锐斯行驶200公里只需要消耗2千克的氢。尽管这还是比普通汽油贵一些，但这些车辆无异味、无噪声，也没有二氧化碳排放。在日本、瑞典、丹麦、德国和美国加利福尼亚州，很多主要城市已建成了氢充能站，并且还将继续扩大规模。为了使用氢能高速公路，汽车公司也都在悄悄地生产氢燃料电池车辆。自从加利福尼亚州在2015年为氢充能站的建设项目提供了资金支持后，几乎每一个汽车生产商都计划在2016年向加州市场投放氢燃料电池汽车。这些和其他新型车辆（普锐斯、特斯拉等）类似的产品将首先通过租赁方式投放市场，然后再进行正式销售。在2015年中期，租赁行动已经展开。

其他城市也在努力将交通运输的需求与电动和氢燃料电池汽车相结合，同时还需要当地的充电站和充能站进行支持。2014年4月，加利福尼亚州的能源委员会（Energy Commission）为这些监测站补贴了近5000万美元。不幸的是，全部28个站点中只有6个使用的是可再生能源来电解制氢（CEC，2014）。

2015年春天，现代汽车公司（Hyundai Motor Co.）在加利福尼亚南部的市场发布了氢动力版（hydrogen-powered versions）的图森（Tucson）跨界车。该款车乘坐5人，拥有134马力的发动机，续航里程为265英里。2015年，现代公司的零排放燃料电池发动机名列"十大最优发动机"之一。该榜单将之描述为"伟大的工程成就、零排放车辆技术的一次飞跃"（Wards Auto，2015）。

这款车只能在加利福尼亚南部行驶，因为那里有9座公共氢充能站。

丰田公司和本田公司（Honda Motor Co.）也宣布将在2016年推出氢动力车。上述几家汽车制造商都想利用加利福尼亚即将建成的氢能高速公路和新充能站。

优步租车（Uber）和Zipcars

针对社会问题，市场能够催生出有趣的解决方案。当市民需要方便、经济，但却是偶尔的交通出行需求时，优步租车和Zipcars（Zip租车）出现了。

优步于2009年成立于旧金山，它是一家有着优秀运输网络的出租车公司。该公司针对的是旧金山那些擅长使用新技术的年轻人，它利用了新型智能手机带来的优势。优步开发了一个基于手机应用程序的系统，该系统可以接收来自客户手机的乘车需求；然后把这些需求发送给公司的司机。用户可以使用该应用来发送乘车需求，还可以看到他们所预订的车辆的定位。

除了使用手机应用程序来申请Uber乘车外，该公司还可以使用信用卡等非现金支付系统。用户可以通过电脑或智能手机登录优步网站，并建立一个可以关联信用卡的账号。用户的账户在乘车结束时自动收取费用，在乘客和司机之间不需要直接交易。由于司机不携带现金，顾客也不用乘车时想着付款，这就消除了关于钱的困扰。另一个安全特色是，通过手机应用可以持续地看到车辆和乘客定位，使乘客和司机都有一种良好的安全感。此外，优步的出租车通常是传统出租车价位的一半，这使得它对女性乘客和游客而言特别有吸引力。

优步的业务迅速扩大，到2014年12月，已经覆盖了全球53个国家的200多个城市。在伦敦这样的城市，优步汽车与传统的"黑色出租车"（伦敦的标志性的、刷成黑色的出租车）展开了直接竞争；然而，由于Uber司机使用GPS在街道上行驶，所以不必经历正规出租车司机的大量学习过程。他们甚至也不需要掌握完美的英语听力和口语才能找到自己的路。

这使得该工作岗位吸引了很多第一代移民。伦敦的大多数优步司机都不是在英国出生的，而且他们大部分都开普锐斯——因为其出名的耐用、效能高且环保。

许多国家和城市的出租车服务都受到监管机构的控制，或被高度的官僚化了。优步也受到了许多出租车司机、出租车公司和政府的抗议，他们认为优步属于非法的出租车业务，涉嫌从事不正当的商业竞争，并且危及乘客的安全。然而，该服务非常方便，乘客的用户体验很好，而且比大多数的传统出租车服务更加便宜。

Zipcars是另一项服务。它之所以应运而生，是因为符合能够熟练使用科技的现代人的生活方式。基本而言，Zipcars是一种城市汽车租赁服务，它利用智能手机应用程序和IT技术来定位并租赁汽车。实际上，用户可以用手机来解锁车辆。Zipcars并没有像机场租车点那样常年存放着大量等候租赁的汽车，而是2~3辆车为一组停在便利地点——这些地点分布在城市各处。这些汽车可以按天或按小时出租，然后可以在各种地方退还——这些都由电脑追踪控制。

这项服务对于那些没有车、但却偶尔需要用车的市民来说，非常方便。Zipcars的大多数车辆都是混合动力或低排放、效能高、环保的车型。

虽然Zipcars是一家美国公司，但它的业务已经扩展到了加拿大。Zipcars还为其他一些短期汽车租赁和汽车共享服务提供了灵感，例如中国的一嗨租车（eHi），巴西的Zazcar，以及印度的Zoom等。在德国等欧洲国家也出现了许多类似服务。

无汽车城市

虽然汽车生产商正在推出各种电动、氢动力车，以及其他低排放的车辆产品，还有如Zipcars这种服务，但一些城市正在考虑全面禁止汽车。正如在第四章提到的，德国的第二大城市汉堡已经提出了一个初步概念，计划到2034年将完全淘汰汽车。该项目名为Grünes

Netz，或可译为"绿色网络"，计划扩大公共交通，为步行和骑自行车提供更多的线路。该项目将在未来15～20年内建成，并在汉堡所有的主要公园、游乐场、社区花园、公墓之间建立无汽车通道。建成后，该网络将覆盖汉堡城区的40%，这将使通勤者和游客能够完全依靠骑行和步行来穿越这座曾经依赖汽车出行的城市。

汉堡与丹麦哥本哈根地区相邻，堪称是整个地区的环保先锋。汉堡市认为在当前全球变暖的情况下需要做出改变；在过去的60年里，汉堡的平均温度上升了1.2摄氏度，达到了9摄氏度。海平面正在上升，威胁着汉堡港。海平面已经上升了20厘米，预计到2100年，将再增加30厘米。作为一座大都市，汉堡面临着真正的危险，它需要"绿色网络"这样能够有助于限制海侵的环保项目。

在当前日益进步的趋势中，汉堡的绿色网络只是其中一部分。尤其是在欧洲，它能够建立一个综合性的环形网络，不仅把市中心和环路系统纳入体系，而且还能将城市与郊区连接起来。哥本哈根已经完成了这些计划中最雄心勃勃的部分，即：建造26条从市中心延伸开来的自行车"超级高速公路"（superhighways）——其最终目标是在2050年实现碳中立（*The Guardian*，2013）。

现代城市生活随着我们的生活方式而改变。步行、骑行、享受自然，正在成为我们生活的一部分。减缓气候变化对地球的健康和未来至关重要，它正在催生全球城市产生一种未来式的、返璞归真的低碳发展模式。

参考资料

CEC, 2014.
Chic Project, 2013. http://chic-project.eu/TEL case study.
Clark II, Woodrow W. Editor /Author, 2009. *Sustainable Communities*. Springer Press, New York.
Clark II, Woodrow W. and Ted Bradshaw, 2004. Agile Energy Systems: Global Solutions to the California Energy Crisis. Elsevier Press, New York.
Clark, Woodrow W. II, Lead Co-Author and Co-Editor and William Isherwood, 2010. Special Issue on China: Environmental and Energy Sustainable Development. *Utilities Policy Journal*, Winter 2010.
Day, John R. and John Reed, 2010 [1963]. *The Story of London's Underground* (11th ed.). Capital Transport Publishing, London.
Environment 360, 2011. http://e360.yale.edu/digest/majority_of_new_buses_will_use_alternative_fuels_by_2015_report_says/2940/.
Fuel Cells and Hydrogen 2 Joint Undertaking (FCH 2 JU), 2014. http://www.fch-ju.eu/sites/default/files/Press%20Release%20FCH%202%20JU%20final.pdf.
Green Car Congress, 2015. http://www.greencarcongress.com/2012/08/pike-20120820=html.
http://www.tfl.gov.uk/corporate/projectsandschemes/8444.aspx
Kühne, Reinhart, 2010. Electric Buses-An Energy Efficient Urban Transportation Means. *Energy*, vol.35, n.12, pp. 4510-4513.
PR Newswire, 2014. http://www.prnewswire.com/news-releases/toyota-is-global-hybrid-leader-with-sales-of-7-million-279077081.html.
RT, 2014. http://rt.com/news/158116-china-super-maglev-train/.
Scientific American, 2013. http://www.scientificamerican.com/article/hydrogen-buses-struggle-with-

expense/?print=true.

SF Gate, 2014. http://www.sfgate.com/news/article/Hyperloop-s-1st-home-may-be-Central-Valley-6102049.php.

Speck, Jeff, 2012. *Walkable City: How Downtown Can Save America One Step at a Time*. Farrar, Straus and Giroux, New York.

The Guardian, 2013. Hamburg's Answer to Climate Change, http://www.theguardian.com/sustainable-business/hamburg-answer-to-climate-change.

The Urbanist, 2012. http://blogs.crikey.com.au/theurbanist/2012/08/26/whatre-the-worlds-most-walkable-cities/.

Toyota, 2014.

Transport for London, 2014. http://www.tfl.gov.uk/corporate/projectsandschemes/8444.aspx.

United Nations Intergovernmental Panel on Climate Change (UN IPCC), Fourth Report 2007 and WGII AR5, Phase 1 Report Launch, April 2014.

Wards Auto, 2015. http://wardsauto.com/diesel-resource-center/2015-ward-s-10-best-engines-winners#slide-0-field_images-1175431.

第七章 中国：革命性的绿色转型（revolutionary green transformation）

中华人民共和国的"经济奇迹"——或曰"黄金期"（Golden Era）——需要大量的新能源系统。中国的上亿人口摆脱了贫困，消费了无数的煤以及其他化石燃料。因为中国的煤炭储量丰富，而且开采相对容易，所以它被用作国家快速发展的主要能源。根据 Climatescope 的一项分析，从 2008 年到 2013 年，中国的能源消耗量增长了 51%，煤炭发电几乎占总发电量的 70%。中国之所以超过美国成为世界上最大的碳排放国，大量采用煤炭能源是一项重要原因（Climatescope, 2014）。

2012 年，中国的煤炭消耗量几乎等于世界其他国家的煤炭消耗量的总和。中国的发展以及快速的工业化所使用的大量煤炭能源，带来了严重的环境污染（Clark and Isherwood, 2007；2010 年）。中国大城市的空气质量变差，同时还有严重的水污染、土壤污染。中国新兴的中产阶级越来越多地开始关注和发声，而中国政府对此也做出了回应。

随着中国新一代领导阶层的果断行动，以及追求生态低碳发展的新理念，环境污染行为将承担越来越多的经济和政治风险。事实上，在应对气候变化方面，中国正展现出真正的全球领导力。国务院副总理张高丽（Gaoli, Zhang）在 2014 年 9 月的联合国峰会上称：2013 年，中国的碳排放强度（一种评价每单位国内生产总值碳排放量的手段）比 2005 年的水平下降了近 29%，另外，到 2020 年，中国的碳排放强度还将最多减少 45%（Cho, 2014）。

为了实现这一目标，2016 年中国可能会启动世界上最大的碳交易体系，该体系已经在多个地区开展了试点。煤炭火力发电站、工厂和其他大型的二氧化碳排放企业将受限，而且必须为超出排放限额的排放量购买许可。到 2020 年，中国的碳市场预计将是欧盟的排放交易体系（emissions trading systems，ETSs）的两倍，总值将高达 650 亿美元。

2014 年，中国强化了环保法律（Environmental Protection Law），提高了对环境污染行为的惩处力度，凡违反环保法律者将面临公诉，并将地方官员的绩效考核与他们所在地区的环境绩效挂钩，而不仅只看经济表现。

中国的可再生能源法（Renewable Energy Law）包括了对固定价格高于市场价格的可再生能源的上网电价补贴（FiT）模式。这将鼓励电网运营商购买所有本地区生产的可再生电力。可再生能源配额规定了各省和城市必须至少采用多少可再生能源量。政府还计划投资 2770 亿美元来治理空气污染，3330 亿美元用于治理水污染（Cho, 2014）。

中国制定了严格的地方煤炭消费限额。2014 年，尽管中国经济继续以 7.4% 的速度增长，但该国的煤炭消费量第一次出现了下降（Greenpeace，2014）。中国14家最大的煤炭企业正在削减产量，并且从2015年开始，将禁止进口和销售高硫煤、高灰煤等高污染型煤炭。此外，5万座小型燃煤电站也被关闭，在北京和上海这样的东部大城市将不再新建燃煤电站。到2020年，北京将完全禁止燃煤，并取代以可再生能源。

很多新技术正处于研发和商业化的过程中，以致力于解决碳排放问题，中、美两国，正就碳的捕获、利用和储存进行合作。哥伦比亚大学地球研究所的伦费斯特可持续能源研究中心（Earth Institute's Lenfest Center for Sustainable Energy）正在与浙江大学合作，研究燃烧前和燃烧后的碳捕获技术，并合作开发其他新技术。根据世界资源研究所（World Resources Institute）的数据，中国的示范项目已经捕获了大约27万吨二氧化碳，每年可以利用超过12万吨、储存10万吨。

到2030年，中国的能源消耗量预计将翻一番，因此，为了减少化石燃料的使用，并保持经济健康，中国必须同时开发替代性能源（Clark and Isherwood，2007；2010）。非营利组织"全球更新"（Global Renewal）称，中国已成为全球最大的清洁能源技术投资国，2013年对可再生能源的投资为613亿美元。中国的目标是，到2017年，可再生能源发电量达到550千兆瓦，比2013年增加近50%（The Renewable Energy Policy Network for the 21st Century，nd）。

在后毛泽东时代，中国于20世纪90年代全面步入市场资本主义（market-capitalism）制度，这种制度受西方经济学家所推崇的传统新资本主义模式影响很大，但在该制度下，国有机构在某种程度上由政府持有，并与外国公司合资经营。想在中国进行经营的公司必须把利润留在那里进行再投资，而且中国政府需要至少持有其49%的股份。今天，中国的新一代领导阶层正在对工业增长进行更多调控，更多着眼减缓气候变化（Lo，2011）。

中国幅员辽阔，千百万的人口正从农村迁移到城市，想要共享"中国梦"。事实上，这种国内迁徙可能在全球史上也是绝无仅有的。2009年，麦肯锡全球研究所（McKinsey Global Institute）估计，中国的城市人口将从2008年的6亿增长到2025年的9.26亿，到2030年将超过10亿。

对于城市中心来说，这尤其具有挑战性。因为这些"新市民"通常只是流动人口的一员，所谓流动人口，主要是指没有获得当地户口，却在当地居住的人口（Liang and Ma，2004）。一般来说，由于没有户口，由农村进城的外来务工人员被排除在当地的教育资源、城市社会福利项目和许多工作之外。这是中国城市面临的一个主要问题，中国政府也正在力图解决该问题。中国政府已承诺，将消除因户口体系而产生的对外来工作者的制度性歧视。但改革是复杂的，因为它涉及重组社会和政治体系，这将影响很多方面，比如就业、社保和产权等。

与大多数发展中国家一样，中国的新兴中产阶级也用上了汽车，但这加剧了北京等城市的雾霾和污染。中国曾经是一个骑自行车上下班的国家，现在中国有6000万辆汽车在道路上行驶，预计每年还会新增1200万到1800万辆新车。为了满足这一需求，中国国家控股的石油和天然气公司从世界各地进口了大量的石油和天然气。

然而，随着中国正在筹备"十三五"规划（从2016年到2020年），有人猜测，中国可能

第七章　中国：革命性的绿色转型（revolutionary green transformation）

将会只允许销售电动和氢能源车辆。这对于中国自己的汽车制造业而言将是一座里程碑，而且它能够迫使其他国家迅速转向采用非化石燃料的交通模式。

在战略规划和政府投资的大力支持下，中国的环境和气候问题正在得到有效解决。与此同时，中国正在进行一场大规模的行动，力图在新的绿色工业革命中取代其他国家。2008年，国际智库"气候集团"（Climate Group）报告称，中国通过其"十二五"规划，在发展可再生能源技术方面将取得快速进展。"十二五"规划始于2011年3月，该计划承诺，中国将投资相当于3万亿美元的资金用于可再生能源（Climate Group, 2008；Clark and Isherwood, 2010；Lui, 2012；Sun et al., 2013）。

中国的风力发电

在中央计划性的资金和操作流程的帮助下，中国已经超越了其他国家，提前进入了新的生态时代。社会和环境利益，是中国的社会资本主义经济模式的一部分，因此中国的领导层将经济发展与社会、环境保护结合到了一起。

随着越来越多的中国公民变为中产阶级，中国的巨大能源需求还将继续增长，而中国正在加大对可再生能源领域的投资。皮尤慈善信托基金会（Pew Charitable Trusts）2010年的一项研究显示，在2009年，中国在年度清洁能源投资和相关财政方面领先美国和G20其他成员国。2010年5月的报道称，中国34%的刺激资金（stimulus funds）——约为5900亿美元——用于清洁能源发电。到2020年，中国将拥有超过100万千瓦的可用可再生能源电力。而其中很大一部分将来自于风力。

中国成立了自己的部分国有控股企业——汉能公司，主要利用水力发电、太阳能、风能等可再生能源生产可再生电力（Li, 2014）。现在，汉能已经通过在技术上和经济上革新水力发电技术，以及和中国的生态改革（Clark et al., 2015）相结合的薄膜太阳能和储能系统（LI, 2014）等，将业务扩展到了全世界。然而，在当下的五年规划中，中国的总体可再生能源计划也包括如下重点：如何在地区一级以非集中式（decentralized）的方式利用可再生能源。由于这些系统能使可再生资源满足地区一级的使用需求，因此它们是一种在场式的电力能源，也就是"分布式"系统。

丹麦的风力涡轮机制造商维斯塔斯公司（Vestas）很早就发现了，中国和亚洲是非常大的新兴市场。20世纪90年代初，维斯塔斯同意了中国的商业合作模式，即：在国际合作中，中国国有企业占多数股份。其结果就是，风电及其相关产业开始高速发展。创造了大量的设备安装、修理和维护等工作岗位。今天，中国在风电生产、设备制造和安装领域都处于世界领先地位。

风力发电是中国最具经济竞争力的新能源。在与北欧公司进行了长达10年的合资与合作之后，中国自己的风电行业于2005年出现了。中国每年风力发电能力能够翻一番，这离不开有针对性的政府扶持政策。根据中国循环经济协会可再生能源专业委员会（Chinese Renewable Energy Industries Association, CREIA）的数据，中国风力涡轮机的装机容量居世界首位。

2012年，中国的风电装机容量达到了75千兆瓦，比2011年增长了21%。据预测，到2020年，中国的风电装机容量将达到250千兆瓦，将是目前装机容量的3.3倍，是2007年容量的42倍（Hong，2013）。

风电行业是实现中国能源安全、多样化目标的关键，它可以有效支持中国的国土开发以及交通运输等需求。风能行业也对经济增长、环境保护和控制污染做出了贡献。如果中国风电行业在2020年之前达到250千兆瓦的安装量，那么温室气体排放量将减少5亿吨。中国还将通过减少煤炭消费量来限制空气污染，据CREIA预测，与此同时，可以创造4000多亿元的附加值，另外可以创造50万个就业岗位。

尽管要将可再生能源整合到中国电网中，需要做很多工程工作，还需要利用新型的智能电网技术，但中国仍计划大规模增加风力发电量。中国拥有丰富的风能资源，包括漫长的海岸线和西部的大片广阔平原。而且在东南沿海地区和沿海的岛屿上，风能资源尤其丰富。在中国北部和西部内陆地区，已经建成了大规模的风电系统——现在风力发电需要传输到沿海城市。

近海风能资源也很丰富，2010年，首个大型近海项目（offshore project）在上海东海大桥（Donghai Bridge）完成。共安装34座大型3兆瓦风力涡轮发电机，总容量100兆瓦。分析人士估计，到2020年，装机容量可达32800兆瓦（Hong，2013）。

风能在中国具有巨大的潜力，很容易成为中国能源供应的主要组成部分。一些科学家估计，陆基和近海的总装机容量能够达到2500千兆瓦。

中国的风力涡轮机设备制造业发展迅速。新型生态技术的发展催生了大量新业务以及就业岗位。国产风力涡轮机制造商目前占中国市场供应的70%左右，其产品已经开始出口国外。其中最大的制造商是华锐风电（Sinovel）、新疆金风（Goldwind）和东方电气。中国在该领域世界领先，在装机容量和设备制造能力方面大约占全球总量的三分之一（Sun et al.，2013）。

中国的国有电力公司已经开发出了规模最大的风力发电场。这些公司得到了发展方向规划和资金支持，以稳步增加其可再生能源的业务比例。CREIA的报告称，截至2009年底，中国共有24个省及自治区建成了风力发电场，其中有9个省的累计装机容量均超过1000兆瓦，其中4个省超过2000兆瓦。内蒙古自治区走在前列，其新建成装机容量为5545兆瓦，累计装机容量为9196兆瓦（Clark and Isherwood，2010）。

在2009年关于气候变化的哥本哈根大会（Copenhagen Conference）上，中国承诺到2020年，非化石燃料的能源消费比例将达到15%。为了实现这一目标，将需要大幅增加绿色能源的发电比重，其中包括进一步重点发展风力发电。

中国已经制定了五年规划、可再生能源法，以及其他政策，对风能和太阳能的发展做出了重要承诺。中国未来的主要行动之一，是建立7个大型风力发电基地。每一个风力发电基地都有至少10千兆瓦的装机容量。

中国国家能源局正在进行这些基地的发展建设工作。计划到2020年，在配套的电网建设完成的前提下，总装机容量能够达到138千兆瓦。这其中一个重要的问题就是，这些基地中有

第七章 中国：革命性的绿色转型（revolutionary green transformation）

许多位于偏远地区，输电设施薄弱，与中国的主要用电负载中心距离很远。另一个需要关心的问题是，如何将大量多变性的风电能源整合进为燃煤发电站所建造的电网之中。

电价问题是另一项重要因素。中国对风力发电的支持机制已经从基于资金回报的价格，转变为上网电价补贴（FiT）模式，并根据风力资源的不同而进行变化。

上网电价补贴（FiT）在2009年引入中国后，该补贴体系将中国划分为四个风能分区。这种区域适应政策堪称风力发电发展的一个积极性步骤，它正在刺激更强劲的经济增长，同时增加制造业产出，增加就业岗位。此外，中国人认为需要培训工人来进行新系统的建设、运营和维护工作，因此他们已经创立了工程、科学项目，以培训人们在风能和其他可再生技术行业里工作。

在将大规模的风能电力并入地区电网等基础设施的问题上，中国面临着数个挑战。中国的风力发电场主要集中在远离用电负载中心的地区，而电网的传输问题很重要，维护强度很高。这就造成了电能效率损失，因此，当前基础设施的设计规划对风力发电的发展和使用造成了限制。这已成为全国风力发电在未来发展所面临的最大问题。尽管如此，全球风能理事会（Global Wind Energy Council）仍然预测中国风力发电能力将有非常大的增长。到2020年，风力发电将占中国全国电力供应的10%，到2030年将达到16.7%。这些数字并没有计入更多的地方性、地区性的风力发电场以及与建筑相结合的小型系统等。

与化石燃料相比，风能是非常丰富的，而且可再生、分布广、干净，在运行过程中也不会产生温室气体排放。尽管针对风力发电场有一些关于视觉影响的批评，但和其他能源相比，风力发电对环境的影响几乎是微不足道的。

大规模的风力发电场并非唯一的解决方案。今天的新技术可以让小型社区用上风力涡轮机。更小型的甚至可以安装在屋顶上，捕捉建筑物上空的自然风。

风力涡轮发电机产业的快速发展，使得风能正在迅速成为具有成本效益的电力来源。

中国太阳谷（Solar Valley City）

到2010年底，中国将超越德国和日本，成为世界上最大的太阳能电池板生产国。然而，中国太阳能产业的大部分产品是用于出口的——出口部分占其光伏产品的90%以上。

太阳能行业的领导者们一直在游说政府，希望出台针对地区和城市的更多政府政策，以对国内太阳能的使用进行补贴。由于国内的太阳能使用量很少，因此增长潜力十分巨大。在下一个五年规划中，浮现了很多旨在推动国内太阳能消费需求的政策（L0, 2011）。

为了提供更多的太阳能，中国财政部正在推动一个在场式或地区性的太阳能屋顶计划（Solar-Powered Rooftops Plan）。该计划将成为经济较发达的、希望实现可持续发展的大中型城市发展建筑物太阳能发电系统的示范项目。该计划的目标是屋顶单元（rooftop units）和光伏幕墙（PV curtain），并支持远在电网范围之外的农村和偏远地区的太阳能系统开发。作为改善国内太阳能电池板使用情况的行动之一，中国财政部已指定一个专项基金，为不低于

50千瓦、能效不低于16%的光伏系统提供补贴。该补贴将覆盖设备成本，或占整个系统安装成本的50%至60%。

行业分析人士表示，如要使中国的太阳能产业蓬勃发展，还有很多工作要做。需要整体地重新调整产业，使之适应国内消费和出口之间的平衡。为了实现这一平衡，中国将需要建立一个与该产业出口能力相匹配的新的国内体系（LI，2015）。

为了展现对太阳能产业的承诺，中国于2008年在山东省德州市建设了太阳谷项目。这个雄心勃勃的项目是一个可持续的、环境友好型的综合中心，供太阳能技术的制造、研发、教育和旅游观光之用。太阳谷是中国推动绿色能源技术发展和扩大全球市场份额的行动之一。

太阳谷已经建立了超过100家的太阳能企业，其中包括大型的太阳能集热产业公司。中国的太阳能产业从业人员大约有80万人，而中国的太阳能集热器产业及其配套产业链堪称世界楷模。其中的佼佼者——皇明太阳能（Himin），年产量是美国每年太阳能集热器销量的两倍之多，并且还在迅速开发自己的太阳能光伏等其他技术。

现在，很多大型汽车公司已经研发了氢燃料电池——采用水和可再生能源电解法制氢，并开始在国际市场上销售。最终，氢燃料的充能将不只是在固定站点完成，而是可以在家中制氢并为氢燃料电池动力车进行充能。

中国领先的智能电网

中国是世界上最大的电力消费国，十年后，其用电量将翻一番，预计到2035年，将翻三番。中国政府正在大力投资可再生能源技术，并希望在全球清洁能源技术的市场中占主导地位。要想把中国新的清洁电力并入国家电网，需要把当地电网（甚至是国家电网）升级为智能电网（Wall Street Journal，2011）。

中国的电力产业始于1882年——上海电力公司诞生，第一代电网建成。到1949年，中国的装机容量达到了1.85千兆瓦的中等水平。在20世纪70年代，开始建设第二代电网，其目标是建设国家规模的电网。2005年，西北电网的750kV输电线路投入运行。2009年，中国首个1000kV特高压电网（Extra High Voltage grid）建成。截至2010年7月，中国的220kV（及以上）输电线路长度已超过375000公里，规模占世界第一。

2011年3月颁布的中国"十二五"规划中包括国家可再生能源体系的发展，并且将智能电网视作国家电力系统的关键组成部分。该计划得到了政府大规模刺激计划的支持。中国智能电网的快速发展将带来巨大的社会和经济效益（LO，2011）。

根据彭博社能源财经新闻的报道，中国智能电网的发展是与众不同的，原因有很多（Cloomberg，2014）。例如，2013年中国耗资43亿美元在智能电网领域，这一投资额几乎占全球该领域投资总量的三分之一。相反，北美的该项支出却下降了33%。中国电网正试图通过强大而安全的电网系统，来实现电力、信息和商业业务流的整合。为此，中国已经安装了超过2.5亿台智能电表，另外还在规划智能充电站及电动车辆基础设施体系（已建成数千个充电桩），

第七章 中国：革命性的绿色转型（revolutionary green transformation）

并建造了世界上最大的风能和太阳能发电和储能系统。

中国的张北电站是世界上规模最大的混合型绿色电站（hybrid green power）。它是中国雄心勃勃的智能电网示范项目，该电站于 2011 年 12 月在河北省投入使用。该电站初始投资 5 亿美元，结合了 140 兆瓦的可再生风力和太阳能发电、6 兆瓦时（MWh）的储能技术，以及智能输电技术。

张北项目取得了巨大成功。电池储能系统可以提高可再生能源的发电量。风力涡轮机的效率得以提高了 5%～10%，整个可再生能源系统效率也提高了 5%～10%。在最初 100 天的稳定运行时段内，电站生产了超过 100 千兆瓦时（GWh）的电能。当储能系统充满之后，多余能量将会反馈到电网设施中。张北项目，对于中国以及世界其他地区而言，为可再生能源解决方案提供了优良范例。

另一个引人注目的案例是中国华能集团在北京未来科技城项目中采用的微型电网（Bloomberg，2014）。2012 年，安装完成了含 50 千瓦太阳能光伏系统的微型智能电网。该项目被誉为构建灵活型（scalable）智能电网的典范。这是第一套微型智能电网电力系统，它表明该公司已步入微型分布式电网发电的业务领域。该系统以微型电网控制器为基础，集成了太阳能光伏电源、300 伏安时（VAh）的电能储存、电网电源和 30 千瓦的用电负载。在正常运行条件下，用电负载完全由太阳能光伏模块负担。

当光伏模块功率下降时，控制器就会使用电池储能来满足基本负载需求。在少数极端情况下，当直流电能量太小，无法满足基本负载时，控制器可以在 8 毫秒内将供电方式转换为电网供电，以保证供电稳定。

这些大型的智能电网项目安全、可靠、稳定，而且还能适应可再生能源的生产。在中国，电力的生产和需求，其空间分布非常不均衡，这就要求国家更多地重视智能电网系统。目前为止，中国的智能电网已经处理了世界上规模最大的风能、太阳能等能源存储集成示范项目。

在第十二个五年发展规划中，中国国家电网对于智能电网，有以下目标：

- 发电体系（generation link）：到 2015 年，电网将满足 60 千兆瓦风力发电和 5 千兆瓦太阳能光伏发电的需求，到 2020 年，风力发电的发电量将达到 100 千兆瓦，太阳能光伏发电量将达到 20 千兆瓦。总发电能力将超过 400 千兆瓦。
- 输电体系（transmission link）：未来 5 年的建设内容将是连接大型能源基地和主要用电负载中心，为特高压电网（Extra High Voltage grid）建设"三纵三横"的骨架基础。这些内容一旦建设完成，一个高水准的智能输电体系就已经实现了 99.6%，并将在 2020 年建成"五纵六横"的特高压电网骨架。
- 高压变压器功能体系（transformer links, high-voltage function）：2015 年，应完成 6100 座 110（66）千伏以上的智能变电站，这将占中国变电站总数的 38%。到 2020 年，110（66）千伏及以上的智能变电站将占变电站总数的 65%。

中国的五年规划做了一些特别之事，这在其他国家是看不到的；它将资金投入到计划之中，使其行之有效。例如，过去的两个五年规划，为中国智能电网的全面建设和改进，奠定了基础。根据中国 2011 年至 2015 年的五年规划，智能电网的建设投资总额将超过 3000 亿美元，到 2020 年投资总额将达到 6000 亿美元（L0，2011）。

与此同时，中国的国家智能电网投资基金将扩大 10 倍。根据中国华能集团（2014）为中央政府所做的分析，国家智能电网计划将把重点放在可再生能源系统上。这一系统的范围将会扩大，还会创造新的相关产业，这使得市场的规模变得非常有吸引力。

此外，智能电网的建设带来了很多好处。具体来说，到 2020 年，其好处如下：

- 发电利益约 55 亿美元，节省了系统有效容量的投资，并将每千瓦时的发电成本降低了 1~1.5 美分。
- 电网体系利益约 32 亿美元；电网损耗将减少 70 亿千瓦时，用电最大峰值负载减少了 3.8%。
- 用户的利益约 51 亿美元，其中包括各种新服务、新产品，节约了 445 亿千瓦时的电力。
- 环境效益约 70 亿美元，每年保护了约 2000 英亩的土地面积，二氧化硫的排放量减少约 100 万吨，二氧化碳排放量减少约 2.5 亿吨。
- 其他社会效益约 92 亿美元，每年增加 14.5 万人的就业岗位，有着显著的电力节约量，还促进了各地区的平衡发展。

中国正致力于成为世界上最大的智能生态电网（smart green grid）使用国。它认为，有必要建立一个强大的、经济的智能电网，以适应清洁的可再生能源。事实上，到 2011 年底，中国的装机总量达到了 1 太瓦，全年总用电量为 4.7 万亿千瓦时。与电网相关的新能源发电装机总量达到了 51.6 吉瓦，其中：风电装机容量 45.1 吉瓦，占装机总容量的 4.27%；入网的太阳能光伏发电装机容量 2.1 吉瓦，占 0.2%；生物质发电 4.4 吉瓦，占 0.4%；地热发电 24 兆瓦，海洋能发电 6 兆瓦（China Huaneng Group，2014）。

中国的智能电网/第三代电网（third-generation grid）的性能（attributes）相当明显，包括：

- 强大，稳健，灵活；
- 干净环保：智能电网使得大规模利用清洁能源成为可能；
- 透明性：电网、电力和用户的信息是透明共享的，入网是非歧视性的；
- 高效：提高传输效率，降低运营成本，促进能源和电力资源的有效利用；
- 界面友好：对各种类型的电源和用户都兼容，能促进发电企业和用户积极参与电网管理。

作为一个绝佳的典范，中国成功地将可再生能源整合到了智能电网之中，该系统可以用来替代老化的基础设施。太阳能、风能和其他的分布式在场能源正变得越来越普及，对于有着"电力饥饿症"的现代生活方式而言，它们正变得越来越重要。智能电网系统可以优化这些资源，并使我们共享、分发电力的方式变得简单高效。

成果是很重要的。中国现在正在衡量和评估一些成果，在其中发现了一些需要解决的问题。其中之一就是，由于风能和太阳能发电厂的安装地点通常远离最终消费者，因此需要大量的传输线路、监控系统和智能电网连接通路。这个问题有待解决。在某种程度上，解决方案的重点将是分布式或在场电源供电，这样则不需要大规模的输电系统。

第七章　中国：革命性的绿色转型（revolutionary green transformation）

尽管绿色工业革命出乎美国意料之外，但中国一直没有打盹。从20世纪90年代开始，中国一直在其五年规划中进行超前考虑。自1949年以来，中国的领导者就有意识地制定并推动一系列五年规划和相关政策，并在资金、资源和长期关系方面给予强大的支持。最新的五年规划是"十二五"规划，从2011年3月开始。在21世纪的头十年里，中国的领导者看到，有必要利用最新的五年规划，"跳过"西方发达国家在基础设施建设和环境方面犯过的错误，以获得社会和经济上的优势，并缓解气候变化。成果就是，中国通过国有企业和部分国有控股企业的技术、经济和商业应用，正在成为全球金融领袖。

本届中国政府将执政到2023年，由于中国对城市发展的强烈担忧，以及相关的能源、水、垃圾处理和交通运输等方面的需求，因此"十三五"规划将会出现重大调整以应对这些问题。根据"十三五"规划，在环境、社会影响方面，将对目前的全国市场经济模式进行更多的控制、监管和评估。

在过去的20年里，中国将许多政府建设和运营的基础设施和公共事业部门改造为国有控股公司，控股者也包括外国投资和私有资本。这种合资企业的模式与德国和北欧国家在20世纪90年代进行基础设施行业转变所采用的模式类似。随着2008年北京奥运会的成功举办，中国已经成功地进入了绿色工业革命时代。

中国在2008年奥运会上展示了自己作为世界领袖的地位。虽然有针对空气污染和人权问题的批评，但与此同时，中国也在舞台上展示了自己的领导力，不仅展示了太阳能发电的非凡成就，还展示了自己在21世纪的领导地位。中国中央政府充分地意识到了环境和社会问题的严重性，并采取了积极的应对措施，力图在"十三五"规划中纠正这些问题。

2011年初，按国内生产总值计算，中国已经取代日本，成为全球第二大经济体，仅次于美国。中国展示了新型的绿色技术是如何刺激经济增长的：通过相关工业和制造业的发展，以及建造高速铁路、磁悬浮列车、地铁、住房、可再生能源系统，以及环保的在场能源系统用于供暖和制冷。

到2011年底，中国取代美国成为全球空气污染物排放量最大的国家。然而，如果排放量按人均计算，美国仍然位居第一。鉴于中国对可持续能源领域的关注，中国肯定会扭转这一趋势，并在数年内使其排放量少于美国等其他西方国家。中国的下一个五年规划将开始使整个国家进入可再生能源领域，其中包括电动和混合动力汽车。中国有财力和资源来实现这些目标，而且不仅能实现这些目标，还能使这些目标可持续化。随着"十三五"、"十四五"规划的进展，中国新一届中央政府的领导层将做出以上这些决策。

能源模式要想向可再生能源转变，需要满足很多条件，例如：更多受教育的劳动力、劳动技能的升级，以及能够在短期和长期负担起环境责任的企业。随着环保技术的发展，新型绿色工业的劳动力必须学习从纳米技术到化学工程在内的多种新技术。中国能够意识到这一点，因此知道，向可再生能源的转变需要大量的劳动力再培训工作。大多数中国的高层领导者都拥有理工类学位，这与其他国家是不同的，其他国家的民选领导者往往拥有西方经济学、法学等学科的教育背景。中国在风力涡轮机和太阳能电池板制造领域的主导地位，是一个很好的例子，证明了为什么拥有理工知识，能对国家领导者的工作有所助益。

在中国将能源基础设施向绿色工业革命的方向进行转变之时，中国打算从西方的错误经验中吸取教训。中国计划通过中央经济政策来实现这一目标，这一政策主要由中国共产党中央委员会的全体会议所决定。该委员会通过制定经济发展战略和经济增长目标，同时开展改革等工作，在确立中国国家政策的基础原则方面发挥着主导作用。

集中式社会经济的重要特征之一就是长期规划，其总体规划通常包含各个地区详细的经济发展指导方针。目前为止中国已经完成了12个五年规划；第11个五年规划更名为"指导方针"（guideline），这反映了中国从苏联式的共产主义经济向社会资本主义经济模式的转变。

2010年10月，中国宣布了"十二五"规划，并在2011年初完成了最终批准并开始实施，该规划在2015年年底前完成。这一指导方针将解决日益加剧的贫富差距和可持续发展等问题。它确立了一些优先事项，包括：更公平的财富分配、增加国内消费、改善社会基础设施和社会保障体系等。该计划代表着，中国正在努力实现经济再平衡，试图将经济发展的重点从投资转向消费，将经济增长的空间重心从城市和沿海地区转向农村和内陆。该计划还将继续坚定在"十一五"规划中提出的加强环境保护的目标——要求在5年内减少主要污染物排放总量的10%。

"十二五"规划的重点之一是减少碳-生态足迹，并致力于解决气候变化和全球变暖问题。该目标不仅将得到良好资助——相当于1万亿美元的资金，而且还会使中国有能力获得相关技术和产业，以对绿色工业革命进行支持和补充，并在该领域超过西方国家。关键因素之一是，中国将把它们的集中式发电站转变为灵活、可持续、分布式的能源基础设施，使之成为可以利用可再生能源发电的在场式电力系统。

环境可持续领域的新兴全球领导者

在北京以及这个全球人口第一大国的其他一些大城市中，发生了巨大的变化。20世纪90年代，北京的空气污染水平在全球城市中排名第三。今天，空气污染已经大大减少。

可持续发展是中国政府的官方政策，在一些地区，这一政策的实施进度非常快。位于北京以北的内蒙古自治区名列前茅（Clark and Isherwood, 2007；and 2010）。与此同时，在21世纪初，上海就建造了第一条商业运营的高速磁悬浮线路。

该磁悬浮列车把浦东国际机场与快速发展的上海地铁系统连接在一起，长达30公里的旅程只需要短短7分钟。该线路之所以开通，部分原因得益于2010年夏秋举办的上海世博会。此外，上海、北京、深圳、青岛和成都，都在建设或规划新的地铁线路，有些地方还有地上轻轨线路。如今，高铁连接了许多中国城市，高铁出行比民航还要便捷。

磁悬浮列车现在将上海浦东国际机场与地铁龙阳路站相连，其最高纪录是时速311英里（2003年11月12日），运行全程只需要7分钟30秒，北京、青岛和南京等地基于环境意识所进行的城市改造，在很大程度上得力于中国当时的目标：举办一场生态、绿色的2008年北京奥运会。举例而言，很多奥林匹克运动会的相关建筑都安装了太阳能光伏电池板和聚焦式太阳

第七章 中国：革命性的绿色转型（revolutionary green transformation）

能系统。上海这样的城市，其实现可持续发展的决心也基于同样的原因。例如，上海举办了2010年世博会，为展示其绿色技术成果（例如磁悬浮列车）以及本市的未来规划，提供了机会。

上海的城市规划和可持续发展的展区每天吸引着成千上万的游客和商务人士前来参观。在展览中，上海市的目标是成为21世纪世界领先的商业城市之一。为达成这一目标，上海致力于优化空气质量、水资源质量和垃圾处理设施。随着新建筑和城市区域的增加，还新建了地铁，以及适宜步行和骑自行车的道路设施。

中国认识到，一个城市或区域的可持续发展，对商业、旅游业，以及市民本身都有益处（benefits）。现在，许多城市和区域都被贴上了可持续发展的标签，还建立了官方认证标准和相关规范。在这些城市举行了诸多相关会议，其主要目的是向参观者展示积极的环境影响，同时也可以创造很多商业机会。

为鼓励可持续发展，国家继续加强环境立法，并在绿色技术和可持续基础设施建设方面进行巨额投资。环境保护部门预计投资额的增长率将为每年15%。城市正在关闭污染最严重的工厂，并把工业迁至远离居民区和商业区的地区。中国鼓励工业现代化，在过去10年里提高了能源的使用效率。然而，对汽车、新建筑和住宅的需求不断增长，也极大地增加了全国的能源消费量。

绿色技术文化（green technology culture）

中国、日本和韩国在发展绿色能源技术领域走在了前列。这一模式让人想起了二战后亚洲制造业的崛起，因此，这些国家被称为"绿色技术之虎"（green technology tigers）[①]。这三个国家已经在可再生能源技术的产出上超过了美国。根据"突破研究所"（Breakthrough Institute）和"信息科技与创新基金会"（Information Technology and Innovation Foundation）2009年的最新研究报告《崛起之虎，沉睡之巨人（Rising Tigers, Sleeping Giants）》所述，到2011年，这三个国家在可再生能源技术方面的投资额超过了美国的三倍。这将吸引私营部门在绿色能源技术领域进行大量投资，未来10年可能会有数万亿美元的投资量。因此，亚洲的绿色技术之虎将获得新的工作机会和税源，而欧美将与此无缘。

对于中国、日本和韩国而言，政府政策及投资，是在绿色能源领域获得竞争优势的关键。这些亚洲国家正在对绿色技术进行大规模的公共直接投资。在研发、绿色能源产能、绿色能源技术的实施，以及建立基础设施等方面的政府投资，使它们能够获得规模经济（economies of scale）、"边学边做"（learning-by-doing）和创新等方面的优势。

任何公司，如果能够实现规模经济，并且走在竞争对手前面实现"边学边做"优势的话，便能够降低生产成本，提高产品质量。也可以让后来者更难以打破市场格局。政府直接投资将帮助亚洲的绿色技术强国们形成类似于硅谷的那种产业集群，在其中，发明家、投资者、制造

---

① green technology tigers，绿色技术之虎，该词应该是对应"四小龙"之说。——译者注

商、供应商、大学等其他机构可以建立一个紧密的关系网络。即使在全球化程度日益强化的时代，这种地区性经济集群也能提供持久的竞争优势。

在中国，从中央到地方的各级政府正在向绿色能源公司提供慷慨的补贴条件，包括免费土地、资金、低成本融资、税收奖励和研发资金等，以便能在当地建立相关业务（Clark et al., 2015）。中国的保定市只用了三年时间，就从一个以汽车和纺织工业为主的城市转变为风力和太阳能设备制造业增长最快的枢纽城市。保定是"中国电谷"项目的所在地，这是一个模仿硅谷的工业区，拥有近 200 家可再生能源公司，这些公司主要专注于风力发电、太阳能光伏发电、太阳热能、生物质能源和能效技术。保定是中国绿色能源发展的中心，也是一个平台，它将中国的绿色能源制造业与政策支持、研究机构和社会制度等联系起来。

在中国东部沿海省份之一的江苏省，当地政府为太阳能发电提供了大量补贴，目标是达到 260 兆瓦的装机容量。江苏已经拥有许多中国的主要太阳能光伏制造企业，其新政策的目标是创造大量的市场需求，并吸引大量的多晶硅供应商和太阳能技术企业。

中国的另一座城市天津，现在是丹麦维斯塔斯公司的生产基地之一，该公司是世界上最大的风能设备制造商。该生产基地不仅提高了该公司的产能，还增加了当地安装的风力发电机的数量，并帮助零部件供应商开发了许多与该公司先进的风能技术有关的专业技术，同时也为学者、学生等提供了实验室。

区域性项目提供了成本和创新优势，例如：以较低的运营成本获得专业劳动力、材料和设备，以及更低的搜寻成本（search costs）、规模经济和价格竞争（price competition）。区域聚焦（regional focus）为成员组织提供了对市场、技术和竞争信息的优先访问权，同时形成了知识溢出效应（knowledge spillovers），从而加快了创新速度。公司之间的关系是杠杆化的、相互整合的，因此它们能够互助，以保持对新的市场机遇和日新月异的技术的及时了解。劳动力的流动性提高了整个地区的创新速度，使其更加可持续化。这些地区为特定产业提供了具有吸引力的商业环境；如果有一两家公司倒闭，或搬离该地区的话，其他公司也能够迅速填补空缺位置。

建立工业区并不能保证一定可以继续占据市场主导地位。就汽车工业而言，由于东亚国家多年以来所实施的产业政策旨在保护其新生的汽车产业免受竞争之苦，因此美国企业失去了其市场主导地位。与此同时，这些国家通过直接补贴数十亿美元，来支持该行业的增长和技术进步。最重要的是，亚洲国家对环境的重视度非常高，并积极地向混合动力、电力和氢能等技术进行转变，这些技术结合了可再生能源和高速公路、铁路和航空系统等基础设施体系。

中国的 21 世纪强国崛起之路，是对其领导人的远见卓识和务实精神的最好致敬。当西方国家满足于 20 世纪的成功，止步不前之时，中国正抓住绿色工业革命的机遇突飞猛进。通过巧妙地利用其国家计划，以及政府支持的发展体系，中国避开了其他国家曾经的错误，避开了碳密集型思路的陷阱（Clark and Isherwood, 2007; and 2010）。鉴于化石燃料正在破坏脆弱的全球生态系统，中国已经认识到，有必要通过扩大可再生能源的使用，以及可持续发展的社区，来保护环境。

第七章　中国：革命性的绿色转型（revolutionary green transformation）

参考资料

Bloomberg, 2014. New Energy Finance, Business Council of Sustainable Energy, February.

China Huaneng Group, 2014. http://www.chng.com.cn/eng/.

Cho, Renee, 2014. The Greening of China. University of Columbia, November, http://blogs.ei.columbia.edu/2014/11/08/the-greening-of-china/.

Clark II, Woodrow W.and Grant Cooke, 2014. The Green Industrial Revolution: Energy, Engineering and Economics. Elsevier Press.

Clark II, Woodrow W., Grant Cooke, Anjun Jerry JIN, and Ching-Fuh LIN, 2015. *China's Green Revolution*. Gower Press, Farnham and China Electric Power Press, Beijing.

Clark II, Woodrow W. and William Isherwood, 2007. Report on Inner Mongolia Autonomous Region. Asian Development Bank, December.

Clark II, Woodrow W. and William Isherwood, 2010. Report on Energy Strategies for the Inner Mongolia Autonomous Region. *Utilities Policy* vol.18, n.1, pp. 3–10.

Climate Group, 2008. China's Clean Revolution. August, www.guardian.co.uk/environment/2008/aug/01/renewableenergy.climatechang).

Climatescope, 2014. http://about.bnef.com/content/uploads/sites/4/2014/10/climatescope-exec-summary.pdf.

Greenpeace, 2014. October 11, http://energydesk.greenpeace.org/2014/10/22/chinas-coal-use-actually-falling-now-first-time-century/.

Hong, Lixuan, 2013. Developing an Analytical Approach Model for Offshore Wind in China, PhD Thesis, Aalborg University, Aalborg, Denmark.

LI, He Jun, 2014. *China's New Energy Revolution: How the World Super Power is Fostering Economic Development and Sustainable Growth through Thin Film Solar Techmology*. McGraw Hill Education, New York.

Liang, Zai and Zhongdong Ma. 2004. China's Floating Population: New Evidence from the 2000 Census. *Population and Development Review*, Vol.30, n.3, pp. 467–488.

Liu, Wen, 2012. The Integration of Sustainable Transport in Future Renewable Energy Systems in China. PhD Thesis.

Lo, Vincent. 2011. China's 12th Five-Year Plan. Speech given by Chairman Shui, On Land and President of the Yangtze Council. Asian Society Meeting, Los Angeles, California, April.

McKinsey Global Institute, 2009. http://www.mckinsey.com/insights/urbanization/preparing_for_urban_billion_in_china.

Pew Charitable Trusts, 2010. Who's Winning the Clean Energy Race? Growth, Competition and Opportunity in the World's Largest Economies. G-20 Clean Energy Fact Book, http://www.pewtrusts.org/uploadedFiles/wwwpewtrustsorg/Reports/Global_warming/G-20%20Report.pdf.

REN21, nd. Global Renewal. http://www.ren21.net/portals/0/documents/resources/gsr/2014/gsr2014.full%20report_low%20res.pdf.

Sun, Xiaolei, Jianping Li, Yongfeng Wang and Woodrow W. Clark II, 2013. China's Sovereign Wealth Fund Investments in Overseas Energy: The Energy Security Perspective. *Energy Policy*, Vol.65, February, pp. 654–651.

Wall Street Journal, 2011. China's Energy Consumption Rises.

第八章 下一种经济模式，为了更生态的世界

气候变化对于全球城市经济的影响十分巨大。虽然每个城市所付出的代价很难计算——更罔论对于个人的健康和生活所产生的影响，但可估计的代价是：每年全球经济产值的1.6%，或每年约1.2万亿美元。根据2015年10月份NASA的报告，如果全球气温按照2012~2015年的趋势继续上升的话，到2030年该数字将翻一番，达到3.2%（DARA，2012）。

由于温室气体排放所导致的地球平均气温上升，对地球产生了诸多影响，例如冰盖融化、极端高温和严寒、干旱和海平面上升，这些威胁着人类的生存和生活。随着国家和地区的经济增长，其代价也变得越来越高，因为需要从世界其他地区进口越来越多的能源。即使是世界上规模最大、发展最迅速的经济体也不能摆脱这种命运。到2030年，美国和中国的潜在经济损失可能会占国民生产总值的2.1%，而印度的损失可能在5%以上。英国经济学家尼古拉斯·斯特恩（Nicholas Stern）在2006年的一份关于气候变化的经济报告中计算得出，如果不采取任何行动，气候变化产生的风险——或者说总的代价——相当于人均消费额减少约20%（Stern，2006）。简而言之，每个国家的未来都处于危险之中。

因此，这对全球城市所产生的影响是巨大的，不仅影响了居民的生活健康，还使社会状况恶化，产生诸如贫富差距、无家可归、城市盲目扩张等问题。其代价，尤其对处于沿海或岛屿的城市而言，显得更加严重和直接，因为海平面上升带来海水侵蚀的危险。

解决方案是向低碳和可持续的经济模式转变，能源转变为采用当地可再生能源供电，并由智能电网进行电力传输和分发。然而，问题的关键在于，化石燃料价格低廉，而可再生能源的整合成本相对昂贵。当然，这里面没有计入因使用化石燃料能源产生的各种直接和间接成本，包括残余物产生的影响，以及健康成本等"外部效应"和"生命周期经济（lifecycle economics）"成本。包括美国在内的许多国家，由于国家政府和州政府对石油、天然气、煤炭、核能在土地使用政策上，以及在财政上的支持，能源的实际成本从未反映到市场价格上。这些支持内容包括土地补贴和环境相关法律的调整，以及直接补贴、税收减免和金融补贴等，这些都是第二次工业革命的经济核心，而现在，我们已经身处第三次工业革命之中（Rifkin，2011），进入了绿色工业革命的时代（Clark and Cooke，2014）。

2010年4月，《福布斯》（Forbes）杂志的一篇文章称，根据2009年提交给美国证券交易委员会（Security Exchange Commission）的报告，埃克森美孚（Exxon Mobil Corporation）（当时全球收益第一的公司）没有向美国缴纳过任何税款，而其利润达到了452亿美元（Forbes，2010）。埃克森美孚通过在巴哈马、百慕大和开曼群岛的20家全资子公司，对其在安哥拉、阿

塞拜疆和阿布扎比的业务进行合法避税，这样便只需要缴纳最少的税。埃克森美孚实际上向其他国家支付了共计 170 亿美元的税款，但却没有向美国缴纳过任何的税。尽管埃克森美孚对美国联邦政府没有任何贡献，但它却花费数百万美元游说政府继续对石油和天然气进行补贴，而这些补贴总额估计为 40 亿美元。根据"政治反馈中心（Center of Responsive Politics）"的说法，仅在 2009 年，埃克森美孚就花费了超过 2700 万美元进行政治游说（Kocieniewski，2010）。

2011 年，美国的汽油价格飙升，愤怒的公众对国会施加压力，因此参议院（Senate）的民主党人试图废除联邦政府的税收减免政策和为五家大石油公司提供补贴的政策。在随后几天的听证会上，参议院对"石油巨头"的高管们提出了批评，但该法案却以 48 比 52 的失败而告终，来自产油州的三名民主党人投了反对票。该法案将取消对五家大石油公司的税收优惠政策，其中包括埃克森美孚、康菲石油（ConocoPhillips）、英国石油美国生产公司（BP America）、壳牌石油公司、雪佛龙公司。根据国会联合经济委员会（Congress's Joint Economic Committee）的统计，结束这些减税政策将会在 10 年内为美国纳税人节省约 210 亿美元（Kocieniewski，2010）。

2011 年，哈佛大学医学院健康与全球环境中心（Center for Health and the Global Environment at Harvard Medical School）的保罗·爱泼斯坦博士（Dr. Paul Epstein）试图量化美国煤炭能源的实际成本（Reuters，2011）。他对经济中可量化的成本进行了全面评估，发现美国每年使用煤炭能源的经济成本约为 3453 亿美元，接近每千瓦时 17.8 美分。这些供需经济模型以外的其他成本可以称之为"外部效应"，这些"外部效应"的代价不是由煤矿企业或公共事业公司承担的，而是通过多种方式由美国纳税人承担。煤炭企业（coal companies）的受益内容包括：

- 减税（tax breaks）。与石油、天然气公司一样，煤炭公司得到了美国国税局（IRS）的优惠待遇。据美国财政部（The Treasury Department）估计，如果取消对煤炭行业的三种税收优惠政策，到 2022 年，可以节省 26 亿美元。
- 公共土地政策漏洞（public land loopholes）。根据美国能源情报署（Energy Information Administration）的数据，美国 43.2% 的煤炭开采自国有土地。煤炭行业从各种各样的漏洞中获益，这些漏洞使得生产经营更容易，成本也更低。
- 铁路补贴（subsidized railroads）。煤炭是最重要的铁路运输货物。美国铁路公司从政府机构获得贷款以及贷款担保，并获得了大量的投资税收激励。考虑到煤炭出口量已经飙升至历史高位，这种关系非常重要。出口到亚洲的商品的很大一部分，都包含了来自美国纳税人的补贴。

石油和天然气的真实成本

石油和天然气的"外部效应"代价及其真实成本是各国政府和国际油气行业都不愿讨论的话题。尽管石油和天然气行业是强大的经济引擎，但其中也包含着巨大的长期风险和各种影响

(Clark，2012)。有些成本是显而易见的。石油泄漏和环境灾难，比如1989年阿拉斯加的埃克森瓦尔德斯号油轮事件(Exxon Valdez)和2010年墨西哥湾的深水地平线号钻井平台石油泄漏事件(Deepwater Horizon oil spill)，诸如此类的代价，在经济学家们估算化石燃料的能源生产成本时，从来没有被计入其中。这些令人生厌的公司对环境和大气造成了难以完全修复的破坏，这种代价也未曾计入其中。

理查德·斯坦纳(Richard Steiner)，教授、保护生物学家，在《我们石油瘾的真实成本》(The True Cost of Our Oil Addiction)(Steiner，2014)中指出，石油的真正成本远不止由石油泄漏所产生的这些显而易见的破坏。额外的或外部效应所产生的代价很少被人们所注意到，例如由于勘探、开采和管道建设所导致的栖息地生态退化(ecological habitat degradation)，由于呼吸被污染的空气所导致的健康代价，以及由于事故和风暴所造成的生命损失；还有世界各大城市的扩张和交通堵塞等问题；现在，还有无休止的、为了保障石油供应、以千百万生命和数万亿美元为代价所进行的战争（例如苏丹和伊拉克）。斯坦纳指出，碳排放导致的气候变化正在产生巨大的现实代价和未来代价。破坏性的风暴、干旱、野火、农业损失、基础设施破坏、气候问题导致的难民、疾病、森林退化、海洋生态系统崩溃、物种灭绝，以及对生态系统服务功能的损害，这些因素都应该进入考虑范围了。

然而，全球仍在继续增加石油的使用量，在2013年达到每天9100万桶的历史新高。到目前为止，全世界已经开采并使用了大约1万亿桶石油(Steiner，2014)。油气生产国受到石油利益的左右，使得其监管力度低、税收低，与开发低碳型的替代性能源相比，这些国家更青睐石油的供需经济。国际货币基金组织(International Monetary Fund)的报告称，世界各国政府每年为石油行业提供的补贴总量约为1.9万亿美元，其中直接补贴为4800亿美元。这样的补贴力度，人为地压低了价格，并鼓励了过度消费，因此相对削减了政府在卫生保健、教育和社会服务方面的支出，并且耽误了替代性能源的使用。

米尔顿·科普洛斯(Milton Copulos)，美国国防委员会基金会(US National Defense Council Foundation)主席，在2007年参议院外交关系委员会(Senate Foreign Relations Committee)上对于石油的真实成本进行了作证。他估计，石油从进口环节到美国消费者的环节，每加仑汽油最终的实际成本为26美元。这样计算下来，在美国，平均每辆车每年消耗约15400美元，按美国家庭平均每户2.3辆汽车计算的话，总计相当于家庭平均收入的70%(Copulos，2007)。

这些成本都被忽略了，其中一部分是由纳税人通过个人所得税所抵消，但大部分代价都留给了子孙后代。在过去的一个世纪里，随着廉价石油的使用，人口增长了四倍，资源消耗量相应增加了更多倍。如果不使用化石燃料，人类几乎肯定会向着更可持续的方向进化。但由于不考虑石油的真实成本，它使我们陷入了一个更深的、不可持续的深渊。斯坦纳指出，我们所积累的环境债务比我们国家的财政债务要大得多，当然也更为紧迫(Steiner，2014)。

美国政府估计，碳的"全社会成本(full social cost)"是每吨二氧化碳约50~100美元。目前，全球的碳排放量超过了每年390亿吨，也就是每年2~4万亿美元。如果按这些真实成本来计算的话，可持续的替代产品将变得更具竞争力。大部分问题在于，在美国等发达的工业化国家，公众眼中的经济学是以供需的线性市场模式为基础的，虽然这种市场模式根本不符合事实。因此各国政府才得以大力资助、支持这些化石燃料能源。

自由市场经济模式已告失败

2008年10月发生了全球金融危机，就这次危机来看，在21世纪的今天，在这被不可逆转的环境破坏所威胁的世界里，被里根总统和撒切尔首相在1980年代所推崇的那种供给经济学，即放松管制的自由市场经济，已经不能再适用了（Clark and Fast, 2008）。就连供给经济学派的大本营——《经济学家》杂志，也在2009年7月发表了一篇特别文章，而封面是一本正在融化的圣经，该文章讨论了现代经济理论的失败（The Economist, 2009）。

简而言之，从亚当·斯密的新古典经济学角度看，没有一种经济模式是线性的（linear economy）：自从建立了"经济学是一种科学"的假设以来，对于经济学的争论一直没有停止过。经济学家们称之为一种"研究领域（field of study）"，而现在已经成为经济学内部的一场讨论，争论经济学到底是否是一门科学（Clark and Fast, 2008）。即使是从理论上而言可以存在的线性经济学，在今天也不起作用。我们需要的是一种新的经济模式（Clark, 2012），在今天被称为"循环经济学（circular economy）"（Circular Economy, 2014），该经济模式已经被欧盟所接受，认可其作为一种新的国际经济模式的可能性，在很多公司，甚至美国，亦有相当的影响力。经济学并不是，而且从来也不曾是，简单的供需平衡关系。相反，经济学需要成为一种金融机制，将不同的产品（从商用电子产品到食品等）联系起来，联系的依据则是根据其被监控、再利用、再回收的不同范围（Clark and Bonato, 2015）。

以数万亿美元计的信贷互换、对冲基金、次级贷款，以及相关的各种衍生品，它们所造成的2008年全球经济崩溃（global economic implosion）几乎把全球金融体系推入了深渊。它反映了当政府忽视其管理责任时的恶果。结果，这次大衰退（Great Recession）是自20世纪30年代以来最严重的金融灾难，证明了自由市场资本主义的贪婪、愚蠢、粗心大意以及对风险管理的完全漠视。如果这颗星球想要经受住气候变化的考验，和气候变化对地球及其居民所产生的影响，那么就必须发展新的经济模式（Clark, 2012:21-42）。

为了创造一个更加可持续化的地球，并且使绿色工业革命带来的益处最大化，21世纪全世界必须发展能够符合其社会政治结构的经济模式。第一次工业革命取代了以农业、原始畜力为动力的经济模式，转而由蒸汽机和机器驱动的制造业为动力，这次的发展进程同时还被殖民地大扩张所加速。然后，第二次工业革命创造了一种以化石燃料为动力的经济模式，以缺少监督的、自由市场的资本主义方式抽取自然资源，而不考虑人、健康或环境的代价。

在全球范围内，第二次工业革命的经济模式产生了与化石燃料和相关产业的大量资金，还产生了许多借廉价能源而致富的生产商。这些财富的代价是巨大的：对普通民众的健康造成了巨大的损失，人们不得不忍受被污染的空气和水、气候变化、酸雨和影响健康的温室气体等。

公众，特别是美国公众，长期以来被迫通过缴税来承担对石油、煤炭、天然气工业的政府补贴，这些一直都是全球最富有的行业。

如果说美国发展出了一种基于廉价化石燃料的文化，那么欧洲和亚洲则形成了鲜明的对比（Clark and Cooke，2011）。在这些地区，消费者支付的化石燃料价格是美国的三到四倍。这是为了防止过度使用所提供的经济障碍，并迫使人们节约燃料并寻找其他的选择，以及使用替代性能源供应建筑物和交通运输。

世界各地正在变得更加相互依赖。世界上的某一个地方所发生的一切，无论是气候、污染、政治还是经济，都会对其他地区产生影响。例如，2010年初埃及政府突变，影响了中东其他地区，并将导致全球石油和天然气供应量的变化。此外，2014年俄罗斯与乌克兰的冲突，以及随后威胁对欧洲和亚洲国家减少天然气出口，尤其令人不安。然而，我们至少学习了一点教训：由于欧盟和中国加快了可再生能源系统的发展，因此在2015年初导致了俄罗斯的货币贬值。

社会和环境因素——可持续社区、减缓气候变化和环境保护——正变得越来越重要，很快将需要更大规模的国际合作。追求经济的繁荣增长和积累个人财富的目标，正在被社会和环境价值所取代，这些价值能造福更广泛的社会范围。

然而，像美国这样的国家却因没有国家级的能源政策而严重受阻。没有国家共识，各国就难以解决其基础设施问题，也就没有行动、没有改进、没有资源，也就不可能应对环境恶化。例如，美国无力制定促进可再生能源发电并能应对气候变化的国家能源政策，常被看作是自由市场和放松管制的经济模式的重大失败。能源和基础设施是非常重要的国家议题。为了更好地解决这些问题，像德国、北欧国家、中国和日本等国，都制定了国家计划，这些计划是由中央政府制定和提出的，旨在解决基本的制度问题，使制度能够与公民和环境达成互动。

关键是对主要的基础设施组件——包括能源、水、垃圾、通讯和交通——进行联系和整合。因此这些组件可以相互重叠，建设、运行和维护的成本就能够得到控制和减少。如果这些基础设施组件能够在城市一级进行建设、运行和维护，并满足地区、甚至国家的目标需求（例如减少碳排放），那么它们就会具备一种不同的远景、格式和成本结构（cost structure）。虽然美国没有全国性的能源政策，但像加利福尼亚等州政府已经建立了自己的能源和环境政策。如今，美国能源政策的领袖人物甚至不在华盛顿特区，而是在地区和城市一级。

考虑到全球变暖带来的巨大且日益增加的代价和广泛的碳排放污染问题，全球城市如何才能偿还这几百年粗放式发展所带来的环境代价呢？显然，可持续的发展模式不能再推迟了，而这一行动必须从城市开始。可持续发展的第一步也是最重要的一步，就是用可再生能源取代碳基能源，再加上高效的储能设备和智能电网技术，以最大限度地优化能源生产和分配。

虽然美国还没能为可持续产业创造融资机制，但世界其他地区正在开始认识到，如果想要保护地球环境，这一点是必不可少的。金砖四国（巴西、俄罗斯、印度和中国）正在朝着这个方向发展。在巴西和中国，它们的政策、计划，以及对非化石燃料车辆的融资，展示了智慧化和生态化的发展道路（Harrop et al，2014）。俄罗斯也表现出对这个发展方向的兴趣，而印度则在为其经济增长和对化石燃料、核能的依赖而苦苦挣扎。

中国的中央计划（central planning model）模式

在世界向着更生态化的未来前景转变之时，中华人民共和国正在显示出其全球领导地位（Clark et al., 2015）。最重要的是，中国证明了中央政府在规划、融资，和对经济技术监督、指导和支持，以及创造就业岗位等各方面所发挥的重要作用。尽管如此，实际的实施过程还是主要发生在地区和城市一级，在这些地方，新社区和相关的基础设施正在建设当中。这种非凡的、可持续的经济增长，和市场以及资本主义都毫无关系。相反地，它更多与人民的需求有关，目的在于帮助改善他们的生活、工作和教育，以及关注休闲和退休生活。

中国的经济体系（economic system）是公民资本主义的原型（civic capitalism prototype）（Clark and Li, 2012）。自1949年革命以来，中国已经实行了一系列五年规划以发展经济。在制定经济发展战略、制定增长目标、开展改革等方面，执政党在制定中国政策的基础原则方面发挥着主导作用。长期规划和融资是集中式社会经济发展模式的关键特征，因为一个总体规划通常包含各个地区经济发展的详细指导方针。每个规划都有规模可观的资金用于实施该计划，而结果也是可以量化评价的。

现在，中国的"十三五"规划正在解决日益增长的贫富差距和可持续发展的问题。它确立了诸多优先事项，包括：更公平的财富分配方式、增加国内消费、改善社会基础设施和社会保障体系等。该计划代表着中国正在努力实现经济再平衡，将重点从投资转向消费，将经济增长的空间重心从城市和沿海转向农村和内陆。该计划还将继续坚定在"十一五"规划中提出的加强环境保护的目标——要求在5年内减少主要污染物排放总量的10%。

当前的五年规划中，重点是减少碳－生态足迹，以及应对气候变化和全球变暖等问题。该计划获得了相当于1万亿美元的资金支持，它还能使中国有可能在很多方面超越西方国家，例如解决环境问题，创造可持续发展的社区，并从新的绿色经济产业中获益。中国已经做出转变，把可再生能源看作实现政治稳定的关键条件，无论是在其国内还是国际的政策和计划方面都是如此（Clark and Li, 2012）。

中国的最重大变化就是其高速的经济增长，这种增长尤其需要更安全的燃料和能源供应。问题在于，中国能否根据其承诺，以一种环保、负责任的方式保持经济增长？很明显，中国已将能源安全列为其最重要的国家利益之一（Clark and Li, 2012）。它已经准备了相关计划和资金，以便从可再生资源中获取更多能源，而不是依靠自己有限的化石燃料或从其他国家进口燃料。分析人士预计，中国能够完成，或超前完成其2020年的可再生能源目标。今天，中国的崛起在很大程度上是因为它迅速发展成为能源地缘政治（energy geopolitics）的主要势力（Sun et al., 2013）。在李克强总理的本届国务院领导下，持续了30年的快速经济增长将放缓，并转而聚焦于环境和可再生能源战略上，其中包括一系列经济上的和国际上的支持，包括2014年11月与美国开展的新合作。

上网电价补贴（FiT）模式

欧洲人很早就调整了他们的经济模式，提前进入了绿色工业革命时代。北欧国家和德国意识到，从化石燃料向可再生能源的转变，这一转型所需要的条件超出了新古典主义自由市场的线性经济模式的能力范围（Gipe，2010-2014）。丹麦等其他北欧国家正通过国家共识转向支持可再生能源的使用，德国人在这方面创造了上网电价补贴（FiT）的新模式（Morris，2014）。

德国的上网电价补贴（FiT）是他们于2000年施行的可再生能源法案的一部分，该法案的正式名称是"可再生能源资源优先权法案"（The Act of Granting Priority to Renewable Energy Sources）。这项国家政策引人注目，被称为"能源转型（Energiewende）"，旨在通过鼓励可再生能源的使用，以及帮助加速向电网平价转变，使可再生能源的价格与现有电网的能源价格相同，从而实现全面的能源转型。在上网电价补贴（FiT）的模式下，那些符合条件的可再生能源，无论是由个人还是企业所生产，都将为他们生产的可再生电力获得溢价支付。根据每种资源的开发成本，不同的可再生能源技术的补贴率也不相同。通过可变的、基于成本的定价机制，德国得以支持很多新能源技术的使用和开发，如风力发电、生物质、水电、地热能，以及太阳能光伏发电等。

德国的上网电价补贴（FiT）所产生的最重要结果是，稳定了可再生能源市场、降低了能源投资的金融风险。通过保障投资者能够获得补偿性支付，创造了一种安全的投资模式。该项目为每座发电站提供了20年的补贴期，水力发电因为其所需的分期偿还时间更长，因而不在此列。该法律还提供了一种方法，能够在必要时对未来所安装设备的补偿率进行调整。该政策原始文件的执行概要中提到：

"这种偿付体系并不意味着放弃市场原则，而是只在当前的市场条件下创造了投资所需的安全保障。其中有足够的条款来保障所有已经运营的发电站在未来仍然能够存在。新法案废除了《电力供应法案》（Electricity Feed Act）中所包含的规定，这些被废除的规定把可再生能源的优惠税率限制在了最高总发电量的5%。

相反，我们提出了全国性的成本分摊计划。该法案应该能够消除对任何过度的财政负担的担忧。新的成本分摊机制所产生的结果仅为0.1Pf每千瓦时。即使如我们所希望的那样，可再生能源的发展有了强劲的增长，这一结果也仅仅将上升到0.2Pf每千瓦时。实际上，对于这个关键领域的发展而言，这一代价是非常小的（Federal Ministry for the Environment，2000）。"

这一政策的设计者具有非凡的远见卓识。2000年能源可再生能源法案创造出了德国的可

第八章 下一种经济模式，为了更生态的世界

再生能源产业。这项政策启动了风力发电场的建设，开创了德国太阳能发电产业的奇迹。尽管德国所处的温度带和阿拉斯加差不多，但其在太阳能产品的制造和安装方面，已经占据世界领先地位将近10年。太阳能及其相关业务的增长意味着就业和市场规模的扩大，以及温室气体和碳排放的减少。德国的上网电价补贴（FiT）政策建立了一种适应绿色工业革命的经济模式，可以被其他国家所效仿。到2005年，德国10%的电力来自可再生能源，而在5年前，这一比例还不到1%。据估计，德国的补贴总额约为家庭用电成本的3%。上网电价补贴（FiT）的比例每年都在减少，以鼓励发展更高效的可再生能源生产方式。2008年，各种补贴的减少量如下：风力发电减少1.5%，光伏发电减少5%，生物质发电减少1%。2010年，德国达成了占电力总消费量比重12.5%的目标，从而减少了5200万吨二氧化碳的排放。他们有望在2020年实现可再生能源占比20%的目标（Gipe，2010—2014）。到2050年，他们希望达到几乎完全使用可再生能源。

德国的经济模式正被其他也在发展可再生能源的国家采用。根据《可再生能源全球状态报告》（Renewables Global Status Report），2009年的最新情况是，上网电价补贴（FiT）政策已经在全世界63个国家和地区采用，其中包括澳大利亚、奥地利、比利时、巴西、加拿大、中国、塞浦路斯、捷克共和国、丹麦、爱沙尼亚、法国、德国、希腊、匈牙利、伊朗、爱尔兰、以色列、意大利、韩国、立陶宛、卢森堡、荷兰、葡萄牙、南非、西班牙、瑞典、瑞士、泰国和土耳其（Renewable Energy Policy Network for the 21st Century，2009）。尽管美国缺少全国性的政策，但有几个州正在考虑采用某种形式的上网电价补贴（FiT），而且，这个模式在中国、印度和蒙古的发展势头似乎正在增加。

最近，欧盟委员会和国际能源机构（International Energy Agency），以及其他一些组织，已经完成了对上网电价补贴（FiT）政策的各项分析。他们的结论是，适应性良好的上网电价补贴（FiT）政策是推广可再生电力最有效的支持体系。

德国的上网电价补贴（FiT）模式持续获得巨大成功，也使得这个国家超越了传统的经济理论。纳税人可以从更高的补贴率中获得资金，购买可再生能源系统，这些能源系统不仅可以发电自用，还可以把多余的电力卖给中央电力公司，新古典经济模式中并没有这种概念。这是因为新古典经济学理论并没有把基础设施计算在内（Borden and Stonington，2014）。

2012年，芬兰的环境、自然和文化部长、也是欧盟环境委员会主席的乔克·绍维里格（Joke Schauvllege），表达了对"循环经济（circular economy）"的支持，这一经济框架超越了新古典经济学的线性经济模式。1976年，建筑师、经济学家沃尔特·斯塔尔（Walter Stahel）和吉纳维芙·里德（Genevieve Reday）共同发表了"以人力取代能源的可能性"（The Potential for Substituting Manpower for Energy），这是向欧盟委员会提交的一份研究报告。他们提出了一个像循环经济那样的愿景，他们认为这种愿景对于创造就业、形成经济竞争力、节约资源和防止浪费等，有着重要影响。斯塔尔致力于开发一种"闭环（closed loop）"的生产流程，他还在25年前就在日内瓦创建了"产品寿命研究所（Product Life Institute）"，该研究所有

四个目标：

1. 产品寿命延长（product-life extension）；
2. 耐久商品（long-life goods）；
3. 修复处理（reconditioning activities）；
4. 防止浪费。

威廉·麦克多诺（William McDonough）和美国其他一些建筑师和设计师对这一理念进行了改进，并将其应用于"摇篮—摇篮（C2C）"概念，进行了一些商业实践。该模式被可口可乐等饮料产品，以及农业和其他产品等所利用。高科技领域也有循环经济学的案例，例如允许产品、零部件甚至软件在多种行业中被重复使用。例如，在美国，戴尔公司（见下文）和惠普公司在过去的十多年里一直在采用循环经济模式（尽管没有直呼此名）（Clark，2015）。

当循环经济模式被应用于交通、建筑和可再生能源领域的主要产品时，其重要性就会变得更加显著。"麦克阿瑟报告"（McArthur Report）指出，福特的U型概念车可以有一些组合式的机体部件，如"聚酯纤维织物（polyester upholstery fabric）——一种技术型营养材料（technical nutrient），由化学物质制成，有利于人类和环境健康，并且能够长期循环利用"。另外，这款U型概念车将会有一个"由'潜在'的生物营养材料（potential 'biological nutrient'）制成的顶盖"，这种材料是由Cargill Dow公司开发的玉米基生物聚合物（corn-based biopolymer），它可以在使用后用来堆肥。此外，该款概念车将使用氢动力引擎，采用了福特的技术，可以使用其他各大汽车生产厂家的燃料引擎，这部分也可重复使用。

循环经济中最重要的是，它还需要进一步的发展，正如"麦克阿瑟报告"中"新报告：走向循环经济"（第二卷）（Ellen McArthur Foundation，2014:10）中所指出的，2015年2月有两个目标：

- 报告确认，消费品领域的全球经济机会（global economic opportunity）价值7000亿美元；
- 作为一个新的商业联盟（business alliances），"循环经济100（circular economy 100）"，将于2月份与众多蓝筹（blue-chip）公司一同启动。

而直到2015年夏天，这些目标都还没有实现。在欧盟委员会中，循环经济如今正在被"重新审视"——并非要阻止其发展，而是试图让它变得更加谨慎、更加具有政治敏感度。不久的将来，福特的U型概念车，以及其他汽车制造商的类似产品，都将进入包括欧盟在内的全球各地市场——尤其是把汽车作为非常重要的交通工具的美国加利福尼亚州。正如彭博社（2015）的研究报告指出，2016年，氢燃料电池汽车将会陆续进入市场。

有一个关键因素，那就是循环经济不仅适用于技术，也适用于其他商品、服务和各种产品。它很显然将成为下一种经济学（Clark，2012）的主要框架，可以用以定义和实施绿色工业革命。最重要的是，循环经济学如果想要获得成功，它必须是科学的，它将表现出：经济学不是线性的，而是循环的，它即要考虑到各种各样资源的来源，也要能考虑到未来的使用和垃圾处理的途径。想一想美国加利福尼亚州——一个正在探索和创建生态智慧城市的案例。不过，问题在于，如何支付这些社区的建设费用，而支付者又是谁？

美国加利福尼亚州

尽管美国的大环境是相对保守的,但加利福尼亚州已经开始走向更加绿色的未来。在经历了20年的节能减排之后,该州率先启动了一项大规模的节能措施。在前期已经开发出价值数十亿美元的项目,目前正处于项目的第三个阶段。加利福尼亚州所承诺的目标是,到2020年,使可再生能源的比例达到电力消费总量的33%。2010年,为了推进这一努力,加利福尼亚州公共事业委员会(California's Public Utility Commission)批准了一种类似于改良版的上网电价补贴(FiT)的政策,称为可再生能源拍卖体系(Renewable Auction Mechanism,RAM)。该项目和20世纪90年代早期德国的上网电价补贴政策(FiT)很像。简单说来,它的规模还是太小,有待扩大。虽然这不是经典的上网电价补贴(FiT)方案,但该计划旨在推动中小规模的可再生能源开发项目。它要求投资者所有的公共事业公司从容量在1.5兆瓦至20兆瓦之间的太阳能以及其他可再生能源系统中购买电力。

虽然现在判断RAM项目是否会成功还为时过早,但可再生能源产业——尤其是太阳能产业——是乐观的。一些行业领袖说,RAM改进了传统的上网电价补贴(FiT)项目,因为它允许基于市场的定价,同时还为项目开发者提供长期稳定的电力协议。其他的背书者还认为,由于它只设定结果,而不是固定价格,因此有助于消除投机行为,并能保证高质量的开发者参与进来。

支付费用,以减缓气候变化

气候变化是现代社会所面临的最大挑战,但是,解决这一问题也可以带来巨量的经济增长。减缓气候变化将释放一波新的经济发展能量、创造就业岗位,振兴地区和国家经济。无论如何,一些国家已经拥有了启动绿色能源经济的技术;而开发减排机制则是另一个问题。

气候变化源于一个事实,那就是人类将大气圈视为免费的垃圾场。人们不需要支付费用就可以污染全世界所共享的空气。其结果就是增加了温室气体的浓度,这是一种能将热量保存在地球大气中的碳-覆盖层(blanket of carbon)。

要转变为生态型经济,对于导致气候变化的排放量,必须使排放者支付代价(Nijaki,2012)。必须制定出使污染者付出代价的机制,同时确保实现减排目标。此外,一套可行的系统必须建立在三个原则之上:效率(efficiency)、有效性(effectiveness)和公平性(fairness)。在该领域,或与社会目标相关的议题上增加税收,会导致公众及相关行为发生变化。最好的例子是加利福尼亚州的烟草税,它减少了吸烟,控制了二手烟,还将加利福尼亚州列为无烟州。现在,世界各地的其他国家都在效仿烟草产品的税收政策,并禁止在公共场所吸烟。

从理论上讲,这似乎很简单。然而,在政治领域的实践中,制定国际协议极其困难,尤其是有关经济问题。尽管有数个方案正在讨论之中,但最受华尔街推崇的还是总量排放交易体系（Cap and Trade）。其支持者认为，公平的总量排放交易体系必须是全面的、由上游操作的，而且允许能源被拍卖，并限制补偿的使用，还要有对消费者的内置保护功能（built-in protections）。

那么，总量排放交易体系究竟意味着什么呢？"总量上限（cap）"是指某个国家每年可以排放的温室气体总量的限额。随着时间的推移，该可用限额逐渐减少，直到该国达成排放目标，实现了清洁型能源经济。该上限是一个国家达到排放目标的保证。各国将对汽车和家用电器建立能效标准，开发智能增长计划、建筑法规、交通投资、可再生能源税收抵免、能源研发领域公共投资，以及公共事业监管改革，以确保实现这些目标。

该"交易"指的是一套法律框架内的市场体系，允许参与者在彼此之间交换（买卖）自己排放温室气体的份额，从而创造交易"污染许可（permission to pollute）"的市场。交易系统的重点是为经济发展过程中所产生的污染定价，激励企业和消费者寻求减少温室气体的方法（Dole，2012）。通过把"污染许可"变成可以买卖的商品，经济链条上各个阶段的参与者都有新的机会可以盈利或节约成本。排放交易体系利用了市场定位灵活性的优点，利用市场动员了数以百万计的参与者——他们多样化、分散、创新、希望为自己谋利——以此来帮助实现气候目标。

目前已经建立了多个总量排放交易的政策方案；其中一种部署在欧洲。在加利福尼亚州和加拿大多伦多也建立了该体系。但批评者称，该交易系统并没有改变行为本身。他们还认为，有关该体系获得了成功的证据是值得怀疑的。例如，在2006年，在被"排放交易方案（Emissions Trading Scheme, ETS）"所覆盖的公司中，只有15%的企业计入了未来的碳成本。点碳公司（Point Carbon）以及其他一些研究人员均发现，在一年后，参与排放交易的公司中，有约65%的企业在制定投资决策时是计入碳价格而制定的，这也意味着该排放交易体系达成了其目的（Price of Climate Change, 2012）。这些统计数据来自华尔街的交易公司，他们所提供的所谓可疑的"证据"都是有数可查的，相关的科学事实也是如此。

问题是，这种总量排放交易体系的经济模式（economic model）并没有改变任何东西——它允许企业继续进行碳排放，而不是阻止它们。那些同意在未来某个时候不再进行碳排放的公司，在当前仍然可以继续产生污染，毕竟其承诺只会在几十年后起效。

一个更好的减少碳排放、阻止温室气体排放的方法是碳税中心（Carbon Tax Center）的提议。碳税中心是一家位于纽约的非营利组织，主张征收碳排放税（Carbon Tax）。他们认为碳排放税比总额排放交易体系要好，原因有以下五点：

1. 碳排放税将为能源价格提供可预测性，总量排放交易体系则加剧了价格波动，而历史上的价格波动对于某些领域——例如更低碳的发电项目、能减少碳排放的能效项目和替代碳的可再生能源等——的投资起到了阻碍作用。

2. 碳排放税可以比复杂的总量排放交易体系更快地实施。由于气候危机的紧迫性，我们是等不起的，而总量排放交易体系的巨量细节都需要经过冗长的谈判解决。

3. 碳排放税透明、易于理解，这使得它们更有可能获得所需的公众支持，不透明且令人难

第八章 下一种经济模式，为了更生态的世界

以理解的总量排放交易体系恰好相反。

4. 碳排放税留给特殊利益集团的操纵空间相对很小，而总量排放交易体系则是由特殊利益集团操作的，充满了不正当的奖励机制，这将会破坏其公众信任度，削弱其效果。

5. 碳排放税的收入可以通过分红或税收转移还利于民，而总量排放交易体系的成本则成为隐性税收，流向了市场参与者、律师和咨询师（Carbon Tax，2011）。

对于总量排放交易体系的经济性和效力，相关批评和争论众多。批评者指出，大型的美国企业正在创建交易部门，以促进"碳信用（carbon credit）"交易（Dole，2012）。随着减排议题成为国际重点，其相关市场可能价值数万亿美元，批评者称，如此巨额的资金将滋生腐败和欺诈。随着欧洲和加利福尼亚都采用了总量排放交易体系，这些争论大多被搁置了。为污染进行定价的趋势正在以某种方式产生。最有可能的结果是，实施一个由国际监管的碳信用交易流程。

对于如何阻止气候变化、谁又将为此买单等问题，大多数人认为选民和政客需要承担此任；然而，很少有政府关注环境和社会问题。而绿色工业革命的经济模式可以将公民资本主义与考虑了外部效应因素的标准经济机制结合起来。这种新的经济模式既非碳密集时代的经济学，也不是指由政府全权控制金融、监管和市场的模式。简而言之，我们需要一种新的经济模式，其中应当包含外部效应代价、生命周期分析，以及可以减少碳排放污染的、可量化控制的有效货币政策。

2014年9月的气候大会（Climate Conference）和2014年12月召开的联合国政府间气候变化专门委员会大会之后，世界银行采取了经济行动，以应对气候变化。全球有73个国家和1000多家公司加入了该行动，例如：

- 2013、2014年，中国在7个省市启动了排放交易体系试点（pilot emissions trading system），并计划在2016年建立全国性的系统。该计划的目标是，到2020年，将碳排放强度降低40%～45%（与2005年的水平相比）。
- 墨西哥通过了一项全国气候变化法律，目标是到2020年将温室气体的排放量减少30%，使之低于通常水平。该国于2014年启动了碳排放税，创立了自愿加入的碳交易市场，并正在探索进行碳定价的新方法。墨西哥是一个由31个国家组成的集团——市场准备伙伴关系（Partnership for Market Readiness）的一员，该集团旨在帮助制定未来的碳定价体系。
- 智利批准了一项碳排放税，将从2018年启征，该税针对大型火力发电厂，税收额度是每吨二氧化碳5美元。该国的目标是，到2020年将温室气体排放量减少20%（与2007年的水平相比）。
- 英属哥伦比亚（British Columbia）创造了一种收入中立的碳排放税（revenue-neutral carbon tax），通过降低个人和企业所得税，并对低收入个人和家庭提供针对性的支持，将每吨二氧化碳当量的30加元（C$）返还给纳税人。
- 韩国于2015年1月启动了其排放交易体系，该体系涵盖了来自23个行业的525家企业，这些参与者的排放总额占全国排放量的三分之二。韩国的减排目标是到2020年减排30%。
- 欧盟于2005年率先启动了国际碳排放交易体系（carbon emissions trading）。目前，该系

统的规模全球第一，它覆盖了 28 个欧盟国家以及欧盟以外的 3 个国家的超过 11000 座各类发电站以及各个航空公司。该体系一直在努力应对低价和超额补贴的问题，并一直在开发改革计划。
- 加利福尼亚州和魁北克省（Quebec）均在 2013 年启动了排放交易体系（emissions trading system），并于 2014 年正式将二者连通，允许这两个体系相互进行碳排放额度的交易。连通行为扩大了该体系参与者的规模，因此可以扩大减排机会，减少体系的波动性（World Bank，2015）。

绿色工作（green jobs）：重要益处

随着经济增长放缓，2008 年大衰退的阴影正在消散。全球大部分金融机构已经稳定下来。就地区而言，亚洲经济似乎仍很强健，尽管到目前为止，中国的经济增长正在放缓，但现在已经开始回升。2015 年，随着世界对中国商品和服务的需求量下降，中国的 GDP 有所下降。欧洲正试图在各个势力之间保持平衡，并维持统一的结构。这些势力的其中一方稳定繁荣，如德国和北欧国家，另一方则接近破产，如希腊和西班牙等较小的国家，除此之外，还有具有潜力的、正在后来居上的中、东欧 25 个新成员国。

在 21 世纪初的转折点上，中国已经超越了世界其他地区，提前进入了绿色经济时代，拥有了绿色技术及相关就业岗位（Clark and Isherwood，2007；2010）。事实上，中国仍然在经济和职业创新方面领先全球。然而，这种"超越"主要集中在建筑和土地开发领域——尤其在城市。而且很少担心过度建设、环境和基础设施等问题。通过分析中国的经济增长奇迹，很明显，这种增长可以归功于绿色产业的发展。而且绿色产业是当前中国中央政府所领导的一个关键领域（Clark et al.，2015）。中国不仅建设了大量自用的可再生能源系统，而且在这些技术的出口方面，中国也领先全球。全球无论谁希望购买太阳能电池板或风力涡轮发电机的话，中国可以提供的产品是性价比最好的。

有一件事其他国家都没有明白，而中国清楚地认识到了，那就是致力于发展绿色工业革命，可以为一国创造新的经济增长和商业机会，而这些又直接创造就业岗位和新的职业路径，并以可持续的方式振兴地方经济（Clark et al.，2015）。而这些成果，可以进一步地引导研发工作以更好的支持绿色工业革命。由于现代国家经济的高度关联性，一旦当地经济开始复苏，它们将振兴服务行业和相关市场主体——市场、零售商店和小型企业，甚至是学校、市政府等其他依赖税收收入的公共机构。

那么究竟什么才是"绿色"的工作呢？这种工作岗位的标签很像"知识型"工作岗位的说法，这种标签是用来描述行业或服务的通用术语（generic term），而不是指某种特定的活动类型。拉克尔·平德修斯（Raquel Pinderhughes），旧金山州立大学（San Francisco State University）的城市学（urban studies）教授，他的定义如下：如果人们所做的某种工作，无论是从精神上还是体力上而言，都以某种方式与改善环境质量相关，那么这种工作就被称为绿色工作（Pinderhughes，2006）。

联合国环境规划署（The UN Environment Programme）在《2008年绿色就业报告：在可持续的低碳世界中，走向体面工作》(2008 Green Jobs Report：Towards Decent Work in a Sustainable Low-Carbon World)中首次增加了一个新命名的类别："绿领（green-collar）"工作。联合国试图对绿色工作进行更严格的定义，称其"也包括能实现下列目标的工作：有助于保护生态系统和生物多样性、通过提高效率来减少能源、材料和水的消耗；使经济产业低碳化；尽量减少或避免产生各种形式的垃圾和污染"（UN EP，2008）。报告随后还列出了绿色工作的相关数据和细节。

如果美国经济转向关注减缓气候变化，那么能够创造多少就业岗位呢？这是很难计算出来的。每当经济学家分析绿色工作数据并进行结果解读时，他们就会感到棘手。罗伯特·波林（Robert Pollin），马萨诸塞州大学政治经济研究所（Political Economy Research Institute at University of Massachusetts）的副主任，他在2008年写了一份报告，计算结果是：美国只需要在绿色产业复兴方面投资1000亿美元，就可以在两年的时间内创造200万个新的工作岗位（Pollin et al.，2008）。

虽然经济学家可以根据投资金额计算出平均能创造多少就业岗位，但他们无法衡量必然结果，也无法预测所产生的其他相关工作的数量。然而，创造绿色岗位的一个先例是德国的上网电价补贴（FiT）政策。德国认为可再生能源领域的强劲增长应当归功于遏止经济衰退所做的努力。根据环境部副部长阿斯特丽德·克卢格（Astrid Klug）的说法，德国的可再生能源领域有25万个工作岗位，在环境保护方面有180万相关的工作岗位。到2020年，可再生能源领域的工作岗位将翻三番，到2030年将达到90万人。

另一个例子是世界领先的加利福尼亚州的能效项目，该项目已使成千上万的人重返工作岗位——主要是商业建筑改造工作。与此同时，该项目还在促使照明行业开发出非凡的新产品，例如高性价比的LED灯、可调光的镇流器，以及能使峰值负载管理更加简单有效的智能网络（smart networks）。新一代的照明产品正在改变市场，并为加利福尼亚州创造了价值10亿美元的产业。如果LED和可调光镇流器产品成为国家级的优秀产品，这在美国将是独一无二的、价值数十亿美元的产业。

私人投资的必要性

如果要减少碳排放、减缓气候变化，我们需要一场彻底的转变。需要快速发展可再生能源、迅速减少化石燃料的用量、进行大规模的碳捕获计划，减少工业排放，停止森林砍伐。

由于人们对于全球变暖的代价，有着越来越强的认识，再要延续旧有的经济模式已经不可能了。据世界资源研究所估计，要实现向无碳经济的转型，将花费世界各国的大量资金，到2020年每年将花费约3000亿美元，到2030年将增至每年5000亿美元。相比之下，在联合国气候变化框架公约（UN Framework Convention on Climate Change，FCCC）的绿色气候基金（Green

Climate Fund）中，工业化国家每年投入的资金只有 1000 亿美元（Climate Finance, 2012）。

当然，也可以说聊胜于无。"拖得越久，代价越高"——2014 年 4 月，联合国政府间气候变化专门委员会主席拉金德拉·帕绍瑞（Rajendra Pachauri）如是说（UN IPCC, 2014）。他补充说，目前进行转变的成本相对较低，但前提是全世界迅速采取行动，以扭转大气中温室气体的积聚趋势。与此同时，该委员会还发布了一份报告，其中指出，将世界能源体系从化石燃料转变为零碳或低碳可再生能源，将使每年的消费增长降低至少 0.06%。

联合国气候变化专门委员会称，要实现该目标，需要进行大规模的投资调整。能源领域的化石燃料投资需要每年减少约 300 亿美元，并将低碳能源的投资增加 1470 亿美元。与此同时，在交通、建筑和工业领域的能效方面每年的投资量需要增加 3360 亿美元（UN IPCC, 2014）。

由于应对气候变化需要大量的资金，而仅靠公共资金将远远不够。在 2012 年 9 月的联合国大会（UN General Assembly Meeting）上，世界银行负责可持续发展的副行长蕾切尔·凯特（Rachel Kyte）称，关键是要向私有资本投资敞开大门。私有资本投资者——股权公司（equity firms）、风险投资、养老金、保险公司和主权基金（sovereign wealth funds）——在当前掌握着数万亿美元的资产，这些资本可以用来开发气候智能型（climate-smart）基础设施。他们必须更加积极地参与这一行动，他们能够察觉到绿色投资的风险并使之明朗化，可以制定新的政策和融资机制，以获得更有吸引力的投资回报（Climate Finance, 2012）。

2012 年《全球可再生能源投资趋势报告》（Global Trends in Renewable Energy Investment report）称，在 2011 年，可再生能源领域的投资为 2570 亿美元。该趋势研究由联合国环境规划署支持，对自 2004 年以来流入绿色能源领域的资金进行了追踪。其中中国位居首位，吸引了超过 522 亿美元的资金。尽管 2011 年创下了可再生能源投资额新高，但可再生能源仍然只占世界能源需求总量的 6%。因此，该领域还有这巨大的投资潜力（Renewable Finance, 2012）。

谷歌：10 亿美元的绿色技术投资

谷歌堪称全世界最成功、最具创新精神的科技公司，它也是一个耗能大户。该公司的计算机服务器遍布世界各地，为搜索引擎和相关信息技术等功能提供动力。在 2014 年一季度，该公司表示，它在数据中心和基础设施上的总耗费为 22.5 亿美元，占公司成本的很大一部分。在推动清洁能源的议程方面，谷歌也是世界上最积极的大公司之一，它在可再生能源领域的投资超过 10 亿美元（Google Inc., 2012）。

该公司表示，他们有 34% 的电力消耗来自可再生能源——直接来自太阳能电池板，或间接的在数据中心附近购入绿色能源。谷歌表示，可再生能源项目必须具有良好的商业意识，并具有产生长期重大影响的潜力。2007 年，该公司安装了一套太阳能电池板，该系统在同类产品中效能最高，达到了 1.9 兆瓦，承担了山景城（Mountain View）总部 30% 的峰值用电负载。

谷歌表示，它正努力使得其运营过程中完全使用可再生能源，与此同时，它也投资了很多大型项目（Jensen and Schoenberg, 2010）。截至 2014 年 4 月，他们在 15 个太阳能和风力发电项目中投入资金，总发电能力超过 2 千兆瓦。虽然其中有些位于南非和德国，但大多数都在美国，例如规模巨大的伊凡帕（Ivanpah）项目（位于西南沙漠）。该项目是全球最大的太阳能热电站之一，该项目使用了 34.7 万面阳光反射镜，能够产生 392 兆瓦电力。这里生产的绿色能源供给了加利福尼亚州超过 14 万户家庭。

谷歌表示，他们之所以正在投资绿色能源，因为这样做可以使绿色能源更易获得。谷歌公司的能源和可持续发展主管，里克·尼达姆（Rick Needham）说，他们在获取和投资绿色能源方面的努力都是具有商业意义的。"从公司角度而言，这些事情是有意义的，"尼达姆说，"我们的业务依赖于电力"（Google Inc., 2012）。

风险商业研究（Venture Business Research, VB/Research）是一家领先的数据供应商，它致力于追踪绿色产业领域的国际金融活动。他们在 2010 年二季度报告中说，尽管初期的风险资本活动减少了 30%，但在全球范围内，清洁技术和可再生能源领域的风险投资和私募股权投资（private equity）超过了 50 亿美元。他们还报告称，在此期间的并购交易数额超过了 145 亿美元。

安永会计师事务所（Ernst and Young）对最吸引可再生能源投资的国家进行了季度评估，其数据显示，大部分绿色和清洁技术领域的资金的流向是中国。在 2010 年 9 月的报告中，他们指出，中国是当前世界上最大的能源消费国，同时也是世界上对可再生能源投资最具吸引力的国家。中国一直在鼓励对清洁能源领域的企业进行投资，其目标是到 2020 年实现总用电量的 15% 来自可再生能源（Energy Assets, 2012）。

安永事务所还比较了在监管（regulations）、资本获取、土地利用、规划门槛、补贴和并网等方面的情况。该报告还对陆海基风能、太阳能、生物质和地热能源的投资进行了排名。在对可再生能源投资最具吸引力的国家里，排在中国之后的是美国、德国、印度和意大利。安永事务所指出，来自政府的支持，使中国在追求清洁能源项目方面拥有比其他国家更大的优势。2009 年下半年，中国几乎将可再生能源的消费补贴提高了一倍，达到 5.45 亿美元。在绿色技术领域，中国不仅有大量的财政补贴，还有五年规划，这些都带来了巨大的优势。更重要的是，对于很多新公司，中国要求政府参与，或拥有部分所有权，这与政府控制基础设施的传统相一致。

随着世界转向无碳经济，有大量资金正面临着风险。最大的输家将是顽固的化石燃料产业，以及集中式的公共事业部门。这两个行业的商业计划都依赖于不断增长的能源需求，它们都无法适应当前正在紧缩的能源需求环境。毫无疑问，在这个全球最强大而富有的行业中，有许多企业将会遭受巨额损失。这样的事实也毫不奇怪：化石燃料的利益链很长，足以对抗关于气候变化的科学事实，并在政府和地缘政治方面施加巨大压力，以达成其维持自身特权的目的。

参考资料

Bloomberg, 2015. The Future of Energy, Summit. Bloomberg New Energy Finance.
Borden, Eric and Joel Stonington, 2014. *"Germany's Energiewende,"* Global Sustainable Communities Design

Handbook: Green Design, Engineering, Health, Technologies, Education, Economics, Contracts, Policy, Law and Entrepreneurship. Elsevier Press, New York.

Carbon Tax Center, 2011. http://www.carbontax.org/.

Circular Economy, 2014. *Towards the Ctrcular Economy: Economic and Business Rationale for an Accelerated Transition.* Ellen Macarthur Foundation, Cowes, UK.

Clark, Woodrow W. II, 2012. Editor and Author, *The Next Economics*. Springer Press, New York.

Clark, Woodrow W. II, 2015. The Circular Economy in the Green Industrial Revolution Framework, Keynote Speech, ReMedia 10th Anniversary, Milan, Italy, 10 June 2015.

Clark, Woodrow W. II and Danilo Bonato, 2015. Circular Economy and Raw Material Strategy: A Critical Challenge for Europe and the Rest of the World. Huffington Post, (Italian and English) March 31, http://www. huffingtonpost.it/woodrow-w-clark-ii /economia-circolare-approccio- strategico- materi-prima-sfida-europa-mondo_b_6975304.html?1427799160.

Clark, Woodrow W. II and Grant Cooke, 2011. *Global Energy Innovation: Why America Must Lead.* Preager Press, New York.

Clark, Woodrow W. II and Grant Cooke, 2014. *The Green Industrial Revolution*. Elsevier Press, New York.

Clark, Woodrow W. II, Grant Cooke, Aujun Jerry Jin and Ching-Fuh Lin, 2015. *China's Green Industrial Revolution* (in Mandarin). China Electric Power Press, Beijing.

Clark. Woodrow W. II and Michael Fast, 2008. *Qualitative Economics: Toward A Science of Economics*. Coxmoor Press, Chipping Norton, UK.

Clark, Woodrow W. II and William Isherwood, 2007. Energy Infrastructure for Inner Mongolia Autonomous Region: five nation comparative case studies, Asian Development Bank, Manila, PI and PRC National Government, Beijing, PRC.

Clark, Woodrow W.II and William Isherwood , 2010. "Inner Mongolia Must 'leapfrog' the Energy Mistakes of the Western Developed Nations" , *Utilities Policy Journal*, vol.18, pp. 29–45.

Clark , Woodrow W. II and Xing Li , 2012 , *Social Capitalism: China's Economic Rise. The Next Economics*, Springer Press, New York, pp. 143–164.

Climate Finance, 2012. www.insights.wri.org/news/2012/10/wri-launches-project-climate-finance-and-private-sector.

Copulos, Milton R., 2007. Testimony of Copulos, President, National Defense Council Foundation, before the Senate Foreign Relations Committee, March 30, 2006; IMF, 2008, EIA; CleanTech Group, 2007; US Census Bureau; Experian Automotive; Paper presented to Congressional staff members by NDCF President Milt Copulos, January 8, http://www.sapphireenergy.com/ learn-more/59518-the-true-cost-of-oil-.

DARA, 2012. http://daraint.org/climate-vulnerability-monitor/climate-vulnerability-monitor-2012/.

Dole, Malcolm Jr., 2012. "Market Solutions for Climate Change," Woodrow W. Clark II, Editor and Author, *The Next Economics: Global Cases in Energy, Environment, and Climate Change*. Springer Press, New York, pp. 43–70.

Ellen McArthur Foundation, 2014. New Report: Toward the Circular Economy, http://www.ellenmacarthurfoundation.org/assets/downloads/ publications/Towards-the-circular-economy-volume-3.pdf

Federal Ministry for the Environment (GR ME), 2000. Nature Conservation and Nuclear Safety, Germany.

Forbes, 2010. http://www.forbes.com/2010/04/01/ge-exxon-walmart-business-washington-corporate-taxes.html.

Gipe, Paul, 2010-2014. Feed-in-Tariff Monthly Reports, http://www.wind-works.org/FeedLaws/RenewableTariffs.qpw.

Google Inc, 2012. http://www.cnbc.com/id/101417698.

Harrop, Peter, Franco Gonzalez and Raghu Das, 2014. Global Sale of Hybrid and Pure Electric Cars Will Rise to over $185 billion in 2024. IDEC Tech Report, http://www.idtechex.com/research/reports/future-technology-for- hybrid-and-pure-electric-cars-2015-2025-000393.

Jensen, Thomas and David Schoenberg, 2010. "Google's Clean Energy 2030 Plan: Why it Matters," Woodrow W. Clark II. Editor and Author, *Sustainable Communities*. Springer Press, New York, pp. 125–134.

Kocieniewski, David, 2010. As Oil Industry Fights a Tax, It Reaps Subsidies. July 3, http://www.nytimes.

com/2010/07/04/business/04bptax.html

Morris, Craig, 2014, Chapter #7, "Energiewende – Germany's Community-driven Since the 1970s," *Global Sustainable Communities Design Handbook: Green Design, Engineering, Health, Technologies, Education, Economics, Contracts, Policy, Law and Entrepreneurship*. Elsevier Press, New York.

NASA, October 2015: http://climate.nasa.gov/evidence/.

Nijaki, Laurie Kaye, 2012. "The Green Economy as Sustainable Economic Development Strategy," Woodrow W. Clark II, Editor and Author, *The Next Economics: Global Cases in Energy, Environment, and Climate Change*. Springer Press, New York, pp. 251–286.

Pinderhughes, Raquel, 2006. Study of Green Jobs: Small Businesses, http://www.sfsu.edu/~news/2008/spring/15.html.

Pollin, Robert, Heidi Garrett-Peltier, James Heintz, and Helen Scharber, 2008. Green Recovery: A Program to Create Good Jobs and Start Building a Low-Carbon Economy, University of Massachusetts: Center for American Progress and Political Economy Research Institute, September.

Price of Climate Change, 2012. http://www.huffingtonpost.com/thomas-kerr/paying-price-climate-change_b_2206791.html.

Renewable Energy Policy Network for the 21st Century, 2009.

Renewable Finance, 2012. http://www.cnn.com/2012/06/12/world/renewables-finance-unep/.

Reuters, 2011. Coal's Hidden Costs Top $345 Billion in US Study. Boston, February 16, http:/www.reuters.com/article 2011/02/16/usa-coal-study-idUSN1628366220110216.

Rifkin, Jeremy, 2011. *The Third Industrial Revolution: How Lateral Power is Transforming Energy, the Economy, and the World*. Palgrave MacMillan. New York.

Steiner, Richard, 2014. The True Cost of Our Oil Addiction. Huffington Post, January 15, http://www.huffingtonpost.com/richard-steiner/true-cost-of-our-oil-addiction_b_4591323.html.

Stern, Nicholas, 2006. What is the Economics of Climate Change? *World Economics*, vol.7, n 2.

Sun, Xiaolei, Jianping Li, Yongfeng Wang and Woodrow W. Clark, 2013. China's Sovereign Wealth Fund Investments in Overseas Energy: The Energy Security Perspective, *Energy Policy*, vol. 65, pp. 654–661.

The Economist, 2009. Collapse of Modern Economic Theory. Cover page and special section. July 16.

Energy Assets, 2012. http://www.ey.com/Publication/vwLUAssets/Renewable_energy_country_attractiveness_indices_-_Issue_27/$FILE/EY_RECAI_issue_27.pdf.

UN Environment Programme (UN EP), 2008. Green Jobs Report: Towards Decent Work in a Sustainable Low-Carbon World, http://www.unep.org/documents.multilingual/default.asp?documentid=545&articleid=5929&l=en.

UN Intergovernmental Panel on Climate Change (IPCC), 2014. Fourth Report 2007 and WGH AR5, Phase 1 Report Launch.

World Bank, 2015. Report, March 18, http://www.worldbank.org/en/news/feature/2015/03/18/5-ways-reduce-drivers-climate-change.

第九章　智慧生态城市：城市生活新理念

自古以来，人类就一直致力于解决城市面临的各种问题，例如资源稀缺、能源利用、环境可持续性和生活质量等。尽管这些问题非常重要，而且随着世界人口的增长，这些问题会更趋严峻。随着全球即将在21世纪中叶达到100亿人口，我们正面临着可用资源有限的问题。地球正经历着严重的气候变化问题，以及随之所带来的社会动荡，整个生态系统正受到威胁。当前的预测是，人类中的绝大多数——据预测超过80%——目前(或在不久的未来)生活在城市中。因此，城市、城镇和乡村必须进行重组，以求实现更多的可持续性，并减少碳生态足迹。

在19世纪后期，英国开展了一项运动，目的是减少工人阶级日益增长的痛苦。随着第一次工业革命崛起所带来的大规模重商主义，越来越多的工人被困在工业中心里那些卫生条件差、过度拥挤的贫民窟中。为了解决这种困境，当时提出了很多想法，其中一个比较完整的构思是埃比尼泽·霍华德(Ebenezer Howard)的"明日的田园城市(Garden Cities of Tomorrow)"(Howard, 1898~1902)。霍华德设想的这种田园城市可以把城市的社会和经济效益与乡村的健康生活相平衡。根据霍华德的描述，为了减少巨型工业城区对健康的负面影响，其主要策略是设计更干净的环境、更高效的城市卫生设施以及足够宽敞的住房。

霍华德对这种新型城市模式的构思非常全面。他认为，在前期规划中将乡村居住区和工业化的城区相结合，可以消除社会群体之间的矛盾，促进经济发展和环境质量。由于这种城市理念要求快速建设全新的大规模开发区、创建新型的自治社区，因此即便在今天看来仍属激进。

霍华德构想的城镇拥有大约3万居民。其建设工作将按照辐射状的布局展开，由此，居民可以依靠自给自足的工业(self-sufficient industries)、社区服务和农业来生活。因此，这些城市将不会超量使用他们的资源，它们的增长潜力受到其郊区非发达地区"绿带(green belt)"的限制。该理念有一点在19世纪的英格兰尤其值得注意，霍华德建议，为了防止投机资本的囤积居奇，以及由房东和房客之间的利益冲突所造成的社会不和，每座城市都应该由其居民集体拥有。

田园城市模式的物理空间布局是轮辐式(wheel-and-spoke)的，小城镇和村庄围绕着较大的中心城市而发展，整个城区的范围随着时间推移而向外增长。经济增长依赖于每一位居民，他们自己就是工匠型的企业家，所生产的高质量产品主要用于社区自用，并有一些可以出口别处。霍华德的愿景中最重要的一部分，可以说是对公平性的追求。该模式力图减少阶级冲突，创造可持续的社区经济增长。尽管田园城市的建设用地也是用资金购买的，但田园城市将由集体所有，而且在收回初始投资后，企业和居民所支付的租金将被重新用于市政工程投资，而不是继续流入投资者手中（Orlando，2013）。

到目前为止，还没有哪座"田园城市"是完全依照霍华德的理念建设的。但也有过几次实验性的案例，例如英国的莱奇沃斯（Letchworth）和韦温（Welwyn）。这些案例在规模和组成要素上都有所缩减，并没有完全达到田园城市的理想标准。然而，他的许多想法都获得了广泛支持。其中包括：追求较高的环境质量以有利于市民健康，以及围绕城市周围的绿化地带以限制城市扩张。霍华德还倡导为居民提供当地的就业机会，以及促进社会公平的手段。

在20世纪70年代中期，霍华德的许多想法又重新被带到现实之中。当时，诸多城市规划师、活动家、理论家齐聚加利福尼亚州的伯克利，他们的想法是重建城市，使之与自然保持平衡。该组织名为"城市生态学（Urban Ecology）"，由理查德·雷吉斯特（Richard Register）创立，它是美国第一个专注于社区可持续发展的团体。"生态城市（ecocity）"一词就来自雷吉斯特出版于1987年的书：《生态城市伯克利：为一个健康的未来建设城市》（Ecocity Berkeley：Building Cities for a Healthy Future）[①]（Register，1987）。该组织在伯克利的主街上种植树木、建造太阳能绿色住宅，他们还在法律体系内进行活动以推动通过环境友好型的政策、鼓励公共交通。

最后，他们将"生态城市"这个名词（term）定义为一种生态健康的城市模式（Ecocity Builders，2005）。他们认为，一座生态城市应当是建立在这种原则之上：生活活动不超出环境的承受限度。其终极目标是消除碳排放（包括废物排放），利用可再生资源生产能源，并将环境整合到城市之中。生态城市力图刺激经济增长、减少贫困，并且以更高的人口密度进行组织，以实现更高的效率并改善市民健康。

他们继续写道，生态城市的定义（definition）是有条件的，即城市各部分和功能之间，类似于生物体中的各个器官，需要有健康的相互关系。城市的设计、规划、建设与运营都要与周边环境相结合的。自然资源被利用以逆转诸如气候变化、物种灭绝和生物圈破坏等负面影响。

根据雷吉斯特所言，生态城市模式提供了一个具有建设性的角度，使我们看到了一个可持续的、对生态具有修复性的人类文明愿景，他建议我们通过重建城市、城镇和村庄，使之与地球的生命体系相平衡，从而得以实现这一愿景（Ecocity Builders，2015）。

多年来，生态城市运动已经扩展到了世界各地。2002年，第五届国际生态城市会议（International Ecocity Conference）在中国深圳举行。在会议上，产生了生态城市运动更好的定义。它被称为生态城市发展的指导方针，是一套完整的系统方法，其中整合了行政管理、生态高效型工业、居民的需求和愿景、和谐的文化，以及将自然、农业和环境功能相融合的景观要素。

生态城市发展的需求：

1. 生态安全（ecological security）——清洁的空气，安全、可靠的食物和供水、健康的住房和工作场所、市政服务，以及能够庇护所有市民的灾害避难所。

[①] 本书汉语版由中国建筑工业出版社2004年出版。——译者注

2. 生态的卫生系统（ecological sanitation）——高效、成本效益好的生态工程，用于处理和回收人类排泄物、杂污水，以及其他各种垃圾。

3. 生态的产业新陈代谢（ecological industrial metabolism）——通过工业转型，实现资源保护和环境保护，强调材料再利用，生产的生命周期，可再生能源，高效的运输系统，并且满足人类需求。

4. 完整的生态基础设施（ecological infrastructure integrity）——合理安排建筑物、开放空间（例如公园、广场）、连接节点（例如街道、桥梁）、自然地貌特征（例如汇水道、山脊线）等，以尽量增加城市各处对于市民的可达性，同时节约能源、资源，并减少各种问题，比如交通事故、空气污染、水质恶化、热岛效应和全球变暖等。

5. 生态意识（ecological awareness）——帮助人们理解其在自然、文化认同、环境责任等方面的角色，帮助改变其消费行为，提高他们为维护高质量的城市生态系统而做出贡献的能力。

生态城市的概念已成为一种快速发展的多样化、国际化现象——尤其是在进入21世纪之后，中国、俄罗斯、巴西和印度等国相继崛起。自2005年以来，已出现了大量的新举措，这些行动表明了生态城市之势已然成形，成为主流政策制定工作的一部分。

虽然对于生态城市没有设定评价标准，但已经有人就此做出了一些建议，其中包括生态城市在经济、社会和环境质量方面所应当满足的条件。理想的生态城市被描述为具有以下特征——其中许多都与霍华德的"田园城市"理念较为相似：

生态城市的基本概览（overview）：

1. 有独立自给的经济（self-contained economy），且立足于地方资源（local resources）；

2. 能够实现碳中立，并且使用可再生能源发电（renewable energy generation）；

3. 有着规划良好的城市布局和公共交通系统，可以使下列交通方式获得优先选用机会：首先是步行，然后是骑行，再者是公共交通；

4. 资源保护（resource conservation）——最大限度地提高水和能源资源（water/energy resources）的利用效率，建立一套垃圾处理系统，可以对废物进行回收和再利用，创建零垃圾系统（zero-waste system）；

5. 修复环境被破坏的城市区域（urban areas restoration）；

6. 为全社会各阶层、各民族，提供体面、可负担得起的住房，改善弱势群体（如妇女、少数民族、残疾人）的就业机会；

7. 支持当地农业、地方产品（local agriculture/produce）；

8. 提倡在生活方式选择（lifestyle choices）上的自愿简化（simplicity），减少物资消耗、提倡环境和可持续意识。

除了这些最初特征之外，城市规划还必须能够随着人口增长和人们需求情况的变动而增长和发展。在设计基础设施（如供水系统、输电线路等）时，这一点尤为重要。这些设施的建设必须采用易于现代化的方式，而不是诸如埋入地下的方式导致难以抵达，以至于为后续的升级改造制造了困难。

多年来，生态城市运动已经在多个城市确立了其标志性，这些城市采取了与生态城市理念相一致的举措、政策等。生态城市也必须是智慧的。有不少方法可以对"智慧生态（或曰绿色）城市"进行定义和解读，下面几个例子能够使读者有更多的了解。

该例子展示了风力涡轮发电机如何为港口城市及其周边地区提供可再生能源。这座城市也是智慧型的，因为它的系统通过无线网络和移动网络集成了电动汽车和电动巴士、建筑物。

更重要的是，一座智慧城市拥有传感和监控系统。所有有关垃圾和能源资源的信息都可以被实时监测，当然也包括分布在城市各处的交通监控摄像头和测量仪。结果就是，城市的每一部分都与相应的系统关联起来，也把市民和政府的服务（例如警察、消防、急救人员等）关联起来。

智慧生态城市的管理，依赖于实时的网络测量数据，这些数据是有标准的，每天都进行执行、监控和评估。其管理结果是可以改变、改善人们的出行方式、生活、工作、饮食和娱乐方式等。最终也会产生一种新的，空中或地面的出行方式。

如下列举一些智慧生态城市的实际案例。

库里蒂巴（Curitiba），巴西

库里蒂巴于1966年开始着手解决城市的可持续发展问题，提出了一项总体规划，其中对未来的城市发展、交通系统和公共卫生等方面进行了整合。库里蒂巴的规划已经实现，现在该城市的发展区域周围围绕着绿色区域和低密度住宅区。这座城市是为人，而非汽车，的交通而设计的。这座城市的公交系统高度发达，拥有高容量的巴士及其专用车道，并且覆盖了90%的市民。有45%的市民使用这套公交系统，使得私家车的使用率降到了22%。为了防止交通堵塞，城市的中心区域对车辆禁行。这些道路的禁行，为当地的商店带来了经济活力，也为适宜步行的社区空间提供了发展机会。

公共卫生和教育方面的收获也不小。库里蒂巴保持着巴西最低的空气污染率，城市中种植的超过30万棵树木减少了自然洪涝灾害。库里蒂巴还为小学的环境教育提供资源，帮助培养了大量有着环境意识的市民。超过70%的市民参加了回收项目，这些项目为城市的垃圾处理系统提供了燃料。

2010年，库里蒂巴获得了全球可持续城市奖（Suzuki，2010）。

奥罗维尔（Auroville），印度

奥罗维尔，又称"黎明之城"，是位于印度泰米尔纳邦（Tami Nadu）的一座实验性小镇。它是室利·阿罗频多（Sri Aurobindo）的项目，由马拉·阿尔法萨（Mirra Alfassa）所领导

的一个团体在1968年建立的，该团体名叫"母亲（The Mother）"。这一团体相信"人类是一种过渡性的存在"。[①] 该小镇将为人类进步做出贡献，并希望实现人类团结，目前已经成为来自全球45个国家的约2000人的家园。它的重点是充满活力的社区文化，以及它在诸如可再生能源系统、栖息地的恢复、生态技能、认真的实践以及整体教育方面的专业知识。

弗赖堡（Freiburg），德国

弗赖堡位于法国和瑞士的边界附近的黑森林（Black Forest）边缘，是一座拥有22万人口的城市。作为德国绿色运动的发源地，弗赖堡的可持续政策可以追溯到20世纪70年代，始于一次反对核电站的社区抗议。

作为一座可持续城市，弗赖堡赢得了很多国内和国际的环境奖项。它在能源、交通，以及三大支柱领域——节能、新技术、可再生能源等方面做出可持续发展的承诺。该城市在抗议核电站方面获得了成功，促成了一场致力于创造可持续的能源解决方案的运动。建成了由环保人士、研究机构以及企业所组成的网络，帮助推动可持续城市议题的发展。

现在，弗赖堡被称为太阳能之都。除了较高的太阳能发电率以外，弗赖堡还建成了世界上第一座拥有可以自给自足的太阳能发电系统的足球场馆建筑。在生态和经济领域，弗赖堡在可再生能源的研究和营销方面取得了极大的成功。弗赖堡的科学网络和太阳能产业囊括了许多研究机构，其中包括欧洲最大的太阳能研究机构——弗劳恩霍夫太阳能系统研究所（Fraunhofer Institute for Solar Energy Systems, ISE）。

除了太阳能项目以外，弗赖堡还改善了交通系统。在第二次世界大战期间被严重炸毁的城市中心，被按照旧的街道规划和风格进行了重建。道路被重建、被扩宽以容纳电车轨道，而并没有建设更多的汽车车道。在1969年，弗赖堡设计了第一套集成的交通管理系统和自行车道路网。该规划每10年更新一次，旨在改善交通状况，同时减少交通流量并改善环境。它优先考虑交通问题，以及环境友好型的出行方式，例如步行、骑行和公共交通。通过将弗赖堡规划为一座"短距离"的城市——紧凑的、有着强大的社区中心、居民所需都在步行范围之内的城市，弗赖堡因此得以减少了大量的交通流量。该城市有500公里长的自行车道，超过5000个自行车停车点、禁行汽车的市中心、30公里时速限速区、覆盖范围广泛的公交车和有轨电车线路。

弗赖堡已经决定减少二氧化碳的排放量。在1966年，该市决定到2010年减少25%的二氧化碳排放量。虽然在2010年时并未完成既定目标，但是他们将目标扩展了。到2030年，他们将减少40%的二氧化碳排放量，到2050年时实现气候中立（Gregory，2011）。

垃圾处理也是弗赖堡的重点。实现纸制品中有80%是再生纸。还有财政奖励计划，例如对集体垃圾处理和堆肥者提供折扣，以减少垃圾量。自2005年以来，弗赖堡的不可回收类垃圾都被用来焚烧发电，可供近2.5万户家庭用电。

[①] 原文是："Man is a transitional being"。——译者注

弗赖堡是一座生态城市，它行政区 43% 的面积是林地。在 2001 年，《弗赖堡森林公约》(Freiburg Woodland Convention) 正式通过，自 2009 年起，该市正式支持弗赖堡公约以保护原始林地。在过去 20 多年里，弗赖堡一直致力于维护其公共公园，并坚持自然原则：不使用杀虫剂，减少草坪修剪，城市中的道路旁和公园里有将近 5 万棵树。

斯德哥尔摩（Stockholm），瑞典

斯德哥尔摩是一座注重环境的城市，正在通过有效的城市规划和资源利用，进行可持续的再开发。斯德哥尔摩已经设定了 6 个环境目标，称为"愿景 2030（Vision 2030）"，从此作为这项行动的基础。这些目标包括高效交通、可持续能源、用地、用水、垃圾处理改善、安全的建筑和生产资料。除该愿景之外，斯德哥尔摩还计划到 2050 年做到完全摆脱化石燃料。

斯德哥尔摩要求在城市继续扩张之前必须对土地进行强制性的再利用。破败的废弃工业区已被改造成现代化、高效、集成的住宅区和商业区。Hammarby Sjostad 区是一个主要案例，经过以环境为中心的再开发之后，这个复兴后的工业区的能效已达到了城市其他地区的两倍。

这些成果是由该地区的环境负载状况（environmental load profile）来衡量的，这是一个由斯德哥尔摩市政府、皇家技术学院（Royal Institute of Technology），以及一家咨询公司共同开发的生命周期评估工具（lifecycle assessment tool）。这一特别手段可以在环境的成本和效益方面对环境性能进行各种规模的分析。这种综合性的、明确的定性措施，使得斯德哥尔摩得以量化它们的环境进步程度，也可成为其他城市或地区的决策工具，以辅助其环境措施。

斯德哥尔摩一直在追求绿色发展和城市系统优化，并取得了不少成效。这些努力，在 2010 年得到了欧盟的认可，欧盟将斯德哥尔摩选为"欧洲生态之都"，理由是因其"引领了通往环境友好型城市生活之路"（City of Stockholm, 2010）。

阿德莱德（Adelaide），澳大利亚

位于南澳大利亚州（South Australia）的阿德莱德是一座拥有 130 万人口的城市。2003 年，该市启动了一项城市森林计划，将在市区的 300 个地点种植 300 万棵当地原生树木及灌木。该项目还包括大规模的栖息地恢复和当地的生物多样性项目。成千上万的阿德莱德市民参加了社区种植日活动。这些地点包括公园、保护区、交通要道、学校、水系和海岸线。只有种植当地原生树木才能保证遗传稳定性（genetic integrity）。该计划的目的是对城市进行美化和降温，使之更适宜居住；同时改善空气和水质，并减少阿德莱德的温室气体排放——每年减少 60 万吨的二氧化碳排放量。它还包括为野生动物创建并维护其栖息地，防止物种灭绝。

阿德莱德有一个既定的赞助计划，能够提供资金来支持绿色、智慧型技术的安装和应用。该城市发起了一项倡议，以领导澳大利亚的太阳能应用。除了有着澳大利亚第一个为本国太阳

能屋面电池板提供的上网电价补贴（FiT）政策以外，政府还承诺投入数百万美元将太阳能电池板安装在诸如博物馆、美术馆、议会、阿德莱德机场，以及200所学校等公共建筑的屋顶上。澳大利亚最大的屋顶太阳能电池阵列安装于阿德莱德展览馆的大会议厅屋顶上，该发电系统现在已被登记为其自己的在场发电站。

南澳大利亚州的风力发电经历了从2002年的完全空白到2011年10月占总发电量的26%。在2011年之前的5年间，尽管经济增长强劲，但温室气体排放量却减少了15%。

对于阿德莱德，南澳大利亚州政府也采取了一项零垃圾回收策略，到2011年，实现了接近80%的回收率，其中430万吨的材料由填埋处理转为了回收再利用。就人均而言，这是澳大利亚最好的成果，相当于减少了超过100万吨的二氧化碳进入大气层。在20世纪70年代，引进了容器押金法令。在回收每个瓶/罐/容器时，消费者能从中获得10澳分（cent）的返现。2009年，超市禁止使用不可回收的塑料袋，每年可减少4亿塑料袋垃圾。2010年，联合国人居署的一份题为《世界城市固体垃圾处理》的报告对"南澳大利亚零垃圾机构（Zero Waste SA）"进行了表彰（Climate Group, 2012）。

世界各地的城市都在朝着这个方向发展：更低碳、采用更多可持续发展的行为和生态城市的价值观。虽然上面已列举了几例，不过下面的案例研究将提供更详细的细节，方便读者更好地理解城市如何变得更智慧、更生态。

值得注意的是，丹麦人现在能在哥本哈根的港口中游泳。曾几何时，这个繁忙港口的水被污水、藻类、工业废水和从商业港口运输中泄漏的油料严重污染着。但现在它非常清澈，水质极佳。成千上万的丹麦人和游客享受着欧洲最好的天然游泳水域。

哥本哈根在市中心有很多户外游泳区。这座城市还有许多海滩，包括可以骑车或坐地铁抵达的、有长长的白沙滩的阿迈厄沙滩（Amager Beach）。城市北面，有著名的贝列弗斯特兰（Bellevue Strand）和海尔鲁普（Hellerup Strand）海滩，在夏天，布里格岛（Islands Brygge）的户外浴场也非常受欢迎，并且因其独特的设计而闻名。

多年来，下水道和工业公司排放的废水对港口的水质产生了严重影响。1995年，溢流渠将污水导入了哥本哈根港和附近的海岸线中。自那以后，该城建立了雨水蓄水库和蓄水沟渠，可以临时存放污水，直至污水系统出现空余容量。这使该市得以关闭55条溢流渠。现在，只有在雨下的非常大的的情况下，污水才会被排放到港口中。

该市投资进行了污水系统的现代化改造，扩大了城市污水处理厂，以消除盐类营养物（nutrient salts）的排放，并减少重金属的排放。这使得港口恢复了生机，2002年，第一个公共海水浴场在布里格岛开放，使哥本哈根成为欧洲唯一能够在港口游泳的地方——并且不会损害游泳者的健康。现在，有一套在线预警系统负责监测港口的水质。一旦发现水质不佳，游泳设施将立即关闭。

哥本哈根，这座拥有541989位居民的城市，是世界上最绿色、最环保的城市之一。其主要的动力来自丹麦实施的环境法律，该法律大部分源自欧盟法规。环境部（Ministry of the Environment）是环境政策和法律起草的主要权力机关，其中包括三个部门：

- 环保局（The Environmental Protection Agency，EPA）是主要的环境立法部门。环保局制定基本的环境保护目标，以及实现这些目标的手段。由该机构所起草的指导方针和法令，由环境部长（Minister of the Environment）签发。该部门还管理其他法律范畴，包括《化学物质和化学品法案》（Chemical Substances and Products Act）、《土壤污染法案》（Soil Contamination Act）和《环境责任法案》（Environmental Liability Act）。
- 丹麦地理信息局（The Danish Geodata Agency）担负着陆地和海洋的地理信息的收集、质量检查和互联网可达性的任务。这些信息包括道路、房屋、湖泊水系的位置、景观地貌特征以及边界位置。这些信息被用于气候保护、移动数据供应、为公民提供信息服务，以及供执行任务的警方和应急服务部门使用。
- 丹麦自然局（The Danish Nature Agency）及其地方机构担负整体的自然保护工作。它还负责《规划法案》（Planning Act）、《环境目标法案》（Environmental Objectives）和其他一些有关自然环境议题的法案。丹麦已经实行了《工业排放条令》（Industrial Emissions Directive，IED）。该条令覆盖了所有的工业生产、农业生产和垃圾处理活动，把大约800家企业和1200座畜牧养殖场纳入管理范围。该条令还允许有关部门对企业和动物养殖场施加要求，促使其使用最先进的技术。此外，它还对火力发电站提出了要求，并能够对土壤和地下水污染进行调查。

哥本哈根计划到2025年成为世界上第一座碳中立的首都城市，并制定了一项城市战略气候行动计划，其中包括50条倡议。每一条倡议都与2015年20%二氧化碳减排的中期目标相符合。其他的欧洲城市正努力在保证环境和经济方面的指标表现的条件下实现可持续增长。无论怎样，哥本哈根已经发展出了高度成功的可持续解决方案。调查显示，在5年的时间内，哥本哈根的绿色部门增长了55%。

可持续的城市解决方案包括：通过综合的交通系统和骑行方案提高了流动性，显著减少了交通拥堵，改善了市民健康。港口的清理产生了更有吸引力的城市区域：拥有更好的生活质量、改善的地方商业环境、新工作岗位，以及新的创收来源。垃圾填埋区减少了，同时通过区域供热为98%的城市区域供暖。

这些城市领域的绿色解决方案已经被大规模实施，并被人们日常使用。这些解决方案对于二氧化碳排放和城市的宜居性有着重要的影响。

哥本哈根的气候行动计划的关键之一——同样也是该市在之后取得成功的关键，源于其对交通运输这一重要的基础设施组成部分的关注。在哥本哈根，全部市民每天骑行总里程约有110万公里。不仅是通勤，也包括从购物到夜间外出等其他活动，骑车出行者比比皆是。假如有游客来到这里，会发现骑车畅游非常方便——这要归功于自1995年开创的市区免费自行车服务。

这座城市规模不大，吸引游客的地方主要集中在市中心附近，因此骑车游览是比较容易的。人们在与道路交通分隔开的自行车专用道上骑车，能感到安全和轻松自在。该市有大约40%的居民都是骑行上下班。哥本哈根也有完善的公共交通系统，这意味着减少城市中心的私家车，使得更多的空间能被留给市民。地铁系统的第二条环线正在建设中。该市的公共交通有公交巴士、地铁，以及市郊铁路（S-train）。欧洲很多城市都有环形交通系统。哥本哈根还有一座中央车站，火车发往丹麦其他各城市，还能通过跨海大桥驶往瑞典。其国际机场不仅有通往其他北欧国家的航线，也涵盖欧盟区域及全球各地。对于地方性的小型生态城市而言，基础设施非常重要，因为它们是联系其他城市的纽带（Clark and Jenssen, 2001）。

作为世界上最生态的城市之一，哥本哈根有许多美丽的城市公园，如罗森堡宫（Rosenborg Palace）里的国王花园（King's Garden）、弗莱德里克堡花园（Frederiksberg Garden）。另外，从城市骑车往北或往南都能很快身处自然风光之中。克兰彭堡（Klampenborg）的"鹿园（Deer Park）"氛围很好，位于城市的北部，通往这里的道路沿线有不少海滩和迷人的海岸景观。在城南，则是开阔的阿迈厄公园（Amager Common），有着各种步道和自行车道。

该城市还提倡有机食品（organic food），占食品供应的十分之一，这使得哥本哈根成为世界领先的有机城市。该市对有机食品的生产和消费有着很高的目标，在咖啡馆、餐馆和商店等处，有着各种有机产品。哥本哈根在清洁技术、无污染企业和可持续建筑领域也被誉为世界领先（Visit Denmark, 2015）。

马斯达城（Masdar City），阿拉伯联合酋长国

在阿布扎比东南约17公里处，靠近国际机场的地方，一座非凡的未来主义城市正在沙漠中慢慢浮现。马斯达城由英国的福斯特及合伙人（Foster and Partners）建筑事务所设计，在阿联酋少数几座融合了人居政策的、技术密集型的、经过了高度专业规划和深度研发的城市中，马斯达城是最新的一座，它类似沙特阿拉伯的阿卜杜拉国王科技大学（King Abdullah University of Science and Technology, KAUST）和日本的筑波科学城（Tsukuba Science City）。

马斯达城提案于2006年，总投资200亿美元，2008年开始动工，但由于2008年全球经济衰退的影响，该项目被推迟。但仍然取得了一些进展。规划人员称，第一期工程已于2015年底完工，最终的完工时间大约在2020年至2025年。

该城由穆巴达拉公司承建，主要资金来自阿布扎比市政府。马斯达是一项雄心勃勃的项目，力图成为可持续性的展示窗口，以及——据马斯达项目首席执行官苏丹·艾哈迈德·贾巴尔（Sultan Ahmed Al Jaber）称——"使阿布扎比成为未来能源的枢纽"。

这座城市的中心面积为2平方英里，将容纳5万名居民，并支持容纳1500家新的绿色企业，创造了一个清洁技术领域的商业和制造业的企业中心。第一批租户于2010年入驻，分别是国际可再生能源机构（International Renewable Energy Agency）和马斯达科技学院（Masdar Institute of Science and Technology）。

这二者都是产业的凝结核。据马斯达的设计人员预计，每天都会有多达6万名的绿色企业员工到马斯达上班。这座城市是生态建筑学（arcology）的一个典范——生态建筑学的设计原

则是针对人口密集的居住地的,其重点是尽量减少生态影响。

规划者称,马斯达的城市布局"结合了传统的阿拉伯设计与21世纪的技术",让城市作为"更环保、更绿色的未来生活的试验田,成为阿布扎比通往未来的桥梁,为石油耗尽的那一天做准备"(预计在一个世纪之内将到来)。该项目的目标是在中东的干旱地区建设一个可持续发展、高能效的发展区域。开发者们想要观察可持续生活背后的科学,以及可以在相关产品技术方面做些什么。

马斯达是一个多功能的开发项目,旨在实现对步行和骑行友好的设计。建筑物的外墙上装饰着阿拉伯式的图案。从远处看,整座城市像一个立方体。街面温度通常比周围的沙漠温度低15~20摄氏度(59~68华氏度)。温度的差异源自马斯达独特的结构设计。以传统的阿拉伯做法为原型的45米高的风塔从高处吸入空气,并在街道上引入凉风。项目用地地势高于周边,以产生略微的冷却效应。建筑物紧凑的布局,形成了遮阳的街道和人行道。

福斯特的设计团队参观了诸如开罗和马斯喀特(Muscat)等古老的中东城市,以观察它们是如何保持阴凉的。他们发现,古代的城市规划者们常为城市建设又短(通常不超过70米)又狭窄的街道来应对炎热的沙漠温度。街道尽端的建筑物正好产生空气湍流,推动空气向上流动,形成了一种能使街道降温的冲洗效果(flushing effect)。

马斯达最初的设计是禁行汽车的。交通功能将由公共交通和个人快速交通系统承担,现有的公路和铁路连接到城市外围。由于没有汽车,加上为了避开炎热的沙漠气流而设计的城市围墙,使得狭窄、阴凉的街道有助于凉爽的微风吹过城市。2010年10月,开发公司宣布,由于将个人快速运输系统与步行系统分离设计的成本问题,个人快速运输系统将不再扩大到试点范围之外。根据调整后的设计,马斯达现在将使用混合动力汽车以及其他清洁能源型车辆用于城市内的主要交通运输。大部分私家车将被限制在城市周边的停车场中。阿布扎比现有的轻轨和地铁线将把马斯达市中心与主城区连接起来。

马斯达科技学院提供研究生课程,是一所研究型大学,专注于替代性能源、环境可持续性以及清洁技术。该学院是马斯达城的首位入驻者。其校园设计的重点在于:灵活性、传统建筑元素和现代材料的使用,目的是提高自然的采光和冷却功能,以减少能耗。

截至2013年,该学院共招收了336名学生。就中东的标准而言令人惊奇的是,其中35%是女性。有42%的学生来自阿联酋国内。该学院未来有望扩招至800人。学院学生不论来自哪国,均能获得全额奖学金、月薪补助,以及笔记本电脑、教材、住宿,以方便其学习。马斯达的教职工与学生,已经和学术界、私营企业、政府机构一起进行了300多个联合项目。他们的研究方向主要集中在可再生能源、智能电网、智能建筑、能源政策与规划、水资源利用、环境工程和电子产品方面。

马斯达科技学院一直是马斯达城工程计划的幕后推手,是研发活动的中心。该学院的建筑物是与麻省理工学院(Massachusetts Institute of Technology)合作开发的,比阿联酋的普通建筑物节约了51%的电力和54%的饮用水,还安装了测量系统,用以实时监测电力消耗。

国际可再生能源机构(International Renewable Energy Agency),简称IRENA,总部设

在马斯达城。马斯达是在阿联酋进行的一次高调的竞标后被选中的。在竞标中，阿联酋提供的条件是：马斯达城的免租金办公室，20个马斯达科技学院的 IRENA 学位，以及为发展中国家的可再生能源项目提供的高达 3.5 亿美元的贷款。

西门子（Siemens）这家大型公司也在马斯达城建立了一个区域总部。该总部是阿布扎比能效最高的建筑物。该建筑通过了 LEED 白金认证，采用了可持续的、节能的建筑技术与材料。它的设计目标是比普通写字楼节约 45% 的能源和 50% 的水。这座 13 万平方英尺的建筑物，其核心的设计理念是"盒中盒"。这种结构的内层表皮的隔热性和密封性极好，可以远离太阳热，而外部是轻型的铝质遮阳系统。大楼下面的广场是漏斗状的。这种形状可以吸走建筑物下面流过的风。由于文丘里效应（Venturi），气流可以通过建筑物的中庭上升到屋顶，不需要任何能耗就可以冷却公共空间。这些中庭可将自然光引入建筑物内，以减少人工照明的使用，进一步降低能源消耗。楼宇自动化系统全部由西门子供应。

该孵化器大楼（Incubator Building）包括零售和办公场所，为初创企业、中小型企业以及跨国公司的地区办事处提供服务。孵化器大楼的设计规模足以容纳约 50 家公司。其中一些最知名的租户包括通用电气、三菱、施耐德电气以及全球绿色增长研究所（Global Green Growth Institute）。孵化器大楼中还有通用电气公司的生态愿景中心（Eco-imagination Center）。该中心提供关于能源和水效率的培训和展示。

这座城市的电力来自一套面积达 22 公顷（54 英亩）、数量为 87777 块的太阳能电池组，另外还有其他额外的在场太阳能电池板。城市中不设置电灯开关或自来水龙头；照明和水由运动传感器控制开关，能减少 51% 的用电和 55% 的用水。最初的计划是通过诸如屋顶太阳能板之类的在场发电系统来为整座城市供电。然而，由于沙漠的风沙原因，实际上建造一座大型的太阳能发电场效率会更好。

风沙会给太阳能电池板带来问题，因此马斯达城一直在与各公司合作，以设计出比砂粒更致密的表面，以防止它们附着在电池板上。马斯达学院的科学家们也在研究一种能抵抗沙子和细菌的涂料，供太阳能电池板等应用。除了太阳能光伏发电以外，也在探索集中式的太阳能发电站。

在沙漠中，水资源管理绝对至关重要。大约 80% 的水被循环利用，污水被尽可能的重复使用，这些灰水被用于农作物灌溉或其他用途。建筑、入口大门和普通门使用了棕榈木。这可持续的硬木材替代品，由绿色太平洋公司（Pacific Green）开发，使用的是种植园里不再结果的椰子树（PFSK, 2014）。

天津，中国的生态城市

中国有超过 13 亿人口，而且现在由于独生子女政策已经结束，其人口还会继续增长。中国过去 30 年经济飞速发展和快速工业化的重要因素之一是城市化，它提供了重要的劳动力和新的消费市场。随着城市的增长，人们从西部地区迁移到东部沿海地区，但他们并不都是年轻

第九章　智慧生态城市：城市生活新理念

人。老年人和退休者也住在城市里，新的退休中心正在成形。目前，有超过一半的人口居住在城市中，中国城市的人口总数约 6.9 亿，比美国总人口的两倍还多。1980 年，只有不到 20% 的中国人口住在城市中。预计到 2030 年，这个数字将上升到 75%（CS Monitor，2010）。

快速的城市化带来了很多严峻挑战，例如住房、基础设施、水、食品和就业，以及日益严重的污染和社会不平等问题。中国政府正在通过将大型污染企业从最大的内陆城市转移到农村或其他城市来解决这一问题。自 2000 年以来，居住在被称为"城中村（urban villages）"的"贫民区"中的人口已从 37% 下降到 28%，而中国正处于建设的热潮之中（CS Monitor，2010）。

天津生态城的用地坐落在曾经的盐场上，后来也是工业倾倒场，是一个 2.6 平方公里的废液池。在此之上，中国建设了一座绿色、智慧的可持续城市。天津生态城距天津市中心 40 公里，距北京 150 公里，它是服务中国中部和西部大部分地区的航运港口，现在正从污染严重的工业废料区中呈现出来。该项目是天津滨海新区的一块奠基石——滨海新区是渤海湾地区的一部分。这是中国增长最快的地区之一，已被确认为继珠三角和长三角之后的中国下一个增长引擎。

2007 年，中国与新加坡共同开发了中新天津生态城（Sino-Singapore Tianjin Eco-City），这是一个具有里程碑意义的合作范例（SSTEC，2013）。这座城市的目标是"一座繁荣的城市，社会和谐、环境友好、资源高效——一个可持续发展的典范"。这一愿景建立在"三个和谐（Three Harmonies）"和"三个能力（Three Abilities）"的理念之上（SSTEC，2013）。

"三个和谐"是指：

1. 人们和谐相处，即社会和谐。
2. 人与经济活动相和谐，即经济活力。
3. 人与环境相和谐，即环境可持续性。

"三个能力"指的是生态城市：

1. 实用性——所采用的技术必须是成本在可以承担范围、具有商业可行性的。
2. 可复制——其原则和模式可以应用到中国的其他城市，甚至其他国家。
3. 可扩展——其原则和模式可以适用于其他项目或不同规模的开发。

中国政府为生态城的选址设定了两个标准。该城市不能占用耕地，并且应该位于缺水地区。该项目最初确定了四个可能地点：包头（内蒙古）、唐山（河北省）、天津直辖市和乌鲁木齐（新疆）。

经过全面调研，考虑到周边基础设施的开发、可达性和商业可行性，最终选择了天津作为项目地点。中国的"十二五"和"十三五"规划也开始把重点放在中国西部，以实现环境规划的可持续发展。与该项目类似的模式之一是丹麦，该国哥本哈根在从农村的农田快速发展到城市的过程中曾面临过类似的问题。

天津生态城将于 2020 年建成，它是一个引人注目、非常具有吸引力的项目。其规模在同类项目中居全球之首，也是第一次试图从零开始建设一座智慧生态城市。总用地面积达 30 平方公里，大约是曼哈顿的一半，该城市低碳的绿色环境中可以容纳 35 万名居民。到 2014 年，初期工程已经完工，其中拥有约 1.2 万名居民。项目的剩余部分将根据不同阶段进行调整。

智慧生态城市——走向碳中立的世界

总体规划由新加坡和中国的专家团队开发，结合了来自这两个国家和其他国际团体的最佳想法。这座城市将展示新型的绿色技术，并使用基准值来确保项目开发做到环境友好、资源高效和经济可持续。两国政府还建立了一个高层联合指导委员会，以监督和支持天津生态城的发展。

规划者称，该项目将创建一个绿色社区，使大自然融入日常生活，并采用可负担的技术和实践，为可持续发展打下坚实的基础。为减少碳-生态足迹，天津生态城促进了公共的、无化石燃料的机动车运输系统。混合动力车和公共汽车将成为通用交通的主要组成部分。住宅和商业开发区位于靠近主城中心或子中心之处，以使居民住处离工作地点和便利设施更近，这样居民就可以采用步行或骑行的交通出行方式（Feng and Zhang, 2012）。

天津生态城的建筑是生态的，符合由新加坡和中国的专家团队联合制定的绿色建筑评价标准（Green Building Evaluation Standards），它是特别针对生态解决方案的标准，将标准整合到建筑物中可提高可持续性和商业可行性。最基础的绿色建筑标准包括节水型洁具、隔热墙体和双层玻璃窗，可优化来自南向朝向的被动热。虽然在一些国家这都属于标准配置，但这些元素在中国比较少见，但对所有的中国城市而言，这些都被认为是未来的需求方向（BBC, 2012）。

为了提高宜居性，公园和绿地布置在城市周围，用芦苇地来吸引鸟类，还可以洁净水质。车行道、小巷与常规的大街区网格交织在一起，意味着邻里社区的发展。在该区域可步行或骑行，这样人们就不会与社会相隔离。而休闲娱乐设施在规划上距离城市的任何位置都不是很远。

生态城的核心带被称为"生态谷（eco-valley）"，其中的自行车道和有轨电车穿过城市的中心地带。虽然并没有完全禁止汽车，但是居民们被鼓励步行，或使用常规的低碳交通工具以替代开汽车。该项目将成为绿色技术企业和创意产业的中心。已有超过1000家公司入驻，其中有一家动画工作室，有着自己的发电站，它将太阳能光伏墙面和屋顶面板集成在了一起。

在这片天然干旱的区域，水是更大的挑战之一。生态城的自来水由管道输送，而且可以饮用——这在中国，尤其是缺水的中国北方是很少见的。为补充水源，另外规划了一个海水淡化厂（desalination plant）。节约用水是一个主要焦点，因此循环用水也用来灌溉和便器冲水。城中的水体和水管是黏土或混凝土铺就的，以防止咸水渗入，而污水则要经过厌氧生物消化处理。在消化过程中产生的甲烷可用来发电。用于垃圾处理和回收的综合系统，与垃圾的清理和焚化过程相结合，用以生产能源并减少垃圾填埋量。

天津拥有先进的轻轨交通，以及各种各样的生态景观——从太阳能发电场的生态技术景观，到绿荫葱葱的地表风景。35万居民均可以享受到这一切。一条巨大而美丽的生态谷，作为生态的"绿脊"，贯穿整座城市，并连接主要的交通枢纽、住宅开发区和商业中心。自然栖息地将得到恢复，河流、水体和湿地将被清洁化（SSTEC, 2013）。

该项目被新加坡和中国政府选择出来，以表明清理污染区并使之变得有用和宜居，是可能的。现场清理花费了三年时间，包括开发新技术以消除场地中央废液池的重金属，并将之转变为可泛舟其上的湖泊。利用地层温差发电的地源热泵，被用作太阳能电池板和风力涡轮发电机

第九章 智慧生态城市：城市生活新理念

的补充。

生态城中许多建筑物使用了荷兰飞利浦照明公司的声控和动作感应照明系统。灯具除非听到或感觉到有人接近，否则一直处于自动关闭状态。建筑物则有智能控制系统，可通过自动升降窗户的百叶来调节光线和温度。还有一些其他的创新点，比如由瑞典恩瓦克公司生产的城市气动垃圾收集系统，该系统不需要使用垃圾车，另外，通用汽车公司将对其下一代无人驾驶的EN-V（Electric Networked-Vehicle）电动联网汽车进行道路测试。

天津生态城市的规划者认为：生态性不是奢侈品，而是可以获得的必需品。这座生态城将成为全球各城市的一个实用的、可复制的、可扩展的模式。

其他国家的相关进展

欧洲和亚洲正以最快的速度步入绿色工业革命，并且在创造环保的、可持续的智慧生态城市方面获得了巨大的进步和资金保证。而美国——国会功能紊乱、缺少国家级的能源政策意识，对抗化石燃料的行动滞后。然而，仍有迹象表明新兴的绿色趋势正在兴起，领头者是美国的两个大州——加利福尼亚州和纽约州。

加利福尼亚州一如在其他社会议题上的表现，在这方面处于领先阶段。该州正在迅速采用能效项目和可再生能源。气候变化对该州造成了严重的影响，长达四年的干旱肆虐此地。因此，水资源保护正变得越来越重要，甚至成为重大关键点——特别是在该州的人口还在继续增长的情况下。

加利福尼亚州的戴维斯市（City of Davis），距离该州首府萨克拉门托（Sacramento）仅10英里，是一座拥有6.5万居民的小镇，其加利福尼大学戴维斯分校中有3.5万名学生。该城市连同这座校园，在可持续的理念和实践领域或居全美前列。一个负责环境管理和可持续发展的校园办公室领导着该大学和城市的大部分区域，制定了促进可持续发展的政策法规。该大学的多个部门（例如农业专业）将可持续性、可再生能源和节能设计等理念融入到了课程之中。

2011年，该大学向教职工和学生开放了紧邻原校区的西镇校区（West Village），面积达130英亩。作为一座新校区，它由私人建筑商和州政府机构联合建立。起初，该大学将之视作"一个具有环境责任感的校园住区项目。"然而，它发展成了美国最大的零净能耗社区（zero net energy community），目标是尽可能做到能源自给。同时，该大学的能源与交通创新中心（Energy and Transportation Innovation Center）也坐落于此。

加利福尼亚大学戴维斯分校西镇校区——零净能耗社区

包括美国能源部、加利福尼亚州能源委员会（California Energy Commission）和加利福尼亚州公共事业委员会在内的许多公共机构，协助了戴维斯分校西镇校区的工作。该项目将成为一项发展蓝图，围绕它的是各种技术、财务和监管障碍，而这些障碍都是其他社区在努力成为零净能耗社区的过程中也会面对的。

西镇自奠基以来，不断地提供实用性的知识，以探索如何规划、建设、运营及改善这个大规模、多功能的可持续社区。该大学表示，它已经成为一座关于能效和可再生能源研究的实验室，不仅提供有价值的数据，同时也是零净能耗（zero net energy，ZNE）的新技术与商业模式的试验场。

西镇最终将容纳3000名学生和500名教职工（以及他们的家庭）。竣工后，将包含662套公寓和343套独户房屋，再加上配套商业、休闲娱乐中心，以及校区广场（village square）。西镇还将有一座社区学院中心，以及被称作"uHub（University Hub）"的设施。

uHub位于校区广场周围的商用空间中，它也是校园能源研究中心（campus' energy research centers）的所在地。uHub致力于促进可持续发展，有助于促进大学的科学创新和专利技术的商业化。该创新中心旨在促进相关研究单位之间的合作，强化与私营部门之间的互动，加速大学的创新发明进入市场。西镇的uHub入驻了加利福尼亚大学戴维斯分校的诸多研究中心：

- 水能效中心（Center for Water-Energy Efficiency）
- 中国能源与交通中心（China Center for Energy and Transportation）
- 能效中心（Energy Efficiency Center）
- 交通研究所（Institute of Transportation Studies）
- 插电式混合动力/电动车研究中心（Plug-In Hybrid & Electric Vehicle Research Center）
- 能源、环境与经济政策研究所（Policy Institute for Energy, Environment and the Economy）
- 国际能源技术项目（Program for International Energy Technologies）
- 可持续交通系统能源通道计划（Sustainable Transportation Energy Pathways Program）
- 能源研究所（Energy Institute）
- 城市用地和交通中心（Urban Land Use and Transportation Center）
- 西部制冷效率中心（Western Cooling Efficiency Center）

西镇公寓的建设采用了积极的节能措施，并使用了在场可再生能源。每套公寓有两间卧室、步入式衣橱、一台全尺寸洗衣机、烘干机、不锈钢厨房用具、空调，以及无限制的高速互联网服务。

规划原则

在规划阶段，规划团队就意识到，西镇必须为加利福尼亚大学戴维斯分校的教职员工和学生提供便利，而零净能耗的目标却必须与其负担能力相平衡。为了回应这些互相冲突（竞争）的原则，最终采用了如下原则：

- 西镇将争取每年从电网中使用的电力达到零净能耗水平。
- 对于开发者来说，做到零净能耗不能增加成本。
- 用户也不应为零净能耗付出更大的代价。

第九章 智慧生态城市：城市生活新理念

- 西镇将采取深度节能措施，以降低能源需求。
- 通过社区规模的多种在场可再生资源来实现零净能耗。
- 对于更进一步的能源相关课题而言，西镇将成为其鲜活的试验场。

作为规划过程的一部分，他们发现，通过采取深度能效措施，与加利福尼亚州建筑节能法规（California Energy Efficiency Building Code）相比，他们可以将西镇的能耗降低50%。这些节能措施包括反光屋面（solar-reflective roofing）、防热辐射屋顶覆层（radiant barrier roof sheathing），以及额外的保温隔热层。节能的室外照明设备、室内传感器和日间照明技术，使得社区用电比采用常规照明节约了大约60%。基于网络的工具可以进行用电量监测。居民可以通过智能手机应用程序来远程遥控关闭灯具和插电式电子设备。

一期工程由安装在建筑屋顶和停车场顶棚上4兆瓦时的太阳能阵列供电。生物消化器（bio-digester）将校园里的残羹剩饭、动植物废料转化为在场发电系统的能量。

该社区在很多方面（而不仅是发电方面）都是可持续的。比如，它提供了一个广泛的自行车网络，还有天然气驱动的公共汽车服务——它们不久将由全电动和氢燃料驱动的交通工具所取代。因地制宜的景观设计、节水型卫生间、可循环的建筑材料，以及挥发性有机化合物（volatile organic compounds，VOCs）含量较低的涂料等，都是一些具有生态特色的设计。

西镇校区在加利福尼亚的住宅建设中展示了一场生动的绿色革命，展示了建筑实践是如何做到可持续的。在建设智慧生态城市方面，州公共事业委员会呼吁：到2020年，所有新建住宅建设项目达到零净能耗，在2030年之前所有新建的商业项目达到零净能耗。

其他功能

其他具有可持续性的特色功能包括电池缓冲型电动车充能站。它结合了在场太阳能、高电压锂离子电池组和电动汽车充电站，能够储存光伏能源，日间和晚间均可充电，不会增加电网负载。该系统主要的能源来源是位于校区广场的一座太阳能光伏塔（PV tower），同时该系统也与电网相连。因此该系统可通过多种方式运作，比如控制电动车的充电负载、在高峰时段减少需求，并为车辆充电和建筑负载运行时进行负载转移。不久就可以在社区中租赁到氢燃料电池汽车，而且其所用氢能是利用可再生能源对污水进行电解生产的。

为了对先进的零净能耗技术进行论证，在学生宿舍萨尔斯提斯楼（Solstice student housing）安装了一套有24块面板的光伏热联用（PV-plus-thermal）太阳能系统。该系统为公寓提供光伏电力，并为大楼的集中式热水系统提供热能。光伏热联用系统和集中式热水系统相结合，通过与高效的空气-水热泵（air-to-water heat pump）进行交互，来探索如何优化为多用户服务的热水供应系统。

另外，作为一项配套项目，在艾吉镇（戴维斯市中心的一处教职工社区）安装了一款独户使用的系统，采用了混合型太阳能系统和需求端管理技术（demand-side management）。该试点房屋中所使用的这项技术，包括一套光伏热联用太阳能系统，一个锂离子二次生命电池（second life battery），以及一套家用能源管理系统。该能源管理系统负责监控插座负载、电器、蓄电池的充放电，以及电动车的充电。未来还计划安装家用的制冷采暖地源热泵系统。该项目的目标是在改善环境的同时实现零净能耗，并将过程中所积累的经验教训用作西镇等地未来的独栋住宅项目中。

建筑能源公司（Architectural Energy Corporation），连同PG&E公司、可持续设计＋行为（Sustainable Design + Behavior），正在与西镇的管理团队紧密合作，为社区建立监测和推广计划。其中包括监测140套公寓的终端负载，并根据所观察到的耗电量，为这些单元提供具体的月度干预信息。该项目已经启动了一个社区范围的推广计划，以提供能耗的相关信息。还包括了定期的外展活动，如竞赛，目的是在社区内部进行教育推广和节约能源。

还建设了一种非常特别的高科技可持续住宅，称作"本田智能家居（Honda Smart Home）"，它展现了实现加利福尼亚州目标的路径之一（到2020年，实现所有新建住宅项目达到零净能耗）。该住宅包括下列技术：太阳能发电系统、用作智能电网的本田能源管理系统、太阳能光伏对车辆直冲电系统、高效的暖通系统（HVAC，加热、通风和空调），以及由加利福尼亚大学戴维斯分校设计的照明系统。

经验教训

西镇的规划人员对"零净能耗"定义是："来自电网的净能耗，其年度总和为零"。更具体而言，这意味着，该社区需要在现场生产更多的能源以抵消每年的消耗。它并入区域电网，在用电高峰时段，它将电力上传到电网，晚上则从电网中获取电力。

2013年春，西镇第一期工程的能耗评估工作完成。在整个社区完工之前数年，就达到了最初所设定的零净能耗目标的87%，这是西镇项目的一次成功。然而，评估中也出现了几个重要问题，对这些问题的考虑将有助于后续工作。

评估中发现，若要达到最佳性能，新建系统的调试是非常关键的。调试是一个过程，能确保新系统以预期水平进行运行。集中式热泵热水器（heat pump water heaters，HPWHs）没有获得合适的授权，这导致了更多的能耗。

项目所安装的热泵热水器没有按照预设情况运行，这导致了加热控制系统自动转为使用备用的低能效电阻式加热器，以满足居民的用水需求。糟糕的是，由于使用该备用加热系统，使系统增加了巨大的额外耗电量。不过，通过调试，发现并解决了这个问题。

从试运行过程中，西镇的规划人员获得了以下经验教训：

- 对于新的技术和策略，对系统进行测试以确保它们按照设计运行是非常重要的。
- 为热泵热水器安装警告系统，当系统功能下降时可及时通知操作人员。制造商现在正为热泵热水器系统安装警报装置。
- 对于更复杂的建筑系统，例如集中式热泵热水器和娱乐休闲中心的机械式系统，要进行持续的调试。

评估过程中还发现了初始的假想耗能模型有问题。最初的假设是以标准的多户（家庭）型项目为基础的。规划人员发现，学生住房和其他多户型项目相比，有着明显的差异。在一个典型的多户环境中，通常每家只有一两台计算机、一台游戏机，再加上其他一些全家共用的用电器。而相比之下，一套有四个房间的学生公寓就像四个独立的家庭，其中每个家庭都有自己的电脑、智能手机、游戏机、电视，以及其他的电器。西镇正在开发教育课程，以鼓励学生们节约能源。同时还在评估其他太阳能光伏发电系统的替代品，以抵消超额的能耗。

在最初建立的社区设计模型中，并未计入休闲泳池和公共区域照明的能耗。模型的重点在学生公寓的建筑物。目前正在研究如何减少总体能耗，并开发其他抵消超额能耗的方法，以解决由于错误的假想模型所导致的问题。

同样是独户式公寓，能耗较高的类型比较低的要高三倍。这一巨大差异表明了居住者之间显著的行为差异。高能耗主要在于使用者，而且很大情况下是插座的负载较大。由于住户并未直接为公共事业付费，也没有记录他们耗能几何，他们对于用电习惯，以及其行为对于能源使用有何影响，并没有太强的意识。一项鼓励学生节约能源的教育计划正在进行之中。

规划人员确定了如下的经验教训：

- 制定并实施社区参与策略（engagement strategies），以鼓励节约能源。进行社区教育，以使居民了解其在零净能耗建筑中的角色，以更好的理解零净能耗目标的愿景。其中的策略，包括对那些偏离目标、竞争，以及相关意识的公寓建筑进行激励。
- 对校园里的旧建筑进行耗能评估，确定其中的"高能耗"公寓建筑（high-use apartments），并制定一项策略，以遏制过度的（超出预计）能源消耗。
- 为用户提供耗能占用量反馈（occupant feedback）和控制的手段。评估市场上的现有产品，以确定是否有可行的解决方案来为用户提供反馈和控制手段。

参考资料

BBC, 2012. China's eco-cities: Sustainable urban living in Tianjin, http://www.bbc.com/future/story/20120503-sustainable-cities-on-the-rise.

Christian Science Monitor (CS Monitor), 2010. http://www.csmonitor.com/World/Global-News/2010/0318/India-China-lead-in-lifting-people-out-of-urban-slums-UN-says.

City of Stockholm, 2010. http://international.stockholm.se/city-development/european-green-capital-2010/.

Clark, Woodrow W. II and J. Dan Jenssen, 2001. The Role of Government in Privatization: An Economic Model from Denmark. International Journal of Technology Management, Vol.21 N.5/6.

Climate Group, 2012. http://www.theclimategroup.org/what-we-do/news-and-blogs/hon-mike-rann-on-revitalizing-cities/.

Ecocity Builders, 2015. www.ecocitybuilders.org/why-ecocities/.

Feng, Yun and Mingzhuo Zhang, 2013. A Path to Future Urban Planning and Sustainable Development: A Case Study of Sino-Singapore Tianjin Eco-city. UCLA, Cross-disciplinary Scholars in Science and Technology Program.

Gregory, Regina, 2011. Freiburg, Green City. The EcoTipping Points Project, January, http://www.ecotippingpoints.org/our-stories/indepth/germany- freiburg-sustainability-transportation-energy-green-economy.html.

Howard, Ebenezer, 1902. *Garden Cities of To-morrow*. S. Sonnenschein & Co., Ltd., London.

Orlando, Ernest, 2013. An International Review of Eco-City Theory, Indicators, and Case Studies. Lawrence Berkeley National Laboratory, LBNL- 6153E, https://china.lbl.gov/sites/all/files/lc_eco-cities.pdf.

PFSK, 2014. Futuristic Eco-City Masdar Keeps Rising, Right On (a New) Schedule, http://www.psfk.com/2014/09/eco-friendly-city-masdar-rises-newschedule.html.

Register, Richard, 1987. *Ecocity Berkeley: Building Cities for a Healthy* Future. North Atlantic Books, New York.

SSTEC, 2013. Eco-City Singapore, http://sstec.dashilan.cn/en/SinglePage.aspx?column_id=10304.

Suzuki, Hiroaki, Arish Dastur, Sebastian Moffatt, Nane Yabuki, and Hinako Maruyama, 2010. *Eco2 Cities: Ecological Cities as Economic Cities*. World Bank Publications, Washington, DC.

UC Davis West Village Energy Initiative Annual Report, 2012-2013. http://eec.ucdavis.edu/files/02-21-2014-wvei_annual_report 2012_131.pdf

Visit Denmark, 2015. http://www.visitdenmark.co.uk/en-gb/copenhagen/transportation/green-and-laid-back-capital.

第十章 智慧生态城市

> "石器时代的终结并非因为缺少石头,
> 而石油时代也将终结,同样并非因为我们缺少石油。"
> ——谢赫·艾哈迈德-扎基·耶马尼(Sheikh Ahmed-Zaki Yamani),沙特阿拉伯前石油部长、堪称全球最重要的石油产业专家,于2000年如是说。(Telegraph,2014)

大约15年后,世界已开始走向石油时代的终结,随之走向终结的,还有在过去的一个世纪中由化石燃料利益所主导的全球地缘政治和经济格局。与此相对应,碳基(煤炭、石油),进而是核能的集中式能源公共事业产业——这是由托马斯·爱迪生(Thomas Edison)在1882年的曼哈顿珍珠街(Pearl Street)所开创的产业——现在已经开始衰落了。

多年来,石油巨头及其相关产业破坏了地球的脆弱环境,也破坏了人类的生活方式。今天,由于过度的碳排放引起的全球变暖,导致了难以阻挡的冰盖融化——在南极西部冰层(West Antarctic Ice Sheet)和北极大部分地区。夏天正变得越来越热,诸如登革热(dengue)这样的疾病也在蔓延。哮喘(asthma)正严重地困扰着世界各地的儿童。随着海平面上升,沿海城市和岛国受到日益严重的洪水和风暴的威胁和破坏。

不难得出如下结论:假如人类不把化石燃料用作主要能源,那么全球的工业化进程将会变慢,但却会拥有更加可持续的环境。也不难推导出:如果石油工业并没有获得如此重大的政治与经济力量,并主宰全球大部分活动的话,人类今日的情况也会有很大不同。

化石燃料所引起的环境恶化及其对环境的影响,对于全球各大城市而言,比在其他地方更为严重。随着越来越多的人从乡村过渡到城市的生活方式,21世纪的城市面临着空前挑战。气候变化和全球变暖在某些情况下导致干旱、洪水、海平面上升,以及全球空气质量下降。贫富差距问题破坏着社会结构,导致了犯罪和无家可归等问题。城市的无序扩张,造成更多污染,并且破坏了那些本来更适宜用来生产食物的土地。

为了对抗人为的气候变化,温室气体的排放量必须大幅减少。城市及其领导者在全球范围内扮演着重要角色,因为在全世界范围内,城市产生的温室气体占排放总量的70%。虽然城市仅占据了全球土地面积的3%,但城市人口占世界总人口的50%以上,而且这一数值还在增加。

许多大城市的排放量甚至超过了某些国家。例如,纽约市每年的二氧化碳排放量(5400万吨)和孟加拉国相当。伦敦的排放量为每年4000万吨,几乎和爱尔兰相当,而柏林的二氧化碳排放量(2010年为2130万吨)大约与克罗地亚、约旦,或多米尼加共和国持平(Climate-

Neutral Berlin 2050，2015）。

  城市需要减少这些破坏地球大气层的排放物。城市必须关注环境，就像其对于就业、经济和繁荣所做的那样。必须推动可持续生活和可持续的商业发展，同时还需要促进水、循环、交通运输、能源、通信设施、垃圾清理和再利用等基础设施的发展。

  城市及其领导者必须认识到，能源和水等资源是宝贵的，必须有节制、明智地使用。新建住宅应更加紧凑，并采用最新的节能材料、智能门窗和节能的照明系统。在干旱气候中，水资源的收集和再利用非常重要。哥本哈根的港口被持续数个世纪的航运活动所污染，而现在人们却能够在其中安全的游泳，既然哥本哈根能够做到这一点，那么其他城市也可以做到。最重要的是，生态的可持续城市需要用可再生能源取代碳基能源，在场储存能源，并使用智能集成电网来平衡并共享电力。

绿色工业革命

  幸运的是，技术和环境正结合在一起，加速摆脱对碳基能源发电的依赖。正如在第三章中指出的那样，绿色工业革命（Clark and Cooke，2014）正在全球各地兴起。城市现在可以有所改变，可以变得更环保、更智能化，特别是在能源的生产供应和使用领域。绿色工业革命是一场从化石燃料转变为可再生能源的全球变革，它具有丰富的潜力和机遇。它涵盖了在科技和能源方面的诸多非凡创新。这些进步正在引领可持续的、智能化的零碳排放社区，而太阳能、风能和地热能等无污染技术，此时正在为这些社区的经济活动提供能源。

  在高能效电池和氢燃料电池领域的技术进步，使得人们能够储备电力以供需求较高时使用。智能电网能够进行无缝的电力分发。水的节约和净化技术正在涌现，用来节约这种宝贵的资源。与此同时，还开发出了惊人的新型水技术，能够从空气中提取饮用水。新的科学领域，从纳米技术到社交媒体等，正在对商业活动、人类健康和全球经济产生深远的影响。

  这个新时代包括各个领域的改变，从技术、经济、商业、制造业，到就业岗位和消费者的生活方式等。这种转变可能是非常全面而彻底的，就像蒸汽驱动的第一次工业革命让位于化石燃料驱动的第二次工业革命一样。在欧洲，以及亚洲的部分地区，这场伟大变革正当其道。

走向更加生态和智慧的未来

  世界正朝着更加生态的未来发展。从实验室中正在涌现出各种新的绿色、智慧技术，全球城市，尤其是特大城市，可以非常好的利用这些新技术。特别是，尽管来自化石燃料的相关利益集团施加种种阻力，但可再生能源的生产仍在变得越来越廉价、高效，可再生能源正在日益成为主流。太阳能电力的发展势头非常强劲，在亚洲大部分地区，太阳能电力可以与石油、柴油和液化天然气的价格进行直接竞争（Evans-Pritchard，2014）。即便是美国，在去年新增的电力容量中几乎也有30%来自太阳能。根据美国太阳能行业协会（US Solar Energy

Industries Association）的数据，美国在过去18个月里所安装的太阳能比过去30年里所安装的太阳能总量还多。

德意志银行（Deutsche Bank，德国的一家重要的投资银行）在2014年1月的报告中称，在全球有19个地区——在这些地方，无补贴的光伏太阳能的电力成本与其他发电方式相比存在竞争力。这种与化石燃料或天然气不相上下的成本，正在创造一场太阳能发电热潮。德意志银行还预计，2014年太阳能光伏发电设备的安装规模将达到46千兆瓦，2015年将再增加56千兆瓦（Parkinson，2014）。

德意志银行指出，世界规模前三的经济体——美国、中国和日本——的太阳能发电产业正在蓬勃发展。印度、澳大利亚、南非、墨西哥，甚至中东、南美和东南亚的一些地区，也在迅速发展太阳能发电。后面文中可以看到，中国现在已经在可再生能源领域处于领先地位（Mathews and Tan，2014）。

大学以及国家研究实验室里的科学家们，几乎每天都在开发非碳基能源方面取得新突破。纳米技术和智能电网方面的进步，使得电力的使用效率大大提高。

许多国家（以及美国的加利福尼亚州等州）都在建设氢能高速公路。挪威、瑞典和德国已经将其实现。加利福尼亚州的氢能高速公路将于2016年开通。氢燃料电池汽车已经在许多国家和地区开始销售，比如北欧、加利福尼亚州、德国。中国正在考虑禁止生产使用化石燃料的新车，全球许多大城市都在市中心实行了针对汽车的交通管制。大部分主要的汽车生产商，如戴姆勒、本田、雪弗兰等，都将推出氢动力燃料电池汽车。

特斯拉的Model S，一款插电式电动车，在美国和挪威都超过了高端德国汽车的销量。特斯拉的成功来自于其优秀的锂离子电池组，它很快会作为电力存储产品被投向市场，用于存储在场可再生能源生产的电力。优秀的电池，以及氢燃料电池，连同智能的互联网式的电网系统，将会彻底改变可再生能源的储存和共享方式。

最后，还有一些关键因素将使化石燃料产业彻底偃旗息鼓，并足以显示谢赫·耶马尼的先见之明。

首先，碳排放者将被追责，并为向大气随意排放污染物而付费。虽然目前仍在努力为污染的代价进行计价，但大多数国家（还有加利福尼亚州）已经认识到，碳排放大户必须为它们所造成的损害付出代价。总量排放交易体系目前备受官方瞩目，它是第一款能够让排放者承担责任的工具。不过其并不完美，而且不像直接采用碳排放税那样有效，但该体系正在全球范围内发展壮大。

在美国，加利福尼亚州的项目正在持续进行，在加拿大的部分地区也开始了碳抵消交易。美国其他州，以及世界很多国家，都在关注加利福尼亚的进展。然而，还有更好、更有效的方法来阻止和控制温室气体，比如直接税，以及向绿色工业革命的完全转型。

根据2012年在卡塔尔多哈举行的联合国气候变化会议（United Nations Conference on Climate Change）上所达成的协议，各大碳排放国必须为他们所造成的污染付出代价。在这次会议上，各国政府巩固了过去三年里国际气候变化谈判的成果，并为实现更高的目标和行动打开了道路。在这些众多决议中，有一项非常值得注意。这是一项具有普适性的协议，它的生效期是 2020 年。2015 年联合国气候变化框架公约（UN FCCC）的巴黎会议期间，世界各国政府的关注重点是由美国和其他主要排放国制定的减少碳排放政策的合作和协议。而城市领域也是当时世界各国的一个关注重点。接下来的挑战则是如何实现目标和评估成果。

全世界正在慢慢接受这样一个现实，即延缓气候变化刻不容缓。如果人类现在无法应对气候变化，那么到 2030 年，数百万人将面临死亡全球的 GDP 损失将达到 1.2 万亿美元（Monitor Climate, 2012）。各国政府并不希望耗费公共资金来治理环境和减缓气候变化，因此为这一事项付款的应当是排放大户。

电网平价

另一个加速向可再生能源转变的因素是电网平价机制。电网平价是一个技术术语，意指用户使用可再生能源（未补贴的）电力的成本与传统电力——化石燃料或核能——的成本大致相当。德国人使用电网平价来对他们的上网电价补贴（FiT）政策进行定价，即 20 世纪 90 年代初"能源转型"计划的启动项目。

简而言之，加利福尼亚州的居民或小型商业用户的公共事业电费大约为每千瓦时 20（19.9）美分。如果用户使用可再生能源电力，每千瓦时花费等于 20 美分，就意味着可再生能源达到了"平价"标准，或者说与传统能源的成本相当。

然而，化石燃料和核能的成本正在上升，其原因有很多：开采成本上升、天然气管道的维护费用增加、核电站运营成本与核废料处理成本的增加。与此同时，许多可再生能源——例如风能、太阳能光伏、生物燃料——的成本正在下降。风力发电的成本一直、并仍是最便宜的。不过太阳能的成本也在迅速下降。太阳能光伏技术在美国军方的协助下取得了飞速的进步，它已经开始实现了良性循环。

能源紧缩

享誉业内的桑福德·伯恩斯坦投资银行（Sanford and Bernstein）在 2014 年春发表了一份报告，提出了"全球能源紧缩（global energy deflation）"一词。他们认为，在未来 10 年中，化石燃料所主导的能源市场将经历大幅的成本下降。然而，随着时间的推移，市场正在进入一种新秩序，该秩序下石油、天然气和化石燃料的市场生存能力会持续下降（Greentechsolar, 2014）。

根据桑德福·伯恩斯坦银行的说法，这种全球能源紧缩之所以会产生，是因为光伏（和其他可再生能源）的成本达到了与化石燃料的上网电价平价。他们还称，太阳能现在比石油和亚洲的液化天然气（liquid naturall gas, LNG）便宜，而且随着时间的推移还会越来越便宜，与此同时化石燃料的开采成本则不断上升（Greentechsolar, 2014）。

报告认为，在发展中地区的市场采用太阳能，可以减少对煤油和柴油的需求。中东地区的石油消费意味着石油需求的减少，而中国和亚洲发展中地区的太阳能使用则意味着液化天然气需求的减少。此外，在美国、欧洲、澳大利亚的分布式太阳能装置，也可能减少对天然气的需求量。

伯恩斯坦银行推论：尽管太阳能在当前市场中仅占少量份额，但在未来10年内，太阳能光伏和相关的电池存储产业的市场份额可能会大得多，这将成为能源价格紧缩的导火索，会对依赖于持续增长的、庞大的化石燃料行业产生巨大影响。报告的结论是，可再生能源和电池储存技术必然会蓬勃发展，并导致能源价格紧缩。

美国花旗集团（Citigroup）在2014年3月发表了一份题为"可再生能源时代的开始——能源平准价格（levelized cost）"的报告。该报告认为，太阳能和风能的价格将大幅下降，这将推动可再生能源的发电热潮。花旗银行之所以预测价格下跌，是基于摩尔定律（Moore's Law，信息技术的发展规律）得出的结论。

简而言之，在太阳能光伏的开发和安装等各个阶段，花旗银行在寻求每年降低11%的成本。他们表示，风力发电的成本也将大幅下降。与此同时，他们还表示，天然气价格将继续上涨，煤炭发电和核电的运营成本将逐渐变得难以接受（Wile，2104）。

当全球各大金融机构都开始认真研究，并对日益降低的可再生能源和化石燃料的成本进行量化比较时，我们就更容易理解正在进行的这一重大的生态转变。

即便是沙特人也在对太阳能押注，他们投资了41千兆瓦容量、规模超过1000亿美元的项目，到2030年足够满足他们30%的电力需求。其他海湾国家也有类似的计划。

零边际成本（zero marginal cost）

另一项关键的进展是"零边际成本"。对经济学家或商人而言，边际成本是指在固定成本之外，再生产一套产品或服务的成本。以生产铁铲为例，某公司花费了1万美元建立了生产流程并购买了设备，生产了售价10美元的铁铲。因此，在售出1000个产品后，该公司便回收了固定（原始）成本。在这之外，每一只铁铲则有3美元的边际成本，其中主要包括原料、劳动力和分销成本。

公司通过采用各种技术来提高生产率和降低边际成本，以提高利润率。然而，正如杰里米·里夫金所指出的那样，我们已经进入了一个被技术释放出了极限生产力（extreme productivity）的时代，将有些项目和服务的边际成本推到了接近零的水平（Rifkin，2014）。文件共享技术和随之而来的零边际成本几乎毁掉了唱片产业，也严重撼动了电影产业。报纸杂志已被边缘化，取而代之以博客和YouTube。图书行业正与电子书苦苦斗争。

一场浩大的智慧生态技术革命正在迅速商业化，它将改变我们生活的方方面面，甚至包括我们使用可再生能源的方式。互联网正变得越来越成熟，很快它就会与我们使用电能的方式实现无缝连接。它将极大地提高生产率，并推动降低电力生产和分配的边际成本，甚至可能达到固定成本以外的边际成本为零。

对于早期的太阳能和风能用户来说正是如此。当他们偿付完这些系统的费用，固定成本被回收，另外生产的能源则基本上是免费的。最终，城市居民将能够在宜家、Costco 或家得宝等处购买家用太阳能系统，安装使用后可以在不到两年的时间内收回成本。

这三种元素——碳减排成本、电网平价和零边际成本（还有其他诸如增材制造和纳米技术等）都是绿色工业革命的一部分。这种新的能源模式是分布式的、移动化的、智能的、参与式的，它将迅速取代旧有能源模式。随着可再生能源价格的下降和化石燃料开采成本的不断上升——正如世界很多地区所正在经历的那样，能源需求模式将很快转变，并推动我们进入全球能源紧缩的时代。这将改变我们的城市，以及我们生活的方式。

可持续性可再生能源的时代已经开始。推动可再生能源和零碳的生活方式，将成为历史上最大规模的社会和经济趋势，它在经济复苏、创新、新兴技术等方面有着巨大潜力，对走在前列的国家和城市而言，还有着显著的好处：创造就业岗位。

"人类世"时代（anthropocene era）

正如在本书"简介"一章所提到的，地质学家用"人类世"一词来描述我们现在这个时代，其大致自第一次工业革命至今，这个时代的人类活动已经成为气候和环境变化的主导力量。该时代的关键特征是人类由农业社会向城市社会的大规模转变。这是属于城市居民的时代，正如过去的一千年是农村居民的时代一样，在现在这个时代，城市居民对人类社会的影响意义深远。

人类大规模移居城市，其动机多样，例如工作机会、社会服务、安全感的需求，但总体而言人们意识到，身处"社区"之中可以生活得更好。可以令人感觉到是属于群体一员。正如历史所告诉我们的，人们的这种需求，与群体相联系并想要体会到归属感，是人类历史上最强大的推动力之一。

随着这一需求在 21 世纪浮现出来，随着迅猛增长的城市化人潮，建筑师和城市规划师们都在争先构想未来的城市。如果只考虑地理上的限制，那么这种"新城市"将会是什么样子？城市规划者如何才能停止扩张其规划，在保护珍贵的农业用地的同时还能做到适应城市的发展？在未来的无碳经济中，城市将如何做到运行稳健而又可持续化？以及，如何设计城市，让人们变得富有创造力，让他们的生活得到改善？

对于那些致力于设计和创造未来城市的人们，这些问题始终萦绕在他们的脑海中。新城市正在世界各地的图板上出现，城市设计师们正在寻找方法，以避免过去的错误，并适应新的现实。在这些图板上，有一座城市叫夸伊谷（Quay Valley），它位于加利福尼亚中央大峡谷的中部，处在旧金山和洛杉矶之间的中间位置。

夸伊谷：智慧生态未来城市——加利福尼亚风格

夸伊谷规划容纳 7.5 万居民，规划工作已经进行了长达 7 年，设计师们在各种环境和金融问题上进行了研究。其中有一项增加的新内容，是佛雷斯诺（Fresno）——加利福尼亚大学的一个新的学术部门,该部门是一个可持续研究所,通过该项内容,理论和实践就可以在一个地方被合并和实现。

夸伊谷项目雄心勃勃,其选址位于加利福尼亚中央大峡谷的农业区。该地区又称圣华金河谷(San Joaquin Valley),是该州发展最快的地区,预计在未来20年内将拥有1000万新居民。由于中央大峡谷地区是美国面积最大、最肥沃的农业区域,因此规划和开发人员所面临的挑战将是,怎样使城镇的建设活动对于周边农业经济和生活方式所造成的影响最小化。

规划者们创造了一个新词汇——新农村主义(New Ruralism)——他们希望这是一个为中央大峡谷的预期增长而建立的社区典范。根据其规划者的说法,夸伊谷项目基于下列原则:智能化的增长、可持续性、绿色建筑、环境责任感。规划者的目标是创建一座规划好的社区,使其不仅能提高人们在当代的生活质量,还能确保子孙后代的需求也能得到满足。他们说,这种路径是常识性的,它基于这种理解:如果要明智地满足圣华金河谷的人口增长预计,那么将需要仔细的规划,并建设全新的城镇,而这些城镇必须做到自足,能够提供满足自己社区长期生存所需的自然资源和社会经济体系。

该项目正受到州政府和当地领导者的密切关注,因为据预计,加利福尼亚州的人口——特别是其中部地区——还将继续增长。尽管2015年发生了缺水问题,但预计在未来20年内,加利福尼亚州广阔的农业区域将会容纳数百万的新居民。如何管理这种增长,在创造可持续城市的同时又不会破坏世界上最肥沃的谷地之一,并且还能保护好其对应的农业文化,这将是一项非常微妙的任务。夸伊谷项目已经到了规划阶段的尾声,而且非常感谢其规划者允许我们在书中自由地引用他们的初步设计方案(注:更多详尽细节参见附录)。

柏林:走向气候中立的城市

柏林,德国首都,同时也是该国最大城市,拥有337.5万居民。全世界很少有哪座城市能够像柏林那样彻底的转变为更加生态化、智能化的城市。经过数年的研究规划,柏林公布了他们的可行性研究以及相关规划,展示了一个"2050气候中立的柏林(Climate-Neutral Berlin 2050)"。这份报告发表于2014年年底,由该市的城市发展与环境部(Department for Urban Development and the Environment)牵头。

柏林将自己视作全球典范,从依赖化石燃料和核能的城市转变为一座发展着全面而有效的可再生经济战略和经济模式的城市。这一转型过程使柏林有机会成为一座高度现代化的、拥有基于可再生能源的电力供应的城市。柏林意识到,它不可能独自完成转型;它需要一套有着更多的电力线路和存储能力的改良的电网系统。不过,这座城市相信它能够成为可持续的城市发展的领导者。

柏林努力做到气候中立,而"气候中立"究竟意味着什么?

该词来自联合国的"气候中立战略(United Nations Climate Neutral Strategy)",它对某一城市是否做到气候中立的判断标准是:该城市的温室气体排放量可使全球变暖水平低于2

摄氏度的危险值——假设2050年的世界人口为90亿人，每人具有相同的人均排放权，即2吨基于生命周期的二氧化碳等价物（CO_2 equivalents）（Greening the Blue，2014）。

应对气候变化一事对于柏林而言并不陌生。与能源相关的二氧化碳排放量已从1990年的近3000万吨减少到2010年的2130万吨——下降了27%。柏林的目标——到2050年成为气候中立城市，堪称雄心勃勃，同时也开拓了远景规划的视野。环境和气候意识（包括适应气候变化）现在扮演着至关重要的角色。该市还通过了一项新的法律，以促进能源转型和气候保护工作（名称为"Gesetz zur Umsetzung der Energiewende und zur Förderung des Klimaschutzes in Berlin"[①]）。这项新法案反映了欧洲与德国的能源与气候政策的变化，也反映了柏林的特殊情况和潜力。

太阳能在柏林的未来中扮演着关键角色，就像它在德国过去20年中所担当的角色一样。太阳能光伏系统可以安装在屋顶和建筑物的立面上，城市的配电网络可以容纳大量的太阳能电力，而现在家用和商用的发电成本已经大大降低。在这两种情况下，太阳能光伏系统每年能够满足80万到120万个两户之家的用电需求。通过这种不断增长的电力需求可以推测出，光伏发电将越来越多地用于交通运输——要么是更多供给私家车，要么是共享交通，视情况不同而定。不过无论如何，到2050年，柏林的存量交通工具的排放量和噪音都将大大减少。

这项可行性研究表明，到2050年，柏林可以成为气候中立的城市，这意味着相对于1990年，柏林的二氧化碳排放量将减少85%。它可实现两个目标，一个是气候中立可以通过更多的集中式结构和提高能效的技术来实现，另一个是通过提高分布式结构和充分性的比例来实现。通过把太阳能与供热、发电相结合，城市地区可以产生足够的能源以供基本负载，而且也可以实现盈余，可以减少从其他地方生产能源的需求。

最后，柏林能源系统向气候中立方向的转变，将刺激增值活动和就业岗位的增长（Climate-Neutral Berlin 2050，2015）（注：更多详尽细节参见附录）。

智慧生态城市始于足下

有史以来第一次，世界上大多数人口居住在城市里。全球这种大规模的城市化进程，给城市领导者和城市的资源带来了更大的压力。这会使与气候变化有关的环境危机变得更加严重。创造智慧生态城市需要解决各种新老问题。从依赖化石燃料的碳密集型的高污染城市环境转变为可持续的、健康的、低污染的排放模式是可行的，全球很多城市正在这一点上取得成功。

在城市环境（urban environments）——特别是全球性的大都市中，人们的各种需求是恒定的。人们需要诸多基本的基础设施组成部分以保证正常的工作生活能够进行，例如能源、水、垃圾处理设施、通信系统、交通等。在智慧生态城市模式中，这些组成部分是彼此联系且互相综合的。在这种模式中，这些组成部分彼此重叠（或共享），因此能够减少建设、运行和维护

[①] 德语意为"柏林能源转型与气候保护促进法案"。——译者注

第十章 智慧生态城市

的成本。

尽管我们的城市面临着各种严重问题,但我们仍然要努力使它变得更好。城市需要变得更加卫生、更加干净、新的发展模式和建设模式必须融入我们的工作、生活和娱乐当中。我们的城市不能成为贫富差距、滋生异化、怨恨和冲突的中心,而是成为促进人类交流、思想的健康互动、共享各种文化的舞台。

总而言之,城市空间应当改善。城市设计中的建筑物应考虑创新性和敏感性,并建立一种有活力的基调。应当鼓励可持续的生活方式和可持续的经济活动。城市必须变得更加适宜步行和骑行、更加宜居。城市需要关注环境和经济的可持续性,需要变得更加智能化,并最大化地利用智能技术来优化升级基础设施所需要的资源。

简而言之,全世界需要开发并实施生态城市路径,因为这样的城市能够阻止气候变化,并应对 21 世纪其他迫在眉睫的挑战。

参考资料

Clark, Woodrow W. II and Grant Cooke, 2014. *The Green Industrial Revolution*. Elsevier Press, New York.
Climate-Neutral Berlin 2050—Results of a Feasibility Study, 2015. http://www. stadtentwicklung.berlin.de/umwelt/klimaschutz/studie_klimaneutrales_berlin/download/Machbarkeitsstudie_Berlin2050_EN.pdf.
Evans-Pritchard, Ambrose, 2014. Global Solar Dominance in Sight as Science Trumps Fossil Fuels. *The Telegraph*, April 9, http://www.telegraph.co.uk/ finance/comment/ambroseevans_pritchard/10755598/Global-solar-dominance-in-sight-as-science-trumps-fossil-fuels.html.
Greening the Blue, 2014. http://www.greeningtheblue.org/resources/climate-neutrality.
Greentechsolar, 2014. Solar's Dramatic Price Plunge Could Trigger Energy Price Deflation. April 14, http://www.greentechmedia.com/articles/read/ Solars-Dramatic-Price-Plunge-Could-Trigger-Energy-Price-Deflation.
Monitor Climate, 2012. http://daraint.org/climate-vulnerability-monitor/climate-vulnerability-monitor-2012/.
Parkinson, Giles, 2014. Renew Economy, Deutsche Bank Predicts Second Solar "Gold Rush." January 7, http://reneweconomy.com.au/2014/deutsche-bank-predicts-second-solar-gold-rush-40084.
Rifkin, Jeremy, 2014. Say Goodbye to Capitalism as We Know It. Marketwatch, May 15, http://www.marketwatch.com/story/say-goodbye-to-capitalism-as-we-know-it-2014-05-15.
Wile, Rob, 2014. Business Insider. CITI: 'The Age of Renewables is Beginning.' March 29, http://www.businessinsider.com/citi-the-age-of-renewables-is-beginning-2014-3.

附录 A　夸伊谷：加利福尼亚风格的未来城市[1]

格兰特·库克

"Hyperloop"，一种超音速运输系统的构想，正计划在加利福尼亚的一座生态城市中进行。夸伊谷项目雄心勃勃，其选址位于加利福尼亚中央大峡谷的农业区。该地区又称圣华金河谷，是该州发展最快的地区，预计在未来20年内将拥有1000万新居民。由于中央大峡谷地区是美国面积最大、最肥沃的农业区域，因此规划和开发人员所面临的挑战将是，怎样使城镇的建设活动对于周边农业经济和生活方式所造成的影响最小化。

规划者们创造了一个新词汇——新农村主义（New Ruralism）——他们希望这是一个为中央大峡谷的预期增长而建立的社区典范。根据其规划者的说法，夸伊谷项目基于下列原则：智能化的增长、可持续性、绿色建筑、环境责任感。规划者的目标是创建一个规划好的社区，使其不仅能提高人们今日的生活质量，还能确保子孙后代的需求也能得到满足。他们说，这种路径是常识性的，它基于这种理解：如果要明智地满足圣华金河谷预期的人口增长量，那么将需要仔细的规划，并建设全新的城镇，而这些城镇必须做到自足，并能够提供满足自己社区长期生存所需的自然资源和社会经济体系。

夸伊谷项目是以其开发者的名字命名的——一位名叫夸伊·海斯（Quay Hays）的企业家，据他所言，这一未来城市计划是其多年来与电力公司、建造商和其他专家研讨的结果。

该项目于2007年立项，但由于严重的房地产萧条，以及与毗邻的大型农场在用水权问题上的一场纠纷，夸伊谷项目经历了一系列的延期。现在法律问题已经解决，建设计划将于2016年启动。该城市最初计划容纳15万居民，而现在将拥有大约为该数量一半的居民——约7.5万人（http://growholdings.com）。

夸伊谷项目占地7500英亩，根据其开发商GROW公司（Green Renewable Organic and Water）的描述，在这里，人们可以体验到"可持续、安全、活力、健康的21世纪理想社区"。它的理想愿景是"创建一座21世纪的新模范小镇——一座自给自足的社区，可以无缝地将'新城市主义（New Urbanism）'的步行性和便利性与圣金华河谷的农业小镇的舒适传统进行结合，同时又精心的保护和提升了该地区周边的自然环境。这是一个整合了保护、加强和再生的综合管理过程，它平衡了该社区的社会、文化、技术、经济和环境的需求，这是一项基础，它将使

---

[1] 本附录是对夸伊谷初步设计方案的概述。作者很感谢GROW公司提供项目内容。

附录 A　夸伊谷：加利福尼亚风格的未来城市

夸伊谷成为全世界最现代化、最适宜居住，同时又最具有环境责任感社区之一。与此同时，它还将证明，在中央大峡谷中，'加州梦（California Dream）'依然鲜活，依然栩栩如生"（Quay Valley Preliminary Design Plan. 2015）。

该项目的"概念性用地规划（Conceptual Land Use Plan）"描绘了一个社区总体规划，其中包括智能化发展、新城市主义、新农村主义、可持续性、绿色建筑，以及绿色基础设施原则。其他的一些关键概念如下：

- 为项目区域创建一个有凝聚力的可识别性（cohesive identity）；
- 通过实施一套有力的景观和建筑设计方案来统一整个项目区域；
- 将项目转变为具有美感的生活环境；
- 提供多种范畴的住房条件，以满足当地需求；
- 提供在场式的零售/商业/娱乐机会，并与"市民聚集点（People Gathering Places）"相整合；
- 提供方便、安全、美观的步行交通系统；
- 创建高效的、划时代的"一水"系统（One Water system），该系统能以最可持续的方式连接并利用所有可用的水资源；
- 为项目提供先进的暴雨管理系统；
- 与水处理厂、暴雨水管理系统、分配系统相结合，提供一个舒适的社区环境；
- 提供最先进的在场式污水处理、水处理、水资源存储和再利用设施；
- 提供一种综合性的开发方法，确保在每个规划区域投入运营时都有足够的基础设施就位；
- "足量预留（future proof）"的基础设施，为未来的基础设施更新提供空间，避免设施过时；
- 建立统一的、互联的开放空间系统，为本土的环境系统提供保护、缓解、再创造和加强；
- 集群开发是为了将基础设施的影响和成本最小化，还可以最大化住宅类型的多样性；
- 建立一个自给自足的社区，满足每日需求；
- 尽量减少汽车等交通工具出行的需要；
- 提供高密度的街道网格，以避免未来在夸伊谷内外出现交通拥挤；
- 为居民和游客提供高度的安全保障；
- 提供更多的体育锻炼活动机会；
- 强化社区内的社交网络。

主要的用地组成（land use components）包括五项：

- 一座世界级的可持续社区，其 25,000 个住宅单元可容纳超过 7.5 万名常住居民，将成为全球性的展示窗口，展现通过可持续能源、节能、减轻污染来提高生活质量的途径。
- 一片具有强大活力的、针对家庭型客户的娱乐休闲区域，有着令人兴奋的独特零售场所、主题度假酒店、博物馆、体育运动综合体、水上公园、花园、会议酒店设施、咖啡厅、餐厅以及其他特色景点。

- 经济区域是重要的就业基地，创造满足当地需求的就业机会，其中包括办公和商业园区、创新集群、配送中心、工业、零售、娱乐休闲、服务业、科技、制造业、研究园区、教育机构、公路商业区等。
- 可持续的永久性农业区域，与野生动物栖息地的管理和静态休憩场地（passive recreation）相结合并共享部分重叠区域及设施。
- 外部环境，将有休闲水道、林木区、步行道和自然漫步道，还将重新引入当地物种并设置其栖息地。

夸伊谷的景观美化工程将使该地区与周边环境融为一体，将自然环境融入日常生活中，强化夸伊谷的乡村特色，同时保存好该地区的资源和美感。尤其是，水资源和能源系统的设计采用了突破性技术，坚持可持续发展的原则——节约并保护自然资源，以确保它们也能被子孙后代所享用。

这座城市还纳入了水资源的可持续性设计，将成为节约用水和水资源再利用的典范，其人均用水量要比其他城镇低得多。此外，每个节能的家庭和商业空间都有额外的太阳能光伏发电，另外还有大规模的太阳能发电站来辅以足够的电力，多余的电力还可以供给电网。按照计划，房主在享受清洁能源带来的好处的同时，还不需要支付电费。

广阔的开放空间规划中，有着各种自然的野生动物栖息地——包括湖泊和湿地，以及供动物、鸟类和鱼类栖息的林地。步行道可把居民引入这些开放空间，让他们在每天步行去上学、工作或购物时，都能体验这里的环境。湖泊和水道将连接邻里街区，同时也充当暴雨水收集系统以及防洪设施。

整座城市的智能技术和互联性（connectivity）将会影响人们的生活方式以及商业的运营方式。这种互联的基础设施能够与它的市民和社区一起成长。它的网络系统（有线或无线），将以崭新而具有创新性的方式——例如远程办公和远程医疗——来推动商业的发展。另外一项预料中的副产品将是汽车出行的减少，这为其市民提供所需的信息，从而为不断发展的机遇提供平台。

为了测试各种可持续的技术，这里创建了一座面积达 50 英亩的试验场。试验内容包括有机农业、可再生太阳能、水复垦（water reclamation）等。为了更好地了解水质、渗漏和其他水资源问题，规划团队甚至建造了一片面积达 3 英亩的湖泊，并在加利福尼亚州渔业与野外垂钓部门（California Department of Fish and Game）的帮助下，在湖中蓄养了各种各样的鱼类。

为了帮助这座生态城市达到可持续发展的最终目标，还将环境友好型的资源投入了有机农业部门。已建成了数英里长的灌溉渠，有机小麦的种植面积达数千英亩。人们定期对土壤进行测试，以确保为种植工作所付出的时间和精力会得到持续回报。果园里有坚果树、核果树和柑橘树，水牛和马匹也被引进到牧场上，用原生草牧养。

为了使可持续性成为社区文化和意识形态的一部分，还会开展大规模的教育工作。夸伊谷希望能让当地居民学习到当下以及未来各种绿色技术的优点。大量的计划正在进行，以使

附录 A 夸伊谷：加利福尼亚风格的未来城市

这项开发工作成为可持续性的。对可持续发展目标（sustainability objectives）的规划承诺（planning commitments）如下：

- 旨在利用可再生资源生产更多的能源，不仅能满足我们的使用需求，而且以可再生能源为强制性的首选能源；
- 提供"一水"系统，其中包括水处理和水循环系统，通过使用各种非饮用水——例如再生水、灰水，以及雨水收集和存储，可以将城市和工业（M&I）的用水需求最小化；
- 创造更多的生物多样性和更多的栖息地；
- 通过引入替代性燃料和绿色的交通出行方式，大大减少对化石燃料的消耗和依赖；
- 利用被动式和主动式的替代性能源或太阳能——包括光伏、太阳能热能方案、高能效的设计和施工技术——来减少建筑物的能源需求；
- 减少依赖汽车的交通方式，促进步行、骑行、社区电动摆渡车或其他替代型节能交通方式，以优化空气质量。

城镇中心（Town Center）被规划为主街的概念，该核心地带占地约 55 英亩，可以从夸伊谷周边各个地区方便抵达。作为一个区域性的服务区，它将容纳当地的政府设施和市民中心，并提供多种零售、服务、文化、娱乐休闲活动。在项目内部，所有的道路路径最终都会通到市中心——在这里，居民和游客将体验到各种充满活力的、丰富多彩的"市民广场生活"。通过靠近市中心布置的住宅，保证日间和夜间均有活动，这也是该项目用地理念中最令人惊奇的部分之一。它被设定为一块丰富的、以人为本的聚集场所，用以生活、工作、餐饮、购物和娱乐。

夸伊谷力图成为一个多功能的社区，其中也包括经济适用房。住房价格将满足县级经济适用房的标准，可供低收入和中等收入家庭使用。项目的其他特色还包括：提供全方位服务的医疗中心，以及由当地高校提供的高等教育设施。社区服务组织也在计划推广和组织各种社区活动。

规划人员还考虑到了经济可持续性（economic sustainability），预计新创造的就业岗位将超过 3 万。这一庞大的岗位数量将使许多夸伊谷居民能够在他们的新家园里生活、学习、工作、购物和娱乐。地方高校和县级经济发展部门正在协调有关"绿领"及其他工作岗位的培训项目。

此外，该社区的定位还可以容纳远程办公人员——他们在美国的劳动力组成部分中增长最快。办公园区和社区都是智能化的，尽一切可能采用高新技术。本项目将采用最先进的光纤网络、高速互联网和可靠的供电系统。通过节能、能效技术、最新的科技和通信系统，以及令人满意的公共环境，将使夸伊谷成为非常具有吸引力的商业地点，吸引当地乃至全国的工人和企业入驻。

社区的规划将鼓励（而且有利于）步行、骑行和采用公共交通，以减少汽车出行、空气污染和交通拥堵。充能站将服务电动或混合动力车，加油站也将兼容使用替代型燃料的车辆。而 Hyperloop 系统将提供快速便捷的交通出行方式。Hyperloop 的一期工程将与城市的道路基础设施同步建设。预计到 2018 年，一期工程将完成。届时，夸伊谷第一批居民开始入住，Hyperloop 将对市民开放运行。

Hyperloop 系统的胶囊舱能容纳 28 名乘客，可以在真空环境管道中以 760 英里的时速运行。

它的开发团队是"Hyperloop 运输科技（Hyperloop Transportation Technologies）"，该公司的团队由工程师组成，它将承担夸伊谷项目价值 1 亿美元的一期工程。最终，Hyperloop 将在洛杉矶和旧金山之间扩展。Hyperloop 在夸伊谷的部分将是一条 5 英里长的测试路段，速度会适当降低。它将主要用作技术性的概念验证工程，之所以整合该系统进入整体项目，主要是为了减少使用会造成污染的汽车、公共汽车和卡车。

城市规划者说，这座城市是建立在经济、环境和社会的可持续性之上的，部分原因是减少了对汽车的依赖。Hyperloop 对于生态城市而言，是理想的清洁型社区交通系统。

由于地理位置方便，夸伊谷也可以作为"娱乐休闲目的地"，每年能接待数百万游客。它有条件达成这一目标：拥有 200 万平方英尺的零售商业空间、3 座主题度假酒店，还有众多的景点，包括一座冲浪公园、一座篮球场、一个奥林匹克标准的激流皮划艇项目。

规划师们称，可持续发展是跨世代的社会理想，而不是那种简单的、完成后就被忘掉的目标。它必须发展为一种社会文化和意识形态。通过创造力、工程操作，并将新型的可持续实践融入社区的核心、通过教育和分享关于可持续实践的优点，人们便能更好地理解这些行动是如何对他们的日常生活产生影响的。

附录 B　柏林迈向智慧、气候中立之路：德国首都的洞察力

科琳娜·阿尔滕贝格（Corinna Altenburg），弗里茨·罗伊斯维希（Fritz Reusswig）和维贝克·拉斯（Wiebke Lass）[1]

柏林的欧洲背景与国家背景

柏林拥有 350 万人口，是德国最大的城市，而且还是该国首都，同时也是德国的政治、文化和经济中心。德国本身是欧盟最大、最具影响力的成员国之一，它制定了用于所有欧盟成员国（包括地方社区）的标准和法规。由于欧盟和国家法律的强大影响力，我们将在这些层面上简要地介绍一下绿色、智能化相关政策的一些关键点。

关于绿色和气候政策，欧盟对于 2020 年和 2030 年的气候目标是，为成员国制定一批包含更详细规定的操作框架（参见附录 C 的波茨坦案例研究）。欧盟在 2020 年的初始气候目标（即所谓的"20-20-20 目标"）是：在气候保护、能源效率和可再生能源方面达成三重解决方案。[2] 在准备 2015 年 12 月在巴黎举行的联合国气候变化框架公约气候谈判时，欧盟已就 2030 年的新目标达成了一致。尽管环保政党、环保 NGO，以及一些绿色产业游说团体批评这些新目标过于软弱和缺乏雄心，但欧洲的政客们进行了辩护，称其他国家应该把这些目标视作典范。

新目标是由欧盟的 28 个成员国之间进行协商产生的。为了达成协议，需要考虑到每个成员国的不同利益和情况。例如，由于波兰等国对煤炭的依赖程度很高，因此对波兰实行了一些让步。德国总理安吉拉·默克尔（Angela Merkel）指出，由于德国已经制定了更加雄心勃勃的国家级目标，因此"（要实现该目标）将不会太困难"。到 2020 年，德国打算将碳排放量减少 40%（以 1990 年为标准），到 2050 年将减少 85% 到 95%，另外，在 2030 年和 2040 年还有

1　科琳娜·阿尔滕贝格的电子邮箱是：corinnaa@pik-potsdam.de；弗里茨·罗伊斯维希的电子邮箱是：fritz@pik-potsdam.de；维贝克·拉斯的电子邮箱是：wiebke.lass@pik-potsdam.de。
2　特别要注意的是，欧盟的减排目标是：到 2020 年（以 1990 年为基准）减排温室气体 20%，增加一次能源（primary energy）的可再生份额 20%，同时一次能源用量减少 20%。在 2015 年的 UNFCC 巴黎气候会议筹备阶段，这些欧盟目标被更新到截至 2030 年，增加可再生比例 27%，40% 的二氧化碳减排量，并提高 27% 的能效。

一系列次级目标。

尽管德国倾向于关注在联邦体制范畴之内的国家能源政策，但欧盟和德国之间的关系对于能源政策的成功也至关重要。值得注意的是，尽管德国在某些领域中堪称欧盟典范——例如可再生能源，但并不是在每个领域都是如此。例如，其他许多欧盟成员国在实施能效监管方面做得更好。而且，德国在过去对于汽车行业的二氧化碳排放限制是一贯反对的。[1]另一个显示欧盟国家（和地区）之间相互密切依赖的例子是德国最成功的政策工具之一——上网电价补贴（FiT）体系。[2] FiT 是德国可再生能源蓬勃发展的原因之一（2014 年，可再生能源占住宅用电量的 28%，在总能源——包括供暖和交通运输——中占 11%）。

对于德国的能源政策而言，"能源转型"政策要算最新的一座里程碑，它还影响了像柏林州这样的联邦州政府。该政策于 2011 年，由德国总理安吉拉·默克尔所领导的保守自由主义（conservative-liberal）政府所批准。但具有讽刺意味的是，也是同一届政府，在一年以前刚刚冻结了其前任政府（红绿联盟，red-green）所作出的在 2022 年以前逐步淘汰核能的决定。但 2011 年初，发生了福岛核事故。反核能抗议活动，在 20 世纪七八十年代，持续震撼着前联邦德国政府，而 1986 年的切尔诺贝利核事故（Chernobyl accident）为此类抗议活动火上浇油。在福岛事件之后，默克尔政府立即意识到：过去他们所一贯持有的想法是"西方以及德国的核电站比俄罗斯要先进的多，而切尔诺贝利事故永远不会在这里重演"——但这种 1986 年以来所执行的宣传战略现在行不通了，因为毕竟日本也是技术水平非常高的国家。为防止大规模抗议事件，默克尔及其政府，在一周内就放弃了他们最近作出的能源决策，同时决定在 2022 年之前逐步淘汰核能——仍然按照前任红绿联盟政府的路线行动。结合德国的气候政策目标，再加上默克尔长期以来致力于实现这一目标，这项逐步弃核政策将会带来可再生能源和能效项目的大量登场。

然而，考虑到总体气候目标，到 2020 年德国能否实现 40% 的减排目标，目前仍不清楚。煤炭在全球市场的低价，部分原因是美国增加了页岩气的使用量而引起了煤炭需求减少，这使得煤炭对电厂投资而言更具吸引力。除此之外，在某些地区，褐煤仍然是一种重要的国内资源，因此，逐步废除煤炭的计划比预计速度要慢。最新的研究预计，届时只会减少 33%~34% 的排放量，而不是 40%。因此，在 2015 年春季，经济和能源部门发布了一项计划，逐步淘汰运行时间超过 20 年、采用褐煤的火力发电厂。一个来自工业和工会的游说团体对这些计划提出了抗议。另外，政府已于 2014 年 12 月发布了一份耗资 8000 万欧元的"气候行动计划（Climate Action Plan）"，有望主要通过节能措施来进一步减排 2200 万吨。

1　然而，2015 年秋初，大众汽车的丑闻终结了柴油燃料在减排方面的错误数据。德国中央政府及汽车公司出台了更严格的汽车监管和限制措施。尽管德国汽车工业在电动车领域投入了大量的资金，虽然有点晚，但目前仍不清楚其汽车行业是否会在未来继续担当延缓气候变化的重要角色。德国政府在这方面给予了汽车制造商巨大的支持。

2　在联邦政府层级上的第一个里程碑是在 1990 年两德重新统一的过程中颁布的 FiT（电价补贴）法律。赫尔曼·舍尔（Hermann Scheer）不仅是绿色领域的天才，同时也是支持可再生能源的社会民主党人，他连同其他来自绿党和新兴的可再生能源产业的人，制定了该法律的蓝图。2000 年，由当时的总理施罗德领导的"红绿联盟"联邦政府启动了"电价补贴"体系，在德国掀起了可再生能源的开发大潮。在 2014 年，德国总理默克尔领导下的"大联盟"政府又进行了一项改革，使其适应德国"能源转型（Energiewende）"计划下的新条件和新目标。

附录 B　柏林迈向智慧、气候中立之路：德国首都的洞察力

柏林的情况

在过去的 25 年中，柏林在生态和智能化等领域的行动是非常多样的，不仅经历了东、西德合并，还时常受到政治变动的影响。在西柏林地区，早在 1990 年两德统一之前就已经有了一些能源、气候政策方面的尝试，主要是由公民社会运动、科学倡议和绿党（Green Party）所推动，而类似的尝试在东柏林直到 1989 年之后才出现。环境类的反对组织，在原德意志民主共和国（前东德，GDR）中只是一个小角色。在 1990 年这座城市统一之后，柏林参议院正式启动了一项节能法案（"Energiespargesetz"①）。它与整合不同的经济、社会体制以及社会文化的行政与经济进程是平行进行的，主要发生在柏林的社会民主党（Social Democrats）与绿党联盟的一段短暂时期里。该法案至今仍然有效，到 2015 年会被新的"Energiewendegesetz（能源转型法案）"所替代，后者将成为柏林新的框架性法律。

柏林直到最近之前，都以"贫穷而性感"而闻名——前市长克劳斯·沃韦赖特（Klaus Wowereit）在 2003 年的名言。多年以来，柏林一直背负着沉重的公共赤字，深陷经济停滞。尽管公共赤字仍旧巨大（2013 年为 600 亿欧元），但有前景的发展进程仍在进行。柏林的人口不断增长，经济也在紧紧追赶。2014 年，柏林的 GDP 增长率是 2.2%，相比高于德国的平均值 1.4%。经济复苏也吸引了新的投资和工作岗位。柏林对于许多创新领域的初创公司而言尤其具有吸引力，例如：生物技术、能源、创意产业、媒体、IT，以及生命科学等。柏林甚至头一次有了偿还 15 亿欧元贷款的能力。

然而，光明也总伴随着阴影。就气候政策的观点而言，柏林每年的人口净增长大约在 2.5~3 万人，这是一项真正的挑战——尤其是自 2015 年秋季以来，许多人逃离中东进入德国。对于管理者而言其首要问题是如何应对城市在各方面的增长。柏林的平均收入仍然低于德国其他大城市，但房地产市场的压力却在不断增加。柏林所有公寓中的 86% 用以出租，而比起慕尼黑、法兰克福或斯图加特而言，柏林的平均租金较低。但是租金上涨了，人们普遍担心这会把低收入阶层挤出城市（当前有一个关于德国"中产阶级化"的争论，其焦点之一就是柏林）。这为所有试图使柏林变得更加智能化、更加环保的努力建立了一个场景，例如，对建筑物的大力翻新，通常会导致更高的成本和租金。尽管柏林近年来发展迅速，但它仍然是一座老城市，在这座早已"成年"的城市中，必须进行生态化、智能化的转变。比起欧洲其他城市，柏林的表现相当不错，在欧洲生态城市指数（Green City Index）中，柏林排名第八，在欧洲的人口大城市中（例如伦敦、巴黎等），它的表现是最好的（EIT, 2012）。尽管其人均收入仍然低于全国平均水平，但柏林仍然在这方面继续努力着。

---

① 德语意为"能源节约法"。——译者注

今日柏林：朝着智慧生态型城市发展

从1990年到2010年，柏林成功地减少了27%的二氧化碳排放量（从29.3Mio.t到21.3Mio.t）。但是这种去碳化的成功只能部分归因于良好的气候政策。该减排的主要部分要归功于东柏林区域的"革新"（即所谓的"柏林墙倒塌红利"）。东德时期能效低下的建筑物被翻新，旧工厂要么被关闭，要么进行了现代化，旧车辆被更高效、更强劲的新车型所取代。

2011年，与德国的"能源转型"同时出现的，还有新一届的柏林参议院，由柏林议会选举产生，由社会民主党和基督教民主联盟（Christian Democrats）组成。这样一个"伟大同盟"对于这座城市而言极不寻常。新参议院决定到2050年，将柏林发展为一座气候中立的城市。还有其他一些并非由参议院所主导的进程，也推动了生态智慧城市的发展。

2011年，在做出气候中立目标的决策后，参议院建立了一个新的行政部门，即气候保护和能源特别小组（special unit of climate protection and energy），该小组拥有与州参议院的城市发展和环境局（Senate Administration for Urban Development and Environment, SenStadtUm）副部长的直接联络权。该小组的初步工作是明确气候中立对柏林而言意味着什么，并找出实现方法。为此，他们委托开展了一项名为"2050气候中立的柏林"的研究，由波茨坦气候影响研究所（Potsdam Institute for Climate Impact Research, PIK）所领导的一个小组（包括研究机构和规划师）在2013/14年完成了这项研究。对于长期发展而言，该可行性研究（Reusswig et al., 2014 a, b）是一个重要的转折点。研究表明，如果在整个城市的各个部门都采取相应的措施并得以稳步实施，那么柏林就能够在2050年实现气候中立[1]的目标。

该可行性研究与许多专家和利益相关方一起制定了方案和措施。它为柏林制定了两种不同的方案，通过两种非常不同的社会技术途径，实现了同样的目标。

一种是更加集中式、更个人主义化的场景（左翼），与之相对的是另一种更加去中心化的、"社群主义"的场景（右翼）。例如，私家车在第一种情况下仍然发挥着很大的作用，但所有的汽车当然都必须依赖可再生电力运行。而在该社群主义案例中，我们假设私家车数量明显减少，而柏林方面将与私营或商业运营的车队发展出一种实质性的共享经济。

在两种情况下，柏林的能源体系都将变得更加智能化、生态化，大幅增加太阳能光伏发电、低温区域供暖系统、热泵，以及众多分布式的热电联产发电站等，这些系统由一系列替代性的绿色能源，例如电-热系统（P2H），以及电-气系统（P2G）。根据该可行性研究，所有的产业都需要做出相应贡献，其中也包括建筑行业和私家住房。

可行性研究为这一进程奠定了知识基础。但制度建设仍旧有待进行。为此，参议院发布了一项新的"能源转型"法律，在制度环境中锚定气候中立的目标，并授权参议院发布生态和

---

[1] 气候中立是指联合国气候变化框架公约（UNFCCC）提出的2℃目标，是将2100年的全球变暖情况和工业革命之前相比限制在2℃以内。该目标的假定前提是，2050年全球人口为90亿，同时人均排放权是均等的，这样就给柏林留下了大约440万吨的二氧化碳排放空间，与1990年相比，这相当于至少要减排85%。

附录 B　柏林迈向智慧、气候中立之路：德国首都的洞察力

智能化领域的法案。该法律目前（在 2015 年夏季）已跨越第一道制度障碍，很可能在 2015 年年底由议会通过。它可以算作是可行性研究的后续行动，是柏林能源和气候保护计划（Berlin Energy and Climate Protection Program，BEK）的实施性研究。这个项目目前由生态经济研究所（Institute for Ecological Economic Research，IÖW）领导的研究机构和顾问人员进行，波茨坦气候影响研究所也是其合作伙伴。通过与利益相关各方会商，该项目试图在漫长的气候中立之路上指导下一步工作，并在制定短期目标时整合各个利益相关方。这些工作在随后将会正式实施，比如形成参议院和商业部门之间的自愿协议，而且还将得到新法律的支持。除了非常具有合作性的制定目标和设计措施的进程以外，柏林能源与气候保护计划还包括各种形式的公众参与，例如城市论坛和在线参与等。公民会被邀请来就相关措施发表评论，并给出新建议。该计划的最终草案将于 2015 年底被提交给参议院和议会。

柏林市议会也采取了自己的行动。除了参议院的活动以外，在柏林还展开了关于能源的问题的一场生动而激烈的公开辩论，在这样的背景下，新任命了一个名为"柏林新能源（New Energy for Berlin）"的议会委员会。该委员会将通过探寻适用于城市的、绿色可靠的能源体系，为制定未来的决策做准备。整个过程伴随着一场关于能源体系的生动的公开辩论，特别是关于它是否应由大型私企管理（像现在这样）的问题，以及参议院是否应该以高价将其重新纳入公共所有的问题等。还有一些绿色 NGO 想要通过常规的许可体系购买电网系统。

另一项行动对于气候中立的目标而言非常重要——尽管并没有受到参议院环境部门的推动。该项目名为"智慧城市柏林（Smart City Berlin）"（Erbstößer 2014）。它由参议院经济管理部门基于经济考虑所首倡，它试图加强在诸多经济集群——例如健康、交通等与城市经济相关的产业——中的作用，通过这种方式，来增强柏林的竞争力。尽管起初是受经济利益所驱使，但它与柏林的绿色计划有着明显的协同效应，例如在能效或智能家居领域所表现的那样。现在环境管理部门已经开始关注该议题（Senate of Berlin，2015）。柏林，以及波茨坦，现在已经成为德国电动驱动领域的三大展示窗口之一。有一种被称为"便当盒（BentoBox）"的单车（电动运货单车）被用于"最后一英里（物流末端）"的货物运输。另外还实施了智能电表和微型智能电网系统，以及城区免费 WiFi 热点。在一项由欧盟资助的研究项目中，将邀请 100 户家庭自愿以每年只排放 1 吨二氧化碳的方式生活（现在为 11 吨），由生态智能的商业解决方案来支持该目标（cf. http://www.climate-kic.org/projects/one-tonne-society/）。波茨坦气候影响研究所将为家庭住户提供支持，并通过手机应用程序来监测他们的表现。在乌普萨拉（瑞典），一个原型项目已经投入使用，博洛尼亚（意大利）是该项目（主要针对欧洲）的合作伙伴城市。柏林与巴黎和博洛尼亚一起，申请了 2500 万欧元的欧盟财政研究基金，用于智能化和生态化的城市解决方案。如果进展顺利，在生态化和智能化的试点项目上将投资 700 万欧元（Hoffmann，2015）。

有一座智慧生态的未来典范已经对参观者开放了：该项目被称做"能效 + 住房（Energy Efficiency-Plus House）"，该项目位于市中心，由德国知名的绿色建筑师所组成的团队完成，联邦教育和研究部（Federal Ministry for Education and Research，BMBF）提供资金并进行

监督。太阳能电池板为建筑,以及其住户使用的电动车和电单车供电,而所有的用电器都与系统控制中心相联系。

在柏林,更多的案例是由参议院推动的,但也有商业机构(柏林有着很有活力的创业环境)和公民参与其中,他们展示了智能化与生态化之间的协同效应是如何引领城市的新未来的。目前尚在设计之中的柏林能源与气候保护计划是否能够很快实现,从而推进城市生活中智能化的去碳进程(最近有所减慢),这些都还有待观察。

结论

欧洲许多城市已开始行动,试图转向生态智慧型城市。其中有些城市甚至希望在比柏林更早实现气候中立。例如,哥本哈根的目标是在2035年。但是,柏林力图成为气候中立城市的努力之所以更有价值,是因为这座城市的规模更大,更难管理,要知道柏林拥有350万人口——而哥本哈根只有56万。其建筑存量(building stock)巨大、低收入群体比例高,这都是严峻的挑战。

柏林是一个生态智慧城市发展战略的案例,在这种战略中,有针对性的设计和行政议题的制定工作,比波茨坦这种规模较小的城市(见附录C波茨坦的案例研究)要发挥着更重要的作用。此外,我们发现在这些工作中,不仅有环境管理部门参与,还有经济管理部门的协同活动,以及来自企业的投资项目。在波茨坦的案例中,一家公共事业公司在建设生态城市方面扮演着重要的角色。瑞典公司Vattenfall——一家有着柏林视角的瑞典国有企业——在柏林拥有大量的供热供电产业,但在某种程度上,该公司需要打上括号,因为它不能直接被影响——而是更多地采用间接管理方式,例如自愿签署去碳协议等。在柏林,生态智慧转型在理念上的准备工作做得非常好,该理念在广大群众中的稳固性比其他地方好得多。除波茨坦之外,柏林作为一个联邦州[1],有着更多的法律手段和政治手段来推动立法工作(例如"能源转型"法案),以及在国家背景中表达自己的利益。柏林的一大资产是有着大量的智库,例如大学或学院,而其中很多都是专门从能源和智慧城市的IT解决方案工作的。与此相关的是,我们在柏林还发现了大量的衍生品,既滋养了知识资本,又丰富了进行持续的生态智慧转型所需的资金池。除了波茨坦之外,柏林有着由参议院和各大公司所支持下的明确的智慧城市战略。虽然该组织尚未正式起草文件来支持柏林的气候中立目标,但对主要参与者来说,其协同效应和潜在的合作机会是显而易见的,并且,这些项目已开始获得投资。小规模试点项目已经开始实施,下一步便是扩大其规模。

最后,但也很重要,柏林以其富于创意的氛围和高品质的生活而闻名,其中包括丰富的文化景观和休闲娱乐产业。柏林有很多类似的倡议,例如"绿色俱乐部(Green Club Mobs)",人们聚集在音乐俱乐部,以在经济上支持更多的能效和可再生能源转变,这表明在柏林,两件

---

[1] 即柏林州。——译者注

通常看起来相互排斥的事情，比如"趣味性"和"生态性"，也可以走到一起。

通过国际生态城市之间的对比，可以看到柏林的表现相当不错——尤其是在能效方面。柏林实现了这些成就，而柏林的市民收入却比伦敦、巴黎或法兰克福要低。这是柏林向全世界传达的一个重要信息：你不需要先达到富裕水平才能转变为生态化、智能化的城市——至少在欧洲范围内的确如此。整体而言，柏林的智慧生态城市转型之案例着实令人鼓舞。

参考资料

Caprotti, F., 2015. Building the Smart City: Moving beyond the Critique (Part 1): Ubiquitous Smart Cities, https://ugecviewpoints.wordpress.com/2015/03/24/building-the-smart-city-moving-beyond-the-critiques-part-1/.

Economist Intelligence Unit (EIT), 2012. European Green City Index: Assessing the Environmental Performance of 30 Major European Cities, http://www.siemens.com/entry/cc/de/greencityindex.htm.

Erbstößer, A.-C, 2014. *Smart City Berlin—Urbane Technologien für Metropolen: [Urban Technologies for Metropolises]*. Technologiestiftung Berlin, Berlin.

Hoffmann, K., 2015. Berlin will EU-Wettbewerb für Smart-Cities gewinnen. Berlin Wants to Win EU Competition for Smart Cities, http://www.tagesspiegel.de/wirtschaft/gemeinsam-mit-paris-und-bologna-berlin-will-eu-wettbewerb-fuer-smart-cities-gewinnen/11419344.html

Reusswig, F., Hirschl, B., and Lass, W., 2014b. Climate-Neutral Berlin 2050. Results of a Feasibility Study. Berlin: Senate Administration for Urban Development and Environment, http://www.stadtentwicklung.berlin.de/umwelt/klimaschutz/studie_klimaneutrales_berlin/download/Machbarkeitsstudie_Berlin2050_EN.pdf.

Senate of Berlin, 2015. Smart City Strategie Berlin. Anlage. Berlin. Senate Administration for Urban Development and Environment, http://stadtentwicklung.berlin.de/planen/foren_initiativen/smart-city/download/Referenzprojekte_SCB.pdf.

附录 C　生态、增长、智慧：德国中型城市波茨坦案例

科琳娜·阿尔滕贝格和弗里茨·罗伊斯维希

概述

德国波茨坦（拥有16.4万人口）的发展情况，与那些新建的、处于转变状态的生态城市有着很大的不同。波茨坦是一座中等尺度的城市，与德国首都柏林接壤，是一座典型的欧洲城市。虽然中等尺度的城市并未受到国际社会的广泛关注，但这些中型城市（常规人口在10～50万之间）却容纳了欧洲大部分的城市人口——超过40%的欧洲人居住在这些中型城市里。在全球范围内也是如此：尽管大城市往往受到媒体的主要关注，是新闻的主角，然而大部分城市社区人口实际上居住在中小城市里（Van Staden and Musco, 2010）。

就智能化和生态化的行动而言，中等规模的城市面临着几个障碍，例如经济体规模、金融、机构能力均有限。另一方面，他们为小型创新提供了有趣的可能性。在波茨坦，有许多生态类（包括智能化）的计划、项目已经被实施，或者正在进行之中。这些项目的倡议，有些来自州政府或联邦政府的支持，有些甚至由欧洲项目所支持，另一些则是由市政府自己推动的，另外还有一些自下而上形成的项目。该案例研究详述了一个成熟的欧洲中型城市在向生态智慧城市转型时所面临的一些机遇和挑战。

本附录的下文内容是：首先提供关于城市和国家的背景信息，以便读者了解波茨坦向智能化和生态化转变的具体途径。然后，将简要概述波茨坦在生态智能领域的重要举措和项目。最后，我们重点讨论是什么推动这一领域发展，以及又是什么影响着其更进一步展开。

背景

波茨坦可以被看作是德国首都柏林的缩小版，就像一座美丽的姐妹城，它东部与柏林直接相邻。这两座城市反映了同一段共同的历史——普鲁士王国的历史延续了几个世纪，直到1945年，第二次世界大战的四大胜利者在波茨坦会议上决定了德国的命运。

附录C 生态、增长、智慧:德国中型城市波茨坦案例

虽然波茨坦的历史超过了1000年,但城市结构的主要成形时期可以追溯到1750~1850年,当时的普鲁士国王启用了许多天才的建筑师和景观设计师,以设计一种新型的、与城市生活方式相关联的皇家住宅。其设计同时受到了法式、意式和英式原型的影响,也结合了更加公民化的美学观念。这样就产生了今天看到的这些独特的文化景观——城堡、公民居住区、花园、公园和湖畔美景,这些环境有幸躲过了20世纪的两次世界大战和极权政体,存留至今。其中一部分现在是联合国教科文组织认证的文化遗产。

波茨坦位于德国东部,二战后成为东德(DDR,德意志民主共和国)时期的社会主义城市规划的实践和试验场。东德曾将有着历史传统的波茨坦批判为普鲁士封建主义和军国主义的要塞,因此故意对这些历史遗产进行忽视。那些极具象征意义的建筑遗迹,比如内城城堡(inner city castle)或加里森教堂(Garrison church),遭到了猛烈的批判。

柏林墙——在波茨坦则是位于城市西南方向的"波茨坦墙"——倒塌后,该市投入了大量的精力和资金,修复了许多损毁的纪念性遗址。例如,内城城堡在二战中受损,在1960年由政党法令彻底拆毁,但在2013年恢复了它的历史形态,今天,它是勃兰登堡州(Brandenburg)议会所在地——波茨坦是该州首府。1990年以后,重新设计波茨坦的工作是一个长期的持续过程,多个方面不同的观点相互碰撞:传统、建筑学、城市规划、社会发展等等,这个过程一直持续至今。

同样重要的是,历史上的发展过程,以及后来的部分再重建工作,并非波茨坦这座城市的全部。波茨坦还有一片不那么美丽的城区,主要位于城市南部,在前东德时期的多层建筑中住着大量的中低收入市民。他们中的许多人投票支持左翼政党(假如他们会去投票的话),面对当地大众媒体关于如何重建城区的大讨论,他们普遍感到自己被排除在外了。除此之外,波茨坦还有一个"新北部":一方面,田园城市类型的新住宅区紧挨着市中心,另一方面,还有最近在2003年才并入市区的农村居民点。

尽管勃兰登堡州的许多其他城市都在紧缩——德国东部的许多州也是如此,但波茨坦自2000年以来却经历了人口增长。每年大约有1000到2000人迁居此地。如果和世界南半球的很多超大城市相比,这似乎微不足道。然而,对于一座德国中型城市而言,这是一个相当高的数字。今天,对于自己的增长,波茨坦既感到骄傲,又有所担忧。这一增长,部分要归因于柏林的增长,因为波茨坦和柏林之间有着良好的(公共)交通连接,这使得人们可以很容易地在美丽的小城波茨坦居住,而在繁忙的首都柏林工作。但另一部分的原因是,由于毗邻哈弗尔河及其形成的湖泊,因此波茨坦的生活质量是非常好的——即使与德国西部相比也是如此。

波茨坦的经济特点和其他德国中型城市很像,缺乏工业,主要由中小企业组成的服务业占据主导地位。作为州首府和地区性中心城市,波茨坦也有许多行政机构。除了作为勃兰登堡州的文化中心外,波茨坦也以其全球领先的科学机构和大学而闻名,还为绿色产业的发展提供了非常有潜力的场所。与它的临城——巨大的柏林相比,波茨坦的人口组成相当纯粹:2013年只有4.8%的外国人(柏林是15.4%)。不过这种情况也正在发生变化,因为有中东和非洲难民

的大量涌入。波茨坦也是一座学生城市，在德国各州首府中，波茨坦拥有大学生的比例位列第二（占总人口的15%；而柏林是6%）。

波茨坦的气候政策：历史与国家背景

波茨坦的气候政策——包括减缓和适应气候变化——可以追溯到20世纪90年代初。这是两德重新统一的结果，这些政策主要的推手是重组后的行政部门，其次是地方性的环境类公民社会运动。这些社会运动有两个起源：一方面，来自西德的"绿色保护"人士，以及相关思想，在1990年后进入了这里。另一方面，当地的环境运动和公民自由运动的历史，也可以追溯到20世纪80年代的东德时期。其中的一名积极分子，马蒂亚斯·普拉茨克（Matthias Platzeck），甚至在1998年成为波茨坦市长，在2002年又当上了勃兰登堡州的总理。

以波茨坦为例，国际气候政策城市联系网（international climate policy city networks）在推动当地气候政策方面发挥了催化剂的作用。1990年之后，波茨坦很快加入了欧洲气候联盟（European Climate Alliance），这是一个欧洲城市联系网，致力于减少温室气体的排放，并帮助保护南美洲的热带雨林。波茨坦接受了该联盟的减排目标，我们可以认为，该城市早期的许多行动至少部分地受到了联盟成员的联系网互相学习效应的影响。[1]

然而，波茨坦很快就面临了自身的结构性现实问题，并采取了自己的决策。其中最重要的一项是，该市决定结束长期以来在能源供应中燃烧褐煤的历史。波茨坦能源供应商EWP(Energie und Wasser Potsdam)[①]的主要所有者是市政当局，波茨坦市正是通过这个角色，才在1995年做出了逐步结束褐煤时代的决策。取而代之的是采用天然气的热电联产发电厂，为区域供热系统提供电力和热能，服务城市的大部分区域。波茨坦打破了对褐煤的路径依赖，这有着巨大的重要性，要知道，勃兰登堡州实际上是德国褐煤的一个主要产区，而且勃兰登堡州南部的燃煤发电厂不仅输出大量电力到德国其他地区，而且还占了该州温室气体排放量中的很大一部分。当然，许多工作岗位都与褐煤行业相关。因此，波茨坦在1995年所做出的终结褐煤燃烧的决定，被认为是该州首府对本州利益的非常"不友好的行为"——很多煤矿工人在波茨坦举行抗议，更凸显了这一点。无论如何，该决策都被接受了，自那以后，波茨坦的温室气体排放量有了大幅下降。

波茨坦气候政策的下一步重点是基于其实际排放量和减排潜力来制定一个全面的气候保护理念，并覆盖城市所有部门。该研究已经于2010年完成，后文将对其进行更多详述。

在波茨坦气候政策的发展史上，最后一阶段有两大进展：一方面是2010年概念的实施，

1　气候联盟（The Climate Alliance，德语是"Klima-Bündnis"）是欧洲历史最悠久的城市网络联盟，成立于1990年，联系了西欧地区的城市和当地居民。气候联盟的成员城市，承诺每5年减排10%，到2050年应可达到人均2.5吨的基准值。目前，气候联盟有大约1700个成员（包括大约1200座城市，以及其他相关组织，例如各种能源类非政府组织）。大多数成员来自奥地利、德国和意大利（2015年4月，www.klimabuendnis.org）。
①　德语意为"波茨坦能源与供水公司"。——译者注

附录 C 生态、增长、智慧：德国中型城市波茨坦案例

其中包括监测和重新调整事项，另一方面是对于适应气候变化的概念的精心设计。为了筹备第二个事项，该市已经完成了一项地方性适应战略，这项战略由波茨坦气候影响研究所及其合作伙伴组成的团队在2015年春季完成。这一最新政策的实施正在进行之中。

必须在德国，乃至欧洲的背景下解读波茨坦当地气候政策的最新进程。在德国的背景下，所谓的"能源转型"无疑是一个重要因素。德国国家能源体制发生重大转变的直接原因是2011年初发生的福岛核电站事故，事故发生后，由保守的自由主义联盟组成的德国政府决定在2022年之前逐步淘汰核能。而具有讽刺意味的是，正是同一届政府，刚刚在几个月前，决定修改其"红绿联盟"的前届政府关于逐步淘汰核能的决定。当时，考虑到德国社会长期以来对核能的不满和抗议，尤其是1986年的切尔诺贝利核事故火上浇油，政府在2011年决定妥善调整自身政策。

现在被称为"能源转型"的策略，其实可以追溯到自20世纪70到80年代以来德国政府的能源效率和可再生能源政策。重要的政策工具，例如国家级的"电价补贴（FiT）"体系，在20世纪90年代就开发出来了，其开发者是一个由研究人员、气候活动家、政府人士和政策活动家所组成的团队。因此，2011年德国的"能源转型"可被视作是既有的计划和工具的延续，也可算作雄心勃勃的气候政策目标的"极端化成果"。它也是一种绑定，将各种具有行业针对性的政策捆绑在一个连贯的战略之下。到2050年成为一个气候中立型社会的长期目标，尤其表明了这项国家计划对德国的经济和社会有着重大而更为激进的影响。这就是为什么这种能源转型在具体技术和组织工作上的实现，在德国备受争议。而且激进的气候保护目标与逐步淘汰核能的组合，直接引出了激进的可再生能源目标。在此种背景下，成本，以及当地能源冲突，是主要相关的问题。

2011年以来，德国"能源转型"的政策目标和工具（goals/instruments），对德国各联邦州（federal states, Laender）和地方主体的气候政策产生了影响。许多州根据国家目标来协调本州的气候政策。许多城市还制定了自己的长期战略，试图与国家目标保持一致。联邦政府通过资助地方气候政策理念，激励了这一进程。

生态城市计划和气候项目

生态城市计划和气候项目是该城市于2010年委托进行的一项研究，其目标是制定一项战略，到2020年将城市的温室气体排放量减少20%——与2005年的标准相比。前文提到，由于1995年建设的热电联产电厂采用天然气取代了褐煤，城市的碳排放量显著下降。另外，由于在1990～2005年期间进行了大量的建筑翻新工程（refurbishment），因此20%的减排目标可称得上是雄心勃勃，特别是如果考虑到近年来波茨坦所经历的城市增长情况的话。由于没有进一步获得"柏林墙倒塌红利（wall-fall profit）"，波茨坦需要挖掘新的潜力，以变得更加生态化、智能化。图表AC1.1概述了在不同级别下，当前的排放构成及未来目标。

欧洲、德国、勃兰登堡州和波茨坦市的二氧化碳排放量及减排目标（emissions/reduction goals）图表 AC 1.1

政治层级 （括号内为 2013 年人口数量）	二氧化碳排放量——总量及人均	主生态气候领域的主要政策及目标
全球性区域： 欧盟（28 个成员国） （人口：5.06 亿）	45 亿吨二氧化碳等价物 人均 9.0 吨二氧化碳等价物 人均 7.4 吨二氧化碳等价物（2012 年）*[a]	欧洲气候一揽子计划（European Climate Package）（"20-20-20 目标"），例如到 2020 年实现减排 20% 的温室气体（以 1990 年为基准），新目标是到 2030 年实现减排 30% 的温室气体。
国家： 德国 （人口：8070 万）	9.53 亿吨二氧化碳等价物（2013 年） 人均 11.5 吨二氧化碳等价物 人均 9.4 吨二氧化碳等价物[b]	一体化的能源与气候目标（2007）：到 2020 年 40% 的二氧化碳减排目标（以 1990 年为基准）；长期目标是到 2050 年实现 80%～95% 的二氧化碳减排目标（以 1990 年为基准）。
联邦州： 勃兰登堡州 （人口：240 万）	5900 万吨二氧化碳（2013 年） 人均 24.4 吨二氧化碳——包括电力出口生产（其中人均大约 12 吨用来生产出口能源）[c]	到 2020 年实现 40% 的二氧化碳减排目标（以 1990 年为基准），"勃兰登堡州能源战略 2030（Brandenburg Energy Strategy）"：到 2030 年实现 72% 的二氧化碳减排目标（等于 2500 万吨二氧化碳）（人均约 10 吨）
地市级： 波茨坦市 （人口：16.4 万）	100 万吨二氧化碳（2012）* （人均 6.33 吨二氧化碳）[d]	2007 年波茨坦气候决策：到 2020 年实现 20% 的二氧化碳减排目标（以 2005 年为基准）= 人均 5.5 吨

注　[a] EEA 2014；[b] UBA 2014；[c] LUGV 2014；[d] City of Potsdam 2014；由于大量采用了基于空间范围的计算方法，因此该方法与其他统计标准并不完全兼容。
　　* 由于统计规程，某些数据只有 2012 年的。

为了制定具体措施来实现该目标，该市在 2010 年开展了一项"一体化气候保护理念"项目，由上面提到的针对城市的联邦政府计划资助。一个由研究机构和规划事务所组成的团队——该团队由波茨坦气候影响研究所（PIK，2010）领导——耗费了一年时间完成了该项目。该研究基于对城市温室气体排放的合理评估，以及（主要是）对近 100 项单项措施的定性成本效益评估，制定了一项针对所有部门的、关于成本效益和均衡减少温室气体排放的战略。

这一理念的主要内容包括如下几类：

- 能源供应（provisioning）；
- 建筑物；
- 太阳能屋顶的潜力；
- 交通运输；
- 城市规划与开发；
- 私家住房（private households）和通信系统（communication）。

对该理念中所提出的测量方法进行了评估——主要针对其潜在的减少温室气体的可能性，

同时也考虑到协同效益、成本效益，以及气候适应性的潜在收益。

2011年，地方议会将这一战略设定为方向性的政策框架，而不是绑定减排目标的总体规划。虽然从科学的角度来看，这一软弱的政治决策可能会受到批评，但从政治角度来看，议会的投票结果也是可以理解的。就66项最终被采纳的措施而言，几乎每一项都有潜力展开一场生动的政治辩论——几乎都挨着典型的政见分界线。在许多措施项目中都有着天然的冲突点，例如提高翻修（新）率或限制汽车交通。

然而，即便被赋予了并不强的政治权力，波茨坦市仍然成功地实施了该理念所提出的一些措施。最新的趋势预测显示，波茨坦2020年的20%减排目标是可以实现的（City of Potsdam,2014）。2005年至2012年期间，波茨坦总共减排了91000吨二氧化碳，已经减排了8%。[1] 2003年至2012年间的减排量得益于很多原因，例如：

- 由于建筑物的保温翻修（新）和新建住宅所占比例的增加，而按照德国联邦法律的规定这些工程都必须提高能效，因此相应减少了供暖需求量（heating demand）；
- 用天然气、区域供热系统或地热能，取代剩余的独立燃煤供暖系统（coal-fired heating systems）；
- 积极利用污水余热（sewage water residuals）；
- 更节能的家用电器；
- 提高市政能源公共事业公司（EWP）的能效；
- 在私人住宅（private homes）和一些市政建筑（municipal buildings）中，提高太阳能所占份额；
- 提高了自行车和公共交通所占比例。

如前所述，当地的能源供应商，公共事业公司EWP的主要所有者是市政当局。因此，该市可以很容易地将EWP用作其气候政策的主要工具。EWP在2013年采用了"2020年能源战略（energy strategy 2020）"。根据这项于2010年所制定的战略，设定了温室气体减排目标。在其他方面，还取消了最初筹划的三座天然气热电联产发电厂。取而代之的是，该公司在可再生能源项目（主要是太阳能和风能）领域进行投资，并在2015年建立了一座大型的蓄热水库，将夏季发电过程中产生的热水储存起来，并将其转移到冬季供热系统需要更多热量时使用。此外，这座新水库还装备了浸没式加热器（immersion heater），可以将过剩的风能和太阳能电力转化为热能存储起来，这些过剩电能往往无法被德国国家电网所传输，但却必须被消耗掉——否则可再生能源必须关闭以度过"过剩"时段。[2] EWP在2010年的理念中还采用了另一项措施，即为其客户提供公共基金，通过该基金，他们可以将私人资金投资于EWP所实施的可再生能源项目。波茨坦市也走出了第一步，明确了2010年提出的一项措施：将大型公有制公司CEO的

---

[1] 根据气候联盟（Climate Alliance）体系的排放计算工具，该计算模型最近发生了变化。例如，在最新的报告中，计算的是全国的电力混合比例，而过去计算的是当地的（实际上，由于CHP工厂的效率不同，后者混合比例较低）。虽然这不会产生什么相关变化，但这一程序仍受到了市议会成员的批评，并且被建议在下次报告中进行修改。

[2] 由于可再生能源在德国发电体系中所占份额的快速增长（2014年约为26%，到2020年的目标是至少达到35%，到2050年的目标是至少80%），德国电网已经到达了一定的极限，需要扩张和重组。这就导致了下面的情况：可再生能源中的"过剩电力"必须被关闭，要么就要通过电解（电——气）转变为氢能买或者热能（电——热）。

薪水和保险费，与他们达成特定行业气候目标的进展相挂钩。该行动的领头项目，是对东德时期留下的最后一片多层建筑街区的重建，将这片区域（Drewitz 区，有超过 7000 名居民）改造为一座气候中立的更加生态化的花园城区，使之拥有更少的汽车交通。该项目获得了全国奖项，并且成为市政当局和最大的公共事业住房企业，以及当地能源供应商（EWP）之间进行精诚合作的典范。

为了监测这些以及其他正在拟议的措施的进展，波茨坦市的气候保护小组（Climate Protection Unit）已经建立了一个联系网络，包括了来自科学界、商业部门和地方 NGO 的各种"气候合作伙伴（climate partners）"——或者更准确地说，它已经将自己与现有的网络联系在一起了。在该联系网络的网站上（www.klimapartner-potsdam.de），有一项关于各个分项行动的总述，附带简述和对各项承诺的评估（以百分比计）。其具体行动涵盖了广泛的议题，其中包括更有效的可再生能源供需，以及包括支持自行车道和公共交通系统的城市规划，关于能效的信息和建议，还包括一些参照该计划的行动。

为了适应气候变化，该市最近在 2014 年进行了一项后续研究，它将更详细地分析当前和未来的气候趋势，比如气温上升和极端天气事件。最终的报告已于 2015 年夏季发布，到当年年底，气候管理部门希望城市议会将之采纳为一种方向性框架——正如 2011 年的气候保护理念一样。

尽管波茨坦看来已经步入减排正轨，而且还将通过一项适应策略来进行补充，但仍能确定一些剩余的障碍以及未来的相关任务目标：

- 对于 2020 年有着更具体的目标，而且根据最近的报道，该市正处在实现该目标的轨道上。然而，2020 年的目标仅仅是走向气候中立的第一步。该愿景来自德国"能源转型"计划，而柏林的邻近城市最近在城市战略中明确地采纳了该目标。尽管 2010 年的理念提供了一些观点，但并没有采取任何严格的具体措施。
- 推广屋顶太阳能光伏系统对于创建更加生态化的城市有着巨大的潜力。推广的速度仍然不令人满意，部分是由于最近国家上网电价补贴（FiT）体系的改革——该改革基于生产成本的降低，相应降低了太阳能光伏发电的回报率。该奖励问题也限制了屋顶太阳能的潜在使用图景——该图景源自由波茨坦气候影响研究所领导的团队所创造的理念，其具体内容可以从网上获取。
- 一旦能源奖励结构（incentive structure）在联邦政府的层面上再次发生改变，该工具可以变得更加有效。
- 需要加快城市建筑存量的翻新步伐，但到目前为止还没有具体的城市措施来实现该目标。对于波茨坦而言，许多国家项目都是可用的（例如 KfW 联邦银行项目），但难度很大，鉴于城市的金融运作空间有限，要采用"国内"项目来刺激这一进展是很困难的。
- 干预交通系统（traffic system），特别是关于城里的私家车问题，一贯是热门的政治议题。幸运的是，欧盟和国家立法机构在改善空气质量方面支持了交通部门的气候目标。然而，即使空气质量政策领域已经相当强大和制度化，也仍不可避免地成为利益竞争之地。

- 在城市规划和建筑管理规定（regulation of construction）方面，该市在制定能源标准一事上犹豫不决，该标准实际上已经超越了近年来不断改善的欧盟和国家标准。考虑到城市的增长速度，新建筑的数量是一项不能忽视的因素。

最近出现了一个能克服这些障碍的机遇。在 2015 年初，波茨坦市长已经由议会授权启动了一项非常具有愿景的进程（"Leitbildprozess"），通过该进程，市民被邀请来表达他们对波茨坦长期未来的看法和愿景。城市应该是什么样子、应该走向什么方向、应该如何发展、应该加强哪些功能，以及有哪些短板？在网上和线下的协商过程中，市民可以发布他们的偏好，城市管理者和议会将参考这些内容作为工作方向。也许波茨坦会通过这种"智能化的行动"变得更加"生态化"。

生态城市 = 智慧城市？

一座城市是否智能化，取决于对这一术语的定义。从传统意义上讲，智慧城市需要利用信息技术来发展智能化的经济、智能化的治理结构和工作流程、智能化的市民、智能型环境、智能化的交通体系，以及灵活机动且智能化的生活方式（Giffinger et al., 2007）。在本节中，如果城市采用了信息技术以及人力资本等方法使其变得更加生态化，那么我们就将把该城市称为"智慧城市"。以常规意义上的基准值来衡量，波茨坦可能只能排在"中等"水平。[1] 尽管在政府层面上有一些行动可以推进信息技术在许多领域的应用，但对于波茨坦来说，还不存在一套连贯的（传统的）——像柏林那样的——智慧城市战略。

然而，通过本节所提出的定义，波茨坦是有可能被定义为一座智慧生态城市的，原因如下：
- 该市的能源系统正在变得越来越复杂，与此同时也在变得更加一体化。之所以变得更复杂，是因为随着更多的可再生能源组件被整合，集中式的大型系统（如地区供热系统）与分散式的系统元素进行了合并。新型的热水储能系统，既可以使用化石能源，也可以使用可再生能源，并将峰值热能传递给高需求时段使用，这是一个很好的智能化解决方案——即使我们不考虑对其进行管理的信息技术而言也是如此。
- 在欧盟和联邦政府的层面上，目前正在准备推广对用电量进行智能测量（smart metering）。商业部门将率先采用，家庭部门随后会跟进。在目前的情况下，这些电表成本较高，使它们在价格上对于年用电量不足 6000 度电的家庭用户而言不具有吸引力。然而，在未来，对于公共事业虚拟网络，以及可再生能源系统和电子移动解决方案的整合而言，智能电表将成为其中的关键。智能电表的应用细节将取决于正在进行的联邦洽谈（BMWi, 2015）。波茨坦已经开始进行智能计量实验，并且，由于其在高收入住户中占据的比例较高，在不久的将来有可能成为一个国家试点研究区域。
- 智能网络是智慧城市的核心要素。在波茨坦案例中，能源和气候政策议题导致了公民社会

---

1 吉芬格（Giffinger）等人（2007）的研究为常规智慧城市的所有维度制定了指标，然后根据这些指标对城市进行排名。而波茨坦并不包含在内。

- 行动者网络的建立。由环境领域的 NGO 组织、能源专家、当地中小企业代表和科学家组成了"波茨坦能源论坛"(http://www.energie-forum-potsdam.de/)。该论坛对城市的活动进行了批判性的评估,并为公众辩论提供了一个舞台。市政府还建立了名为"气候合作伙伴"的"官方"网络,与该论坛建立联系,并利用它的知识和社会资本。
- 在过去几年中,参与因素(participatory elements)被纳入市政府的工作进程之中。例如,每年有一项公民预算活动收集居民的行动优先事项。尽管公众(包括在线)意见对城市议会没有约束力,议会拥有被赋予的批准年度预算的合法权利,但这项"公民预算"却有能力对地方决策者施加一些非正式的压力。另一个例子是前面已提到过的,将波茨坦视作一个整体的远景目标构建过程。第一个结果表明,气候政策目标是由公民自己提出并推动的。这两个例子都可以被解读为走向智能化治理的步骤,信息技术和线上技术在其中承担的角色很重要,不过对于通往智慧生态城市之路而言,政治影响甚至更为重要。

最近一项关于波茨坦的驱动力的研究发现,在有政治推广者和立法支持的情况下,实施绿色措施更有可能获得成功。它还确定了一件事——共同利益是非常关键的:当推广者可以将实施该措施与他们自己的议程(例如提升经济、提高知名度)相联系时,事情会更加顺利(Twerdy,2014)。如果把这一发现,与前述治理结构的细微变动相结合,那么波茨坦的智慧生态前景就会很好了。

今天所见到的美丽的波茨坦,其具有历史价值的拥有城堡和公园的城市中心区,实际上一直以来都是由国王及其顾问和规划师们所采取的自上而下式决策的产物。我们今天所预见的智慧生态城市——当然科学顾问们的作用是不容忽视的——但在很大程度上是行政行为、民主共识和公民参与的共同结果。

结论:关注临近的未来

波茨坦是大量中小城市的代表,在关于城市主义的未来、大量的旅游客流量,以及对城市时代全球前景的普遍焦点的辩论中,他们都处于全球性超级大都会的阴影之下。然而,中小型城市的居民占全球城市人口的主要部分,而且这些城市的规模较小,为更加智能化、更加生态化的城市发展提供了一些非常有趣的可能性。

这与城市的规模有关:这类城市的尺度能保证实现城市生活的所有经典特征(密度、有隐私性的社会关系、规模效应;cf. Bettencourt et al., 2007),但是尺度又不至于太大,这样其状况和决策的复杂性便可能被限制在可控范围之内。

波茨坦是德国东部一座不断发展的城市,其特点是有着高质量的生活,另外还有历史遗址,以及与柏林的近便连接和繁荣的服务型经济。今日的波茨坦必须面对城市增长(至少以德国的标准来看)的挑战,而以波茨坦为首府的勃兰登堡州却正在紧缩。

德国还有一些其他的中型城市也已经成功地发展出其生态特色,例如明斯特(Muenster)在交通体系中引入了大量自行车,以及弗赖堡的太阳能建筑物。这些德国西部城市早在 20 世

附录C 生态、增长、智慧：德国中型城市波茨坦案例

纪七八十年代就开创出了他们的依赖性生态路径。波茨坦，与其他所有东德城市一样，只能在1990年后才开始行动。正如我们所见，这一迟到的立场的反面，是迅速采纳了当地的气候政策，尤其是作为欧洲气候联盟成员还获得了联系网络的协助。对于世界上其他类似的——同样缺乏长期的生态运动和/或生态政治传统的——城市的经验教训是，城市网络中的活跃成员可以促进政策的扩散进程。

我们也看到，这些联系网络可能成为智慧生态化的必要条件，当然绝不是充分条件。不仅需要在公共管理和公民社会运动中有着大量的参与者——如果有可能的话，在某种程度上最好能得到政治人物的支持（但绝不能受到束缚）——他们也需要那些有意愿和能力投资大型基础设施项目的参与者，而这些项目能够打破碳密集型路径，或至少为低碳解决方案开辟一个选择空间。波茨坦决定弃用当地褐煤资源的例子表明，即使在不利的政治条件下，这也是可以实现的。它还表明，在这些案例中，仅仅靠气候保护的论调是缺乏说服力的，并不能让政治决策者和投资者信服。他们需要可靠的成本效益评估，以及有说服力的叙述，以此他们可以同样说服公众及其股东。

波茨坦也说明了这样一些因素的重要性：智慧行动者联系网络，以及弥合了政治、城市经济和科学专业知识之间的鸿沟的联盟。我们在这里总结一下：有些城市拥有大学、研究机构，以及/或拥有智库，如果这些知识资本的拥有者承诺将其知识资本投入生态智慧的城市经济解决方案中去，那么这些城市将会更快、更持久，更可持续地走向未来。他们除了能够做出这些简单但非常重要的贡献之外，还为生态智慧型项目提供了信用度。

波茨坦案例确实解释了如下事实：公共管理部分——或更准确说，是那些经常面临许多障碍的行政管理部门中的一些生态分支机构——如果能够在城市的经济、公共基础设施、公共事业设施和服务方面获得参与决策权甚至主要决定权的话，那么他们就能更好地实现其计划。

我们希望得出的最终结论与愿景和治理进程相关。最近，波茨坦已经从自上而下的模式转变为一种更具参与性的城市治理方式。在某种程度上，这种参与行动是由不断增长的任务目标，以及用来处理这些目标的停滞不前的资源所共同推动的。但这也表明，总体而言，公共政策的转变过程更加广泛。社会技术创新——如互联网和社会媒体——已经清晰地推动了这一转变。传统的代议政治形式——尽管看起来是有局限的——是有着相当明确标准的正当性和透明性的，而在新形态中，这二者仍然是有待发展的。如果我们考虑到这一点，那么这种转变当然是有风险的。更重要的是，公共机构通过向新模式的转型创造了崭新的公共形象和问责制度。如果——我们尚不确定——波茨坦的市民们在当前的城市愿景过程中提出了智慧化和生态化的议题，那么这将是向公众锚定低碳城市未来前景的重大进步。

参考资料

Bettencourt, L.M.A. et al. 2007. "Growth, Innovation, Scaling, and the Pace of Life in Cities." *Proceedings of National Academy of Science*, vol.104, n.17, pp. 7301–7306.

BMWi (Bundesministerium für Wirtschaft und Energie)—Federal Ministry for Economy and Energy, 2015. Das Stromnetz wird intelligent BMWi veröffentlicht Eckpunkte für den künftigen Einsatz intelligenter Messsysteme und Zähler ("Smart Meter"). [Electricity Grid Becomes Smart—MoE Publishes Plan for Future Application of Smart Meters], February, 17, http://www.bmwi-energiewende.de/EWD/Redaktion/Newsletter/2015/3/Meldung/topthema-stromnetz-wird-intelligent.html.

City of Potsdam (LHP Potsdam), 2014. Klimaschutzberichte Potsdam 2010 und 2012. [Climate Protection Reports Potsdam 2010 and 2012]. Potsdam (15/SVV/0060).

European Environmental Agency (EEA), 2014. Annual European Community Greenhouse Gas Inventory 1990—2012 and Inventory Report 2014. EEA Technical Report, Luxembourg, http://www.eea.europa.eu/publications/european-union-greenhouse-gas-inventory-2014, zuletzt geprüft am 09.05.2015.

Giffinger, R. et al. 2007. Smart Cities—Ranking of European medium-sized cities. Hg. v. Centre of Reigonal Science. Vienna University of Technology, Vienna, http://smart-cities.eu/download/city_ranking_final.pdf.

Landesamt für Umwelt, Gesundheit und Verbraucherschutz (LUGV) [State Agency for the Environment, Health and Consumer Protection], 2014. Klimagasinventur 2013 für das Land Brandenburg—Darstellung der Entwicklung der wichtigsten Treibhausgase und Analyse zur Minderung der energiebedingten CO_2,—Emmssionen [Greenhousegas Inventory 2013 for Brandenburg—Trends and Analysis of Important Greenhouse Gases and Reduction Potential. http://www.lugv.brandenburg.de/cms/media.php/lbm1.a.3310.de/klimagas_2013.pdf, zuletzt geprüft am 10.05.2015.

Potsdam Institute for Climate Impact Research (PIK), 2010. Integrated Climate Protection Concept Potsdam, https://www.potsdam.de/sites/default/files/documents/Integriertes Klimaschutzkonzept2010.pdf.

Twerdy, F., 2014. Kommunaler Klimaschutz in Potsdam—Erfolgsfaktoren für die Umsetzung des Integrierten Klimaschutzkonzepts. [Municipal Climate Protection in Potsdam—Driving factors for Implementing the Integrated Climate Protection Concept]. Master Thesis, University of Potsdam, Potsdam.

Van Staden, M. and Musco, F. et al.(Eds), 2010. *Local Governments and Climate Change. Sustainable Energy Planning and Implementation in Small and Medium Sized Communities*. Springer Science+Business Media B.V, Dordrecht.

附录 D 维尔纽斯：一座智慧生态城市

纳塔莉娅·列普科娃（Natalija Lepkova）[1]和戴利亚·巴尔多斯基涅（Dalia Bardauskiene）[2]

智慧城市的理论方法

维也纳技术大学（University of Technology of Vienna）和代尔夫特理工大学（TU Delft），以及卢布尔雅那大学（University of Ljubljana）发展了"智慧城市"的概念，有可能引导了视野的第一次改变：可以在6个向量上对欧洲70座中型城市的智能化程度进行评估。不仅仅有数据和信息尺度，还有交通、环境质量、政府管理、经济、社会生活和可持续性等都被考虑在内，这使得智慧城市的概念得以在新古典主义经济学关于区域和城市发展的框架上进行。这是衡量城市智能化程度的第一次尝试，并且指出了其潜在的驱动因素已变为政府及各种机构（Mattoni et al., 2015）。

网络分析法（The Analytic Network Process）旨在通过来自"城市欧洲联合规划倡议（Joint Programming Initiative Urban Europe，JPI）"的四种政策愿景来识别智慧城市的普遍原型：互联城市（智能型物流和可持续的交通）、创业型城市（经济活力）、宜居城市（生态可持续性）和先锋城市（社会参与及社会资本）（Mattoni et al., 2015）。

智慧城市，利用数字技术来提高城市运作性能和市民福祉，降低运行成本和资源消耗，并能更有效地与市民互动。关键的"智能化"部门包括交通、能源、医疗保健、水和垃圾，这些部门因为与环境有所关联，因此也称得上"生态"二字。一座智慧城市应当可以更快地应对当前所面临的挑战以及城市问题，而不是仅仅与市民之间建立一套简单的"交易"关系（Smart City, 2014）。

---

[1] 纳塔莉娅·列普科娃（Natalija Lepkova），副教授，维尔纽斯格季米纳斯理工大学（Vilnius Gediminas Technical University）民用工程系（Civil Engineering Faculty）的建筑经济学和房地产管理专业（Department of Construction Economics and Property Management）技术科学博士（Doctor of Technological Sciences），立陶宛工程师协会（Lithuanian Association of Engineers）成员。电子邮箱：Natalija.Lepkova@vgtu.lt, natalijal2000@yahoo.com, Natalija.Lepkova@gmail.com。

[2] 戴利亚·巴尔多斯基涅（Dalia Bardauskiene），建筑师，城市规划师，曾任维尔纽斯市高级城市规划师，副教授，维尔纽斯格季米纳斯理工大学人文与艺术类专业博士（PhD of Humanities and Arts）。国际 ISOCARP 组织成员，立陶宛建筑师协会（Lithuanian architects association）成员，可持续发展学院（Academy of Sustainable development）总裁。电子邮箱：dalia.bard@gmail.com。

智能（智慧）城市创造了更有效的城市系统，使之能够解决当代的挑战和城市问题。智慧城市在知识集群、以人为本的创新，以及全球网络的基础上，建立了更具创新性和竞争力的城市模式，可以提供更好的环境问题监测管理能力、改善的交通系统以及更加安全的城市空间（Smart City，2014）。

立陶宛首都维尔纽斯

维尔纽斯是立陶宛首都，亦是该国最大的城市。2014年该市人口529022人（*Statistical Yearbook of Lithuania*，2014）。维尔纽斯坐落在立陶宛东南部，是波罗的海地区的第二大城市。2014年，维尔纽斯的GDP超过了100亿欧元。根据"全球化与全球城市研究（Globalization and World Cities，GaWC）"的调查，维尔纽斯被归类为"伽玛级"的全球城市，以其老城区美丽的历史建筑而闻名，老城区在1994年被联合国教科文组织评为世界文化遗产。维尔纽斯拥有世界上最快的互联网网速，平均下载速度36.37MB/s，上传速度28.51MB/s（Vilnius，2015a）。维尔纽斯的城市面积为402平方千米（155平方英里）。全城建筑密度为29.1%；绿地覆盖率68.8%；水体覆盖率2.1%。维尔纽斯是立陶宛的主要经济中心，同时还是波罗的海地区最大的金融中心之一（Wikipedia，2015b）。维尔纽斯也是欧洲教育水平最高的城市之一。

今天的维尔纽斯是中东欧地区波罗的海沿岸发展最快的城市，也是立陶宛以及整个地区的政治、经济、社会、环境变化的枢纽。

维尔纽斯：智慧生态城市

2004年立陶宛加入欧盟后，维尔纽斯市政府决定采取智能化解决方案来应对城市问题，并且在决策过程中引入市民的参与。

这些政治决定正在实施——该市拥有全球最高速的互联网连接，以及高质量的生活，其水资源、空气质量都在欧洲居首（Vilnius，2014）。欧盟统计部门的最新研究显示，维尔纽斯市民的生活满意度高达93%（European Commission，2014）。

维尔纽斯几乎半数的城区覆盖着绿地——公园、花园、自然保护区等。维尔纽斯还有众多湖泊，居民和游客在夏季经常在其中游泳、在岸边休闲。30个湖泊和16条河流覆盖了维尔纽斯2.1%的面积。其中一些水体还有沙滩（Wikipedia，2015b）。

根据"欧洲城市生活质量报告"，维尔纽斯居民对市区空气质量的满意度为59%（European Commission，2014）。

对维尔纽斯绿地空间的满意度一直很高——2012年是75%。与2009年相比，在这些欧盟的首都城市中，维尔纽斯也是提升最大的，达到了75%（与2009年相比，提高了14个百分点）（European Commission，2014）。

智能化管理（smart management）

分析人士和媒体已经认识到维尔纽斯的智能化和超前的管理意识，另外还报道了海外直接投资额的增加以及这些投资的有效性（The New Economy，2014）。

《纽约时报》将维尔纽斯评为世界上10座管理最好的城市之一，其他城市有柏林、巴塞罗那、开普敦、哥本哈根、蒙特利尔、圣地亚哥和上海。对这些城市的评估不仅只取决于其生活质量，还取决于他们如何有智慧地进行优良的城市管理（New York Times，2011）。

智能化的维尔纽斯概念是一种有效的城市管理工具，它创造的城市系统能够在处理今天所面临的挑战和城市问题时做出民主决策。维尔纽斯市政府还开发了官方网站，以为城市议题提供更多信息。

维尔纽斯市政府引入了电子参与平台，将市民引入了城市决策进程之中。城市官网提供了更多的议程信息。该网站使公民可以通过与市议会成员互动，参与投票，进行电子请愿，甚至投票讨论理事会议程中的议题，来表达他们的意见并提出建议。这个在线平台还允许用户方便地进行100多项在线服务——从办理许可执照到官方文件等（The New Economy，2014）。

绿色功能：城市照明

在接下来的两年中，维尔纽斯市将会对街道照明进行现代化改造。高效的现代LED照明设备能使城市的能耗减少70%以上。该技术将通过与意大利Gemmo进行公私合作的伙伴关系，每年可节约超过200万欧元（The New Economy，2014）。

改善基础设施

过去的十年里，维尔纽斯市一直在采取综合化的交通管理方式，以寻求最适合的IT解决方案来改善公共交通。许多项目成功地改善了市民和游客的出行能力。

数年前，部署了交通监测和管理系统被部署，同时还更新了市内所有的交通信号灯，并连接到统一的交通监控中心。这对城市的交通情况产生了巨大影响：过去十年里，尽管汽车数量增加了40%，但平均出行时间却缩短了。

公共交通系统也经历了改善。维尔纽斯市推出了一种公共交通一卡通。增设了几十辆新车和快速公交巴士，使得出行更加舒适快捷。更进一步，还启动了一项自行车共享系统，以扩展城市出行方式，它已经成为该市最受欢迎的交通工具之一。

该市最近推出了新的移动应用程序包，称为"智慧维尔纽斯（Smart Vilnius）"（m.Parking，m.Ticket，m.Taxi）。这款移动订票APP允许通勤者用手机买票、做旅行计划、查看时刻表。移动停车APP——自推出以来就非常受欢迎——有一个起止功能，可以让用户以精确的停车时长付费，同时还免去了查询停车计时器的麻烦。

此外，城市的路线规划APP也在进行改进，并将很快覆盖各种交通工具：从巴士到自行车，再到城市的汽车共享系统等。它还可以作为一种进行行车路线规划的智能工具来使用：它能够告知司机各种交通拥堵信息，并提供建议的规避路线。

在维尔纽斯市，还开发出一种自行车租赁系统。该市有大约40个自行车站点。这些站点在市里的分布相对临近彼此，这样用户在租用或返还自行车时不会离得太远。该系统名为"Cyclocity Vilnius"，满14岁者皆可自助使用，每周7天，24小时全天候可用。它拥有40个站点，大约300辆自行车，用户得以穿行城市中心、在家和工作地点之间通勤，外出并在闲暇时光享受维尔纽斯城市生活。所有的站点都配备相应设施，可使用"Cyclocity Vilnius"卡、维尔纽斯公共交通一卡通，或者三天有效期的通票。一次付款，可使用这三种卡从站点租用或退还一辆自行车。每辆自行车的前30分钟使用都是免费的，之后就开始计费（Cyclocity Vilnius，2015）。

通过引入自行车租赁系统，维尔纽斯变得更加环保，污染更少了。维尔纽斯还开发了汽车共享系统。为市民提供了随时可以使用汽车的可能性。该市有好几个汽车租赁点和退还点。该项服务的收费不需要合同就可以完成（Citybee Vilnius，2015）。

这种智能出行方式获得了IBM公司的认可，该公司授予了维尔纽斯"智慧城市挑战（Smarter Cities Challenge）"奖金。这笔资金可以帮助城市进一步改善交通系统，将它们整合起来，并植入不同的管理和预测工具（The New Economy，2014）。

维尔纽斯最近的一些创新项目（innovative projects）

- 电子民主（e-democracy）工具；
- 城市交互式地图（interactive map）；
- 交互式能源分类图（interactive energy classification map）；
- 城市交通类应用程序（mobile city applications）；
- 城市问题登记（urban problems registry）；
- 电子服务（e-services）；
- 幼儿园集中式登记（centralized registration to preschool）；
- 学校运动场馆在线租赁系统（online schools' sport halls renting systems）；
- 公共采购的社会渠道（social approach to public procurements）；
- 电子意见室（e-ideas room）；
- 安全城市（safe city）。

维尔纽斯的城市管理需要大量信息。这些信息流有不同的来源，而且需要被整合起来用于不同的城市管理事项，例如城市规划、监控、交通、不同的记录、区域污染控制，等等。基于web的系统（www.vilnius.lt/emiestas）提供了这种功能，使得居民可以参与决策和实施过程，节约了时间并发展了经济，等等。

电子民主

基于 web 的电子民主系统为居民提供了访问市议会所有文件的可能性，可以在线观看议会会议，检查投票结果，递交建议和想法，参与调查、表达立法意见、创建请愿行动等。这些服务只为注册用户服务。用户可以通过银行系统或者使用电子签名来注册。所有居民的电子邮件信息都是以"电子副市长"的渠道进行注册的，并被重新定向到相应的市政工作人员。

交互式城市地图

该地图有 25 个图层（www.vilnius.lt/map）：
- 道路负荷，交通拥堵；
- 学校；
- 施工许可证；
- 已设计的建筑物；
- 建筑能效；
- 城市问题登记表；
- 区域 3D 模型；
- 户外咖啡馆；
- 自行车道；
- 其他。

交互式能源分类图

该地图提供城市中建筑能耗的信息。用户可以选择某栋建筑并查看其年度能耗等一系列信息。

城市交通类应用程序

市面上已投放了三款应用程序：
- 手机停车应用（m. Parking）。目标是为了让城市的停车变得更容易。该程序只支持智能手机。当人抵达某一区域，程序会显示付费区域（维尔纽斯有四个不同收费率和收费时长的区域）。当选中了某一区域，用户可以输入车牌号并点击预订停车位。[1] 该系统不需要进行现金交易。每隔 12 分钟，用户就能收到一条支付信息的短消息。

1　http://m-transportas.lt/lt/m-transport/m.Parking/.

- 手机购票应用（m. Ticket）。这是一种手机用的公共交通票务系统。用户可以利用智能手机购买、储存并使用票据。利用该应用程序，用户可以购买任何类型的票据。[1]
- 手机出租车应用（m. Taxi）。用户可以使用该应用来预订出租车。用户还可以查看路线和每公里费率。还可以看到对司机的乘客评价。[2]

城市问题登记

通过该应用程序，可以在线提交问题。根据问题的类型，将由维尔纽斯市政部门的负责机构进行登记和解决。例如，维尔纽斯市民可以要求解决城市某处的人行道问题。[3]

电子服务

到 2014 年，已为居民和企业提供了 89 种基于 web 的电子服务，包括：执照、备案、不同的许可证、青年项目申请、保护绿地的修剪许可，等等。

学校运动场馆在线租赁系统

居民租用学校的运动场馆供休闲活动的流程已获批准，自 2013 年 1 月起，该系统就已经在维尔纽斯市网站上线了。用户可以查看运动场馆是否空闲，并通过电子银行支付费用。该系统可以帮助实现透明化、增加学校经费以及鼓励公众参与体育运动。[4]

电子意见室

电子意见室在维尔纽斯行政管理构架中扮演着这样一个角色：居民们可以来到这里就如何优化管理、减少官僚主义现象提交他们对城市管理的想法或建议。例如其中一个想法是，在城区内为市民提供免费的互联网服务。

安全城市

其应用之一是集中式的交通控制系统。维尔纽斯的集中式交通控制系统包括如下子系统：[5]

- 交通控制中心；
- 交通信号灯控制器；
- 交通信号灯；
- 车辆传感器（探测器）；
- 司机信息系统记分牌；
- 交通视频监控系统；

1　http://m-transportas.lt/lt/m-transport/m.Ticket/.
2　http://m-transportas.lt/lt/m-transport/m.Taxi/.
3　www.vilnius.lt / problemos.
4　http://www.vilnius.lt/index.php?3652144830.
5　http://www.sviesoforai.lt/.

- 信息系统（web）；
- 测速系统。

该系统的用户能够访问维尔纽斯市的交互式城市地图。

结论

智慧城市为城市居民和游客提供了更方便的生活。智能化也为城市提供了一个绿色解决方案。智能应用程序——例如 cyclocity 和城市共享汽车系统——减少了城市污染，让生活变得更加绿色、舒适。智能化的电子应用程序允许用户在网络上完成并填写大量表单，这样就不需要花时间到专门的办公室去解决特定的问题了。很多信息都可以从网上获取。监测能源使用的系统也能带来有效的解决方案。

参考资料

Citybee Vilnius, 2015. http://www.citybee.lt/en/, accessed April 27, 2015.

Cyclocity Vilnius, 2015. How Does it Work? http://en.cyclocity.lt/How-does-it-work, accessed April 27, 2015

European Commission, 2013. Quality of Life in European Cities. Flash Eurobarometer 366 Report, p. 140, http://ec.europa.eu/public_opinion/flash/ fl_366_en.pdf, accessed April 27.2015.

European Commission, 2014. Quality of Life in European Cities. Flash Eurobarometer 366. Country Report Lithuania, p. 14, http://ec.europa.eu/ public_opinion/flash/fl_366_nat_lt en.pdf, accessed February 18, 2015.

Mattoni, B., Gugliermetti, F., and Bisegna, F., 2015. "A Multilevel Method to Assess and Design the Renovation and Integration of Smart Cities." *Sustainable Cities and Society*, vol.15, pp. 105—119.

Smart City, 2014. Wikipedia. http://en.wikipedia.org/wiki/Smart_city, accessed February 18. 2015.

Statistical Yearbook of Lithuania, 2014. Cities and Towns. Statistics Lithuania, Vilnius, p. 686.

The New Economy, 2014. Vilnius Becomes One of Europe's Smartest Cities. Business, July 21, http://www.theneweconomy.com/business/vilnius-becomes-one-of-europes-smartest-cities, accessed February 18, 2015.

The New York Times, 2011. Hip Cities That Think About How They Work, IHT Special Report:Smart Cities, http://www.nytimes.com/2011/11/18/business/global/hip-cities-that-think-about-how-they-work.html?pagewanted=all&_r=1&, accessed February 18, 2015.

Wikipedia, 2015a. Vilnius. http://en.wikipedia.org/wiki/Vilnius, accessed February 18, 2015.

Wikipedia, 2015b. Vilnius. Parks, Squares and Cemeteries. http://en.wikipedia.org/wiki/Vilnius#Parks.2C_squares.2C_and_cemeteries, accessed April 27, 2015.

附录 E　亚太地区：从资源匮乏型城市到智慧生态城市——中国的经验，以及亚太地区的生态城市发展议程

史蒂芬·莱曼，科廷大学，珀斯[1]

简介

资源效率和温室气体（GHG）排放对城市构成了根本性的挑战。传统的城市规划方式，以及基于功能和土地使用模式的实践方式是有限制的，它们无法应对快速变化的经济周期和快速城市化的需求。为了优化资源利用，更新规划方法，有必要更好地理解和整合这二者之间的流动和相互联系：一方面是人的行为，另一方面则是对水、垃圾、食物、能源和交通的利用。智慧生态城市不一定更加依赖科技（这些城市往往需要更多的是能源供应），但将其引入城市系统和基础设施，能够使这些设施更有韧性、更高效。

在这一转型过程中，不仅有技术创新，经济、政治和社会创新都是至关重要的。对于可持续发展而言，最佳的机遇在中小城市，因为这些城市虽然正在快速转型，但仍有可能受到影响干预。在本附录的案例中，我将提出，"智慧生态城市"的整体概念为解决城市的复杂性以及增长问题提供了系统的解决方案，并将它们转变为更可持续的城市定居地，使它们在减少排放、污染和垃圾的同时，还能最大化地利用资源。虽然我们不可能阻止快速的城市化进程，但我们能够而且必须减轻其负面影响。亚太地区及世界各地的政策制定者需要确定新的方法和发展模式，以指导未来的城市发展。他们需要关注的是城市"像往常一样"进行文明化的风险，以及向低碳范式转变（low-carbon paradigm shift）的复杂性。

在中国，目前正发生着亚洲和太平洋地区最密集的城市化进程，这使得中国成为关于生态

---

[1] 史蒂芬·莱曼博士（Dr. Steffen Lehmann）是科廷大学（位于西澳大利亚州珀斯）的建成环境学院院长。在此之前，他是南澳大利亚大学（University of South Australia，位于阿德莱德）中澳城市可持续发展中心（China-Australia Centre for Sustainable Urban Development）的主任，以及可持续设计专业（Sustainable Design）的主席和教授。同时，也是可持续设计和行为学零废物中心（Zero Waste Centre for Sustainable Design and Behaviour）的执行主任。2008 年，他被任命为联合国教科文组织（UNESCO）在亚太地区的城市可持续发展项目（Sustainable Urban Development）的主席，该职务他担任了多年；自 2011 年以来，他一直在与联合国教科文组织的当然成员进行合作，例如为联合国教科文组织国际平台的 Learning Cities 项目担任顾问。他的最新著作包括：《Low Carbon Cities》（Routledge, 2015）和《Motivating Change》（Routledge, 2013）。电子邮箱：steffen.lehmann@curtin.edu.au。

附录 E　亚太地区：从资源匮乏型城市到智慧生态城市——中国的经验，以及亚太地区的生态城市发展议程

城市政策的一个有趣的研究案例。中国的城市发展和变化，其巨大规模和速度已经成为 21 世纪的一个标志性特征，对世界各地之人都有着深远的影响（Lehmann，2015）。

中国的城市化水平预计将从 2015 年的 55% 持续增长到 2030 年的 70% 以上，超级都市区域正在发展，当前每年约有 2000 万人迁入城市。因此，在未来的 25 年里，中国的城市人口预计将再增长 3.5 至 4 亿。城市周边地区的增长率最高，这导致农业生产用地和生物多样性的进一步损失（UNEP，2013）。

亚太地区的快速城市化很可能至少再持续 20 年。因此，这里的城市迫切需要一个新的城市发展议程；该议程应当符合"生态城市主义（green urbanism）"的原则，并能够将这些城市转变为可持续的生态城市。

展望未来，以未来为目标的城市永远不会停步，而是会积极地向前推进。通过生态城市主义的框架来应对城市化的主要挑战，并用作应对挑战和减少化石燃料排放的整体战略，这不是一个待选项，而是唯一可持续的前进方式。

亚太地区的城市化

全球城市人口预计将从 2010 年的 36 亿增长到 2050 年的 63 亿。中华人民共和国和印度的城市，将占城市人口爆炸的大部分份额。在未来的 20 年里，亚洲和太平洋地区的城市和城镇的增长意味着，城市规划原则需要能够创造社会公正、环境可持续和经济繁荣的城市模式（ESCAP，Lehman and Thorntom，2014）。

亚太地区国家的电力需求正以每年约 4% 的速度增长。超过 90% 的电力产生自化石燃料。如果我们要避免研究者们所预测的那种由于经济增长和过度有限资源而导致的当代文明的崩溃现象的话，那么这一点尤为重要（Ahmed，2014；Beddington，2009），我们的主要希望存在于改变现有的城市体系。然而，人们对"可持续城市（sustainable city）"或"生态城市（ecocity）"的概念有很多看法，因此很难对现有的提议进行比较和分析。所以在本文中，"生态城市"和"可持续城市"这一术语可以互换使用。

生态城市主义的原则：城市发展的整体框架

大量的科学证据表明，全球变暖将破坏食物和水资源的供应，并对生态系统造成不可逆转的破坏。我们可以想象，城市将变得温度更高，将面临更多的热浪和城市洪水，海平面升高，食物和水短缺，生物多样性的丧失（植物和动物），这将对自然系统造成巨大的变化，使城市更加脆弱。

在未来的 20 年里，亚洲和太平洋地区的城市和城镇的增长意味着，城市规划原则需要能够在本地区创造社会公正、环境可持续和经济繁荣的城市模式。只有当我们的经济和社会不再是高消费、化石燃料依赖、"像往常一样"的浪费型商业化城市模式，而是去探索新的概念和方法，同时不破坏环境和生态系统时，这种理想才能实现（Berners-Lee and Clark, 2013）。

在世界上的大多数城市，过去50年的城市发展都是基于道路系统的——低碳的城市核心区被高二氧化碳排放水平的郊区所包围着，这也是为什么我们应当限制郊区的扩张，并提高城区内部的人口密度（ESCAP, 2011; UNEP, 2013）。"智慧生态城市"的概念表明，这是有可能实现的。在城市规划领域，生态城市主义包括15个各自整体性的、相互联系的原则，它们提供了一种规划方式，使繁荣、可持续的生态城市与他们的环境和谐相处（Lehmann, 2005; 2010）。引入一种实用的后化石燃料模式的城市议程，并将城市规划模式转变为生态城市主义，这是紧迫而必要的任务。

有四项关于创建可持续生态城市的指导方针（ESCAP, Lehmann and Thornton 2014, 44—45）：
1. 生态城市是整体性的，因此他们的规划和管理必须是跨部门的，通过跨城市各服务部门和基础设施进行整合，并通过合作框架来实现该目标。
2. 生态城市是从公众的意识中发展而来的，因此所有的居民，包括城市官员，都需要受教育，以了解为什么可持续的城市发展是必要的、在经济上是有益的。
3. 生态城市需要以实证为基础的研究，并分享知识和技能。
4. 生态城市和任何开发一样需要稳定的资金来源、政治意愿和长期承诺。

有了这些指导方针，图表AE1.1还列出了生态城市主义的15条原则，并提出了一些可以实施和量化的可行方法。

生态城市主义的15项原则　　　　　　　　　　　　　　　　　　　　　　图表 **AE1.1**

生态城市主义的15项原则	案例建议和措施
原则1：气候和具体情况。 所有城市的发展必须与每个地区的具体特征相协调。	发展规划要考虑到城市的气候和区域生物环境。维持空气流动廊道畅通、通过适当的体量控制风速，以改善城市的舒适条件和空气流通率。
原则2：零二氧化碳排放的可再生能源。 城市应该是一个自给自足的在场能源生产企业，使用分散的、以地区为基础的能源系统。	去碳化的能源供应；到2020年，将太阳能发电的比重提高到10%；安装智能电网并强制使用太阳能热水设备；使用在场可再生能源的比例至少达到50%*。
原则3："零垃圾城市"。 零垃圾城市是一个循环的、闭路的生态系统，它可以防止材料进入垃圾填埋场或焚烧。	实施"零垃圾城市"的理念和规划： 将资源回收率尽力提升至100%，并停止垃圾填埋。
原则4：水。 通过敏锐的城市水管理体系来确保用水安全。	使用太阳能淡化水和污水回收技术；保持人均淡水的日用量低于125升*。
原则5：景观美化，花园，绿色屋顶和生物多样性。 通过对城市空间实行景观策略，最大化城市的生物多样性。	继续增加植树计划。建设湿地以净化并循环利用灰水，也将改善景观和生物多样性。
原则6：运输和公共空间。 预见未来公共空间的利用，使它不仅是单一的交通运输空间。	在公共交通领域的投资超过GDP的6%*，扩展电车线路，引进免费的混合动力公交车。通过给予行人和骑行者更多的优先权来改善街道状况。

附录 E　亚太地区：从资源匮乏型城市到智慧生态城市——中国的经验，以及亚太地区的生态城市发展议程

续表

生态城市主义的 15 项原则	案例建议和措施
原则 7：本地材料。 在施工中使用区域材料，并应用预制化模块系统。	使用工程化的木材施工系统，使建筑材料的回收性和再利用成为强制标准。
原则 8：密度和改造。 改造城市区域，鼓励紧凑型的建设布局。	继续进行街道升级，并引入自行车道。利用自然元素设计有活力的生活，使公共空间变得更有用。
原则 9：绿色建筑和区域。 采用被动式设计原则，对所有新建筑采用绿色建筑深度设计策略。	重新引入被动设计原则，提高评级。推广建筑节能设计和全屋隔热保温。提供更好的居住选项和更多样化的城市内容。
原则 10：宜居、健康社区和混合使用。 强调经济适用房，混合功能项目，以及一座健康社区；城市设计应适于儿童和老龄人口。	每一个开发项目中都有比例为 25% 的保障性住房*，并使用模块化的预制建筑系统。减少市中心的住房税率。增加建筑物的改造和再利用。
原则 11：本地食品。 建立本地食品供应，保证食品安全，促进城市农业生产。	在至少 20% 的公园中引入城市农业。*维持城市腹地的食物生产。
原则 12：文化遗产。 一座安全、健康的城市，保证安全和公正。	进行社区咨询和参与，确保落实承诺。
原则 13：治理和领导。 为城市治理和可持续采购流程进行最好的操作。	建立公私合作关系以促进变革，包括社区团体和非政府组织。
原则 14：教育、研究和知识共享。 为可持续的城市发展提供教育和培训。	在研究和创新领域的投资至少占国内生产总值的 3%。*促进可持续行为，并通过影响价值观，以减少消费，进而激励长期的行为转变。
原则 15：发展中国家城市的特殊战略。 协调快速城市化和全球化的影响。	城市需要调整战略以适应发展中国家的情况，例如大量住房类别议题。

* 所有的建议数据都是从当前最佳的实践所获得的基准值。
Source：Lehmann，2010.

走向资源节约型城市（resource-efficient cities）

城市变得越来越繁忙，尺度（size）也越来越大。对亚太地区来说，发展有着适宜的城市密度的新区是很重要的，还要避免过时的、会造成一系列问题的城市化模式。在过去的三十年，由于有便宜的化石燃料可用，使得亚太地区得以进行快速城市化，而且其模式非常类似 20 世纪欧美蔓延式的城市发展形态，这种发展处于一种和当地情况截然不同的背景下——依赖私人汽车的郊区和增长的城市生态足迹。城市的扩张使城市更加依赖汽车、更加低效、更加缺乏活力，由此其竞争力也降低了。更紧凑、功能更复合的城市发展才是更有意义的，因为它有利于发展更加一体化的、高效的低碳公共交通系统（例如轻轨或地铁）；它可以实现低碳或无碳的交通出行，例如骑行和步行；它还促进了共享汽车或拼车出行，所有这些都可以大幅减少城市的温

室气体排放（John et al., 2013）。尤其是轻轨，现在被认为是一系列城市问题的良好解决方案，澳大利亚有很多城市，现在正在重新引入轻轨（从悉尼、黄金海岸市、纽卡斯尔，到帕拉玛塔、本迪戈、堪培拉、凯恩斯和霍巴特）。

以轻轨为基础的城市开发，可以减少交通流量，创造更多适宜步行的、有活力的居住和工作场所，而且大量吸引开发商和金融家，使得城市能够朝着布局更紧凑、功能更复合化的方向发展。

中产阶级式的郊区为适应人口增长提供了良好的机会。通过填满城市，使其更加致密，可以带来更小的环境生态足迹和更大的潜力，以提供更丰富的服务、更适宜步行的居住区，同时避免在高密度城市核心周围产生低效的城市边缘扩张区。现在有充分的证据表明，低密度郊区居民的温室气体排放量要比紧凑的市区高得多，市区居民往往居住空间更小，更多使用公共交通，并创造更低的碳生态足迹。

影响能耗的最主要因素（家庭收入、汽车拥有量和住房规模）在郊区一般更大。在工业化城市，交通排放通常占到家庭总排放量的30%至40%，是造成郊区和城市核心区之间排放差异的最重要因素。在郊区，产生自汽车的交通排放量可能比城区高2.5倍。在工作场所和住宅之间的距离处于20～60公里范围内的情况下，产生的排放量是最高的。

可持续城市开发的焦点最近开始从单体建筑转向更大的社区和区域级的尺度，这将促进新一代绿色基础设施和分布式技术的整合。亚洲和太平洋地区城市密度的提高，可以实现分布式的、更高效的城市系统和基础设施（例如：联合发电、能源和垃圾设施、雨水储存和再利用、循环路径），并催生更紧凑的、适合步行的城市形态，从而影响整个地区的资源消费模式。21世纪的智能可持续的基础设施必须在区域一级来进行运作——包括智能电网、互联的太阳能屋顶、骑行道路系统、轻轨、污水回收系统、本地资源回收站，以及社区花园——这些都是城市系统中在社区或街区的规模运行的分散式组成部分。

从中国的经验和重新导向中学习

亚洲和太平洋地区最密集的城市化进程正在中国展开，再加上中国是世界上人口最多的国家，使得该国成为一个有趣的研究案例。中国现在有140座城市的人口超过了100万，预计到2030年，中国将有10亿人口（占总人口的70%）居住在城市中，届时中国超过100万居民的城市将达到200座。中国计划到2050年完成其城市现代化进程，其中沿海地区的巨型城市区域（城市群）的发展起着重要作用。预计新的城市人口将聚集在8～10个沿海的多中心式巨型都市区域，每个区域的人口都将超过4000万，居民密度将达到每平方公里8000人（McKinsey & Company，2009）。

中国城市发展的巨大规模和空前速度有着深远的全球影响，因此已成为21世纪的一个重要特征。新兴的中国中产阶级有着消费的愿望，世界各地都能感受到其影响力。在全球范围内，中国的需求量导致了水泥和钢材的价格上涨。因此，如果我们能够指出中国城市可持续发展的

附录 E　亚太地区：从资源匮乏型城市到智慧生态城市——中国的经验，以及亚太地区的生态城市发展议程

实用解决方案，这将会使全球获益——特别是如果这些方案具有可复制性的话。

对于中国的城市转型而言，城市将成为实现可持续发展的关键参与者，因此需要在地方层面实施战略干预、创新政策和行动。对中国来说，评估城市发展政策对空气和水质的影响尤为重要，因为这些都已成为主要问题。今天，空气污染问题推动了中国所有与环境相关的行动，其中包括可持续的城市规划、能源效率、可再生能源和低碳开发。

通往智能化可持续城市发展的中国路径?

就中国非凡的经济增长而言，城市化是主要促进因素之一。一个关键的驱动力就是能源密集型工业的快速扩张（Urry，2013；Li，2014）。其结果就是，30 年来，能源消耗量增加了 6 倍，其中煤炭占中国总能源结构的 70% 左右。因此也并不令人意外：中国现在占全球温室气体排放总量的四分之一（EPA，2014），并且存在严重的空气污染问题。2010 年，超过 120 万例过早死亡案例可归因于室外颗粒物污染（HEI，2013）。在中国的一些城市，空气污染的上限是建议上限的 30 倍。2013 年 1 月，中国经历了一场严重污染，污染面积达 143 万平方公里，在 74 座有监测的城市中有 71 座达到了危险水平，这对健康和生产效率造成了负面影响。

尽管中国的十二五规划（2011 年～2015 年）包含了重要的减排目标，但严重的空气污染、快速上升的消耗水平和不断上升的排放量仍然是严峻的挑战。目前，空气污染是遏制中国高度能源密集型城市化的最有力的因素，这也使得煤炭消费的增长空间变小。尽管中国已经增加了天然气的使用量，但其天然气资源相当有限且分布不均。未来 25 年中，预计中国城市将再增加 3.5～4 亿居民，因此，后化石燃料时代的城市化议题将是必不可少的（中国国家统计局/LBNL，2012）。

中国的城市转型战略在 2013 年左右进入了一个新时期，试图摆脱单纯的增长目标和快速扩张、高消耗和高排放的模式。中国政府认识到了环境和社会问题造成了"城市发展的无序、低效、城乡区域发展的不平衡，社会发展的不和谐"（Wei，2013）。

创建宜居的生态城市是中国现代化目标的重要组成部分。但是快速的城市化很容易淹没城市、景观和社区，而且不仅是在环境方面如此。快速变化时期的社会挑战也是巨大的，包括住房负担，以及建设适应各年龄段的友好型社区。政府和私营部门提供住房，并为私营企业开发商的后续发展制定标准。强有力的发展指导方针是至关重要的，因为这些指导方针决定了城市的生长以及其未来的发展。

在过去的 20 年里，中国的城市大繁荣已经成为个人痛苦经历的代名词，贫穷的农民离开农村，希望找到更好的工作机会，梦想着有空调的公寓、私家车和商品琳琅满目的超市；但最终却成为一个新的城市下层阶级。现在，人们越来越意识到社会经济的不平等，以及建立以创新和知识为基础的经济的必要性——而不是简单地通过依赖廉价的劳动力和对环境进行剥削来发展经济。现在，保护农业用地（粮食供应）的必要性也得到了承认，城市化模式已经开始从西方的扩张式概念转向成长边界（growth boundaries）的模型。

中国的政策和最近的改革行动

中国越来越倾向于改变其不可持续的发展模式，并在其城市化计划中引入更好的标准和环境价值。政府已启动试点项目，以探索不同类型城市的可持续城市化。2015年的首要任务包括推进土地改革、城市规划设计改革、环境压力管理、地方治理改善。住房和城乡建设部（Ministry of Housing and Urban-Rural Development, MoHURD）已经启动了生态城市试点项目，而国家发改委（National Development and Reform Commission, NDRC）正在领导低碳的省级和城市级试点项目。数十个省市已加入该计划，以求得到中央政府、研究机构以及国际基金会和发展机构的政治和技术支持。

当今年轻一代的城市居民在追求更高的生活水平；更好的生活质量；也追求他们在周游首尔、新加坡、悉尼或东京等地时所见到的环境保护状况。他们要求的是更清洁的环境和社会福利，而不仅仅是经济增长（World Bank, 2012：36）。但是，亚太地区是否具有足够的创新能力来应对快速城市化、空气污染和可再生能源的挑战？这仍是个大问题。整个地区的政府和市政当局还需要开发更好的模式来引入社区和公民的参与，并实施激励措施以鼓励人们转向使用公共交通，并更好地保护生态系统——再延续过去三十年的消费模式的话，生态系统就将面临被破坏的风险。

中国的生态城市案例

通过采取新的城镇化模式，中国可以确保更加平衡的投资，解决大量债务问题，并治理好国家环境。如今，总体规划越来越有所不足，因为这些计划过于死板，无法应对城市的迅速变化和发展；相反，需要更灵活、更有适应性的框架来应对变化（Roseland, 1997；Satterthwaite, 1999）。然而，重新考虑城市和规划工具的同时，并探索基于步行、骑行和公共交通的城市解决方案，有着很好的发展前景。在中国，不少自给自足的生态城市项目正在进行之中（例如，成都、万庄和青岛的生态城项目；以及宁波的生态园项目），这些都可以成为其他城市和国家的范例。

中国的生态城市项目有两类：新建项目（如：中新天津生态城和青岛生态园项目）；以及对现有的城市区域进行生态改造或更新（如万庄和淮南项目）。由于这项任务的规模之大，生态城市的努力正面临着中国迅速逼近的环境危机，而且比起建设一些用来展示的小型生态城市项目而言，还有不少事情更为迫切。

虽然中国正在努力创造可持续的未来，并提高城市居民的福祉，但在各种生态城市项目的实施中，有时是很难克服障碍的。例如，天津生态城目前正在建设之中，被认为是中国最先进的生态城市项目，在规划和能源供应方面，却被广泛认为过于普通、缺乏真正的生态理想，并没有达到其早期的期望值（Girardet, 2010；ICLEI, 2012）。

附录 E　亚太地区：从资源匮乏型城市到智慧生态城市——中国的经验，以及亚太地区的生态城市发展议程

天津生态城是中国和新加坡政府联合发起的一项具有领导性的新城市发展项目。在该示范性创新项目中，他们已经确定了 26 个关键绩效指标——主要是关于资源效率的。最近，青岛的中德生态园项目建议书采纳了天津项目的框架（Xie，2012）。这两项开发项目预计能容纳大量居民，可在 20 年内全部完成：天津项目将容纳 35 万人，青岛项目 6 万人；二者通用的可持续性框架建立在四个维度之上：经济、社会、环境和资源。

中国其他一些有远见的生态城市项目，在面临投资决策的严酷现实，以及缺乏政策连续性的情况下几乎没有取得什么进展。例如，东滩生态城市项目（靠近上海）在 2008 年的领导层换届后陷入了停顿。其他一些项目仅仅是成为普通的房地产和绿色领域的开发项目，甚至是高收入封闭式居住区，都与真正的生态城市原则相冲突。中国用"绿色噱头（green-washing advertisements）"来包装传统的开发项目，将生态城市的理念推到了错误的方向，这非常令人失望，要知道，对于引领其他国家追求可持续发展的道路而言，中国是非常重要的（Lehmann，2013a）。

但是，良好的趋势仍然是有的：宁波市正计划在镇海区的工业区域建设一座生态园，包括一片大型的人工湿地以净化污水、减少径流洪涝。污水处理厂将污水排放到湿地中，在其中利用植物、微生物和土壤从径流中吸取有机废物和重金属。周边的工厂可以重新利用园区内的水资源。镇海区已经在 5 片林地区域投入了大量资金，利用宽度达 200 米、总面积达 10 平方公里、拥有 150 万棵树木的林带，将工业区和住宅区分隔开来。

城市将继续担当中国经济增长引擎的角色，但他们必须继续向真正的长期可持续发展模式和更好的社会融合状态进行转型（Lehmann，2013b）。有利的一面是，中国现在拥有的研究人员比其他任何国家都要多，他们正在探索着更好的城市未来。随着当前的经济模式转向知识型经济，以及全球重心转移到亚太地区，从中国的可持续行动和实验中汲取教训，恰逢其时。

智慧绿色生态城市的政策措施

城市展示了许多可能性，不仅在减排领域，而且在创造低碳的繁荣方面也是如此。制定城市战略的能力、独特的决策能力和社区级别的可运作尺度，这些都能确保城市在可持续城市发展方面有良好的创新能力，并能做出充分的综合性决策。后化石燃料时代的城市发展议程可以实现生态城市主义的原则，虽然城市是可持续发展的关键参与者，但它们也需要伙伴关系的支持，以及充足的资金，以实现对这些城市发展议程的高度期望。

亚太地区的城市需要新的愿景，以为城市带来具有生态积极力量的、充满活力的创新因素，并引领生态城市主义的发展。这要求各城市之间建立伙伴关系，并从中国的城市中学习有价值的经验——要知道，毫无疑问，中国的这些城市已经在令人难以把握的规模上适应了城市化。其目的是为了更好地了解亚太地区进行有效气候治理的驱动因素和障碍（及其后果）。越来越多的人同意：城市化必须转向更可持续的途径，以解决控制污染的问题，同时应对气候变化的挑战；智慧生态城市主义的原则为这条道路提供一个概念模式和路线图。

可以理解的是，支持生态城市主义所需要的资源转变有着极大的复杂性，这使得打破不可持续型的发展路径有着巨大的困难。

当前亟须行动——无论是集体的还是个人的，这样才能使所有的亚太城市体验到城市可持续发展的好处。行为模式的转变被认为是向低碳城市过渡并接受新型低碳技术的关键因素；在制定新城市政策的过程中，要把对此的理解纳入其中，这一点十分重要。支持环保的行动需要人们改变价值观和心态（Lehmann，2015）。

城市化是一种力量，它改变了我们思考和行动的方式、使用空间的方式、生活方式、社会和经济关系以及消费模式。如果我们想要避免人类这种以技术为基础的文明之崩溃，就需要根据生态城市主义的原则，对城市及其未来进行修正和反思。这种新的城市议题可以鼓励创新，利用城市的转型力量，并实现可持续发展。

显然，对于更好的城市化模式而言，创新是关键：利用城市数据信息和新技术——但不仅限于技术，经济、政治和社会的创新也必不可少，这样人们就可以参与创造所有人都想要的健康和可持续的未来。参与式规划途径的综合性模式是一种较有前景的方法。我们知道，提高资源效率、减少碳排放，并实现更公平的分配，这是对于我们的公民、城市和地球而言唯一可行的出路。问题就是：我们有意愿采取行动吗？

参考资料

Ahmed, Nafeez, 2014. NASA-funded Study: Industrial Civilisation Headed for "Irreversible Collapse"?, *The Guardian*, http://www.theguardian.com/environment/earth-insight/2014/mar/14/nasa-civilisation-irreversible-collapse-study-scientists, accessed March 20, 2014.

Beddington, John, 2009. Food, Energy, Water and the Climate: A Perfect Storm of Global Events?, UK Government Office for Science, London, http:// www.bis.gov.uk/assets/goscience/docs/p/perfect-storm-paper.pdf, accessed March 20, 2014.

Berners-Lee, Mike and Duncan Clark, 2013. *The Burning Question*. Profile Books, London.

China National Statistical Bureau/Lawrence Berkeley National Lab (LBNL), 2012. China.

Energy Statistical Year Book 2012, report by the China Energy Group, Berkeley/Beijing, http://china.lbl.gov/sites/all/files/key-china-energy-statistics-2012- june-2012.pdf, accessed February 15, 2014.

Environmental Protection Agency (EPA), 2014. Global Greenhouse Gas Emissions Data, published annually by the EPA USA, Washington, DC, http://www.epa.gov/climatechange/ghgemissions/global.html, accessed May 5, 2014.

Girardet, Herbert, 2010. *Regenerative Cities*. World Future Council and HCU, Hamburg.

Health Effect Institute (HEI), 2013. *Outdoor Air Pollution among Top Global Health Risks in 2010: Risks Especially High in China and Other Developing Countries of Asia*. HEI, Beijing.

International Council for Local Environmental Initiatives (ICLED, 2012. *Local Governments for Sustainability Report: Building an Eco City, Building a Sustainable City*. ICLEI, Bonn.

John, Mabel, Stefan Lehmann, and Alpana Sivam, 2013. "The Sustainable Design and Renewal of Water's Edge Public Spaces in the Asia-Pacific Region: Sydney, Hong Kong and Singapore." *Journal of Sustainable Development*, vol.6, n.8, pp. 26—52.

Lehmann, Stefan, 2005. "Towards a Sustainable City Centre: Integrating Ecologically Sustainable Development Principles into Urban Renewal." *Journal of Green Building*, vol.1, n.3, pp. 83—104.

Lehmann, Stefan, 2010. *The Principles of Green Urbanism: Transforming the City for Sustainability*. Earthscan,

附录 E　亚太地区：从资源匮乏型城市到智慧生态城市——中国的经验，以及亚太地区的生态城市发展议程

London.

Lehmann, Stefan, 2013a. Working with China on Urban Challenges, Eco-Business, Singapore, www.eco-business.com/opinion/working-with-china-on-urban-challenges/, accessed March 15, 2013.

Lehmann, Stefan, 2013b. "Low-to-no Carbon City: Lessons from Western Urban Projects for the Rapid Transformation of Shanghai." *Habitat International*, Special Issue: Low Carbon City, 37, pp. 61—69.

Lehmann, Stefan, 2015. *Low Carbon Cities. Transforming Urban Systems*. Routledge, London.

Li, Yun, 2014. Real Land Reform Requires More Than Words. *China Daily*, April 3, Beijing, p. 17, http://usa.chinadaily.com.cn/business/2014-04/03/content-17404151.htm, accessed April 10, 2014.

McKinsey & Company, 2009. *Preparing for China's Urban Billion*. McKinsey & Co., Beijing.

Roseland, Mark (Ed.), 1997. *Eco-City Dimensions: Healthy Communities, Healthy Planet*. New Society Publishers, Gabriola Island, BC.

Satterthwaite, David, (Ed.) 1999. *Reader in Sustainable Cities. Earthscan*, London.

United Nations Economic and Social Commission for Asia and the Pacific (UN ESCAP), 2011. *Are We Building Competitive and Liveable Cities? Guidelines for Developing Eco-efficient and Socially Inclusive Infrastructure*. UN ESCAP, Bangkok.

United Nations Economic and Social Commission for Asia and the Pacific (UN ESCAP), Lehmann, Stefan and K. Thornton, 2014. Planning Principles for Sustainable and Green Cities in the Asia-Pacific Region: A New Platform for Engagement, Report, Bangkok.

United Nations Environment Programme (UNEP), 2013. City-level Decoupling: Urban Resource Flows and Governance of Infrastructure Transitions. Geneva, UNEP,www.unep.org/resourcepanel, accessed November 15, 2013.

Urry, John, 2013. *Societies beyond Oil*. Zed Books, London.

Wei, Houkai, 2013. "China's Urban Transformation Strategy in New Period." *Chinese Journal of Urban and Environmental Studies*, vol.1, n.1.

World Bank, 2012. *Sustainable Low-Carbon City Development in China*. World Bank, Washington, DC.

Xie, Tonny H., 2012. "Tianjin Eco-City in China" in Simon Joss, Editor. *International Eco-Cities Initiative: Tomorrow's City Today. Eco-City Indicators Standards & Frameworks* (Bellagio Conference Report), University of Westminster, London, p. 16.

附录 F　小型岛国的智慧城市：铺就毛里求斯的智慧生态之路

维什瓦米特拉·奥里（Vishwamitra Oree），阿卜杜勒·霍赫达鲁斯（Abdel Khoodaruth），默罕默德·卡哈尔里勒·伊拉赫（Mohammad Khalil Elahee）和伍德罗·克拉克Ⅱ[1]

概述

毛里求斯是一座面积仅有1865平方公里的小岛，人口约130万，位于印度洋的西南部、临近非洲东海岸。在过去的三十年里，这个岛国的经济取得了持续而显著的进步。在这一时期，该国成功地实现了从单一作物经济向多部门、多样化经济的转型，转型后的经济依靠旅游业、农业、纺织、金融服务以及信息和通信技术产业（ICT）实现了繁荣。

在该背景下，到2013年，人均GDP增长了三倍多，达到1万美元左右（Statistics Mauritius Ministry of Finance and Economic Development，2014a）。根据世界银行的经济统计，在撒哈拉以南非洲地区的国家中，毛里求斯的人均GDP排名第一。作为经济发展和就业枢纽，该国的城市也因此经历了快速增长。与其他类似的国家一样，毛里求斯也面临着前所未有的挑战——和不断加快的城市化步伐有关。这些挑战包括人口增长、交通拥堵、污染、社会排斥、能源和水资源需求量的增长、垃圾处理和安全问题。

这些问题的规模之巨大，促使政府开始考虑新的城市发展模式，以涵盖社会、经济和环境的可持续性。根据这一目标，政府计划在2015~2016年的国家预算中开发8座智慧城市。智慧城市将遍布全岛。据估计有40亿美元的投资，以及大约3000公顷的土地将被用来刺激这一新的开发浪潮（Ministry of Finance and Economic Development，n.d.）。

简介

尽管该计划强调了政府为整体的城市转型所做的努力，但它还没有在国民中产生预期的

---

[1] 维什瓦米特拉·奥里的电子邮箱是：v.oree@uom.ac.mu；阿卜杜勒·霍赫达鲁斯的电子邮箱是：a.khoodaruth@uom.ac.mu，默罕默德·卡哈尔里勒·伊拉赫的电子邮箱是：elahee@uom.ac.mu；伍德罗·克拉克Ⅱ的电子邮箱是：www.clarkstrategicpartners.net。

热情,这主要是出于两个原因。首先,该国针对富裕的外国人出台了两项旅游开发计划。一项是综合度假计划(Integrated Resort Scheme, IRS),另一项是房地产计划(Real Estate Scheme, RES),二者旨在为非本国国民者在风景优美的地方购置豪华住宅提供便利。这些项目的潜在动机是通过引入外汇促进经济增长,以支持包括建筑业和创业企业在内的各种辅助产业,同时还能创造就业机会。

此外,预计他们还将通过对相邻区域的社会活动和基础设施进行大量投资,以提高社会包容度。然而,这些社区中的大多数都发展成了与周围隔绝开来的富裕居住区,而周围环境却仍然普普通通。位于这些奢华的封闭式居住区附近的当地社区,与这种发展状况显得格格不入。其次,近年来,决策者和研究人员越发频繁地使用"智慧城市"这个概念。它常常被视作解决所有城市问题的灵丹妙药,并在许多发达国家和新兴经济体的政府战略议程中被捧得很高。然而,对于智慧城市的定义和要素,目前还尚未达成共识(Dameri and Cocchia, 2013)。

而且,当前尚未有一种框架能够从成功的经验中收集并分享优秀的实践经验,以帮助绘制出智慧城市的实施路线图。然而,智慧城市的设计考虑在很大程度上依赖于某些国家的特定因素,而这些因素往往超出了其社会经济指标。这些因素可以涵盖一系列的制度、政治、文化和气候变量,这些变量对于评估智慧城市政策的需求和发展方式具有重要意义(Neirotti et al., 2014)。

毛里求斯政府通过限制计划中的智慧城市来整合四项该国特有的属性,已经朝着正确的方向迈出了一步(Board of Investment, 2015)。一开始,应当由该国优先主题所推动。例如,该国目前的重点是物流、配送、机场和港口的相关活动、海洋经济、知识经济。然后,智慧城市应该展示一个大规模的综合开发项目,该项目应当是环保的、能做到能源和水资源的自给自足,并通过国内最先进的联系体系和现代化的可持续交通工具来实现的。它们还应能够改进生活、工作和休闲的理念。最后,他们应该整合一个专门的领域来进行艺术和文化宣传,在其中鼓励发展和培养人才(Board of Investment, 2015)。

下文将详细介绍毛里求斯智慧城市的基石,以确保能够采纳涵盖环境、社会和经济可持续性措施的整体途径。他们还探讨了一些策略,而这些策略可能有助于通过采取一种前瞻性的方法来指导该国实现城市转型,而这些方法还可以预测未来的变化,并利用新的机会。

毛里求斯智慧生态城市的优先事项

根据2011年进行的上一次人口普查,在2000年至2011年期间,毛里求斯的人口密度从每平方公里578人增加到604人,成为世界人口密度第六高的国家。40%的人口居住在岛上的五座城镇中,这五座城镇的面积仅占国土总面积的8%。这相当于城市地区达到了3000人/平方公里的人口密度,大约是农村地区人口密度的8倍(Central Statistics Office, Republic of Mauritius, 2011)。由于城市缺少明显的规划,导致市民对居住环境感到越发沮丧。朝着智慧城市的方向发展,将解决一些固有的环境问题,而这些问题本来会因持续的人口增长而继续恶化。特别是，能源和水资源消耗、污染、交通堵塞和垃圾处理仍然是人们关注的首要问题，因为它们对公民和公共管理都有很高的成本影响。

能源

能源是一项普遍的问题，因为它会影响其他方面，比如经济、污染和住房。在过去十年中，毛里求斯的总能源需求一直在以年均2%的速度增长，2013年，其中近85%的能源来自进口的化石燃料（Statistics Mauritius, Ministry of Finance and Economic Development, 2014b）。其余份额来自当地的可再生资源，主要是蔗渣（bagasse）和水电。过度依赖化石燃料所产生的财政影响令人担忧，例如在2013年，石油产品和煤炭占该国进口总额的21%左右（Statistics Mauritius, Ministry of Finance and Economic Development, 2014a）。

毛里求斯在其长期能源战略中采取了几项严格的措施，以消除这种不可持续的趋势。因此，该国已承诺，到2025年，通过使用可再生能源来实现其电力供应的35%自给自足，并在该国所有经济部门提高能源效率（Republic of Mauritius, Ministry of Renewable Energy and Public Utilities, 2009）。计划中的能源构成将在2025年达到35%的目标，详见图表AF1.1。能源将在拟议中的智慧城市占核心地位，因为能源是所有基本的城市功能的动力来源。通常来说，智慧城市项目的能源问题有两大难点：能源的可再生资源来源，以及提高能源效率。

2015~2025年间的能源构成目标　　　　　　　　　　　　　　　图表 AF1.1

能源来源		占总发电量比重			
		2010	2015	2020	2025
可再生	蔗渣	16%	13%	14%	17%
	水力	4%	3%	3%	2%
	垃圾发电	0	5%	4%	4%
	风力	0	2%	6%	8%
	太阳能光伏	0	1%	1%	2%
	地热	0	0	0	2%
	分项汇总	20%	24%	28%	35%
不可再生	重油	37%	31%	28%	25%
	煤炭	43%	45%	44%	40%
	分项汇总	80%	76%	72%	65%
总计		100%	100%	100%	100%

资料来源：Republic of Mauritius, Ministry of Renewable Energy and Public Utilities, 2009

在这座热带岛屿上，太阳能（包括光伏和热水）和风能的前景均看好，这预示着可再生能源成分在电力构成中的巨大需求。与此同时，将信息和通信技术（ICT）与能源领域进行结合的创新，可以带来一系列新型服务，进而促进对能源使用的监测和控制。因此，能源效率机制与需求方管理程序的结合，可能会大大减少对发电能力持续扩容的需求。在这种背景下，有着电力存储能力的微型电网的出现，将更好地利用较小规模的可再生资源来创建一种共享的需求情况，并提高电力系统的性能和弹性。

交通

在毛里求斯，运输是主要的能源消耗用途，其占全国最终能源消耗总量的50.4%（Statistics Mauritius, Ministry of Finance and Economic Development, 2014b）。在过去的十年里，公路上的车辆数量增加了一倍之多，从2004年的291605辆增至2013年的454226辆（Statistics Mauritius, Ministry of Finance and Economic Development, 2014a）。一项研究显示，由于交通拥堵产生的额外燃料消耗，每年造成的损失约为3300万美元（Mauritius Employers Federation, 2007）。岛上道路网的拥堵程度在全球排名第14，每公里道路上的车辆密度达到了107辆（Mecometer）。公共交通系统的效率非常低下，这进一步鼓励了大量私家车的使用，并导致了这种情况继续恶化。

每天有超过10万辆汽车进入首都城市路易港（Port Louis）。路易港不仅是该国的经济中心，而且还坐落着大部分政府部门。因此，城市的交通功能将是毛里求斯智慧城市设计的一个关键要素。目前，正在拟议中的智慧城市项目里，其中之一正是考虑了将容纳各种政府机构。此外，我们还设想了一些可以改善城市交通的措施：高效和可持续的公共交通服务，电动和氢燃料电池汽车，汽车共享，充足的停车设施，以及高效的、有专用自行车道的道路设施。电动汽车的充电系统可以通过V2G技术来对能源系统的电力存储和电力调节服务进行补充，这也能说明这些智能化措施的跨领域整合潜力。

除了这些传统的方法外，还可以通过整合数字化技术解决方案，根据需求来对运输系统进行时间规划和路线安排。例如，利用智能手机监控交通状况、检测拥堵区域、设定替代路线以更好地利用现有的交通基础设施。道路用户在社交网络上的反馈可以与来自当局的交通信息相结合，从而使人们获知更好、更可靠的交通状况信息。

水资源管理

当下，对毛里求斯政府来说，水资源管理是一项极为棘手的挑战，而且有着深远的社会经济影响。虽然该岛每年都有大量降雨，但是仍然有缺水问题，原因有几个。例如，水收集能力有限，为9070万立方米，这些水资源要供给国内生活用水，另外还要供给其他急需用水的服务业与工业之用，例如旅游业、农业、纺织和水电等行业。另外，因为供水系统老旧，很可能还有大量的可用水资源因为泄漏而流失。此外，据估计每年降水量中只有约10%补充到了地下水中（Statistics Mauritius, Ministry of Finance and Economic Development, 2014a）。

最后，水价相对也比较便宜，平均价格为每立方米0.33美元，人们并没有产生节约用水的强烈动机。今后，有效的水资源管理必须成为毛里求斯智慧城市发展的一个重要组成部分。向可持续的水资源管理模式的转变必须成为一套长期战略，其目标是最大限度地提高雨水收集能力，消除供水系统中的泄漏，降低运营成本，并改善客户控制。

在建筑规范中加入绿色水系统内容，以促进屋面雨水收集、优化地下水补给，并鼓励节水型的景观，以构成确保水资源自给自足的第一步行动。此外，利用智能水表和传感器技术，在水资源生产和分配阶段进行集成，将有效地识别泄漏问题，并设计出最优的定价机制，以促进水资源保护。

垃圾处理

对于世界上许多国家来说，城市垃圾处理是另一项严峻挑战，毛里求斯也不例外。随着城市化步伐的加快和旅游业的不断发展，固态垃圾正迅速成为一项重大而持久的问题。直到20世纪90年代早期，在五个城市政府的负责下，城市中的垃圾开始被收集起来，然后卸到露天的垃圾倾倒场里，而垃圾在这里经常被焚烧。与这种做法有关的众多健康和环境危害促使当局重新审视固态垃圾的处理问题。1997年，岛上唯一一座垃圾填埋场开始运行。这座垃圾填埋场位于岛屿南部，其最初面积为20公顷，以日垃圾处理量按300吨计，预期运行寿命为19年（Mohee et al., 2010）。2006年，政府宣布，在接下来的20~30年里，该垃圾掩埋场将继续从全岛接收垃圾，其面积也将扩大到32公顷。与此同时，也不得不重新安置周边村庄的居民，原因是据报告称此处水体被污染，同时还有难闻的气味。

这一问题的严重程度可以通过审视这样一个事实来判断：垃圾填埋量从1999年的180788吨增加到了2013年的429935吨（Statistics Mauritius, Ministry of Finance and Economic Development, 2014a）。另外还必须强调的是，这些垃圾在被倾倒之前并没有进行分类，而垃圾填埋场是温室气体（CHG）的主要排放源，主要排放二氧化碳和甲烷进入大气。因此，毛里求斯的智慧城市所最迫切的一大重要议题，应当是可以大大减少垃圾填埋量的新型固态垃圾处理模式。

很多行动的成本相对较低，可以很容易地帮助推动这一议题：例如垃圾分类、促进垃圾的再利用和循环利用、鼓励塑料袋和塑料包装壳的环保替代品、堆肥和生物能源等。毛里求斯在实施这些战略的过程中获得了一些宝贵的运营经验。随着家庭规模的试点项目成功启动，该行动被扩展到了工业规模上，通过成熟的堆肥设施，每年可以处理大约18万吨的城市固态垃圾。只有一小部分的固态垃圾被回收利用：9%的纸、3%的塑料和31%的纺织品（Mohee et al., 2010）。

2011年，负责管理垃圾填埋场的私营公司已经启动了垃圾填埋气发电站（Landfill Gas to Energy plant）项目，该发电站容量为2兆瓦。其发电能力预计将增加到3兆瓦，从而每年生产近22千兆瓦时的电力（Sotravic Ltd., n.d.）。2006年，政府也开始对购买塑料袋征收环保税，以遏制其使用。在政府发布的另一份关于致力解决垃圾问题的明确声明中，从2016年开始，毛里求斯将禁止销售塑料袋。

技术集成

毛里求斯已经着手在京都议定书（Kyoto Protocol）的规则下向低碳经济转型。上述这些与可持续能源、交通、水资源和垃圾处理相关的战略，都将通过对自然资源的智慧管理来减少温室气体排放。虽然低碳生态足迹是智慧城市的一项重要组成部分，但新技术和创新的部署提升了其核心组件的质量，从而提高其功能性和竞争力。

事实上，公民生活质量的进步与信息通信技术的发展密切相关。因此，地方政府必须确保数字技术网络覆盖整座智慧城市，从而能够为市民提供有效的公共和私人服务。2014年世界经济论坛的"联网准备指数（Networked Readiness Index）"将毛里求斯列为非洲国家中第一个在经济和社会发展方面采用了信息通信技术的国家，在世界各国中排名第48位（World Economic Forum，2014）。

尽管如此，我们还是应该通过提供更便宜的服务接口，以努力提高互联网在家庭中的普及率。城市管理者需要在战略上使用信息通信技术来实现电子政务，为市民提供更高效和个性化的服务。此外，还应促进电子政务和电子民主的发展，促进公民与政府互动，以及公众参与政策制定。同样重要的是，智慧城市也为企业的繁荣提供了一个有利的框架。通过科学园、孵化器和技术园区，增加企业的数字技术普及率，促进企业发展、商业发展，并为商业活动提供基础设施支持，这些都是可以创造和促进经济发展的有效措施（Clark，2003）。

在有利的经济条件和最先进的技术相结合所形成的环境下，有助于创造多样化的就业机会。整个框架必须由一套全面的教育体系来支持，该教育体系还可以根据城市的需求对学术知识进行调整。此外，教育体系应考虑到个体的具体利益，同时为其培养社会、艺术和创新技能。

社会维度

通常，智慧城市概念强调了技术应用，以至于忽视了人文、社会的维度。对社会角度的忽视，会影响实现城市目标，从而影响提高人们的生活质量。因此，任何一个智慧生态城市项目都应该把市民放在该模式的核心位置。技术和创新在城市进程中的大量涌入将不可逆转地改变公民的环境和经历。在智慧城市中，科技的发展非但不会使公民的数字、经济和社会的分化情况恶化，反而会使他们更有力量。为了实现一种平稳的、使人们普遍能够接受的城市转型，技术必须适应市民的需要，而不是与之相反。

因此，在毛里求斯的智慧城市中，社会包容应该是一个决定性的参数，这样就不会重复房地产开发计划所犯的产生被视为经济特权的飞地的错误。换言之，"社会资本主义（Clark and Li，2004）"战略非常关键，它不仅追求经济利润，也追求地方和国家利益。为此，所有的城市进程都必须通过高度的社会保障来确保关注了所有阶层的需求。毛里求斯在这方面已经做得很好了。实际上，在撒哈拉以南地区的非洲国家里，毛里求斯的人类发展指数（Human Development Index）排名第一（Economic Policy Research Institute，2011）。该国政府通过一系列项目——例如对60岁以上国民普及养老金和免费公共交通，以及免费医疗、免费教育、孤寡和残疾人津贴、保障性住房计划，和为贫困家庭提供配套服务设施等，成功做到了推动地方社会平等和消灭贫困。当局可以在现有的体系之上建立管理机制，并通过在地方一级的分布式系统中使用新技术，来改善对各种服务的访问，并对其进行规划和管理（Clark et al.，2004）。

毛里求斯的多元文化（multicultural nature）的特点强调了社会公正的重要性，这是拟议中的智慧城市的一项重要原则。它将有助于塑造一个不同文化相互尊重和人人机会平等的社区，在其中人们不论背景、信仰、性别、年龄和身体状况，皆一视同仁。所有这些社会因素共同作用，最终将有助于促进社会的和谐发展。

挑战和问题

此外，毛里求斯"智慧城市倡议"就社会而言也面临着来自三个方面的挑战。首先，该计划将主要依赖于外国人和毛里求斯海外侨民（如果他们回国的话）的参与。目前尚不清楚当地人该如何融入这一行动，尤其是那些能力较弱的人以及那些项目地区附近的居民。迄今为止，与外国劳工或富有移民的混居方式还没有被鼓励或尝试过，其中外国工人有约28300人，主要来自孟加拉国、中国和马达加斯加，而高素质的或富裕移民约5000人，多来自欧洲、印度、南非等地，他们主要是综合度假项目（IRS）和房地产计划项目（RES）的定居者（Board of Investment, n.d.）。

毛里求斯的人口构成具有多面性，其社会组织度仍然很脆弱，在不考虑人口组成对外国人开放的意愿的情形之下，仍然是很脆弱而且有风险的。至少，本国人的态度应该得到了解。其敏感程度和对话也不应忽视。本国人对游客的热情是另一码事，其不应被误解为在其国内定居的一种公开邀请。

其次，在大多数情况下，智慧城市的提案都是由私人资金支持的。这类项目的制度和监管框架与20世纪末、21世纪初的模式有所不同，在20世纪末的工业化，以及21世纪初的经济现代化过程中，"公平、公正"和所谓的"经济民主化"不仅仅是口号——它们比当时的任何事情都重要。目前尚不清楚智慧城市的利益将如何惠及最弱势的群体，尤其是考虑到智慧城市的大部分投资将是由私营部门所驱动的——而且很可能是国外私人资本。

第三个社会挑战同样令人生畏。就在几个月前，前一届政府还在倡导"毛里求斯可持续岛屿（Maurice Ile Durable, Mauritius Sustainable Island）"的概念，力图建设一座"岛屿城市（island-city）"或"海洋国家（ocean-state）"，这与目前的"微型城市（micro cities）"理念形成了鲜明的对比。从决策者到普通人，都需要重大的、文化上的范式变革。他们必须建立一个共同的愿景。旧的村庄和城镇会失去它们的历史特点，变成电子丛林吗？

在毛里求斯，最经常被提到的就是人的幸福感和丰满的生活，也就是回归简单的生活，同时保留历史的道德、宗教和传统价值观。环境的破坏令人遗憾，没有迹象表明智慧城市将恢复毛里求斯的原始美好感觉，更不用说过去美好与平和的生活方式了。如果智慧城市想要在人民的心中寻到一席之地，那么就必须与历史进行协调、并重新发现自身的历史。

对近期远景的结论

毛里求斯目前的城市化现状，对城市基础设施造成了严重的压力，政府提出了一系列雄心勃勃的智慧城市计划，预示着一个城市发展的新时代，而这个时代的特点是环境、社会和经济的可持续性。与其复制西方智慧城市的成功模式——而这些模式又不一定适合毛里求斯的环境，不如把重点放在解决城市地区特有的紧迫性问题上。概括地说，这一行动的核心指导原则应该是：利用新型的信息通信技术改善基础设施和设施服务进程的整体性能及效率——特别是电网、水分配系统、交通、公共服务和垃圾处理。最重要的是，所有这些都应该由"以人为本"的战略来支持，以促进所有国民获得更安全的生活，达到更好的生活标准。

基于实证的决策过程中应当包含可持续性的评价标准。国民从一开始就应参与到民主进程中来。政客们必须与关键的利益相关者进行接触，而不是让少数利益集团有权力来决定其他人的利益。在 GDP 方面的经济增长不应该是唯一的成功标准。需要有着基于明确的道德原则的良好治理。应该努力避免由于政治不稳定所产生的过激的政策变化。换句话说，智慧城市必须与现行的常规商业模式有所不同，才能变成现实。

参考资料

Board of Investment, n.d. *Facts & figures*, http//www.investmauritius.com/work-Live/facts.aspx, retrieved May 25, 2015.

Board of Investment, 2015. Mauritius National Budget 2015-16: Mauritius at the Crossroad. Republic of Mauritius.

Central Electricity Board, 2014. Integrated Electricity Plan 2013-2022: Demand Forecast for Mauritius, from http://ceb.intnet.mu/CorporateInfo/IEP2013/ Chapter4_Demand%20Forecast%20for%20Mauritius.pdf, accessed May 10, 2015.

Central Statistics Office, Republic of Mauritius, 2011. Population Census of Mauritius.

Clark, Woodrow W. II, 2003, "Science Parks (1): The Theory and Science Parks (2): The Practice." *International Journal of Technology Transfer and Commercialization*, vol.2, n.2, pp. 179—206.

Clark, Woodrow W. II, and Xing LI. 2004. "Social Capitalism: Transfer of Technology for Developing Nations." *International Journal of Technology Transfer and Commercialization*, vol.3, n.1, Inderscience, London.

Clark, Woodrow with William Isherwood, J. Ray Smith, Salvador Aceves, and Gene Berry, "*Distributed Generation: remote power systems with advanced storage technologies*", Energy Policy, Elsevier Press, Fall 2004 (32) 14: 1573-1589.

Dameri, R.P., and Cocchia, A., 2013. Smart City and Digital City: Twenty Years of Terminology. *Proceeding of ITAIS Conference*, Milan.

Economic Policy Research Institute, 2011. Country Profile—Mauritius (EPRI), 17 from http://www.epri.org.za/wp-content/uploads/2011/03/32-Mauritius.pdf, accessed May 2015.

Mauritius Employers Federation, 2007. The Business Costs of Traffic Congestion, MEFeedback, n.3, October.

Mecometer, n.d. Vehicles per km of Road-by Country, http://mecometer.com/topic/vehicles-per-km-of-road/, accessed May 16, 2015.

Medine Property, n.d. Medine Education Village, http://medineproperty.com/downloads/project1364322417.pdf, accessed May 18, 2015.

Ministry of Finance and Economic Development, n.d. Budget Speed 2015—2016, (Republic of Mauritius), from http://budget.mof.govmu.org/budget2015/BudgetSpeech.pdf, accessed May 5, 2015.

Mohee, R., Karagiannidis, A., Themelis, N., and Kontogianni, S., 2010. The Mounting Problems with Managing Waste in Rapidly Developing Islands The Mauritius Case. *Proceedings of Third Symposium on Energy from Biomass and Waste*, Edulink, Venice.

Neirotti, P., De Marco, A., Cagliano, A. C., Mangano, G, and Scorrano, F., 2014. "Current Trends in Smart City Initiatives: Some Stylised Facts." *Cities*, vol.38, pp. 25—36.

Republic of Mauritius, Ministry of Renewable Energy and Public Utilities, 2009. Long-Term Energy Strategy 2009—2025, October.

Sotravic Ltd, n.d. Power Generation (Gas to Energy), http://www.sotravic.net/news/11-sefa-supports-sotravic-ltd-innovative-project.html, accessed May 15, 2015.

Statistics Mauritius, M.o., 2014. Labourforce, Employment and Unemployment—Fourth Quarter 2014. Port Louis: Republic of Mauritius.

Statistics Mauritius, Ministry of Finance and Economic Development, 2014a. Digest of Energy and Water Statistics—2013. Republic of Mauritius.

Statistics Mauritius, Ministry of Finance and Economic Development, 2014b. *Digest of Environment* Statistics—2013. Republic of Mauritius.

Statistics Mauritius, Ministry of Finance and Economic Development, 2014c. Digest of Road Transport and Road Accident Statistics—2013. Republic of Mauritius.

Statistics Mauritius, Ministry of Finance and Economic Development, 2014d. National Accounts of Mauritius—2013. Republic of Mauritius.

The World Bank Group, n.d. World DataBank, http://databank.worldbank.org/data/views/reports/tableview.aspx, accessed May 5, 2015.

World Economic Forum, 2014. The Global Information Technology Report 2014, WEF and INSEAD.

附录 G　南亚的智慧生态"微城"

纳夫德·贾法拉（Naved Jafry），和加森·西尔弗斯（Garson Silvers）[1]

介绍

印度次大陆（又称南亚）一直是一块对比鲜明的大陆——我们可以通过观察区域多样性以及使其凝聚的协同力之间的差异，来了解这一点。从亿万富翁到乞丐、摩天大楼和贫民窟、子弹头列车和牛车、知识分子和文盲，南亚一直是一个有复杂的区域。历史上被多个征服者进行统治，如亚历山大、阿育王（Asoka）、蒙古儿人（Mughals）①、英帝国。南亚有久远的历史，还建立了全世界第一所"大学"，拥有近 2000 种方言或语言，上千年的历史、无数的神祇和宗教信仰、有核武装的狂热独裁政权、全世界最大的民主国家。

有近 16 起活跃的长期冲突发生在这里，数百万流离失所的难民和移民，该地区容纳了超过五分之一的地球人口，是人口最密集的地理区域。由于该地区是诸多思想和意识形态的起源地，它应该首先通过智慧生态城市来证明其在亚洲的思想和市场上的有效性。

部署智慧生态的可持续"微城"的原因

南亚文明是世界上一些最紧迫问题的源头，所以我们很容易就能在这里找到令人信服的理由以解释为何应当在此地部署智慧生态可持续"微城"。随着南亚人口的持续增长，更多的人将搬到城市。专家预测，每分钟都有大约 25～30 人从农村迁移到大城市，以寻求更好的生存条件和生活方式。据估计，到 2050 年，仅南亚的城市人口总数就将达到 12 亿。为了适应这种大规模的城市化，南亚需要找到更明智的方法来进行这种复杂管理，以减少开支，提高效率，提高生活质量。麦肯锡的一份报告显示，为了适应这种增长，未来 10 年内印度将需要 20 到 30 座新城市。印度的解决方案是在区域高速交通网络中推动 24 座新的"智慧城市"。经济学家认为，南亚国家迫切需要建设新城市：其城市化率预计将从 2001 年的 28% 上升到 2026 年的

---

[1] 纳夫德·贾法拉，Zeons 主席，电子邮箱是：Nj@zeons.org；加森·西尔弗斯，Zeons 的 CEO，电子邮箱是：Garson@zeons.org；两位的网址是：www.zeons.org。

① 即蒙兀儿人。——译者注

近36%。

一座智慧生态可持续城市（SSGC）指该城市区域在基础设施、可持续的房地产、通信和市场生存能力方面高度发达。在这座城市里，信息技术是主要的基础设施，也是为居民提供基本服务的基础。它涉及许多技术平台，包括（但不限于）自动化传感器网络和数据中心。尽管这听起来很超前，但随着印度"智慧城市"运动的展开，这一趋势很可能会成为现实。

在智慧生态可持续城市（SSGC）中，由于基于成功的市场驱动力——例如供给和需求，故其经济发展和活动是合理的、可持续的。这可以造福包括公民、企业、政府和环境在内的各个方面。

起源

智慧城市的概念开始出现时，正当全球面临着有史以来最严重的经济危机之一。2008年，IBM开始研究"智慧城市"概念——作为其"智慧地球计划（Smarter Planet initiative）"的一部分。到2009年初，这个概念已经吸引了世界各国的目光。

很多国家，例如韩国、阿联酋和中国，已经开始大量投资于相关研究和成果。如今，印度有许多优秀的先例可供效仿，例如维也纳、奥胡斯（Aarhus）、阿姆斯特丹、开罗、里昂、马拉加（Málaga）、马耳他、首尔附近的松岛（Songdo）新城国际商业区、维罗纳（Verona）等。

在印度

印度已经规划了100座新的智慧城市。该"智慧城市"计划的100座城市将会在现有城市周围发展现代化的卫星城。另外500座城市将获得基础设施建设，到2022年，政府将为这些城市提供总投资24亿美元的住房项目，并在2015～2016年度的预算中为智慧城市项目拨款10亿美元。但根据TechSci的研究，整个项目可能需要超过2万亿美元的资金。

在印度，正在进行或酝酿的智慧城市有：喀拉拉邦（Kerala）的科钦（Kochi）、古吉拉特邦（Gujarat）的艾哈迈达巴德、马哈拉施特拉邦的奥兰加巴德（Aurangabad）、德里直辖区的马纳萨（Manesar）、拉贾斯坦邦（Rajasthan）的胡什克拉（Khushkera）、安得拉邦（Andhra Pradesh）的克里什纳帕特南（Krishnapatnam）、泰米尔纳德邦（Tamil Nadu）的波内里（Ponneri）以及卡纳塔克邦（Karnataka）的杜姆古尔（Tumkur）。其中许多城市将包括特别投资区域或经济特区，这些地区通过法规和税收结构的调整来吸引外国投资。这是至关重要的，因为这些项目的大部分资金将来自私人和海外资本。

增长引擎（growth engines）

如今，除了已有的六大城市区域——金奈（Chennai）、新德里、加尔各答、孟买、海得拉巴和班加罗尔以外，新的经济增长中心正在崛起。同样明显的是，我们需要将焦点转移到这些较小的城市上来，在经济增长使其过载之前进行仔细规划。沙阿（Shah）教授称："在空间和经济方面，我们都将有更好的机会将这座城市融入地区环境之中。"较小的城市也拥有更大的公共接口和参与度，而这些是可持续城市化的基础。

事实上，二线、三线城市，曾经是未利用的资产，现在已经成了该国经济增长计划中的一部分。他们的发展将扩大市场，帮助印度农村现代化，为国家的整体发展作出贡献。就目前的情况来看，几个有前途的城市都有资格成长为未来的大城市区域。但是，怎样才能最优地发展这些城市呢？沙阿教授的答案是："所有的城市都需要通过广泛的共识来确定它们内在的和获得的经济力量，并制定计划，以利用它们的竞争优势。"他强调了这些城市所拥有的令人羡慕的优势："它们可以向世界上其他国家学习已经成功的良好实践模式，并复制这些经验。"这些做法中包括建立一个综合的、地理空间精确的发展计划和灵活的土地利用模式。

这些城市中有许多没有总体规划——但这也可能是一个好处，因为它们现在可以根据改良过的标准、更先进的城市工作方法和更大的公众参与度来准备其计划。印度的目标是创造城市空间，其中绿色、高科技的举措将为公民带来更好的服务和更有效的资源管理——包括水和能源。对这些城市而言，使用清洁能源的公共交通系统、太阳能城市照明和绿色建筑都是重要的低碳理念。

挑战

智慧生态可持续城市（SSGC）的理念并非一帆风顺——特别是在印度。例如，这样一座城市的成功依赖于居民、企业家和游客积极参与节能和新技术的实施。住宅、商业和公共空间要实现可持续发展，有许多技术性的方法，但仍有很大比例的能源使用量掌握在终端用户及其行为之中。此外，还有时间因素，因为可能需要20到30年的时间来建设这些城市。

另一个挑战是，在印度及世界其他地方，智慧生态可持续城市（SSGC）的定义仍然不明确，但许多人表示，技术的应用仍然是一项关键因素。今年早些时候，布鲁金斯学会（Brookings）的一份报告称，建设智慧城市的远大计划包括利用数据和数字基础设施来管理能源和水资源的使用，以及创建智慧交通网络。然而，印度应该把重点放在解决现有城市地区的问题之上，例如住房、供水、卫生和电力等设施的匮乏。这些举措中的很大一部分，其目标应该是让现有的城市以更有效的方式运作。

建议

私营企业可能会遇到与中央、州和地方政府合作等方面的挑战。埃森哲战略咨询（Accenture Strategy）与世界经济论坛（World Economic Forum）4月份的一份报告认为：为了克服这一障碍，政府必须为私人资本投资建立一个稳定的政策框架。其中的一个重要组成部分是：政府要在逐个项目的基础上制定一项强力的投资者价值定位。政府不应仅因为一个项目具有巨大的社会效益就指望投资者接受较低的回报额。

经济推理

智慧生态可持续"微城"是一种改革特区,但其居民要来自更大的范围——不仅来自本地,还来自整个周边区域。智慧生态可持续"微城"的改革,包括设立新定居区的需求,并支持一套允许现代市场繁荣发展的规则。通过其运营规则,智慧生态可持续"微城"可以让企业和市民对他们的环境和社区负起责任。智慧生态可持续"微城"确保通过生产、供应和营销链来更好地承担责任,同时也为新城市的生活安全和财产安全维持可以接受的标准。

向古老智慧学习

并不是所有智慧生态可持续城市(SSGC)开发的解决方案都来自未来技术,其实可以从南亚文化丰富的建筑史和设计史中学到很多。在本土建筑师中有一个发展趋势是地域性建筑(vernacular architecture)[1]。法拉克·阿罗拉(Falak Arora)是一位孟买的年轻建筑师,她认为,新开发项目的建筑师应该努力关注地域性材料。这不仅有助于减轻巨量的碳生态足迹,而且还能创造当地的工作岗位。她对当地建筑进行了广泛的研究,并热衷于应用由 Adital Ela 从以色列引入的理论。这种"桥接方法(The Bridge Methodology)"的理论基础是恢复物体、创建调停者、发现丰富性以及设计共享模式。该理论应用的最佳体现是风力照明——使用清洁能源的、自给自足的户外照明系统。

地域性建筑是生产可持续建筑最有效的方法之一。除了由于利用当地材料减少了碳排放以外,它还反映了当地的文化和传统。地域性建筑是一个鲜为人知的、有待探索的领域,地域性建筑所关注的建筑学和建造传统,其特点是性价比高、生态合理、具有文化相关性。

在南亚,有许多建筑师和相关组织——例如住房和城市发展联合体(Housing and Urban Development Corporation Limited, HUDCO)——都在进行地域性建筑实践。由于其丰富多样的文化遗产,印度次大陆的不同区域也有建筑上的多样性。

劳里贝克中心(The Laurie Baker Centre)

劳里·贝克(Laurie Baker)是一位在英国出生的印度裔建筑师,他在印度具有先创性地采用地域材料建造了性价比很好的节能建筑。他试图将简单的设计与地域性材料结合在一起,以其可持续建筑和有机建筑而闻名业内。贝克利用地域性建筑的方法和实践方式来处理当地问题。他的建筑设计倾向于强调砖石建筑物的轮廓,以及用哥哩式砖墙(brick jali wall)营造私密性,也借此引入自然通风,减少生态足迹。这些哥哩式砖墙也创造了图案式的光影效果。

---

[1] 又译为"乡土建筑"。——译者注

贝克被称为"喀拉拉邦的用砖大师",他为成千上万的无片瓦遮身的人们提供住房解决方案。1990年,劳里贝克中心成立,由住房和城市发展联合体与德里城市住居改善董事会(Delhi Urban Shelter Improvement Board)共同推动。除了常规的建筑外,还采用了空斗墙砌体(rat-trap bond)、填料板(filler slabs)、拱券和穹顶等性价比高且生态友好型的技术。贝克去世后,他的朋友、学生和崇拜者们创建了劳里贝克中心住居研究所(Laurie Baker Centre for Habitat Studies),通过研究、扩展、培训、文献记录和建设网络,来传播他的可持续发展理念。它的主要目标是在绿色经济的大视角下,开展和鼓励各种研发——包括技术、行为研究和政策研究等。

奥罗维尔生土研究所(The Auroville Earth Institute)

奥罗维尔生土研究所由印度政府的住房和城市发展联合体创立于1989年,旨在推广印度的生土建筑,并将相关知识传播到了其他35个国家。生土研究所的工作是试图复兴传统技能,将原始生土建筑物的古老传统与现代的稳定土(stabilized earth)技术相结合。

在该领域,土壤作为一种原材料发挥着主要作用,但其他适宜的技术也有着广泛应用,例如钢丝网水泥(Ferro cement)、污水生物处理、太阳能照明、风能和太阳热泵(solar pumping)等。

地域性建筑中心(The Centre for Vernacular Architecture)由R.L. Kumar于20世纪80年代末成立,是一个建筑工艺人士的联合团体。该中心所做的工作是追随劳里·贝克和哈桑·法特希(Hassan Fathy)这类人的脚步。建筑实践促进了传统建筑技术与文化和气候相关的设计以及地域性材料的使用。该中心一直在印度南部及其他地区进行各种地域性建筑项目的设计和实践工作。

奇特拉·维什瓦纳特建筑师事务所(Chitra Vishwanath Architects)

奇特拉·维什瓦纳特建筑师事务所位于印度班加罗尔,专注生态和建筑领域。他们的实践始于1991年,自那以来,有许多建筑师加入其中,在印度和非洲各地做了很多项目。事务所的理念是以优化的方式利用当地资源、积极地对自然因素进行规划、使建设项目呈现积极的社会影响、提高操作者和用户的生活质量。"泥巴"是当地资源的重要组成部分,它非常适合当地的条件,而且其利用方式相对而言是劳动密集型的,对于当地来说也是可用的。

如何为该地区的智慧生态"微城"提供资金

在该地区的几乎每个州,都有贷款以保证对生态可持续项目的资助,其中包括慈善信托基金的拨款、投资银行、对冲基金、有社会意识的风投公司的资金,抵押贷款公司也有针对生态可持续住房的低利率贷款。由于在地方、邦和国家层面都有规定，要刺激该地区的投资政策，以资助和促进对可持续产业的利用。这些政策的直接目标一直是创造新的就业机会，与此同时拯救现有的工作岗位，并刺激经济活动、进行长期增长投资、促进政府支出的问责水平和透明度。

为促进可再生产业发展，有许多可采取的国家战略性政策，其中包括扩大财政激励、互连标准（interconnection standards）、净计量（net metering）、基于输出标准的法规、配额制（portfolio standards）和公共福利基金（public benefits funds）等。下面简述几例：

公共福利基金：该基金是国家用于投资清洁能源项目的资源库。资金通常来自对用户的电费收取少量费用获得（即：系统效益费用）。

基于输出标准的环境法规（output-based environmental）：该法规为每单位能源产出的生产过程建立了排放限额（生产过程包括：电力，热能或轴动力），目标是鼓励提高燃料转换效率和使用可再生能源，以此作为空气污染的控制措施。

互连标准：该政策指某种过程和技术要求，针对某一邦的电力公司将如何对待需要连接电网的可再生能源。标准程序的建立可以减少可再生能源系统在未建立互连标准的邦获得电网连接时所遇到的延迟和不确定性。

净计量：该政策使那些自己能够生产可再生电力（如太阳能光伏电池板）的居民或商业客户获得他们所生产的电力补偿份额。净计量规则要求某一邦的电力公司确保用户的电表能够精确地跟踪在场使用的电力或返回电网的电量。当在场生产的电力未被使用时，就会返回到电网中；当在场电力不足以满足用户需求时，就会转为使用来自电网的电力。该系统对"微城"来说是完美的，因为它们可以共同产生额外的可再生能源来供应附近的社区。

上网电价补贴（FiTs）：通过强制电力公司向电网提供可再生能源——以预设的高于市场价格的入网电价为条件——来鼓励可再生能源的发展。这些补贴可能因使用的资源类型而有所不同，为可再生发电企业提供了一系列从项目中获得的收入。该政策有透明、公平的会计体系，在解决为该地区减负的问题上，堪称理想制度。

另一个资助生态发展的途径是房产评估清洁能源项目（Property Assessed Clean Energy，PACE）。这是一种融资选项，它附加了偿还可再生能源安装或节能改造成本的义务，该义务是附加在居住类房产之上的，而不是附加在借款者之上。即使其偿付期比所有者想要持有房产的时间要长，这一机制也鼓励业主投资于清洁能源改造。类似地，在环境进行融资的区域，当地政府发行债券来为有公共性目标的项目提供资金，而那些受益于这一改善的业主，则通过对其物业税的评估来偿还债务。我们建议该地区的邦和城市创建这类项目，以促进可持续技术的使用。

总的来说，我们认为，提供资金的构想和执行计划，是任何可持续项目成功的首要关键因素。一些邦提供了诸如赠款、贷款、退税和税收抵免等财政激励措施，以鼓励可再生能源的发展。这些对可再生能源和能效的激励措施的数据库，在当地的城镇规划中可以获得。慈善是从家庭开始的，每节约一美元就等于赚了一美元。无论是集体还是个人，我们都可以通过转变许多日常习惯和文化来为这场绿色革命提供资金，通过节约、停用、再循环和再利用的方式。对这些所作的最好的总结，可以引用 2014 年 7 月 7 日、7 月 14 日的《时代杂志》特别报道，题为"智慧家园给我们带来主导自己生活方式的希望"。副标题是："未来的住所会让你更安全、更富有、更健康，而且这种住所已经存在。"在这份特别报告中，它给出了许多例子，讲述了由技术进步和具有社会意识的个体在改善人类状况方面所作出的可持续性的改变。简而言之，我们确实认为，作为消费者和投资者的个人既拥有权力，也有着能力，人们可以用美元或脚来投票，以看到这个世界向可持续的方向转变，而融资就是这一转变的开始。

讨论

在这片充满多样性的土地上，我们感到了文化、艺术、音乐、传统和灵性的共同基础——这些在许多人而言被称为软实力。今天对于该地区领导者而言的巨大挑战可能只是要关注经济、政治和法律上的冲突，以及认识到这些挑战都可以通过下列途径来解决：首先开始实施智慧可持续生态城市（SSGC），进而创造相关的基础设施、工作岗位，以及可预测来源的安全和司法体系，并实现世代延续。

在该案例研究中，我们已经证明了智慧可持续生态城市（SSGC）（以及"微城"理念）可以帮助一个国家的发展。至关重要的是，制定和实施适当的法律，是为了将我们从一种浪费性的文化转变为可持续性的文化。"微城"不仅是一个理念；它可以拯救生命，改善经济。通过以上列出的方法，一种新的、有效的生活方式能够确保可持续发展。当城市受到一套良好规则的支配时，人们会感到免于犯罪、疾病和恶劣卫生条件的影响，而且有机会谋生。"微城"的概念正逐渐被印度次大陆所接受。假如进展顺利，到这个十年结束时，印度将至少出现 30 座私人城市。这一数字还可能会继续增加，这取决于印度决策者允许这一概念发展的方式是怎样的。

智慧可持续生态城市（SSGC）（以及"微城"理念）是我们这个时代的一个充满希望和象征意义的运动。这是一种全新的生活方式，它改变了未来的愿景——包括配置相应的法律法规、健康的环境和人口，以及维持其存在的金融手段。它是人类当前和未来的福祉所在，也是一个充满希望的环境。这项革命性的想法有可能以深远的方式影响世界各地。如果整个南亚致力于行为的转变，那么该地区人们的生活满意度将会达到较高的水平。

索引(部分词汇由译者增加)

A

A Guide to the Cold Calculus of a Hot Planet《热星球的冷演算指南》
Abidjan 阿比让
Accenture Strategy report 埃森哲战略咨询报告
AC inverter 交流逆变器
acoustic environment, Bristol (UK) 声环境,布里斯托(英国)
Act of Granting Priority to Renewable Energy Sources 可再生能源资源优先权法案
Adelaide, Australia (smart green cities) 阿德莱德,澳大利亚(智慧生态城市)
Africa, growth 非洲,增长
Age of Enlightenment 启蒙时代
agglomerations, city sprawl (equivalence) 城市结块,城市扩张区(同义)
Agile Energy Systems 灵巧能源系统
Algae Fuels S.A. Consortium 藻类燃料协会
agile systems 灵巧系统
Agricultural Revolution (Neolithic Revolution) 农业革命(新石器时代革命)
air quality: Bristol (UK) 空气质量,布里斯托(英国)
air-to-water heat pump 空气-水热泵
Al Jaber, Ahmed 艾哈迈德·贾巴尔
Alexander 亚历山大大帝
Alexandria 亚历山大城
algae, biofuel source 藻类,生物燃料资源
Aligarh 阿利加
alternative fuel 替代性燃料
Amager Beach 阿迈厄沙滩
Amazon region, drought 亚马逊地区,干旱
ambient heat 环境热量
American Lung Association, ALAC 美国肺健康协会
American Motor Car (AMC) Company, Amitron (usage) 美国汽车公司,Amitron 概念车
Amprion, system experimentation Amprion 公司,系统试验
anaerobic digester 厌氧反应
Andhra Pradesh 安得拉邦

索引（部分词汇由译者增加）

announcement 宣传
answers 答案
anthropocene era "人类世"时代
applied academic 应用学者
Aquino, Benigno 阿基诺
Architectural Energy Corporation 建筑能源公司
arcology 生态建筑学
Arctic Sea ice, decline 北极海冰，退化
Arora, Falak 法拉克·阿罗拉
Asia-Pacific region: electricity demand 亚太地区：电力需求
atmospheric carbon dioxide, reduction 大气层中的二氧化碳，减少
Aurangabad 奥兰加巴德
Auroville Earth Institute 奥罗维尔生土研究所
Auroville, India (smart green cities) 奥罗维尔，印度（智慧生态城市）
Australia's Bureau of Meteorology 澳大利亚气象局
Australia, fires (impact) 澳大利亚，火灾（影响）
automated vacuum waste collection 自动真空垃圾收集系统

B

bacterial fuels 细菌燃料
Baker, Laurie 劳里·贝克
Ballard Power Systems 巴拉德能源系统公司
Baoding, change 保定，改变
Barnosky, Anthony 安东尼·巴尔诺斯基
Basilicata 巴西利卡塔
batteries: flow batteries, usage 电池：液流电池，利用
battery storage units 电池储能单元
battleground 战场
Bay Area Rapid Transit (BART) 湾区捷运
Beijing, transformation 北京，转变
Bellevue Strand 贝列弗斯特兰
benchmark 基准值
benefits 益处
BentoBox 便当盒（单车）
Berlin Energy and Climate Protection Program (BEK) 柏林能源和气候保护计划
Berlin: carbon dioxide emissions 柏林：二氧化碳排放
Barranquilla 巴兰基亚
BEV car 全电动车
bicycling increase (Potsdam) 骑行增加（波茨坦）
bicycling 骑行

bike-share schemes 共享单车方案
biobutanol, impact 生物丁醇，影响
biodiesel, impact 生物柴油，影响
bio-digester 生物消化器
Biodiversity Action Plan, Bristol City adoption 生物多样性行动计划
biofuel: algae, usage 生物燃料：藻类，利用
biogas plant production, Frederikshavn City (Denmark) 沼气站生产，腓特烈港（丹麦）
biogasoline, impact 生物汽油，影响
biogenerator, usage 生物发电机，利用
biomass, usage 生物质，利用
biomedical 生物医学
biomethanol, impact 生物甲醇，影响
bio waste 生物垃圾
Black Forest 黑森林
blanket of carbon 碳-覆盖层
Bloomberg, Michael R. 迈克尔·布隆伯格
Bloomberg News Energy Finance 彭博新闻社能源财经
Bonaparte, Louis-Napoleon (Paris reconstruction) 路易-拿破仑·波拿巴（巴黎重建）
Boulton, Matthew 马修·博尔顿
BP America 英国石油美国生产公司
branched hydrocarbons 支链烃
Brandenburg, Germany (carbon dioxide emissions/reductiorn goals) 勃兰登堡州，德国（二氧化碳排放/减排目标）
Brazil Russia India China (BRIC nations) 巴西、俄罗斯、印度、中国（金砖四国）
Brazil: energy independence 巴西：能源自给
BREAAM 建筑研究机构环境评估方法
Breakthrough Institute 突破研究所
Brent Council, recycling levels(increase) 布伦特市政府，回收水平（提高）
brick jali wall 哥哩式砖墙
Bridge Methodology 桥接方法
Bristol (UK) 布里斯托（英国）
Brookings 布鲁金斯学会
Brundtland Commission report 布伦特兰委员会报告
Build Your Dreams Motors (BYD Motors) 比亚迪汽车（BYD）
building stock, refurbishment (Potsdam) 建筑存量，翻新工程（波茨坦）
built-in protections 内置保护功能
buses 巴士
business alliances, McArthur Report identification 商业联盟，麦克阿瑟报告确认

索引（部分词汇由译者增加）

C

California Public Utilities Commission 加利福尼亚州公共事业委员会
California: emissions trading system (ETS), launch 加利福尼亚州：排放交易体系，启动
California Department of Fish and Game 加利福尼亚州渔业与野外垂钓部门
California Dream 加州梦
California Energy Commission 加利福尼亚州能源委员会
California Energy Efficiency Building Code 加利福尼亚州建筑节能法规
Cantareira reservoir 坎塔雷拉水库
cap and trade: climate policy schemes 总量排放交易体系：气候政策方案
capitalism, civic capitalism 资本主义：公民资本主义
carbon-based energy generation 碳基能源发电
carbon cap-and-trade system, contrast 碳排放总量排放交易体系，对照
carbon dioxide: atmospheric carbon dioxide, reduction 二氧化碳：大气层中的二氧化碳，减少
carbon emissions trading (EU) 碳排放交易体系（欧盟）
carbon filaments 碳纤维
carbon-intensive 碳密集型
carbon offset, roofs (impact) 碳抵消，屋面（影响）
Carbon Oil 碳油
Carbon Tax Center, proposals 碳税中心，提议
carbon taxes: approval (Chile) 碳排放税，批准（智利）
cars, regeneration braking 汽车，再生制动
Cash-Back Car: involvement 返现汽车，参与
Center for Health and the Global Environment at Harvard Medical School 哈佛大学医学院健康与全球环境中心
Center for Science and Environment 科学和环境中心
Center for Sustainable Transport 可持续交通中心
Center for Vernacular Architecture (CVA) 地域性建筑中心
Center for Water-Energy Efficiency 水能效中心
Center of Responsive Politics 政治反馈中心
Center on Housing Rights and Evictions 全球居住权与反迫迁中心
central planning model (China) 中央计划模式
challenges 挑战
Chennai 金奈
Chernobyl accident 切尔诺贝利核事故
China (Peoples Republic of China): air quality, improvement 中国（中华人民共和国）：空气质量，改善
China Center for Energy and Transportation 中国能源与交通中心
Chinese Academy of Sciences 中国科学院

221

Chinese Renewable Energy Industries Association (CREIA) 中国循环经济协会可再生能源专业委员会
Chitra Vishwanath Architects 奇特拉·维什瓦纳特建筑师事务所
Chittagong 吉大港
circular economy 循环经济学
Cities Alliance 城市联合会
Cities and Climate Change: Global Report on Human Settlements 城市与气候变化：人类住区的全球报告
Citigroup 花旗集团
City Technology Committee 城市技术委员会
city-state 城邦
Citizens Climate Lobby 公民气候游说团
civic capitalism 公民资本主义
Clark Strategic Partners 克拉克战略合伙人企业
Clean Air Act 空气清洁法案
Clean and Green Singapore campaign 洁净生态的新加坡
Clean and Green Week 洁净生态周
Clean Hydrogen In European Cities (CHIC) Project 欧洲城市的洁净氢能项目
Climate Action Plan 气候行动计划
climate change 气候变化
Climate Neutral Berlin 2050 study 2050气候中立的柏林研究
climate neutrality: Berlin (Germany) 气候中立：柏林（德国）
climate partners, network 气候合作伙伴，网络
climate projects 气候项目
Climate Vulnerable Forum 气候弱点论坛
Climate-Neutral Berlin 2050 plan 2050气候中立的柏林规划
Columbia University Water Center 美国哥伦比亚大学水资源中心
coal companies: benefits 煤炭企业，受益
coal-fired heating systems, substitution 燃煤供暖系统
coastal cities, ocean impact 沿海城市，海洋影响
coastal flooding, impact 海侵，影响
combined heat and power (CHP) 热电联产
Communist Party of the National Government of China (CPC) 中国共产党
communitarian case 社群主义案例
community: economic sustainability 社区：经济方面的可持续发展
companies, access/development needs 公司，可达性/发展的要求
compound annual growth rate (CAGR), increase 复合年增长率，增长
compressed natural gas (CNG) buses 压缩天然气巴士
concentrated solar power (CSP) systems 聚焦式太阳能发电系统

concentration, increase 集中，增加
concept, growth 概念，增长
Conceptual Land Use Plan 概念性用地规划
Congestion Index 拥堵指数
congestion: global problem 拥堵：全球性问题
Congress's Joint Economic Committee 国会联合经济委员会
connectivity 互联性
ConocoPhillips 康菲石油
conservative-liberal 保守自由主义
construction, regulation 建筑，管理规定
cool roofs, carbon offset 凉屋面，碳抵消
Copenhagen Conference 哥本哈根大会
Copulos, Milton 米尔顿·科普洛斯
cost structure 成本结构
cradle-to-cradle (C2C) design "从摇篮到摇篮"的设计模式
Curitiba, Brazil (smart green cities) 库里提巴
Cyclocity Vilnius Cyclocity 维尔纽斯

D

daily collection capacity 每日垃圾收集能力
Dallas-Fort Worth 达拉斯—沃思堡区域
Danish Geodata Agency 丹麦地理信息局
Danish Nature Agency 丹麦自然局
Darwin, Charles 达尔文，查尔斯
DC converter 直流转化器
"De Aquaeductu" (Frontinus)《引水渠》(弗龙蒂努斯)
decentralized 非集中式
Deepwater Horizon oil spill, environmental disaster 深水地平线号钻井平台石油泄漏事件，环境灾难
deflation 紧缩
Delhi: air quality 德里：空气质量
Delhi Urban Shelter Improvement Board 德里城市住居改善董事会
demand, impact 需求，影响
demand reponse 需求响应机制
demand-side management 需求端管理技术
Demographia World Urban Areas 全球城市区域人口统计
demographiics, impact 人口，影响
Denmark: energy dependence 丹麦：能源自给
Deritzehn, Andreas 安德烈亚斯·德里茨恩
desalination plant 淡化厂

223

Department for Urban Development and the Environment 城市发展与环境部
Deutsche Bank 德意志银行
Dhaka, population increase 达卡，人口增长
dimmable ballast 可调压镇流器
direct current (DC) power 直流电源
disease, water (relationship) 疾病，水（关系）
distributed micro-grid 分布式微型电网
distributed on-site power (green industrial revolution component) 分布式在场能源（绿色工业革命的组成部分）
district heating grid expansion, Frederikshavn (Denmark) 区域供热网扩建，腓特烈港（丹麦）
Donghai Bridge, offshore project completion 东海大桥，近海项目
dot-com era 互联网时代
droughts, impact 干旱，影响
dry waste 干性垃圾
Duke-NUS Graduate Medical School 新加坡杜克－国大医学研究生院

E

Earth Institute's Lenfest Center for Sustainable Energy 伦费斯特可持续能源研究中心
e-bikes, usage 电子单车，利用
e-democracy 电子民主
e-ideas room 电子意见室
e-services 电子服务
Eco Management and Auditing System (EMAS) 欧盟生态管理和审核体系
eco-innovation, Bristol (UK) 生态创新，布里斯托
eco-valley 生态谷
ecocities: carbon neutrality 生态城市：碳中立
ecocities: cases 生态城市：案例
Ecocity Berkeley (Register)《生态城市伯克利》(雷吉斯特）
ecological awareness 生态意识
ecological industrial metabolism 生态的产业新陈代谢
ecological infrastructure integrity 完整的生态基础设施
ecological sanitation 生态的卫生系统
ecological security 生态的安全服务
economic inequality 经济不平等
economic model 经济模式
economic sustainability 经济可持续性
economic system, civic capitalism prototype 经济体系，公民资本主义原型
economics: free-market economics, failure 经济：自由市场经济，失败
economies of scale 规模经济
Edison, Thomas 托马斯·爱迪生

索引（部分词汇由译者增加）

eHi (China) 一嗨租车（中国）
electric buses, usage 电动巴士，利用
electric cars, vehicle to grid (V2G) 电动汽车，V2G
electric compressors 电动压缩机
electric grid applications 电网系统应用
electric motors, usage 电动机，利用
electric vehicles 电动车辆
electrical current, production 电流，产生
electrical generators 发电机
Electricity Feed Act 电力供应法案
electricity, usage (transfer) 电力，利用（传输）
electrochemical cell 电化电池
electrolyzers 电解剂（槽）
electromagnetic energy 电磁能量
elemental hydrogen, usage 氢元素，利用
emerging green technologies 新兴的绿色技术
emerging technologies, commercialization 新兴技术，商业化
emission polluter 排放污染源
emissions trading systems (ETSs): California launch 排放交易体系：加利福尼亚州启动
emissions/reduction goals 排放/减排目标
enactment 颁布
Energie und Wasser Potsdam (EWP) 波茨坦能源供应商 EWP
Energiespargesetz (Energy Transition Law) 节能法案（能源转型法律）
Energiewende (energy transition) 能源转型
energy consumption, increase 能源消耗量，增长
Energy Efficiency Center 能效中心
Energy Efficiency-Plus House construction "能效+住房"项目建设
energy geopolitics 能源地缘政治
Energy Institute 能源研究所
energy management system (EMS) 能源管理系统
energy performance 能源表现
Energy Renewable Sources Act (2000) 可再生能源法案（2000年）
energy security 能源安全
Energy Star 能源之星
energy storage 能源存储
energy strategy 2020, adoption 2020年能源战略，采用
Energy Technology Transfer 能源技术转化项目
Energy Town Project 能源之城项目
engagement strategies, development/implementation 社区参与策略，发展/实施

Enki, worship 恩基神，敬拜
Envac 恩瓦克公司
environmental load profile 环境负载状况
Environmental Protection Agency (EPA) 环保局
Environmental Protection Law, strengthening 环保法律，强化
environmental sustainability leader 环境可持续领域的领导者
environmental sustainability, China (world leader) 环境可持续性，中国（全球领导者）
Epstein, Paul 保罗·爱泼斯坦
era of electricity 电气时代
Eridu, importance 埃利都，重要性
Ernst and Young, regulation 安永会计师事务所，监管
ethanol, impact 甲醇，影响
Europe: carbon emissions/reduction goals 欧盟：碳排放/减排目标
European Climate Alliance, Potsdam (membership) 欧洲气候联盟，波茨坦（成员）
European Green Capital 欧洲生态之都
European Green City Index 欧洲生态城市指数
European Union (EU): carbon emissions trading 欧洲联盟（欧盟）：碳排放交易体系
European Union Council of Minsters of Transport 欧盟交通部长理事会
European Union Cultural City 欧洲文化之城
European Union's Green City 欧盟生态城市
European/national context 欧洲背景与国家背景
EU's Horizon 2020 欧盟2020年远景规划
evacuation tube transportation (ETT) 真空管道运输系统
experience/ redirection, lessons 经验/重新导向，教训
experiential applied model "体验式"的应用模型
externalities 外部效应
external costs 外部成本
Extra High Voltage (EHV) grid 特高压电网
extreme productivity 极限生产力
Exxon Mobil, tax payments 埃克森美孚，纳税
Exxon Valdez, environmental disaster 埃克森瓦尔德斯号油轮事件

F

facility planning/financing, green perspective 设施规划/财政规划，生态角度
Fast Ox 快牛
Fathy, Hassan 哈桑·法特希
Federal Ministry for Education and Research (BMBF) 联邦教育和研究部
feed-in-tariff (FiT) 上网电价补贴（FiT）
Ferro cement 钢丝网水泥
filler slabs 填料板

索引（部分词汇由译者增加）

First Industrial Revolution 第一次工业革命
fiscal health, fragility 财政状况，脆弱
FiT system 上网电价补贴（FiT）体系
Five-Year development plan 五年发展规划
Five-Year Plan 五年规划
flexible energy sharing (green industrial revolution component) 灵活的能源共享（绿色工业革命的组成部分）
flow batteries, usage 液流电池，利用
flywheel energy storage (FES), function 飞轮储能系统
flywheels, usage 飞轮，利用
focus 焦点
food supplies 食物供应
Food and Water Watch 食品与水资源观察机构
Ford, Henry 亨利·福特
forest destruction 森林破坏
fossil fuels: dependence 化石燃料：依赖
fracting (horizontal drilling) 液压破碎法（水平井）
Franklin, Benjamin 本杰明·富兰克林
Fraunhofer Institute for Solar Energy Systems 弗劳恩霍夫太阳能系统研究所
Freaky 畸态
free-market capitalism, problems 自由市场资本主义，问题
free-market economics, failure 自由市场经济，失败
Freiburg, Germany (smart green cities) 弗莱堡，德国（智慧生态城市）
Freiburg Woodland Convention 弗莱堡森林公约
French Revolution, collapse 法国大革命，失败
from the bottom up technologies 自下而上型技术
fuel cell vehicles 燃料电池汽车
Fuel Cells and Hydrogen Joint Undertaking (FCH 2 JU) program 燃料电池和氢能联合事业项目
Fuel Cells and Hydrogen Joint Undertaking Seventh Framework Program project, establishment 燃料电池和氢能联合事业第七框架计划，建立
fuel cells: impact 燃料电池：影响
Fukushima nuclear power plants, disaster 福岛核事故
funicular systems 索道列车系统
future proof 足量预留
Future Science and Technology City 未来科技城项目

G

gang violence 黑帮暴力
Gaoli, Zhang 张高丽

Garden Cities of Tomorrow 明日的花园城市
Garden City, environment (integration) 花园城市，环境（结合）
Gardens by the Bay 滨海花园
Garnier, Charles 夏尔·加尼耶
Garrison church 加里森教堂
generation link 发电体系
generic term 通用术语
geoexchangers 地热交换器
geographic situation, importance 地理情况，重要性
geothermal heat pumps, usage 地热热泵，利用
geothermal power, creation 地热发电，创造
geothermal pumps, usage (Frederikshavn, Denmark) 地热泵，利用（腓特烈港，丹麦）
Germany (climate neutral approach) 德国（气候中立途径）
Germany: carbon emissions/ reduction goals 德国：碳排放/减排目标
Gigafactory 超级电池工厂
global average temperature, increase 全球平均气温，升高
global climate change, local contribution 全球气候变化，地区贡献
global economic implosion (2008) 2008年全球经济崩溃
global economic opportunity, McArthur Report identification 全球经济机会，麦克阿瑟报告确认
global flood losses, World Bank forecast 全球洪水损失，世界银行预测
global leadership 全球领导力
global problem 全球问题
Global Renewal 全球更新
Global Trends in Renewable Energy Investment report 全球可再生能源投资趋势
global village (McLuhan) 地球村理论（麦克卢汉）
global warming 全球变暖
goals/instruments 目标与工具
Golden Era 黄金期
Goldman School of Public Policy 高曼公共政策学院
Google, green technology investment 谷歌，绿色技术投资
government support/ involvement, importance 政府参与和政府支持，重要
government-accepted strategic master plan 政府认可的整体战略规划
government: invisible hand 政府：看不见的手
Gray Davis 格雷·戴维斯
greater Los Angeles 大洛杉矶区域
Greentech Media 绿色技术传媒
Green Building Evaluation Standards 绿色建筑评价标准
green cities: Bristol (UK) 生态城市：布里斯托（英国）

Green Climate Fund 绿色气候基金
Green Club Mobs 绿色俱乐部
green conversion 绿色转变
Green Industrial Revolution 绿色工业革命
green jobs, benefits 绿色工作, 益处
Green Mark certification 绿色标识认证
Green Network (Grünes Netz) 绿色网络
Green Party 绿党
green programs 绿色功能
Green Singapore 2050 绿色新加坡2050
green technology culture 绿色技术文化
green transformation (China) 绿色转型(中国)
green transport, sustainability 绿色交通系统, 可持续性
Green Transport Week 生态交通周
green urban areas, usage 城市绿色区域, 利用
green urban development agenda 生态城市发展议程
green urbanism, principles 生态城市主义, 原则
green waste collection 生态的垃圾收集系统
green world, economics 更生态的世界, 经济模式
green-washing advertisements "漂绿"广告("漂绿"一词曾被用于将资源投在环保形象广告中, 而非实际的环保实务中。)
greener/smarter future 更加绿色、智慧的未来
greenhouse gases (GHGs): buildup 温室气体: 增加
ground source heat pumps, GSHP 地源热泵
GROW Holdings GROW公司
GrowSmarter Project "智慧增长"项目
growth engines (South Asia) 增长引擎
Guayaquil 瓜亚基尔
Gujarat 古吉拉特邦
Gutenberg, Johannes 约翰内斯·古登堡

H

Haussman, Georges 乔治·奥斯曼
Hays, Quay 夸伊·海斯
heat island 热岛效应
heat pump water heaters (HPWHs), usage 集中式热泵热水器
heating demand, reduction (Potsdam) 供暖需求量(波茨坦)
Heating Ventilation and Air Conditioning (HVAC) systems 供热通风与空调系统(HVAC)
Heilmann, Andreas 安德烈亚斯·海尔曼
Hellerup Strand 海尔鲁普

high-temperature batteries, usage 高温电池，利用
high-use apartments, identification "高能耗"公寓建筑，确定
higher education, access (inadequacy) 高等教育，难以获得
Hippodamus, town planning 希波丹姆，城镇规划
Honda Smart Home 本田智能家居
Hoge Veluwe 霍格韦卢韦
Holocene era, cessation 全新世，结束
Homeless World Cup, impact HWC，影响
homelessness 无家可归
homes, sustainability usage 家庭，可持续利用
Homo Sapiens, emergence 智人，出现
Honda Energy Management System 本田能源管理系统
Hotel Dieu 迪厄酒店
household power generators, usage 家用发电机
housing affordability, necessity 可负担得起的住房，需求
Housing and Urban Development Corporation Limited (HUDCO) 住房和城市发展联合体
housing, quality/affordability 住房，质量/可负担
Howard, Ebenezer 埃比尼泽·霍华德
Huaneng Group analysis 华能集团的分析
Hubbert, M. King M·金·哈伯特
human pre-history, domination 人类的史前史，主宰
Hurricane Sandy, impact 飓风"桑迪"，影响
Hutagalung, Nadya 娜佳·胡塔加隆
hybrid buses, usage 混合动力巴士
Hybrid Hydraulic Drive (HHD), impact 混合液压驱动，影响
hybrid vehicles 混合动力车辆
hybrid/ electric buses 电动和混合动力巴士
hydrogen buses 氢动力巴士
hydrogen compound 氢化合物
hydrogen fuel cell buses, usages 氢燃料电池巴士
hydrogen highway 氢能高速公路
hydrogen vehicles 氢动力车辆
hydrogen: atoms, ionization 氢能：原子，离子化
Hyperloop Transportation Technologies Hyperloop 运输科技
Hyundai Motor Co., hydrogen-powered versions 现代汽车公司，氢动力版

I

ICT integration/application 信息和通信技术产业 整合/应用
Ile de la Cite 西提岛
immersion heater 浸没式加热器

索引（部分词汇由译者增加）

immigration system, problems 移民制度，问题
impact 影响
imperatives, US National League of Cities report 任务，美国全国城市联盟报告
improvement (China) 改进（中国）
incentive structure, change 能源奖励结构，改变
Incubator Building 孵化器大楼
India, smart cities 印度，智慧城市
Industrial Emissions Directive (IED) 工业排放条令
industrial production 工业化生产
Industrial Revolution 工业革命
industrialization, impact 工业化，影响
Ineos Bio of Florida 佛罗里达州的英力士生物公司
inequality, wealth (relationship) 不平等现象，财富（关系）
Information Technology and Innovation Foundation 信息科技与创新基金会
infrastructure, improvement 基础设施，改善
infrastructure, issues 基础设施，议题
initiatives, types 倡议，类型
inner city castle 内城城堡
Inner Mongolia Autonomous Region (IMAR) 内蒙古自治区
innovative projects 创新项目
insights 洞察力
Institute for Ecological Economic Research (IÖW) 生态经济研究所
Institute of Transportation Studies 交通研究所
Integrated Resort Scheme (IRS) 综合度假计划
integrated transportation 综合运输系统
interactive energy classification map (Vilnius) 交互式能源分类图（维尔纽斯）
interactive energy classification map 交互式能源分类图
interactive map 交互式地图
interconnection standards 互连标准
internal combustion engine, impact 内燃机，影响
international climate policy city networks 国际气候政策城市联系网
International Monetary Fund 国际货币基金组织
International Renewable Energy Agency (IRENA) 国际可再生能源机构
inverted siphon 倒置式虹吸系统
inward investment 内向型投资
island-city/ocean-state construction 岛屿城市/海洋国家建设
Islands Brygge 布里格岛

J

Jakarta, population increase 雅加达，人口增长

Japan, sustainable communities 日本，可持续社区
Joint Local Transit Plan (JLTP) 当地共享交通计划

K

Karachi 卡拉奇
Karnataka 卡纳塔克邦
Kelly Services 凯利服务公司
Kerala 喀拉拉邦
KfW national program KfW 联邦银行项目
Khulna 库尔纳
Khushkera 胡什克拉
Kiers, Samuel 塞缪尔·基尔斯
King Abdullah University of Science and Technology, KAUST 阿卜杜拉国王科技大学
KiOR Inc. KiOR 公司
Klug, Astrid 阿斯特丽德·克卢格
knowledge spillovers 知识溢出效应
Koda Energy plant (Minnesota) 柯达能源发电站（明尼苏达州）
Krishnapatnam 克里什纳帕特南
Kyoto Protocol 京都议定书
Kyte, Rachel 蕾切尔·凯特

L

Laboratory for Change 变革实验室
land area 用地范围
land use components 用地组成
Landfill Gas to Energy plant 垃圾填埋气发电站
latent heat 潜伏热
Laurie Baker Center, impact 劳里贝克中心
Lawrence Berkley National Laboratory (LBNL): Molecular Foundry 劳伦斯伯克利国家实验室：分子铸造实验室
Lawrence Livermore National Laboratory (LLNL) 劳伦斯利弗摩尔国家实验室
layout, plan 布局，规划
Leadership in Energy and Environmental Design (LEED) LEED 认证（能源与环境先锋认证）
learning-by-doing 边学边做
Leckie, Scott 斯科特·莱基
LED bulbs: breakthrough LED 光源：突破
Les Halles, completion 巴黎大厅，建成
levelized cost 能源平准价格
levulinic acid 乙酰丙酸
Leyden jar 莱顿瓶

索引（部分词汇由译者增加）

lifecycle assessment 生命周期评估
lifestyle choices, simplicity (promotion) 生活方式选择，简化（提倡）
lifecycle costs 生命周期成本
lifecycle economics 生命周期经济
lifestyle, mobility (impact) 生活方式，交通（影响）
light rail 轻轨
lighthouse cities 标兵城市
lighting (Vilnius) 照明（维尔纽斯）
lighting technologies, peak demand response 照明技术，峰值负载响应系统
liquid electrolyte batteries, usage 液态电解质电池
liquid natural gas (LNG): demand 液化天然气：需求
lithium titanate 钛酸锂
livestock production, impact 畜牧业，影响
lobo, Adriana 阿德里安娜·洛沃
local agriculture/produce, support 当地农业、地方产品，支持
local energy generation 当地能源发电
local on-site power, efficiency 当地在场电力，效率
local resources, usage 地方资源，利用
local transport, usage 当地运输系统，利用
Lohner-Porsche Carriage, hybrid electric car development 保时捷公司，混合动力汽车开发
long-life goods (Product Life Institute goal) 耐久商品（产品寿命研究所目标）
Los Angeles Basin 洛杉矶盆地
Los Angeles Commission, report 洛杉矶委员会，报告
Los Angeles: growth 洛杉矶：增长
low-carbon paradigm shift 向低碳范式转变
lower-carbon fuels, usage 低碳燃料，利用

M

m. Parking/m. Ticket 手机停车应用/手机购票应用
m. Taxi 手机出租车应用
machine age, birth 机器时代，诞生
maglev trains 磁悬浮列车
magnetic bearing 磁轴承
Malegaon 马勒冈
Manesar 马纳萨
Manila 马尼拉
manure, processing 粪便，生成
Marina Bay 滨海湾地区
market, transformation 市场，转型
Mascal, Mark 马克·马斯卡尔

Masdar City, United Arab Emirates (smart green cities) 马斯达城，阿拉伯联合酋长国（智慧生态城市）
mass-scale battery storage, advantages/disadvantages 大规模电池储能系统，优点/缺点
Matera, establishment 马泰拉，建立
Mauritius 毛里求斯
Maybach, Wilhelm 威廉·迈巴赫
McArthur Report, goals 麦克阿瑟报告，目标
McKinsey Global Institute, estimates 麦肯锡全球研究所，估计
McLuhan, Marshall 马歇尔·麦克卢汉
meaning 意义
megacities: green direction 特大城市：绿色方向
Merkel, Angela 安吉拉·默克尔
metabolic engineering 代谢工程法
Metal Organic Framework 金属有机物微框架
methane 甲烷
methanol production 甲醇生产
Methyl Tertiary Butyl Ether 甲基特丁基乙醚
Metrobus 城市快速公交
Mexico City, population increase 墨西哥城，人口增长
microbial fuels 微生物燃料
micro-grid 微型电网
Middle Ages, urban development 中世纪（中古时代），城市发展
middle class, shrinkage 中产阶级，萎缩
Milan, traffic restriction 米兰，交通限行
Ministry of Housing and Urban-Rural Development (MoHURD) 住房和城乡建设部
mitigation, payment 减缓，支付
mobile city applications 城市交通类应用程序
modern civilization, equivalence 现代文明，等价物
Modernism, introduction 现代主义，介绍
Molecular Foundry 分子铸造实验室
molten carbonate 熔融碳酸盐
Moore's Law 摩尔定律
Mountain View 山景城
MRT (Taipei/Singapore) 捷运（MRT）（台北/新加坡）
Muenster 明斯特
multicultural nature 多元文化
municipality, environmental management 市政，环境管理

N

Nagoya 名古屋

索引（部分词汇由译者增加）

Nanjing, transformation 南京，转变
Nano-Architech 纳米建科
nanocement 纳米水泥
nanocrystals 纳米晶体
nanolasers 纳米激光器
nanotechnologies 纳米技术
Napoleon III, Paris rebuilding 拿破仑三世，巴黎重建
National Park Board 国家公园董事会
nation state 州
nation states: California 加利福尼亚州
national climate change law (Mexico) 全国气候变化法律（墨西哥）
National Development and Reform Commission (NDRC) 国家发改委
National Environment Agency 国家环境局
National Renewable Energy Laboratory (NREL) 国家可再生能源实验室
natural gas, true costs 天然气，真实成本
nature/ biodiversity, impact 自然/生物多样性，影响
Needham, Rick 里克·尼达姆
net metering, usage 净计量
Networked Readiness Index 联网准备指数
net zero energy community (University of California Davis, West Village) 零净能耗社区（加利福尼亚大学戴维斯分校，西镇校区）
New Energy for Berlin 柏林新能源
New Ruralism 新农村主义
New Urbanism 新城市主义
New York City: coast, impact 纽约市：海岸，影响
Newton, Isaac 牛顿
ext 100 Year Committee 未来世纪委员会
Nigeria, slum population 尼日利亚，贫民窟
nitrous oxide 一氧化二氮

O

occupant feedback 占用量反馈
ocean current devices 洋流发电装置
ocean power technologies, types 海洋能源技术，类型
ocean thermal energy conversion devices 海洋热能转化装置
oil imports 石油进口量
oil, true costs 石油，真实成本
One Water system "一水"系统
Ônibus Brasileiro a Hidrogênio 巴西氢动力巴士
online schools' sport halls renting systems 在线租赁系统

on-site system 在场系统
optical communication 光学通信
optical sorting waste technology 光学垃圾分类技术
organic food 有机食品
Osaka 大阪
outlet 品牌工厂店
output-based environmental regulations 基于输出标准的环境法规
orthogonal 正交
overview 概览
ozone laundry 臭氧洗衣

P

Pachauri, Rajendra 金德拉·帕绍瑞
Palembang 巨港
parallel lines 平行线路
Parisian Velib 巴黎共享单车
participatory elements, usage (Potsdam) 参与因素，利用
Partnership for Market Readiness 市场准备伙伴关系
passive recreation 静态休憩场地
passive solar building design 被动式太阳能建筑设计
peak-load management, electricity transfer 峰值负载管理机制，电力转移
People Gathering Places 市民聚集点
per capita CO2 emissions 人均二氧化碳排放量
perchlorate 高氯酸盐
permission to pollute 污染许可
Pew Charitable Trusts study 皮尤慈善信托基金会研究
philanthropic trusts 慈善信托基金
phosphoric acid 磷酸
photovoltaic (PV) power 光伏电源
photovoltaic (PV) systems 光伏系统：整合
photovoltaic (PV) tower 光伏塔
photovoltaic (PV) 光伏
pig farming, impact 生猪养殖
Pike Research 派克研究公司
pilot emissions trading system, launch 排放交易体系试点
plant: biomass usage 发电站：生物质利用
plate-and frame heat exchanger 板框式热交换器
Platzeck, Matthias 马蒂亚斯·普拉茨克
Plug-In Hybrid & Electric Vehicle Research Center 插电式混合动力/电动车研究中心
Point Carbon 点碳公司

索引（部分词汇由译者增加）

polar vortex 极地涡旋
Policy Institute for Energy, Environment and the Economy 能源、环境与经济政策研究所
policies/reforms 政策/改革
Pollin, Robert 罗伯特·波林
pollution level 污染水平
pollution 污染
Ponneri 波内里
population, increase 人口，增长
port prime mover (PPM) enhancement, Hybrid Hydraulic Drive (impact) 加强型港口运输车，混合液压驱动（影响）
post-use considerations 后续利用考虑
potential biological nutrient, usage "潜在"的生物营养材料，利用
Potsdam Institute for Climate Impact Research (PIK) 波茨坦气候影响研究所
Potsdam, Germany (green smart city) 波茨坦，德国（生态智慧城市）
potter's wheel 制陶轮
power storage, usage 电力存储，利用
power-to-gas (P2G) plant P2G 电–气系统发电站
power-to-heat (P2H) alternative 电–热系统替代性能源
PowerPack 能源包
PowerWall 能源墙
Precambrian era 前寒武纪时代
preparation 准备
preschool, centralized registration 集中式登记，幼儿园
private homes/municipal buildings, solar power (increase) 私人住宅/市政建筑，太阳能（提高）
private households/communication 私家住房/通信系统
private investment, requirement 私人投资，需求
process 过程
Product Life Institute (Geneva), goals 产品寿命研究所，目标
product-life extension (Product Life Institute goal) 产品寿命延长（产品寿命研究所目标）
Program for International Energy Technologies 国际能源技术项目
Property Assessed Clean Energy (PACE) program 房产评估清洁能源项目
proton exchange membrane, PEM 质子交换膜
provisioning (Potsdam, Germany) 供应（波茨坦，德国）
psychologist, description 心理学家，描述
public benefits funds, usage 公共福利基金，利用
public land loopholes 公共土地政策漏洞
public procurements, social approach 公共采购，社会渠道
public transportation 公共交通系统

public trust, absence 公众信任度，缺失
pumped hydro storage (PHS) 抽水蓄能设备
PV-plus-thermal 光伏热

Q

Qingdao, transformation 青岛，转变
Quay Valley, California (smart green future city) 夸伊谷，加利福尼亚州（智慧生态未来城市）
Quebec, emissions trading system (ETS) launch 魁北克省，排放交易体系

R

radiant barrier roof sheathing 防热辐射屋顶覆层
railroads, subsidization 铁路，补贴
Rajasthan 拉贾斯坦邦
ranking 排名
rat-trap bond 空斗墙砌体
Reagan, Ronald 里根
real estate development, impact 房地产开发
Real Estate Scheme (RES) 房地产计划
reconditioning activities (Product Life Institute goal) 修复处理（产品寿命研究所目标）
Reday, Genevieve 吉纳维芙·里德
red-green 红绿联盟
refrigerant 制冷剂
refueling structures and stations 充能网络和站点
regeneration braking 再生制动
regional focus 区域聚焦
Register, Richard 理查德·雷吉斯特
release 释放
Renewable Auction Mechanism (RAM) 可再生能源拍卖体系
renewable energy generation, usage 可再生能源发电，利用
Renewable Energy Law 可再生能源法律
Renewables Global Status Report 可再生能源全球状态报告
renewable resources, usage 可再生资源，利用
residents (empowerment), walking (usage) 居民（促进），步行（利用）
Resorts World Sentosa 圣淘沙名胜世界
resource conservation 资源保护
resource-efficient cities 资源节约型城市
resources, efficiency (maximization) 资源，利用效率（最大限度）
revenue-neutral carbon tax (creation) 收入中立的碳排放税（创立）
revolutionary green transformation 革命性的绿色转型

索引(部分词汇由译者增加)

Rifkin, Jeremy 杰里米·里夫金
rotatinal energy 转动能
rotor 转子
Royal Institute of Technology 皇家技术学院
run-of-the-river systems, electricity generation 川流式系统,发电

S

Sanford and Bernstein 桑福德·伯恩斯坦投资银行
San Francisco State University 旧金山州立大学
San Joaquin Valley, population growth 圣华金河谷,人口增长
Sano, Naderev 萨诺
Santo Domingo 多米尼加
Sao Paulo, water problems 圣保罗,水资源问题
Sapporo 札幌
Schauvllege, Joke 乔克·绍维里格
Scotland, energy dependence 苏格兰,能源自给
SeaGen tidal power system SeaGen 潮汐发电系统
search costs 搜寻成本
seawater heat pumps, usage 海水热泵,利用
Second Industrial Revolution 第二次工业革命
second life battery 二次生命电池
Security Exchange Commission 证券交易委员会
self-contained economy, operation 独立自给的经济,运行
self-sufficient industries, usage 自给自足的工业
Seul-Incheon 首尔——仁川区域
sewage water residuals, usage 污水余热,利用
Shanghai Electric Power Company 上海电力公司
Shanghai urban planning/sustainable exhibition areas 上海的城市规划和可持续发展的展区
Sierra Club, national sustainable transport initiative (outcomes) 塞拉俱乐部,全国性可持续交通系统倡议书
Sierra Energy 西拉能源公司
Singapore: Clean and Green Singapore campaign 洁净生态的新加坡行动
Singapore Green Plan 新加坡绿色计划
Sino-Singapore Tianjin Eco-City, development 中新天津生态城,开发
size, increase 尺度,增加
Skytrain 空中列车
small island nations, smart cities 小型岛国,智慧城市
Smart City Berlin 智慧城市柏林
smart city theoretical approach 智慧城市的理论方法

smart ecocities 智慧生态城市
smart green cities 智慧生态城市
smart green ecocities, policy approaches 智慧绿色生态城市，政策措施
smart green grid 智慧生态电网
Smart Green Micro Cities (South Asia) 智慧生态"微城"（南亚）
smart green sustainable city (SSGC) 智慧生态可持续城市（SSGC）
smart grids 智能电网
smart integrated grid system 智能集成电网
smart management 智能化管理
smart metering (European Union) 对用电量进行智能测量（欧盟）
smart networks, importance 智能网络，重要性
smart sensors 智能传感器
Smart Vilnius 智慧维尔纽斯
smart windows, impact 智能门窗，影响
Smarter Planet initiative 智慧地球计划
Smith, Adam 亚当·斯密
social capitalism 社会资本主义
social organizations 社会组织
societal dimensions 社会维度
Society of Automotive Engineers International 国际汽车工程师协会
solar pumping 太阳热泵
solar energy, usage (increase) 太阳能，利用（增加）
solar generation systems, usage 太阳能发电系统，
solar power: concentrated solar power (CSP) systems, types 太阳能，聚焦式太阳能发电系统
solar PV systems, rollout 太阳能光伏系统，推广
solar-reflective roofing 反光屋面
Solar Valley City 太阳谷
Solar-Powered Rooftops Plan 太阳能屋顶计划
SolarCity, Tesla battery usage "太阳城"公司，使用特斯拉电池
solid oxide 固态氧化剂
Sollefteå Hospital 索莱夫特医院项目
Solstice student housing 学生宿舍萨尔斯提斯楼
solutions science 方案解决的科学
Songdo International Business District 松岛新城国际商业区
South Korea: emissions trading system (ETS) launch 韩国：排放交易体系，启动
Spain, energy independence 西班牙，能源自给
special unit of climate protection and energy 气候保护和能源特别小组
Speck, Jeff 杰夫·斯佩克
spindle 纺锤

索引（部分词汇由译者增加）

Sri Aurobindo 室利·阿罗频多
ST Kinetics, HHD PPM launch 新科动力，混合液压驱动港口运输车，推出
St. Mary's Cement plan, algae (usage) 圣玛丽水泥厂，藻类（利用）
stabilized earth 稳定土
Stadtbah 城市列车
Stahel, Walter 沃尔特·斯塔尔
State Grid, smart grid plan 国家电网，智能电网计划
steam reforming 蒸气转化法
Steiner, Richard 理查德·斯坦纳
Steinmeier, Frank-Walther 弗兰克-沃尔特·斯泰因迈尔
Stern, Nicholas 尼古拉斯·斯特恩
Stockholm, Sweden (smart green cities) 斯德哥尔摩，瑞典（智慧生态城市）
Stone Age 石器时代
storage devices, usage 储能设备
storage technologies, usage 存储技术
streetcar system 有轨电车系统
substations 变配电站
Sumeria (Iraq), Neolithic settlements 苏美尔（伊拉克），新石器时代定居点
Surami Pass 苏拉米路段
surges 浪涌
sustainability objectives, planning commitments 可持续发展目标，规划承诺
sustainable community 可持续社区
Sustainable Design + Behavior 可持续设计+行为
Sustainable Development blueprint 可持续发展蓝图
sustainable ecocities, guidelines 可持续生态城市，指导方针
sustainable employment, Bristol (UK) 可持续就业，布里斯托（英国）
sustainable green transport 可持续的绿色交通系统
sustainable land use 可持续的土地利用
sustainable lifestyles, creation 可持续的生活方式，创造
sustainable mobility 可持续的机动性
sustainable transport 可持续交通系统
Sustainable Transportation Energy Pathways Program 可持续交通系统能源通道计划
sustainable urban development 可持续城市发展
syngas 合成气
synthetic gas 合成燃气
systems, development 系统，发展

T

Tamil Nadu 泰米尔纳德邦
Tampa 坦帕

Tampere 坦佩雷
targeted energy mix (Mauritius) 能源构成目标（毛里求斯）
task-ambient lighting placement 任务照明布置
Tasman peninsula 塔斯曼半岛
tax breaks 减税
technical nutrient, usage 技术型营养材料
term, defining 名词，定义
Tesla Motors: battery development 特斯拉汽车公司
Tesla 特斯拉
testing 测试
Thatcher, Margaret 撒切尔
thermal energy storage (TES) 热能储能系统
thermodynamic laws 热力学定律
Third Industrial Revolution 第三次工业革命
third-generation grid, attributes 第三代电网，性能
Three Abilities, concept 三个能力，概念
Three Harmonies, concept 三个和谐，概念
three-phase alternating current (AC) power 三相交流电源
threshold 阈值
Tianjin Eco-City 天津生态城
Tianjin, smart green cities 天津，智慧生态城市
tidal power devices 潮汐发电装置
tidal turbines, usage 潮汐涡轮机
tipping point 临界点
Tokyo-Yokahama 东京——横滨区域
tornados, impact 龙卷风，影响
total emissions, factors 总排放量，因素
Town Center, plan 城镇中心，规划
toxins, release 毒素，释放
Toyota, hybrid cars 丰田，混合动力汽车
traffic system, intervention (Potsdam) 交通系统，干预（波茨坦）
tram/streetcar/trolley system 有轨电车系统
transformer links, high-voltage function 高压变压器功能体系
transitional energy power 过渡性能源
transmission link 输电体系
transportation infrastructure, decline 交通基础设施，衰败
Tsukuba Science City 筑波科学城
TU Delft 代尔夫特理工大学
types 类型

索引（部分词汇由译者增加）

typhoon Haiyan, impact 台风"海燕"，影响
typhoon, impact 台风，影响
Tumkur 杜姆古尔

U

Uber cars 优步租车
Union of Concerned Scientists report 忧思科学家联盟
United Nations Climate Neutral Strategy 联合国的"气候中立战略"
United Nations Commission on Human Rights 联合国人权委员会
United Nations Conference on Climate Change 联合国气候变化会议
United Nations Economic Commission for Europe 联合国欧洲经济委员会
United Nations Framework Convention on Climate Change (FCCC): climate negotiations 联合国气候变化框架公约：气候谈判
United Nations Intergovernmental Panel on Climate Change (IPCC) 联合国政府间气候变化专门委员会
United Parcel Service (UPS), package delivery 联合包裹服务公司，包裹投递
United States Green Building Council, LEED certification information 美国绿色建筑协会，LEED 认证信息
United States National League of Cities, city imperatives report 美国全国城市联盟，城市任务报告
University of California Davis, West Village (net zero energy community) 加利福尼亚大学戴维斯分校，西镇校区（零净能耗社区）
University of Delaware 德拉瓦大学
University of Ljubljana 卢布尔雅那大学
University of Technology of Vienna 维也纳技术大学
Untergrundbahn (underground track) 地下列车（地下轨道交通）
urban age 城市时代
urban areas, measurement 城市用地面积，指标
urban areas, restoration 城市区域，修复
urban density 城市密度
urban development, holistic framework 城市发展的整体框架
urban economy 城市经济
urban environments, human needs 城市环境
urban form 城市形态
Urban Land Use and Transportation Center 城市用地和交通中心
urban living, ideas 城市生活，理念
urban poor, overcrowding/environmental degradation 城市贫民，过度拥挤/环境恶化
urban population growth 城市人口增长
urban problems registry, facts 城市问题登记，问题
urban residents, wealth/ consumption patterns 城市居民，财富情况/消费模式

urban sprawl 城市扩张区
urban studies 城市学
urban villages, decrease 城中村，下降
Urban Waste Water Treatment Directive 城市污水处理条令
urbanization 城市化
urbanization, continuation 城市化，持续
US Algal Collection, specimen list 美国藻类档案库，标本列表
US Congressional Research Service 美国国会研究服务中心
US Federal Energy Regulatory Commission, FERC 美国联邦能源监管委员会
UTC Power UTC 动力

V

Van Hool 范胡尔
vegetable oil, impact 植物油，影响
vehicles, absence 交通工具，取消
Venture Business Research, financial activity tracking 风险商业研究，金融活动追踪
Vestas, presence 维斯塔斯公司
veterans, welcoming (absence) 老兵，欢迎（不够）
Vijayawada 维杰亚瓦达
village square 校区广场
volatile organic compounds (VOCs), usages 挥发性有机化合物
Volkswagen (VW) cars, environmental scandal 大众汽车，丑闻
vulnerability 脆弱性
Vuores, daily collection capacity 维累斯，每天的垃圾收集能力

W

Walkable City (Speck)《适宜步行的城市》(斯佩克)
walkability 步行感
wall-fall profit（柏林）墙倒塌概况
Ward's Auto 沃德汽车
waste incineration 垃圾焚烧
waste management 垃圾处理
waste production/management 垃圾产生与管理
waste water treatment 污水处理
waste: automated vacuum waste collection 自动真空垃圾收集
water consumption 水资源使用
water management 水资源管理
water/energy resources, efficiency (maximization) 水和能源资源，利用效率（最大限度）
water reclamation 水复垦
Watt, James 瓦特

索引（部分词汇由译者增加）

waves power conversion devices 波能转化装置
Wembley development 温布利开发区
West Antarctic Ice Sheet 南极西部冰层
Western Cooling Efficiency Center 西部制冷效率中心
wheel-and-spoke 轮辐式
Wilson Center 威尔逊中心
wind power 风能
World Meteorological Organization, WMO 世界气象组织
World Resources Institute 世界资源研究所
World Wind Energy Association 世界风能协会
workforce, growth 劳动力，增长
world energy consumption 世界能源消耗
World Health Organization, WHO 世界健康组织
World Wind Energy Association 世界风能协会
World's Most Walkable Cities 最适宜步行的城市
Wowereit, Klaus 克劳斯·沃韦赖特

Y

Yew, Lee Kuan 李光耀

Z

Zero Emission Vehicle 零排放车辆
zero marginal cost 零边际成本
zero net energy (ZNE): achievement 零净能耗：达成
Zero Waste SA 南澳大利亚零垃圾机构
zero-waste system, creation 零垃圾系统，创建
Zhangbei power station 张北电站
zinc air fuel cell (ZAFC) technology 锌空气燃料电池技术

著作权合同登记图字：01-2017-6038 号

图书在版编目（CIP）数据

智慧生态城市——走向碳中立的世界 /（美）伍德罗·W·克拉克Ⅱ，格兰特·库克著；孙宁卿译 .—北京：中国建筑工业出版社，2018.11
（智慧城市译丛）
ISBN 978-7-112-22622-1

Ⅰ.①智… Ⅱ.①伍…②格…③孙… Ⅲ.①现代化城市 – 生态城市 – 城市建设 – 研究 Ⅳ.① F291.1 ② X321

中国版本图书馆 CIP 数据核字（2018）第 200158 号

Smart Green Cities: Toward a Carbon Neutral World by Woodrow W. Clark II and Grant Cooke.
Copyright © Woodrow Clark II and Grant Cooke

Chinese Translation Copyright ©2019 China Architecture & Building Press
China Architecture & Building Press is authorized to publish and distribute exclusively the Chinese (Simplified Characters) language edition. This edition is authorized for sale throughout China. No part of the publication may be reproduced or distributed by any means, or stored in a database or retrieval system, without the prior written permission of the publisher.

Authorized translation from English language edition published by Routledge, part of Taylor & Francis Group LLC. All rights reserved.
本书原版由 Taylor & Francis 出版集团旗下 Routledge 出版公司出版，并经其授权翻译出版。版权所有，侵权必究。
Copies of this book sold without a Taylor & Francis sticker on the cover are unauthorized and illegal.
本书封面贴有 Taylor & Francis 公司防伪标签，无标签者不得销售。

责任编辑：段　宁　李成成
丛书策划：李成成　李　婧
责任校对：芦欣甜

智慧城市译丛
智慧生态城市——走向碳中立的世界
[美] 伍德罗·W·克拉克Ⅱ　格兰特·库克　著
孙宁卿　译
*
中国建筑工业出版社出版、发行（北京海淀三里河路9号）
各地新华书店、建筑书店经销
北京建筑工业印刷厂制版
北京中科印刷有限公司印刷
*
开本：787×1092 毫米　1/16　印张：16　字数：378千字
2019年1月第一版　2019年1月第一次印刷
定价：69.00元
ISBN 978-7-112-22622-1
（32620）

版权所有　翻印必究
如有印装质量问题，可寄本社退换
（邮政编码 100037）